国家社科基金
后期资助项目

日久天长：白裤瑶的宇宙观与生活秩序

Baiku Yao: The Cosmology and Order of Life

张 琪 著

社会科学文献出版社
SOCIAL SCIENCES ACADEMIC PRESS (CHINA)

国家社科基金后期资助项目
出版说明

　　后期资助项目是国家社科基金设立的一类重要项目，旨在鼓励广大社科研究者潜心治学，支持基础研究多出优秀成果。它是经过严格评审，从接近完成的科研成果中遴选立项的。为扩大后期资助项目的影响，更好地推动学术发展，促进成果转化，全国哲学社会科学工作办公室按照"统一设计、统一标识、统一版式、形成系列"的总体要求，组织出版国家社科基金后期资助项目成果。

全国哲学社会科学工作办公室

目 录

导　论

一　引子：失踪的颇堂公

经历了前期的预调查之后，我于 2013 年 10 月再次登上从重庆到湛江的列车，到达广西壮族自治区河池市南丹县里湖乡瓦庸寨，开始了以"白裤瑶"为研究对象的田野工作，并将目光聚焦于白裤瑶的传统信仰与仪俗之上。尽管白裤瑶的青年人与上一代的观念已渐行渐远，但在父辈、祖辈尚握有话语权的村落社区中，从传统的信仰与仪俗入手，仍是观察整个白裤瑶族群文化体系、社会结构、生活方式乃至集体心灵的上佳途径。

在瓦庸的那些日子里，我听说过许多白裤瑶人的传闻轶事，而颇堂公之死是最为不幸的一则。

那是开春之后的一个圩日，年逾半百的颇堂公到牛塘边找他的老母亲要钱，说是去赶圩买些白菜种子下地。母亲迟疑多时，终究是抵不过颇堂公的软磨硬泡，掏出十几元钱递给了他。可是直到太阳落山，颇堂公依旧没有归来。家里人心急如焚地出门寻找，跑遍全寨上下也不见颇堂公的踪影。当晚，家族成员和左邻右舍对寨子周围的山林、河谷和溶洞进行了通宵达旦的搜索，然而未果。大伙儿感觉这次情况非比寻常，担忧已久的事情恐怕成了真。于是他们请来一位鬼师（宗教职业人士，类似于壮族和盘瑶社会中的"师公"一角）占卜颇堂公的下落。根据鬼师的判断，颇堂公是在野外掉了魂，昏倒在某个隐蔽的地方，待鬼师从阴间为其赎回灵魂之后颇堂公便会苏醒回家。不幸的是，漫长的仪式并没有等来颇堂公。正当家族里的人商量另请鬼师做其他尝试时，有人在后山的一处岩缝下发现了颇堂公的遗体。遗体旁边躺着一个深色的玻璃瓶，里面还剩下半瓶刺鼻的农药——颇堂公喝药自杀了。

几年前，颇堂公患上了"羊癫疯"（即"羊痫风"）。按照"神药两解"的传统做法，颇堂公的家人多次带他去县城和市里的医院治疗，但由于家庭困难，用药时断时续，到后来就基本放弃了；同时也请过几个口碑上佳的鬼师前来求神驱鬼，希望将致人患上羊痫风的恶鬼"拱赖贝"（kuŋ tɬæ pe）撵出家门，无奈这些法事也收效甚微。颇堂公发病时，外人都不敢过于靠近，他们担心自己也有被拱赖贝伤害的危险。时间一久，颇堂公便很少再参与家族和寨里的集体事务，生怕自己的病给大家带去麻烦；昔日的酒友们也不再邀他喝酒聊天，担心他醉酒之后病症发作。外出打工挣钱一事也因病中断，家中境况愈发困难。羊痫风使他遭受到身体和心理上的双重折磨，并因此影响到了他与儿子之间的关系，巨大的压力逼迫他几次寻死，但都被救了回来。不过百密一疏，他到底还是抓住了机会。

寨里人在得知颇堂公的死讯后，纷纷陷入恐惧。在白裤瑶人的传统观念中，凡是"非正常死亡"之人，其灵魂会变成凶死鬼四处害人，一般人都不敢接近遗体。按照规矩，家族里的几位长者从邻寨请来专门处理凶死者的老手，合计着将颇堂公送往金城江（河池市政府所在地）进行火化。颇堂公去世的后山有一条碎石小道直通寨里，平时大家都习惯从这里上下。但为了避免凶死鬼进入村寨，抬尸人不走这条小道，而是绕了很长的路从寨外的某处下了山，随后径直去往殡仪馆，家人和邻里只能隔着很远的距离目送。当天，寨里的人都早早回家关门闭户，孩子们不准外出玩耍。颇堂公的骨灰最后被放入棺材，埋葬在一个荒僻之处，后人不再追认颇堂公为家先，也不允许任何人在任何场合提到他的名字。

处理完颇堂公的后事，家里人迅速请来鬼师祭献神灵"大老爷"（tɬæ phu），祈求它保护这个残缺的家庭日后不再遭受大灾大难。数日之后他们又通知所有家族成员鬼师已定下避鬼的"休息日"，休息日当天不能出门劳作，禁止使用刀具，避免相互串门，谨防整个家族的安宁与和谐被再次打破。到了年底，寨里还举行了很多年都没动用过的"扫寨"仪式，把那几年间累积的凶险与晦气全都清扫出去，宽慰全寨人惴惴不安的心。

　　这个故事是令人悲伤的，我同情颇堂公的遭遇，为他的结局感到无比惋惜。但正因为如此，无论是作为一个外族的普通人，还是作为一名人类学研究者，我都迫切地想要了解，在白裤瑶人的传统观念中，除了羊痫风，他们如何看待其他的身体病痛？他们心理如何反应，又做何处理？当一个家庭、一个家族、一个村寨遭遇汹涌不止的集体不幸时，整个群体如何展开自我救助并维系紧密的联结呢？所谓凶死者与正常死亡的人之间有什么区别，如何面对与处理一个人从生到死的过渡才算得当，从而为死者和生者带来共享的福祉？总而言之，当面对疾病与危险、冲突与混乱、死亡与痛苦的冲击，生活正走向紊乱不堪之时，传统的信仰体系为白裤瑶人提供了什么样的"知识"与"对策"，以帮助他们渡过难关，使得日常生活可以平稳地持续下去，呈现出秩序化的状态呢？本书将围绕这个问题，力图阐释白裤瑶的信仰体系为其有序地生活提供了怎样的支撑，最终完成一项以白裤瑶为书写对象的宗教人类学研究。同时，本书也是一部描绘白裤瑶人如何"过日子"的生活民族志，展现了一个偏远族群在恶劣的自然环境中和艰难的历史条件下维系生产生活、实现世代繁衍的传统智慧与文化手段。

　　按照语言系统划分，瑶族主要分为四大支系。一是讲勉语和金门、标敏等相近方言的"盘瑶"（因信仰"盘古"或"盘瓠"而得名，其中勉语群体占绝大多数，因此也有人直接称该支系为"勉瑶"），他们的语言属于苗瑶语族的瑶语支，广泛分布于广西、云南、贵州、湖南、四川等地，如广西金秀大瑶山的坳瑶、十万大山地区的山子瑶，广东乳源的过山瑶、连南的八排窑，云南金平的红头瑶、河口的蓝靛瑶等都属于盘瑶支系。二是讲拉珈语的"拉珈瑶"（俗称"茶山瑶"），他们的语言属于壮侗语族侗水语支，主要分布于广西金秀大瑶山区。三是讲布努语（又称布瑙方言集团）和巴哼、唔奈、炯奈、优诺等相近方言的"布努瑶"，他们的语言属于苗瑶语族的苗语支，主要分布于广西的河池、百色两市和金秀大瑶山区，例如费孝通和王同惠笔下著名的花蓝瑶[①]便是

---

　　①　参见费孝通、王同惠《花篮瑶社会组织》，江苏人民出版社，1983。该瑶族支系被外　　　　界唤作"花蓝瑶"，而该书出版时采用的是"花篮瑶"的写法。

布努瑶中的炯奈方言群体。另有少部分讲平话等汉语方言的支系，主要分布于桂湘两个省份，例如广西富川县、恭城县和湖南的江永县、江华县等地①。其中，分布于广西龙胜的红瑶较为特殊，可分为两个语言群体。一部分讲布努瑶的优诺方言，俗称"山话"，另一部分讲汉语"平话"方言②。

　　本书关注的白裤瑶，是瑶族布努瑶支系布瑙方言集团里一个讲本地土语、无文字的分支群体，其男子所着的民族裤装，不论长幼，一年四季都为一条齐膝的白色低胯短裤③（冬季时膝盖以下用布带绑腿御寒），因此该分支有了"白裤瑶"的称谓。白裤瑶自称为"多努"（to nɯ），在以往的文献中还能见到"朵努""东挪""当喽"等音译，这只是不同村寨的口音差异。"努"表示"人"，它亦是布努瑶（包括白裤瑶在内）对"瑶族"的统一称谓；"多"意为"孩子、儿童、未成年"，因此"多努"可引申为"瑶族的后代、瑶族的分支"。

　　白裤瑶主要分布于广西壮族自治区河池市南丹县里湖乡、八圩乡以及跟里湖接壤的贵州省黔南州荔波县瑶山乡，其中里湖乡与八圩乡大致区域在中华人民共和国成立之初被合称为"南丹大瑶寨"④。另有少量白裤瑶人口散居于河池境内的拔贡、车河与芒场等乡镇。1990 年和 2005 年的官方资料显示白裤瑶总人口在两个时期分别为 2.58 万人⑤、2.79 万人⑥，近年来没有确凿的统计数据，田野调查中如教师、基层官员等白裤瑶文化人士均估计现在族群人口数接近 5 万人。

---

① 参见《瑶族简史》编写组《瑶族简史》，广西民族出版社，1983，第 10～14 页；黄钰、黄方平《国际瑶族概述》，广西人民出版社，1993，第 2～8 页；王明生、王施力《瑶族历史览要》，民族出版社，2005，第 6 页；玉时阶《瑶族文化变迁》，民族出版社，2005，第 154～158 页。

② 参见龙胜各族自治县民族局《龙胜红瑶》编委会编《龙胜红瑶》，广西民族出版社，2002，《前言》第 5～7 页。

③ 白裤瑶服饰的形制、纹样及其象征内涵，可参见陆朝金《白裤瑶服饰文化的解读》，《柳州师专学报》2012 年第 4 期；周少华《中国白裤瑶民族服饰》，化学工业出版社，2017。

④ 全国人民代表大会民族委员会办公室编《广西壮族自治区南丹县大瑶寨瑶族社会概况》，1958，第 40 页。

⑤ 南丹县地方志编纂委员会编《南丹县志》，广西人民出版社，1994，第 97 页。

⑥ 南丹县地方志编纂委员会编《南丹县志（1984～2005）》，广西人民出版社，2013，第698 页。

二　概念、语境和议题

宗教与巫术

本书是一项"宗教"人类学研究，而研究对象白裤瑶是一个时常求助于外界所称"巫师"、使用外界所称"巫术仪式"的文化群体，因此有必要澄清本书使用的宗教和巫术两个概念之间的逻辑关系。

早期的宗教人类学研究者习惯于强调宗教信仰与巫术信仰的不同之处。詹姆斯·乔治·弗雷泽（James George Frazer）指出，宗教是"与人格化对象建立拟人关系"，巫术是"对非人格化力量的机械操纵"，且前者的出现在人类的心智史上要先于后者①。马克斯·韦伯（Max Weber）认为宗教与巫术的区别在于前者是理性化信仰，后者是非理性化的②。马林诺夫斯基（又译马凌诺斯基，Malinowski）认为两者的区别在于巫术是一种满足低层次需要的实用工具，宗教是一种满足高层次需求的价值体系③。爱弥尔·涂尔干（Émile Durkheim）则以有无宗教组织、服务于神圣集体还是世俗个人的标准区别宗教与巫术④。弗朗兹·博厄斯（Franz Boas）和鲁思·本尼迪克特（Ruth Benedict）等关注的则是宗教与巫术在信仰态度上的区别，前者强调的是神圣存在对人施加的影响，其信仰的态度是尊崇与祈请；后者强调人对神圣存在的主动影响，其信仰的态度是操纵与利用⑤。威廉·J. 古德（William J. Goode）在前人观点的基础上还总结了宗教与巫术的一些其他重要区别，例如宗教信仰的目的是达成一些笼统的、公共性的福祉，而巫术信仰的目的通常都是具体化的；宗教信仰更强调信仰者的情感投入与皈依，宗教仪式不强调单次的目的，

---

① 〔英〕詹姆斯·乔治·弗雷泽：《金枝：巫术与宗教之研究》，徐育新等译，大众文艺出版社，1998，第47~56页。

② 参见〔德〕韦伯《宗教社会学》，康乐、简美惠译，广西师范大学出版社，2005。

③ 〔英〕马凌诺斯基：《文化论》，费孝通译，华夏出版社，2002，第57页。

④ 〔法〕爱弥尔·涂尔干：《宗教生活的基本形式》，渠东等译，上海人民出版社，2006，第38~42页。

⑤ Boas, Franz. *General Anthropology*. New York；Boston：D. C. Heath and Company, 1938：627–665.

巫术则更具有工具性，一种巫术仪式如果无法达到目的则可能立即被更换为另一种；宗教职业人士往往扮演的是守护者、预言者的角色，巫术职业人士更多的是扮演人与神圣存在之间的通灵中介①。

尽管宗教与巫术有着上述区别，但马塞尔·莫斯和昂利·于贝尔早在其巫术研究中，便从世界各地的民族志材料中搜集到诸多不同于上述区分标准的反例②。在人类宗教的发展史上，宗教与巫术几乎总是密切相关的，要画出一条明确的分界线非常困难，信仰者对待鬼神的态度都往往游移在尊崇和操纵之间③，在仪式中常展现出对鬼神的讨好与强制两种行为方式④。随着研究的深入，人类学对宗教与巫术的认识从强调其差异性逐渐转变为正视它们之间的暧昧性，并因此形成一个基本共识，即宗教与巫术的特征实际上是相互蕴含的。

宗教与巫术两种信仰方式的混融状态，在认识论根源上，是人与自然宇宙打交道而必然累积形成的一种认知与行为结果。因循生存的本能，人首先需要认识自然宇宙，宗教即是在此过程中"人为"加工和想象出来的关于自然宇宙的一套规律体系，即列维－斯特劳斯（Levi-Strauss）所言的"宗教是自然法则的人化"⑤。在建立认识的同时，人便试图去影响、改变甚至控制自然宇宙，利用它更好地满足自身所需，这便是巫术活动的动机所在，巫术活动中的人企图以自身的力量深度参与自然世界的运转，上升为其中的一环，即"巫术是人类行为的自然化"⑥。认识自然和利用自然就像硬币的两面，实属难以分割的两种诉求，因此所谓的宗教与巫术在很多情况下也是无法分离的，它们只是"在比例上相互变化的组成部分，每个部分都蕴含着另一个部分，无巫术就无宗教，没有宗教因素的巫术也不存在"⑦。

---

① Goode, William J. *Religion among the Primitives.* Glencoe: Free Press, 1951: 53.

② 〔法〕马塞尔·莫斯、昂利·于贝尔：《巫术的一般理论　献祭的性质与功能》，杨渝东等译，广西师范大学出版社，2007，第26～33页。

③ 〔英〕埃里克·J.夏普：《比较宗教学史》，吕大吉等译，上海人民出版社，1988，第121页；〔法〕爱弥尔·涂尔干：《宗教生活的基本形式》，渠东等译，上海人民出版社，2006，第44页。

④ Webster, Hutton. *Magic: A Sociological Study*, Stanford University, 1984: 44.

⑤ 〔法〕列维－斯特劳斯：《野性的思维》，李幼蒸译，商务印书馆，1997，第265页。

⑥ 〔法〕列维－斯特劳斯：《野性的思维》，李幼蒸译，商务印书馆，1997，第265页。

⑦ 〔法〕列维－斯特劳斯：《野性的思维》，李幼蒸译，商务印书馆，1997，第265页。

鉴于宗教与巫术的互涵特征，笔者需要对本书所使用的宗教与巫术两个概念的逻辑关系做出界定：本书确定以"宗教"为研究的主题概念，将白裤瑶的一切涉及神圣存在的观念体系与实践活动统称为"白裤瑶宗教"，而将"巫术"作为宗教层级之下的一个次级概念，专指白裤瑶宗教信仰中的"仪式行为"。之所以做如此处理，有两点依据。

首先，尽管许多研究者认为人们不可能对宗教下本质主义的定义①，但不可否认的是任何一种宗教都包含了如蔡华所言的共通内涵：

> 一类不以人为物质载体的观念存在和另一类以人为物质载体的观念存在（拥有与第一类观念存在相协调的文化身份的人）之间的关联，这种关联是每一种文化和每一个民族都视为真实存在的东西。②

据此可以看到以下两点。第一，在狭义上，无论是宗教还是巫术，其信仰对象在本质上皆是不以人为物质载体的各种观念存在，例如鬼、神灵、祖先，人格化的树木、石头、山水、星体，甚至是天与地，以及其他抽象的神秘力量。这些存在的共通点在于它们都具有"似人的精神主体性，超越经验与实证领域，对于非信仰者而言是不可触知、不可衡量的"③。第二，宗教与巫术都内蕴着人与神圣存在之间的某种关系，宗教与巫术对待鬼神的不同态度，即是源自信仰者所定义的人与神圣存在之关系模式的不同。而所谓宗教制度或是巫术制度，本质上都是对这种关系模式的一套规定，它指明了遵守与违背该关系模式将分别产生的后

---

① 参见 Asad, Talal. *Genealogies of Religion: Discipline and Reasons of Power in Christianity and Islam*. Baltimore, Md：Johns Hopkins University Press，1993。

② Cai Hua, Esprit humain demon（et leur medium）：La "religion" en tant que terme technique demeure-t-elle utile? FIA 国際人類学フォーラム2013，2013 – 5 – 17 シンポジウム「非覇権的な人類学を求めて‐文化の三角測量‐」（第1日）。此处引用的定义系作者本人修订之后的最新版本。作者在该定义中将第一类观念存在分为神和魔（鬼）两种，他认为其他不以人为物质载体的观念存在，例如汉族的祖先，可根据其行为对人有利或有害视为神或魔（鬼）。

③ Goode, William Josiah. *Religion among the Primitives*. Glencoe：Free Press，1951：50.

果，从而以禁忌、教义、仪式等形式约束或塑造人对待神圣存在的言语和行为。因此，宗教与巫术的概念范畴是基本相通的。这是可将后者统归于前者的前提。

其次，在确定宗教与巫术属于同一概念范畴之后，则有两种较为合适的进一步处理其层级关系的方式①。第一种方式是如黑格尔那样将巫术视作宗教发展过程中较早出现的一种形式或形态②，宗教与巫术之间是集合与子集的关系，即：

宗教为 A，

巫术、幻想宗教、己内宗教、绝对宗教，等等，分别为 A1、A2、A3、A4…，

A = {A1，A2，A3，A4…}

第二种方式是将巫术视作"宗教下面的一个子范畴，它如同禁忌、祈祷、献祭等一样"③，是宗教信仰的观念或实践组成部分，即：

宗教为 A，

禁忌、祈祷、献祭和巫术等分别是 b、c、d、e…，

A = b + c + d + e + …

本书在使用"巫术"一词的时候，指的是白裤瑶人生活中那些由职业巫觋群体操持的神圣化的仪式。这些仪式虽然也表达了对神圣存在的尊崇与敬意，但是从仪式的首要目的和具体操作来看，更加偏向于对神圣存在施加人的主观影响。故本书在论述中采用的是上述第

---

① 另外还有一种比较独特且没有得到大范围认可的处理方式。范热内普在《过渡礼仪》一书中坚持宗教和巫术不分家，用术语"巫术 – 宗教性的"来形容人们通常理解中的宗教，他将神圣存在有关的观念形态叫作宗教，将处理与神圣存在有关的事务的方法集合（所有神圣仪式与信仰行为）叫作巫术。参见〔法〕阿诺尔德·范热内普《过渡礼仪》，张举文译，商务印书馆，2010，第 11 ~ 12 页。

② 参见〔德〕黑格尔《宗教哲学》（上卷），魏庆征译，中国社会出版社，1999 年。

③ 金泽：《巫术、宗教与科学：既是分类，也是发展序列？》，载金泽、赵广明主编《宗教与哲学》第 2 辑，社会科学文献出版社，2013，第 161 ~ 181 页。

二种概念层级关系，强调巫术是构成白裤瑶信仰体系的一个仪式实践部分①。值得一提的是，白裤瑶人也有"蛊"的说法，但本书之所以不讨论该现象，是因为它不符合本书所采纳的宗教定义。白裤瑶人观念中的蛊指的是由人释放出来的一种害人的毒虫或是用特殊植物制作而成的摄人心魄的迷药。一方面蛊不具有精神和意志上的人格主体性，而是受放蛊人指使的工具；另一方面虽然蛊具有一定的神秘特质，例如普通人看不见、可以跨越空间，但它与人之间不存在直接的主体间关系，其背后真正蕴藏的是所谓放蛊人与被害人之间的"社会关系"。

"瑶族"的整体语境

20 多年前，著名瑶学专家张有隽在评价当时瑶族宗教研究的状况时，认为其"缺乏人类学的视角和方法论指导"，其中多数的研究"要么限于现象描绘，要么限于史实争辩。描述现象的文章准确、细腻的并不多，争辩史实的文章其价值更多是史学意义上的，对于认识瑶族宗教的制度化运作和瑶族整体文化来说都显得较为粗浅"②。该观点既是作者对彼时瑶族宗教研究的全局式总结，在一定程度上也是他的一种自我回顾与反思，因为在他自己早期的研究中，人类学意味或许就没有达到他所期待的"浓度"。

在《瑶族宗教信仰史略》系列论文中，张有隽结合田野调查与文献

① "巫术"在英文中没有指明实际用途或是用于统称时，常用 magic 表达，例如弗雷泽的《金枝：巫术与宗教之研究》一书的英文书名叫作 *The Golden Bough：A Study in Magic and Religion*，再如莫斯所著《巫术的一般理论》的英文书名叫作 *A General Theory of Magic*，此种情况下巫师则用 magician 表达。但更多时候 magic 是指与西方神话中的 sorcery（妖法）、西方巫术传说中的 black magic（黑巫术）等邪恶巫术相对的福祉巫术，也就是民间所称的 white magic（白巫术）。另外，witchcraft 是特指女巫（witch）的巫术或者作为巫术的统称，wizardry 是特指男巫（wizard）的巫术。但有两种情况需要注意。第一，西方文化中的女巫通常被认为是邪恶的，而男巫是一种中性存在，可翻译为"术士"，因此 witchcraft 更偏向邪恶巫术的内涵，wizardry 更偏向福祉巫术的内涵，而专门指代邪恶男巫的还有 warlock 和 sorcerer 两个单词。第二，当 witchcraft 与 magic 混用时，一般前者指代邪恶巫术，后者指代福祉巫术，此种情况下，magic 有被翻译为"魔法"的例子，例如普理查德的《阿赞德人的巫术、神谕和魔法》一书的英文书名就叫作 *Witchcraft, Oracles and Magic among the Azande*，其中的 witchcraft 是邪恶巫术，magic 是福祉巫术。白裤瑶文化中的巫术仪式都是以获得福祉为根本动机的，内涵等同于上述阿赞德人的 magic。

② 张有隽：《瑶族宗教信仰的人类学意义》，《广西民族学院学报（哲学社会科学版）》1996 年第 3 期。

史料，试图勾勒出一个一体式的瑶族宗教发展史。他认为瑶族宗教信仰的初始阶段是简单的万物有灵阶段，那时人们过着采集狩猎的生活，飞禽走兽、山林水泽、日月天地都是崇拜的对象。进入农耕经济阶段，谷物也进入被崇拜的行列，农业生产的禁忌逐渐发展出来。最后，因为鬼魂观念的兴起，人们开始崇拜祖先，对神话传说中盘瓠的集体祭祀，是祖先崇拜的表现之一①。接着他考察了瑶族鬼师群体的产生过程，认为出现鬼魂崇拜之后，鉴于人鬼之间无法直接交流，于是作为中介桥梁的鬼师群体出现了，鬼神附体造就了鬼师通灵的能力。往后发展，鬼师群体逐渐分化，变得更为职业化，出现了"问鬼公""烧香公"等不同角色。发展到高级阶段，鬼师不仅需要鬼神授权，而且已经成为有固定科仪，需要传道承袭、建立师徒关系的一种职业角色②。到了宋朝之前的时期，道教传入瑶族地区并与原生宗教融合，此时瑶族人从神鬼不分到将它们分开来看待，出现神灵的等级体系，阴间和阳间二元结构的宇宙观也在这个阶段产生。鬼师群体学习的科仪此时也变得更为系统，以道教经典为文字依据的各种喃鬼之词，使得巫术的传授和施行变得更加有章可循，法器也变得更为多样化，有鼓、锣、钹、剑、印鉴等③。最后，作者认为在近现代时期，瑶族的宗教演变出较为固定的局面和结果："道教仍然是主要的，原始巫教是次要的"④，在道教的影响下，"教义、教规、宗教组织、经典及法具至于完善，发展成了包含儒、释、道多种宗教成分而又具本民族特色的原始宗教"⑤。

上述宗教史式的研究固然经典，但正如作者自己评论的那样，这些研究缺乏对宗教日常及其文化意义的关怀，因此对于理解瑶族社会的运行和瑶族人的生活世界来说显得力度不够。除此之外，我们还应该注意

① 张有隽：《瑶族宗教信仰史略（一）》，《广西民族学院学报（社会科学版）》1981 年第3 期。

② 张有隽：《瑶族宗教信仰史略（二）》，《广西民族学院学报（社会科学版）》1981 年第4 期。

③ 张有隽：《瑶族宗教信仰史略（三）》，《广西民族学院学报（社会科学版）》1982 年第1 期。

④ 张有隽：《瑶族宗教信仰史略（四）》，《广西民族学院学报（社会科学版）》1982 年第2 期。

⑤ 张有隽：《瑶族宗教信仰史略（三）》，《广西民族学院学报（社会科学版）》1982 年第1 期。

到其研究中的另一个缺憾，即作者始终将“瑶族宗教”作为一个模糊的整体来看待，在陈述观点时，撷取不同瑶族支系的案例进行混合论证，呈现给读者这样一种印象：各地、各支系的瑶族宗教是同质化的。与此类似的还有另一位瑶学专家玉时阶的研究，他也划分了瑶族宗教发展的诸阶段，对每一个阶段的各种宗教崇拜进行了细节化的分析，同样用不同瑶族支系的信仰实践拼接出一个看似缺乏内部多样性的“瑶族宗教”①。

　　事实上，在以往的研究中所谓接受道教影响或者被称作信仰“瑶传道教”的群体，指涉的均为盘瑶或拉珈瑶支系。远如在费孝通指导之下胡起望和范宏贵的“盘村”瑶族宗教信仰调查②，岭南学人的代表江应樑在广东的瑶族宗教信仰调查③；近如张泽洪对十万大山山子瑶的研究④，徐祖祥对云南过山瑶的研究⑤，罗宗志等对瑶族师公的专门研究⑥，以及黄方平⑦与何红一⑧对美国瑶族的研究，其对象均为盘瑶。国外学者如法国的雅克·勒穆瓦纳（Jacques Lemoine）等⑨和司马虚（Mi-

①　玉时阶：《瑶族文化变迁》，民族出版社，2005，第273～323页。
②　胡起望、范宏贵：《盘村瑶族》，民族出版社，1983，第235～255页。
③　江应樑：《广东瑶人之宗教信仰及其经咒》，《民俗》1937年第3期。
④　参见张泽洪《仪式象征与文化涵化——以瑶族度戒的道教色彩为例》，《民族艺术》2013年第2期；张泽洪《瑶族社会中道教文化的传播与衍变——以广西十万大山瑶族度戒为例》，《民族研究》2002年第1期；张泽洪《道教传入瑶族地区的时代新考》，《思想战线》2002年第4期；张泽洪《中国南方少数民族的梅山教》，《中南民族大学学报（人文社会科学版）》2003年第4期。
⑤　参见徐祖祥《论过山瑶道教的科仪来源和教义特点》，《贵州民族研究》2003年第2期；徐祖祥《论瑶族道教的教派及其特点》，《中国道教》2003年第3期；徐祖祥《瑶族的宗教与社会：瑶族道教及其与云南瑶族关系研究》，云南人民出版社，2006。
⑥　参见罗宗志、刘志艳《神圣与世俗——广西一个山地瑶族师公的信仰和生活》，《宗教学研究》2012年第1期；罗宗志《瑶族的宗教文书——以桂北一位盘瑶师公所收藏之宗教经书为例》，《宗教学研究》2015年第3期。
⑦　黄方平：《美国西海岸瑶民社会考察》，《广西民族研究》1989年第1期。
⑧　何红一：《美国瑶族文献与世界瑶族迁徙地之关系》，《中南民族大学学报（人文社会科学版）》2011年第5期。
⑨　Lemoine, Jacques, and Donald Gibson. *Yao Ceremonial Paintings*. Bangkok, Thailand: White Lotus Co., 1982；〔法〕雅克·勒穆瓦纳：《瑶族的宗教：道教》，覃光广、冯利译，《民族译丛》1987年第2期；〔法〕雅克·勒穆瓦纳：《勉瑶的历史与宗教初探》，《广西民族学院学报（哲学社会科学版）》1994年第4期。

chel Strickmann) [1]，日本的白鸟芳郎 [2]、竹村卓二 [3]，美国的彼得·K. 坎德雷（Peter K. Kandre） [4] 以及泰国的差博·卡差·阿南达 [5] 关注的东南亚各地瑶族，也均为勉语群体。刘元保 [6] 和苏德富、刘玉莲 [7] 等的研究瞄准的则是拉伽瑶的宗教信仰。

盘瑶宗教与拉伽瑶宗教的共同特点是深受道教传统影响 [8]，这种影响自北宋宋徽宗时期甚至更早的秦汉时期开始 [9]，以正一道和梅山教等派别的作用最甚 [10]。由于盘瑶与拉伽瑶两个支系的人口占比大，其宗教信仰又坐落在道教的大型话语体系和经典研究脉络中，多有研究者以他们的宗教代表"瑶族宗教"为整体。而瑶族的另一大支系，讲布努语的布努瑶支系，其宗教信仰并没有出现在上述研究话语中。一直以来，瑶族研究者对布努瑶群体的关注可谓远远不够。虽然早在 20 世纪

---

[1]　Strickmann, Michel. "The Tao among the Yao: Taoism and the Sinification of South China". *Peoples and Cultures in Asiatic History: Collected Essays in Honour of Professor Tadao Sakai on His Seventieth Birthday*, 1982: 27 – 28.

[2]　〔日〕白鸟芳郎编著《东南亚山地民族志》，黄来钧译，云南省历史研究所东南亚研究室，1980，第 46 ~ 58 页；〔日〕白鸟芳郎：《〈瑶人文书〉及其宗教仪式》（一）、（二），肖迎译，《云南档案》1995 年第 3、4 期。

[3]　〔日〕竹村卓二：《瑶族的历史和文化：华南、东南亚山地民族的社会人类学研究》，金少萍等译，民族出版社，2003。

[4]　Kandre, Peter K. "Yao (Iu Mien) Supernaturalism, Language, and Ethnicity". Banks, David J., ed. *Changing Identities in Modern Southeast Asia*. Walter de Gruyter, 2011: 171 – 197; Kandre, Peter K. "Alternative Modes of Recruitment of Viable Households Among the Yao of Mae Chan". *Southeast Asian Journal of Sociology*, 1971: 43 – 52.

[5]　〔泰〕差博·卡差·阿南达：《泰国瑶人——过去、现在和未来》，谢兆崇、罗宗志译，民族出版社，2006。

[6]　刘元保：《茶山瑶的道教信仰》，《中国道教》1992 年第 2 期；刘元保、莫义明：《茶山瑶文化》，广西人民出版社，2002，第 218 ~ 244 页。

[7]　苏德富、刘玉莲编著《茶山瑶研究文集》，中央民族学院出版社，1992。该文集包含刘玉莲与苏德富合作的三篇文章，分别是《试论道教文化与茶山瑶民间文化之关系》《再论道教文化与茶山瑶民间文化之关系》《三论道教文化与茶山瑶民间文化之关系——做功德及功德精神》。

[8]　目前，有关道教与瑶族宗教之间的关系存在争论，有人认为瑶族宗教是一种严重道教化的"瑶传道教"，也有人认为其仅仅是与道教形似的原生宗教，还有人认为其与道教互为影响、相互涵化。多方观点可参见袁君煊《瑶族宗教与道教关系研究综述》，《宗教学研究》2016 年第 4 期。

[9]　张泽洪：《道教传入瑶族地区的时代新考》，《思想战线》2002 年第 4 期。

[10]　参见徐祖祥《论瑶族道教的教派及其特点》，《中国道教》2003 年第 3 期；张泽洪《中国南方少数民族的梅山教》，《中南民族大学学报（人文社会科学版）》2003 年第 4 期。

30 年代，费孝通与王同惠就对布努瑶中的花蓝瑶一支进行过亲属制度
与社会结构的研究①，金陵大学民族学家徐益棠也对花蓝瑶的宗教信仰
有过考察②，却由于该支处于广西金秀大瑶山一带③，深受当地盘瑶传统
影响，且与布努瑶分布集中的广西河池和百色两市相距甚远，因此人
们很少从布努瑶的角度来看待花蓝瑶的相关研究。具体到布努瑶的宗
教信仰，它有着怎样的历史和渊源？在当下呈现出什么样的信仰内容
和实践状态？在其族群社会中的功能与地位如何……除了叶建芳等学
者的论文④之外，诸多问题尚待进一步考察。总之，布努瑶研究的现状
可以概括为"研究起步晚"、"成果少"、"团队未形成"以及"学术价
值未被认可"⑤，因而属于布努瑶支系的白裤瑶文化值得我们单独看待与
书写。

聚焦白裤瑶

近年来，以白裤瑶为对象的研究逐渐增多，有的偏向于人文旅游，
以风俗简介和图片说明成书⑥，有的以白裤瑶地区为案例探讨民族教育
发展问题⑦，还有的以白裤瑶民族生态博物馆为例审视文化保护的国家

---

① 参见费孝通、王同惠《花篮瑶社会组织》，江苏人民出版社，1988。
② 参见徐益棠《广西象平间瑶民之占卜、符咒与禁忌》，《中国文化研究汇刊》1942 年第
　 2 卷；徐益棠《广西象平间瑶民之宗教及其宗教的文献》，载杨成志等《瑶族调查报告
　 文集》，民族出版社，2007，第 169～186 页。
③ 费孝通夫妇二人和徐益棠的田野点都在今广西象州县，位于金秀大瑶山西侧。
④ 参见叶建芳《人观与秩序：布努瑶送魂仪式分析》，《广西民族研究》2014 年第 6 期；
　 叶建芳《从姻亲与地缘关系视角看布努瑶祖先崇拜》，《广西师范大学学报（哲学社会
　 科学版）》2015 年第 5 期；叶建芳《民间信仰的"制度性"探讨——以加文村布努瑶
　 为例》，《宗教社会学》2016 年第 4 期；叶建芳《民间信仰：世俗化？社会化？还是生
　 活化？——以布努瑶为个案》，《广西民族师范学院学报》2018 年第 2 期。其他零星成
　 果可参见罗柳宁《布努瑶雷公庙的文化内涵解读——七百弄布努瑶信仰文化研究之
　 一》，《广西民族研究》2017 年第 2 期；王玲霞《布努瑶民间信仰现状研究——以大化
　 县弄冠村为例》，《广西民族师范学院学报》2012 年第 2 期。
⑤ 覃琮：《世界瑶学中的布努瑶研究：回顾与展望》，《西南民族大学学报（人文社科
　 版）》2015 年第 11 期。
⑥ 廖明君：《石头山上有人家——广西南丹白裤瑶文化考察札记》，广西人民出版社，
　 2006；伍永田主编《原原本本白裤瑶》，广西美术出版社，2007。
⑦ 黄胜：《民族地区学校教育价值定位的反思与建构——以瑶山白裤瑶的学校教育价值取
　 向变迁为例》，西南财经大学出版社，2015；黄胜：《试论瑶山白裤瑶从"逃学"到
　 "向学"转变的原因及其启示》，《民族教育研究》2011 年第 3 期。

实践与治理意涵①，最新的研究则多探讨精准扶贫和乡村振兴背景下的白裤瑶社会进程②。此外，医学③、艺术（包括音乐、舞蹈、服饰和建筑等）④、旅游学⑤以及体育学领域⑥也有以白裤瑶为研究对象的成果。而文化与社会人类学方向的研究开展得最早，始于 20 世纪 50 年代的民族调查，迄今已有近 70 年的积累，涉及族群史、经济活动、民族关系、亲属制度和信仰体系等议题。其中亲属制度的内容较多，信仰体系的内容则相对较少，且主要集中于两个方面：一是从丧葬仪式看白裤瑶的宇宙观，二是讨论神圣存在以及宗教职业群体的问题。下面本书将以玉时阶的《白裤瑶社会》⑦为内容线索，通过解读书中的观点来整合评析其他代表性文献。选取该书为线索的原因在于：首先，作为国内第一部白裤瑶专题著述（此前同类文献都为国家主持的民族调查资料汇编），其内容全面，涵盖了白裤瑶信仰体系的各个方面；其次，玉时阶是关注白裤瑶时间最长、成果最多的著名学者之一，对白裤瑶研究做出了巨大贡献，其关于白裤瑶社会性质与文化特征的论断多具有代表性。

1. 葬仪中的宇宙观

白裤瑶的信仰体系异彩纷呈，包括《白裤瑶社会》在内的重要研究成果皆从丧葬仪式开始铺陈宇宙观。严格说来，丧葬仪式是亲属制度的

---

① Nitzky, William. "Mediating Heritage Preservation and Rural Development：Ecomuseum Development in China". *Urban Anthropology*, 2012：367 – 417；Nitzky, William. "Institutionalizing 'Living Heritage'：Ecomuseum Development In Rural China". XVIII ISA World Congress of Sociology, 2014.

② 参见胡牧君《白裤瑶教育精准扶贫现状及对策探析》，《广西民族大学学报（哲学社会科学版）》2019 年第 5 期；玉时阶、玉璐《边疆石漠化特困地区"直过民族"精准脱贫研究——以广西南丹县里湖白裤瑶聚居区为例》，《广西社会主义学院学报》2020 年第 2 期。

③ 参见罗载刚等《白裤瑶体质人类学研究》，《人类学学报》2003 年第 2 期。

④ 参见赵凌《白裤瑶铜鼓音乐文化的地方性知识——以贵州省懂蒙寨为例》，《中国音乐》2017 年第 1 期；付宜玲《广西白裤瑶"勤泽格拉"之空间互语与类别化传承》，《北京舞蹈学院学报》2019 年第 6 期；周少华《中国白裤瑶民族服饰》，化学工业出版社，2017；尤杰、李建军《黔南白裤瑶传统建筑演变解析——以荔波瑶山乡为例》，《建筑与文化》2020 年第 5 期。

⑤ 参见罗传清《论南丹白裤瑶年街节的本真性旅游价值取向》，《河池学院学报》2017 年第 4 期。

⑥ 参见王标、杨海、张萍《少数民族原始宗教与民俗体育文化形成的文化生态学分析——以广西南丹白裤瑶为个案》，《广西社会科学》2016 年第 11 期。

⑦ 玉时阶：《白裤瑶社会》，广西师范大学出版社，1989。

组成部分，但鉴于作者认为"丧葬，可以反映一个民族社会生活中宗教迷信色彩的成分"①，且实际生活中，白裤瑶的葬礼也以惊人的密度展现了其宇宙观，因此将它纳入宗教主题合情合理。丧葬仪式也因此成为白裤瑶信仰体系研究中最热门的议题。

玉时阶在出版该著作之前就发表过两篇研究丧葬的论文，文中对丧葬形式的考古研究是一大特色，作者通过实地调查和史料回溯，确定白裤瑶经历了从古时岩洞葬到土葬的转变②。后来也有研究者进一步跟进③。这些探讨弥足珍贵，此前的官方调查几乎不涉此题。而在《白裤瑶社会》中，玉时阶论述的核心部分则是白裤瑶的土葬，他不仅描述了葬仪的局部细节，且对支撑仪式的灵魂观念和祖先崇拜做了有益的关联分析。除了玉时阶，对土葬仪式考察最为详尽的要数姜永兴、杨庭硕。他们从葬礼上"奇特的食俗"追溯到白裤瑶的远古生活状态，接着论及山林生活与"魂""鬼"等观念之间的环境决定论式的关系，然后从葬礼仪式的组织过程反观社会结构，最后分析殉葬品如何反映白裤瑶的生产习俗④。两位作者努力实现从丧葬切入以观整体社会的可能。同样做此努力的还有韩国的安哲相（안철상）。他透过葬礼中的人事安排探讨白裤瑶男女两性的社会作用和地位⑤。姜、杨二人的论文最后总结白裤瑶葬礼的目的在于"将死者的灵魂交送祖宗的灵魂们，并保证其阴府的生活安逸舒适"。这里出现了与宇宙观极为密切的三个概念："祖先"（祖宗）、"灵魂"和"阴间"（阴府）。

关于祖先，研究者多从行为上描述白裤瑶人对祖先和灵魂的一体式崇拜，但祖先角色的生成、它们与人的互动关系却甚少涉及。在灵魂观

---

① 玉时阶：《白裤瑶社会》，广西师范大学出版社，1989，第 68 页。

② 张一民、何英德、玉时阶：《广西南丹县里湖瑶族公社岩洞葬调查及初步探讨》，《广西师范学院学报（哲学社会科学版）》1983 年第 3 期；玉时阶：《广西南丹县白裤瑶丧葬制度研究》，《广西民族学院学报（哲学社会科学版）》1985 年第 2 期。

③ 张世铨、彭书琳、周石保、吴伟峰：《广西南丹县里湖岩洞葬调查报告》，《文物》1986 年第 11 期。

④ 姜永兴、杨庭硕：《赶山烧畲的真实写照——白裤瑶丧葬剖析》，《中央民族学院学报》1986 年第 4 期。

⑤ 안철상, 인도네시아 바라 (Bara) 족, 중국 흰 바지 야오족 (瑤族) 에서의 성적 (性的) 제의와 진도 다시래기의 아기 낳기 놀이의 비교, 비교민속학 (比較民俗學), 2009.04 (Vol. 38)：165 – 203.

念方面，韩国的金仁喜（김인희）观察到招魂仪式中用衣物承载灵魂的做法，认为灵魂观念源于人类从衣不蔽体到衣物裹身的转变过程，灵魂是衣物功能的想象式结果①；在最近的研究中，蒋立松讨论了白裤瑶的养蚕习俗和蚕丝装饰，认为人们对蚕丝的热爱源自对桑蚕生命不息的认知，它同构于灵魂不灭的信仰②。但是，关于灵魂的来源、其与身体的关系、其如何被感知等问题几乎无人问津。至于阴间是什么形态、与人的生活世界如何区分、其中有哪些存在物，现有文献中少有具体描绘。缺失上述三方面的翔实论述，我们便无法获得一个清晰的宇宙观轮廓。

以往的研究还特别关注葬礼中的"牛祭"仪式。关于白裤瑶牛祭的目的，有研究者做了考古学意味的解释，认为牛祭是白裤瑶人放弃葬礼上的食人俗，转而以牛替之的历史发展结果；视牛祭为白裤瑶人心性和社会进化的一个转折性标志③。这种观点将社会发展的结果当作原因，况且食人俗仅仅是一个传说，它与现实之间的联系并非总是基于因果逻辑且难以考证。较为可取的路径是从白裤瑶文化的主位视角进行溯源，这样的解释框架主要有两种。第一种将牛视作白裤瑶的图腾，认为由于人对牛怀有崇敬之情，因此"牛"才成为祭丧仪式的主角④。这合乎献祭理论中的"圣餐"之说⑤，经由共享图腾之牛，逝者与生者本有的亲缘关系及其附带的权利和义务继续维持。第二种观点更为主流，它立足于献祭理论中的"礼物"立场⑥，认为牛祭寄托了白裤瑶人对逝者的哀思、缅怀和孝敬，生者赠予逝者食物，逝者才会以祖先的身份在某种程

---

① 김인희,흰바지야오족 옷에 반영된 닭 숭배,동아시아고대학회（The Association of East Asian Ancient Studies），2004.06：235－278.

② 蒋立松：《物态与象征——白裤瑶蚕丝文化中的生命符码》，《西南民族大学学报（人文社科版）》2016 年第 3 期。

③ 玉时阶：《白裤瑶社会》，广西师范大学出版社，1989，第 69 页；磨现强：《白裤瑶砍牛丧葬习俗刻录的上古史》，《广西师范学院学报（哲学社会科学版）》2011 年第 3 期。

④ 雷文彪：《广西南丹白裤瑶葬礼仪式的审美人类学考察》，《广西民族研究》2010 年第 3 期。

⑤ 献祭的圣餐说主要来自史密斯的闪米特人研究，参见 Smith, W. Robertson, *The Religion of the Semites: The Fundamental Institutions*, New York：Schocken Books，1972：213－243。

⑥ 献祭的礼物说最早始于泰勒的研究，参见〔英〕爱德华·泰勒《原始文化》，连树生译，上海文艺出版社，1992，第 796～863 页。

度上福佑后人①。

　　前人的论断不无道理，但遗憾之处在于，这些研究都缺失对牛祭仪式规程和象征的细致解读。欲看到牛祭更为深层的文化内涵，需要从仪式的可观察部分入手，考察仪式的步骤、动作、念词、器具和禁忌所组成的表征体系，再结合与"牛"密切相关的土地意识、财富观念和生活习惯，体现"祭"的灵魂观念和祖先观念等，从而追溯其信仰之源和意义之根。

　　2. 神圣存在体系

　　《白裤瑶社会》在丧葬部分之后进入对神圣存在的考察，认为白裤瑶人信仰的对象既有人格化的自然物，也有各种抽象力量的观念存在，包括"神祇"、"祖先"和"鬼"等。这部分内容脱胎于作者早年的论文《白裤瑶的宗教信仰》②，从其写作方式和考察深度来看，正如作者自己所说的，是"对白裤瑶的宗教信仰进行初步探讨"。之后，在朱荣等几位学者合著的《中国白裤瑶》一书中，关于神圣存在的研究内容与《白裤瑶社会》区别甚微③。

　　这两部著作同时忽略的一个部分是白裤瑶人对神圣存在的本土分类，这是考察信仰体系的一项前提。行文中，两部著作都直接移植汉族民间信仰中典型的神、鬼和祖先的三分法用以讨论白裤瑶信仰中的神圣存在，不仅在神圣存在的类型上将白裤瑶与汉族对等起来，在各类神圣存在的属性上也将白裤瑶与汉族视为相通。但我们首要考虑的问题应该是，白裤瑶语言中有无神、鬼和祖先的对应词；其次还要追问白裤瑶人所指的神、鬼和祖先，其各自的身份地位和属性特征是否与汉族人的认知一致。如果不细究各种在地的神圣存在概念，研究者便无法界定它们在白裤瑶观念宇宙中的"结构位置"，即它们与人的具体关系以及它们对生活世界的具体影响，亦无法准确阐释与各种神圣存在相关的宗教活动的目的

① 参见玉时阶《广西南丹县白裤瑶丧葬制度研究》，《广西民族学院学报（哲学社会科学版）》1985年第2期；姜永兴、杨庭硕《赶山烧畲的真实写照——白裤瑶丧葬剖析》，《中央民族学院学报》1986年第4期；玉时阶《白裤瑶社会》，广西师范大学出版社，1989，第68~88页；朱荣等《中国白裤瑶》，广西民族出版社，1992，第159~165页；王金秀、覃文衡《白裤瑶祭祀舞蹈——"砍牛"》，《民族艺术》1993年第4期。
② 玉时阶：《白裤瑶社会》，广西师范大学出版社，1989，第73~80页。
③ 朱荣等：《中国白裤瑶》，广西民族出版社，1992，第170~171页。

和社会功能。

在神圣存在的个案研究中，柏果成等①着重论述了恶鬼这种类型。该研究以举例的方式阐述了个别恶鬼的来历、"害人"的手段和消除其负面影响的仪式，但并没有探讨恶鬼在形态、名称和秉性上的类别差异，也没有讨论人与恶鬼的互动形式，也未与白裤瑶文化和社会的其他方面做任何勾连。《中国白裤瑶》一书重点关注了白裤瑶信仰中的神祇，包括自然神、生产神，再到村寨和家屋的保护神，对神祇与人的关系以及人如何通过仪式与神祇形成互动都有相关论述②。对比而言，杨庭硕、姜永兴对寨神的研究则显得更为精专③。他们从白裤瑶信仰体系的整体状况开始描述，继而引出了寨神这一具体神祇，人们如何看待寨神、如何将其人格化以及寨神的作用等都有所谈及。通过与青裤瑶的比较，他们还认为白裤瑶的寨神分主次，一寨两神的现象反映了白裤瑶古时的两种居住形态。这个结论带着强烈的考古学推理性质，但重要的是它将寨神置于更为广泛的社会现实基础上进行分析，有益于人们理解信仰体系的社会功能。

除了神圣存在的分类与个案研究，值得关注的还有人与神圣存在之间如何沟通的问题。人与神圣存在的沟通是宗教仪式的实践基础，其重要性不言而喻，较为遗憾的是《白裤瑶社会》在此方面的考察阙如。其后《中国白裤瑶》的出版弥补了这点不足。其对作为通灵群体的鬼师（书中称作"魔师"）进行了扼要论述，包括鬼师的形成、职责和能力等方面，并将鬼师在白裤瑶社会中的角色和地位浓缩为"领袖"二字④，鬼师有着保护与指挥普通人的上位身份。持同样看法的还有韩国的金仁喜⑤。

但在一个关键环节上，《中国白裤瑶》一书的判断值得商榷：作者在描述鬼师成巫时，认为这个结果事出偶然，多次成功通灵的巧合导致一个人对自身鬼师身份的确认。通常情况下，通灵成功是成巫的一项客

---

① 柏果成、史继忠、石海波：《贵州瑶族》，贵州民族出版社，1990，第 60～61 页。

② 朱荣等：《中国白裤瑶》，广西民族出版社，1992，第 170～182 页。

③ 杨庭硕、姜永兴：《白裤瑶传统信仰寨神剖析》，《学术论坛》1983 年第 6 期。

④ 朱荣等：《中国白裤瑶》，广西民族出版社，1992，第 202～205 页。

⑤ 参见김인희，흰바지야오족 사회와 신앙，경인문화사．2004。

观指标，而不是原因。它只能解释为什么谁能做鬼师而谁不能；它无法解释为什么鬼师可以通灵普通人却做不到。因此，问题的方向应该指向通灵能力的获得，鬼师在本质上与普通人的差异。在中国西南诸多少数民族的传统信仰体系中，是作为社会边缘与非主流人群的神秘属性造就了通灵者成巫的资质，那么白裤瑶的鬼师是否亦是如此呢？除此，书中也未详细考察鬼师"通灵"的具体过程、仪式技术和行为表现。对鬼师的研究之所以重要，原因在于我们可以通过比较他与盘瑶、拉伽瑶社会中高度制度化的师公群体，从而判断白裤瑶宗教是否具有个案的特殊性，进一步理解瑶族宗教文化的内部多样性以及由此反映出的瑶族与外部文化交流与交融的多样性。

3. 后续的研究空间

前人的研究已经触及白裤瑶传统信仰体系的所有面向，包括宇宙空间、神圣存在、人的构成概念等，但遗憾之处也是较为明显的。

首先，对一个族群进行人类学研究，最重要的目的是获取对该族群的整体认识。作为整体的白裤瑶，其形象寓于成体系的族群传统文化观念中。以"体系"来衡量前人的研究，无论是亲属制度方面还是信仰体系方面，总体上这些成果都偏向于民族调查资料的汇编，白裤瑶的文化图景和族群形象趋于碎片化。前述张有隽在20多年前对瑶族宗教研究的评价，当下也依然在一定程度上适用于白裤瑶信仰体系研究的现状。要呈现白裤瑶信仰体系的整体图景，不仅需要描述与信仰有关的各项社会与文化事实，对其进行概念的释义，还需要厘清各事实之间的逻辑关联，揭示从观念到行为再到制度生成的因果机制，探究白裤瑶人如何生活以及为什么会如此生活，白裤瑶社会如何运作以及它为什么会如此运作。

其次，对一个族群进行人类学研究，尚须遵从族群的主位性要求。重要的白裤瑶研究成果多产生于20世纪八九十年代，如前述两部著作《白裤瑶社会》和《中国白裤瑶》，由于时代的缘故，它们多以文化进化论为理论指导，在将信仰体系当作文化遗留物看待的前提下，鲜有深究其中的在地概念，也甚少关心它是在怎样的现实条件中生根又是怎样回应人的现实之需的，更较少洞悉信仰体系对于白裤瑶人生活运转与社会运行的意义。一言以蔽之，当时的成果并没有很好地实践人类学的主位性要求。在当前中国少数民族研究的语境中，尊重文化主体性发展、促进民族平等团结的诉求已经成为一种共识①，这便要求我们从白裤瑶的在地概念出发，将白裤瑶的信仰体系作为他们眼中的日常生活而非我们眼中某种"迷信"的遗留物来书写。不过进化论的视角并没有影响八九十年代那批研究成果的价值，当时的研究者对信仰体系作为白裤瑶文化传统之重要性的判断，仍然是当下做研究有价值的指导。研究认为，那些鬼神观念以及相应的风俗习惯构成了白裤瑶人最基本的社会生活，人们脱离它们便不再成为一个文化体。正如玉时阶所说的，"宗教文化仍然是瑶族文化体系中不可分割的组成部分……广大瑶族群众往往把对他们的宗教文化之尊重与歧视，看作是对他们的民族之尊重与歧视"②。

以人类学"整体主义"和"主位视角"的基本要求来衡量，当前对白裤瑶信仰体系乃至白裤瑶整体社会还值得进行进一步的民族志书写。以往的研究虽然已经囊括了白裤瑶信仰体系的各个方面，但是人类学的民族志要求将所有方面都放置在文化内部来看待，按照白裤瑶文化内部本有的关系来勾勒其制度化的整体图景，而非仅仅按照外部的分类图式陈列文化现象。

信仰与秩序

宗教信仰与秩序生产贯穿了宗教人类学研究的始终。在宗教起源的探讨中，有以下几类学说。一类认为宗教源自人对无法理解与把握之事物和现象的本质求索，代表性的如麦克斯·缪勒（Max Müller）认为宗教起源于人们把握无限感的需求，无限感产生自那些超越认知与解释的事物和现象③；爱德华·泰勒（Edward Tylor）认为宗教的雏形是对灵魂的信仰，灵魂观念是在人类试图理解生死、梦境等现象的情况下产生的④；弗雷泽认为无论是巫术还是宗教，都是出于调适自然以顺应生活的目的，区别在于前者妄图控制，后者寄于崇拜⑤。另一类是以涂尔干

---

① 王建民：《扶贫开发与少数民族文化——以少数民族主体性讨论为核心》，《民族研究》2012 年第 3 期。

② 玉时阶：《瑶族宗教文化剖析》，《广西民族大学学报（哲学社会科学版）》1990 年第 3 期。

③ 参见〔英〕麦克斯·缪勒《宗教的起源与发展》，金泽译，上海人民出版社，2010。

④ 〔英〕爱德华·泰勒：《原始文化》，连树生译，上海文艺出版社，1992，第 404 ~ 864 页。

⑤ 参见〔英〕詹姆斯·乔治·弗雷泽《金枝：巫术与宗教之研究》，徐育新等译，大众文艺出版社，1998。

为代表的社会起源说，其认为宗教的雏形是图腾崇拜，而图腾产生于对社会集体意识及其强制力的敬畏与崇拜，神圣存在体系实则都是社会本身的象征衍生，它们代表的是一种凌驾于个体之上的规范①。还有一类是较为特别的心理起源说，以弗洛伊德为代表。他认为原始氏族社会中以父亲为中心的权力结构形成了儿子的弑父情结，儿子为了压制破坏社会稳定的弑父冲动，以及消除痛恨父权与畏惧父权的内在矛盾，将父亲形象投射到图腾物上加以崇拜，这便是宗教的起源②。尽管对宗教起源的推论与解释是多元化的，但上述经典学说有一个显而易见的共识：宗教信仰导源于人对社会或生活之秩序化的基本追求。

起源问题在一定程度上可以转化为宗教的功能问题，即人为了满足什么样的需求而想象了神圣存在和宇宙世界的运行法则。因此紧跟对宗教起源问题的探讨，是研究者对宗教产生之后其具体功能的解释。一类解释是心理功能路径，如马林诺夫斯基认为当人们在理智和经验中找不到生活出路的时候便会求助于信仰体系③，它帮助个体摆脱精神冲突与人格解组，这种需求是与整个社会组织相匹配的④；莫斯则将这种心理功能扩展至更大的范围，认为巫术（宗教）能够疏解全体社区成员在压力之下的一系列集体心理负担，这是一种成员共同的安稳之需⑤。另一类解释是社会功能路径，史密斯（Smith）认为宗教信仰通过将某些利于社会整体性的价值加以符号化演绎，从而强化成员对共同体的归属⑥；涂尔干则更进一步，认为信仰活动在集体欢腾中将社会本身神圣化从而加固了社会的团结⑦。

以上两类功能解释路径仍然殊途同归，都指出宗教信仰的作用在于营造社会/生活的秩序。它一方面可以指导人们有条不紊且有理有据地营

---

① 参见〔法〕爱弥尔·涂尔干《宗教生活的基本形式》，渠东等译，上海人民出版社，1999。
② 参见〔奥〕西格蒙德·弗洛伊德《图腾与禁忌》，赵立玮译，上海人民出版社，2005。
③ 〔英〕马林诺夫斯基：《巫术 科学 宗教与神话》，李安宅译，中国民间文艺出版社，1986，第75页。
④ 〔英〕马凌诺斯基：《文化论》，费孝通译，华夏出版社，2002，第78页。
⑤ 〔法〕马塞尔·莫斯、昂利·于贝尔：《巫术的一般理论 献祭的性质与功能》，杨渝东等译，广西师范大学出版社，2007，第148页。
⑥ 参见 Smith, W. Robertson. *The Religion of the Semites: The Fundamental Institutions*. New York：Schocken Books, 1972。
⑦ 参见〔法〕爱弥尔·涂尔干《宗教生活的基本形式》，渠东等译，上海人民出版社，1999。

造实在意义上的秩序，另一方面可以帮助人们获得感知意义上的秩序。人一旦建立内心的秩序感，便易于将紊乱的现实的社会/生活稳定于或拉回到正常轨道上，即秩序感往往是营造实在秩序的行动者基础。

宗教信仰如何营造社会或生活的秩序？人类学的研究大致划分出两类秩序资源："实践资源"和"符号资源"。

所谓实践资源，指的是宗教仪式活动对于社会秩序或生活秩序的建构与维护。上述从马林诺夫斯基到涂尔干的研究都离不开对宗教仪式的关注。宗教仪式要么是维系了每个社会成员心理上的稳健，这是社会秩序的个体性基础；要么是作为一项公共制度，将参与者拉入公共空间与公共生活，促使他们关注共同价值、维护共同利益，形成一个紧密的共同体，这是社会秩序的群体性基础。宗教仪式对共同体的塑造不仅作用于亲缘和地缘群体，还能产生超社区、超地区的更大范围内的地域联结作用。例如国内为人熟知的安多藏区的神山崇拜仪式①、大理白族的本主朝圣仪式②和汉族民间信仰中存在的祭祀圈③都是仪式联结地域社会的绝佳案例。

所谓符号资源，不是仅指信仰活动中作为象征符号的视觉与听觉对象，而是如格尔兹（Clifford Geertz）所认为的，宗教整体在本质上可以被视为一套象征符号体系。他借用美国符号学家苏珊·K. 朗格（Susanne K. Langer）的定义，认为象征符号是指"作为观念载体的物、行为、事项、性质或关系"④，而宗教的要素构成与此达到了较完美的契

---

① 相关研究参见李锦《山神信仰：社会结合的地域性纽带——以四川省宝兴县硗碛藏族乡为例》，《民族研究》2012 年第 2 期；索端智《藏族信仰崇拜中的山神体系及其地域社会象征——以热贡藏区的田野研究为例》，《思想战线》2006 年第 2 期。

② 相关研究参见梁永佳《地域的等级》，社会科学文献出版社，2005。

③ 相关研究参见施振民《祭祀圈与社会组织——彰化平原聚落发展模式的探讨》，《"中研院"民族学研究所集刊》1973 年第 36 期；林美容《彰化妈祖的信仰圈》，《"中研院"民族学研究所集刊》1990 年第 68 期；郑振满《神庙祭典与社区空间秩序——莆田江口平原的例证》，载王铭铭、王斯福主编《乡土社会的秩序、公正与权威》，中国政法大学出版社，1997，第 171～204 页。

④ 〔美〕克利福德·格尔兹：《文化的解释》，纳日碧力戈等译，上海人民出版社，1999，第 105 页。苏珊·K. 朗格师从德国哲学家恩斯特·卡西尔（Ernst Cassirer），此派通过对宗教、神话、语言和艺术的创造过程及其意义进行人类学式的考察，认为人之所以为人其本质就在于懂得使用符号创造文化，人是符号的动物，文化是符号活动的产物。这为格尔兹将人类学的研究路径重新廓清为"符号意义的解释"提供了支撑。可参见〔德〕恩斯特·卡西尔《人论》，甘阳译，上海译文出版社，2003；Langer, Susanne K. *Philosophy in a New Key: Study in the Symbolism of Reason, Rite and Art.* Harvard University Press, 2006.

合。宗教之"物"包括造像、画符、器具、自然物等;"行为"包括喃词、唱诵、操作、表演等;"事项"包括请神、驱鬼、祭祀、禁忌、治疗、祈福等;"性质或关系"包括宇宙本身与其中各种存在的属性以及它们之间的关系,例如人与人、人与自然物、人与神圣存在、不同神圣存在之间的关系,其载体是神话、史诗、歌谣等神圣叙事。故宗教被视作一种整体意义上的象征符号体系理所当然。在格尔兹看来,这套符号体系的作用是承载"系统阐述关于一般存在秩序的观念"①;通过象征符号的堆叠、关联与演绎,使得存在的秩序性问题从抽象、混沌、难以被理解的状态转变成为"可感知的系统表述"②,人才能"达到沟通、延存和发展他们对生活的知识和态度"③。换言之,宗教信仰的核心功能是通过对一般存在秩序的系统阐述从而理解与营造生活。因此所谓对宗教的"文化研究",是通过理解作为整体的象征符号体系所承载的观念,即格尔兹所称的"意义",来考察其如何解释存在的秩序问题的。

以此观之,人类学的诸多经典宗教民族志都提供了关于这方面的个案。例如,埃文斯-普理查德(Evans-Pritchard)关注的努尔人,其信仰中某些疾病与灾祸是由于当事人在日常生活中付出太少、收获太多,此结果违背了宇宙中至上神对待人类的公平原则,于是神灵降罪惩罚,使得社会重归公平秩序;只有注重分享与共担,人才会平安无事④。在林哈特(Lienhardt)关注的苏丹丁卡人看来,宇宙之初生活在天上的神与生活在地上的人靠一根通天之绳连接在一起,神赐予人生命、秩序、好运和食物,后来人出于贪婪想要得到更多的食物,被触怒的神遂与人决裂,于是天地两分,神带走了一切美好,将反面的死亡、噩运和灾难留给了人,因此现在的人只有通过祀奉神灵才能消除生活中的各种混乱⑤。

---

① 〔美〕克利福德·格尔兹:《文化的解释》,纳日碧力戈等译,上海人民出版社,1999,第 105 页。

② 〔美〕克利福德·格尔兹:《文化的解释》,纳日碧力戈等译,上海人民出版社,1999,第 106 页

③ 〔美〕克利福德·格尔兹:《文化的解释》,纳日碧力戈等译,上海人民出版社,1999,第 103 页。

④ 参见 Evans-Pritchard, E. E. *Nuer Religion*. Oxford University Press, 1956。

⑤ 参见 Lienhardt, Godfrey, *Divinity and Experience: The Religion of the Dinka*. Oxford University Press, 1961。

对于格尔兹笔下 19 世纪巴厘岛上信仰印度教的岛民而言，人界的权力中心是对神界典范秩序的模仿与再现，国家之所以出现分裂，是因为"诸神世界"出现了衰降，当神界失去秩序的典范效应，人界的权力中心也跟随着步入萎缩与坍塌，于是他们举行全民仪式再现神界的辉煌，希望社会因此重归稳定①。穆格勒（Mueggler）笔下的云南楚雄彝族倮倮颇支系将生活中的一些不幸归咎于历史上那些找不到安身之处的亡者的骚扰，他们认为必须设法将这些野鬼送到它们的理想之地才能恢复生者世界的正常秩序②。

在符号资源中有一类较为特殊的符号系统，即神圣存在的分类体系。涂尔干和莫斯在"分类观念"研究中对东西方多种古代分类体系的分析表明，人用于认知宇宙世界的分类方式与人的社会分类方式之间有着"绝不是偶然"的紧密纽带，"分类的独特之处在于，其观念是根据社会所提供的模式组织起来的"③，"不仅类别的外在形式具有社会的起源，而且把这些类别相互联接（结）起来的关系也源于社会"④。简而言之，人的社会类别和关系常常为宇宙中各事物的类别和关系提供了原型与逻辑形式⑤。这些事物既包括空间、天象、地貌、动植物等物理实在，也包括精灵、鬼、神和祖先等观念中的神圣存在。就物理实在而言，涂尔干的论断被认为在一定程度上忽略了事物天然的分类基础，社会决定论的色彩过重。但就不具备天然分类基础的神圣存在而言，人与社会作为其分类图式的重要观念来源一说，则得到了世界各地族群文化的有力支撑。

再次以非洲努尔人为例。其信仰中出现于不同场合的各种神灵都是由唯一的至上神分化而成的，这种独特的神灵体系实则对应于努尔人社

---

① 参见〔美〕克利福德·格尔兹《尼加拉：十九世纪巴厘剧场国家》，赵丙祥译，上海人民出版社，1999。

② 参见 Mueggler, Erik. *The Age of Wild Ghosts: Memory, Violence, and Place in Southwest China*. University of California Press, 2001。

③ 〔法〕爱弥尔·涂尔干、马塞尔·莫斯：《原始分类》，汲喆译，上海人民出版社，2000，第 11 页。

④ 〔法〕爱弥尔·涂尔干、马塞尔·莫斯：《原始分类》，汲喆译，上海人民出版社，2000，第 90 页。

⑤ 〔法〕爱弥尔·涂尔干、马塞尔·莫斯：《原始分类》，汲喆译，上海人民出版社，2000，第 34 页。

会"统一裂变"的宗族关系①。林哈特关注的另一个尼罗河族群希鲁克人（Shilluk）认为善神是历史上本族成功领袖的化身，而恶神是与本族为敌的失败者的化身，其神灵体系是部落分化与族群历史的再现②。前文提及的彝族倮倮颇支系的信仰中有一类特殊的"野鬼"。它被认为既是社会动荡时期因祭祀无法持续转而成为祸害的祖先所化，也是去世后因无法被送魂安魂的那一部分人所化③。倮倮颇人对鬼的分类历程体现了涂尔干所谓的"随社会是什么社会而变化"④。汉族民间信仰中的神祇分类在很大程度上模拟了封建帝制时期中国的官僚层级体系以及蕴于其中的行政、贸易与管理的权力秩序⑤，而神、鬼、祖先的三分法对应的是官僚、外人与亲属的社会分类⑥，其中既隐含着老百姓对权力体系的依附，又隐含着他们对底层权力代表的呼唤⑦。武雅士通过对各种"鬼"的来历和秉性的分析，进一步指出汉族人对鬼的想象来自对那些偏离社会轨道、失去社会关系、社会属性模糊之人（如乞丐、强盗、外来者和陌生人等）的恐惧⑧。

　　这种分类现象之所以并不鲜见，原因正如涂尔干所言的，人习惯于借助社会提供的分类模型去构想宇宙世界，以确定自身"在自然中决不

---

① 参见 Evans-Pritchard, E. E. *Nuer Religion*. Oxford University Press, 1956；〔英〕埃文思 - 普里查德：《努尔人：对尼罗河畔一个人群的生活方式和政治制度的描述》，褚建芳等译，华夏出版社，2002。

② Lienhardt, Godfrey, "The Shilluk of the Upper Nile". Forde, Cyril Daryll. ed., *African Worlds: Studies in the Cosmological Ideas and Social Values of African Peoples*. LIT Verlag Münster, 1999：138 - 163.

③ Mueggler, Erik, *The Age of Wild Ghosts: Memory, Violence, and Place in Southwest China*, University of California Press, 2001.

④ 〔法〕迪尔凯姆：《社会学方法的准则》，狄玉明译，商务印书馆，2009，第 13 页。

⑤ 参见〔英〕王斯福《帝国的隐喻：中国民间宗教》，赵旭东译，江苏人民出版社，2008。

⑥ Gates, Hill, and Robert P. Weller. "Hegemony and Chinese Folk Ideologies：An Introduction". *Modern China*, 1987, 13（1）：3 - 16；Harrell, Stevan. "The Concept of Fate in Chinese Folk Ideology". *Modern China*, 1987, 13（1）：90 - 109.

⑦ Sangren, P. Steven. "Dialectics of Alienation：Individuals and Collectivities in Chinese Religion". *Man*, 1991：67 - 86；Sangren, P. Steven. "Myths, Gods and Family Relations". Meir Shahar, Robert P. Weller ed., *Unruly Gods: Divinity and Society in China*. University of Hawaii Press, 1996：150 - 183；Weller, Robert P. *Unities and Diversities in Chinese Religion*. Springer, 1987.

⑧ 〔美〕武雅士：《神、鬼和祖先》，载〔美〕武雅士《中国社会中的宗教与仪式》，彭泽安、邵铁峰译，江苏人民出版社，2014，第 137～185 页。

是没有基础可言的"①。这其实是构建格尔兹所谓的一般存在秩序、理解与营造生活的重要一环或者说一种重要的文化手段。而当这种构想发展成为与社会相适应的整体宇宙观模式，自然宇宙的观念范畴也会反过来成为社会本身的一套秩序象征。玛丽·道格拉斯（Mary Douglas）将其称为"社会分类的自然化"。其功能在于通过各种方式对社会分类进行反复"类比"，使得社会分类以及支撑该分类图式的价值标准或社会规范变得容易被成员识别，并被赋予不证自明的真理性②。例如西方社会常用左手与右手的关系类比女性与男性的关系，强调男女两性互补且女性在社会分工中的作用低于男性；赞比亚巴罗策（Barotse）平原上的部落国家在议事时用国王的左右类比部落的政治版图与功能划分③。除了身体分类、方位分类等类比物，更为常见的即是用神圣存在体系做类比，且往往群体分类越严格的社会，越需要神圣权威以维系群体格局，就越可能产生在结构上对应的神圣存在分类④。总之，神圣存在分类与社会分类的关系正如格尔兹总结的那样，"宗教象征符号在具体生活方式和特定（如果存在，多半是隐晦的）形而上学之间，形成了基本的一致，这使得双方各自借助对方的权威而互相支持"⑤。

　　当然，实践资源无法单独存在、独立产生构建社会秩序或生活秩序的作用，因为宗教仪式活动本就是格尔兹意义上的宗教象征符号的串联与组合，它在展演后者承载的观念。前文所说的安多藏区的神山崇拜仪式、大理白族的本主朝圣仪式和汉族民间信仰中存在的祭祀圈，必然以地域范围内共有的山神、本主和地方神信仰这套象征符号本身为载体。但是符号资源不一定需要借助实践资源才能发挥构建社会秩序或生活秩

① 〔法〕爱弥尔·涂尔干：《宗教生活的基本形式》，渠东等译，上海人民出版社，1999，第 19 页。
② 〔英〕玛丽·道格拉斯：《制度如何思考》，张晨曲译，经济管理出版社，2013，第 61 ~ 62 页。
③ 〔英〕玛丽·道格拉斯：《制度如何思考》，张晨曲译，经济管理出版社，2013，第 62 ~ 63 页。
④ Douglas, Mary. *Natural Symbols: Explorations in Cosmology*. Routledge, 2004.
⑤ 〔美〕克利福德·格尔兹：《文化的解释》，纳日碧力戈等译，上海人民出版社，1999，第 104 页。

序的作用，因为宗教象征符号承载的观念可以直接指导信仰者的意志，或产生感知意义上的秩序，或做出有益于实在意义上的秩序的日常化行为。例如地域范围内共有的山神、本主和地方神单纯作为象征符号就已经能够唤起人们对地域共同体的认识，只是仪式的举行使共同体被具体感知与体会到了，并从而得到强化。没有仪式，象征符号仍然能够释放它的"信号"。

此外，还存在一个实践资源与符号资源必然发挥双重作用的结合地带，即过渡礼仪对社会秩序或生活秩序的营造。阿诺尔德·范热内普（Arnold van Gennep）[①]、维克多·特纳（Victor Turner）[②] 与迈克斯·格拉克曼（Max Gluckman）[③] 的研究都认为，过渡礼仪可通过营造一种混沌的阈限（liminality）甚至是反结构的群体状态，再象征性地走出阈限、回归日常，利用时间缓冲和情绪宣泄帮助过渡者及其所在的社会群体克服从一种关系阶段到另一种关系阶段的不适，降低结构调整带来的冲击，或释放常态化不平等社会中的结构性紧张，从而保持社会秩序的平稳。这种"非常规"的反结构阈限状态往往需要依靠宗教象征符号激起的集体情感和用宗教象征符号表达的神圣禁忌才能达成，这即是人类社会中绝大多数的过渡仪式都是宗教性仪式或至少包含一些宗教成分的原因所在。例如，作为马达加斯加国家仪式的割礼便是一个经典的案例。该仪式通过建构一个族群祖先（也是王朝创始者）控制天性需求（如性愉悦）并同时送来祝福的意义世界来合法化国王的权威[④]。人们既利用了仪式阈限的"安全阀"效应，又借助了祖先象征的强制崇拜来维系社会的威权结构。

通过以上梳理可以看到，宗教仪式营造社会秩序或生活秩序实则是基于仪式本身天然的"公共性"与"集体欢腾"特征，只要人们相互配合以完成它，对共同体意识的唤起、确认与强化，或是对社会紧张与冲突的缓释便同步地、潜在地发生着，正如拉德克利夫－布朗所言的"所

---

① 参见〔法〕阿诺尔德·范热内普《过渡礼仪》，张举文译，商务印书馆，2010。

② 参见〔英〕维克多·特纳《仪式过程：结构与反结构》，黄剑波、柳博赟译，中国人民大学出版社，2006。

③ Gluckman, Max. *Order and Rebellion in Tribal Africa*. Routledge, 2013：110 – 136.

④ 参见 Bloch, Maurice. *From Blessing to Violence: History and Ideology in the Circumcision Ritual of the Merina*. Cambridge University Press, 1986。

有有规律的社会情感的集体表达通常都会采取仪式的形式"①。该解释对于任何一个族群社会来说都普遍适用，无须过多以地方性知识作为理解基础。但是宗教象征符号营造社会秩序或生活秩序必定因族群文化的不同而具有解释上的巨大差异，这需要研究者深度梳理与析出其中的主位逻辑。

综上所述，本研究将尝试从四个方面对前人的研究进行推进。第一，系统阐述白裤瑶信仰体系的观念构成与仪式实践，逐一弥补以往研究中的疏漏之处，并呈现在信仰体系的影响下白裤瑶人的传统价值倾向与族群社会特征。第二，相较于盘瑶等支系，布努瑶的研究起步晚、当下成果较少、学术价值尚未被充分认识，对白裤瑶信仰体系的书写无疑是对布努瑶乃至瑶族研究的一种拓展与细化。第三，主流研究话语中的瑶族宗教总是与道教相联系，而本研究以白裤瑶的案例说明瑶族宗教并非都深受道教影响，其内部存在复杂的多样性。第四，以往的宗教人类学研究探讨宗教"仪式实践"与社会秩序或生活秩序之间的关系较多，而本研究从信仰体系提供的"象征符号"切入，考察信仰体系为社会秩序或生活秩序的营造提供了怎样的支撑，其作用逻辑与文化机制是什么。

三　从宇宙观展开

站在前人的研究基石上，本书将系统性地阐述作为白裤瑶信仰体系之观念基础的"宇宙观"或"宇宙论"（cosmology）。宇宙观的作用在于"帮助人类共同体在其所定义的世界中确立自身的方位，帮助共同体成员理解他们是谁，理解他们在与其他存在物的关系中处于什么位置，同时宇宙尺度上的存在概念也是人类共同体制度化规范的组成部分"②，故而它承载了最为密集的关于一般存在秩序的观念。构成象征符号系统的物（造像、画符、器具、自然物等）、行为（喃词、唱诵、操作、表演等）、事项（请神、驱鬼、祭祀、禁忌、治疗、祈福等）、性质或关系（宇宙本身与其中各种存在的属性以及它们之间的关系，一般以神话、史诗、

---

① 〔英〕A. R. 拉德克利夫－布朗：《原始社会的结构与功能》，丁国勇译，中国社会科学出版社，2009，第 120 页。

② Matthews, Freya. *The Ecological Self*. Routledge, 2006：12.

歌谣为载体）全部围绕基本宇宙观而生成，因而全部可以统辖到宇宙观之中进行理解。换言之，宇宙观是宗教象征符号所承载的关于一般存在秩序的观念集合。其中，"物"、"行为"和"事项"皆围绕"性质"和"关系"而设置，意在处理"性质"和"关系"带来的后果，进而营造观念中的存在秩序。因此，本书首先要回答的文化事实问题是：

　　1）白裤瑶人传统观念中的宇宙世界是什么样子，它是如何运行的？

　　对于这个抽象的宇宙观问题，我们通常可以将其分解为五个具体的子问题：

　　　　a. 宇宙世界如何构成？
　　　　b. 宇宙世界中有哪些存在物？
　　　　c. 人以何种形式存在于宇宙世界中？
　　　　d. 其他存在物对人有何影响？
　　　　e. 人如何与其他存在物沟通和交流？

　　回答这五个子问题的过程，即是对包含物、行为、事项、性质和关系在内的一整套宗教象征符号做出全面阐述与意义解释的过程。需要强调的是，人类学的宇宙观研究并非形而上学。它关注的是研究对象如何认知包括自身在内的宇宙世界以及认知的后果，包括受其指导的行为和建构于其上的社会制度，而不是研究对象观念中的宇宙世界本身。只是要达至前一个目的，对后者的精细考察与充分描述就必不可少。形而上学的研究则将研究对象的宇宙观视为理解存在的一种方式或存在的一个层面，它真正想要探讨的是"世界之外还有抽象的、可能性的、理想化的存在"①，即纯粹法则、抽象本质或神学研究中的第一因等问题。归根结底，人类学与社会学的宇宙观研究以研究对象的经验为准，形而上学的宇宙观研究反映的却是研究者的意识形态。

---

　　①　Matthews, Freya. *The Ecological Self*. Routledge, 2006：11.

在理解白裤瑶人宇宙观的基础上，本书意欲回答的解释性问题是：

2）白裤瑶人如何借助信仰体系营造秩序化的日常生活？

秩序，指的是事物在条理和规则的框架下，呈现的一种平稳的、持续不断的存在状态。所谓生活秩序，即是指生活的平稳性与持续性，这是"过日子"的基础；生活动荡不安与不可持续，便意味着生活的失序。本书要讨论的核心问题是信仰体系作为一套格尔兹意义上的象征符号，如何解释白裤瑶人日常生活的有序和无序，又是如何指导他们营造生活秩序的。

本书选取"生活秩序"而非"社会秩序"作为关键词，是基于白裤瑶人的主观感知。在传统社会时期，白裤瑶人信仰鬼神、举行仪式，无论是为了保持身体的健康还是为了庄稼与禽畜的茁壮成长，无论是为了祈求家庭的幸福还是为了整个村寨的风调雨顺，无论是为了追求在世时的美满还是为了死亡后的安然，其目的最终都指向了井然有序的生活，而非超然于日常需求的族群社会或民族—国家。事实上，白裤瑶人的传统观念中没有对社会的抽象认知，语言中也没有与社会和国家相近的词。他们固然一直都关心族群的繁衍与兴盛问题，但实则也不是基于社会发展的立场，而是基于维系日常生活的需要，因为族群首先必须延续下去，属于他们自己的那种"日子"才能延续下去。白裤瑶人当下固然能体认并认同国家与"中国社会"的在场，但是对于最广大的普通村民而言，一切政治的、经济的、社会的、文化的结构性问题都反映在日常生活中，成为生活的秩序问题，宏观结构的调整与变迁在普通人的感知中便是生活的调整与变迁。

在阐明信仰体系与生活秩序的关系之后，本书尝试进一步讨论如下问题：

3）传统信仰与仪俗对于白裤瑶人的深层意义何在，它形塑了一个怎样的白裤瑶传统社会？

四　如何书写白裤瑶

支撑本研究的是长时段的田野工作。我于 2013 年 8 月进入白裤瑶地区开展预调查，2013 年 10 月至 2014 年 10 月进行集中调查，2015 年春节和 2016 年春节之前，又进行了 2 次补充性调查，其后数年间不仅一直与各位报道人保持联系，还先后完成了 2 次短暂的回访工作。本研究选取了一个中等规模的白裤瑶自然村落——"瓦庸寨"为主要田野点。所谓"主要"，意即我吃住在这个村子，它承载了我大部分的活动时间，调查初期接触的田野报道人都在这里，我学习的瑶话带着这里的口音，对白裤瑶社会与文化的知觉都从这个村庄中的人以及这个村庄本身开始，大部分的田野材料都在这里获得。以瓦庸寨为起点和中心，我的调查范围涉及周围多个村寨，在不同地点参与观察，对不同村寨的报道人进行深度访谈。为了不给某些报道人带去潜在的生活影响，我在本书中使用的大多数人名虽然都是根据白裤瑶人的常用瑶名音译而成，却不对应具体个人，个别村寨也采用化名，并对某些事件的发生时间做了调整。

　　白裤瑶人的口音繁杂，甚至紧邻的两个村寨也会有轻微的口音差异。总体上，里湖乡和八圩乡的口音较为相近，贵州荔波瑶山乡的口音与前两者差异较大，里湖人与瑶山人之间常用桂柳话①进行交流。本书使用的瑶话音标为笔者自行整理，以瓦庸寨的口音为准，参考了瑶山乡瑶话的语音资料②和都安、大化等地区布努瑶的语言词典③，采用 IPA 国际音标进行简易标注。

　　在人类学的各种成果形式中，民族志是最为主要的、最为系统性的、最能反映研究对象制度化日常的一类。根据蔡华对民族志的定义，它是：

> 　　对一个民族在持续一年（或几年）时间里鲜活的制度体系、知识体系、艺术体系和技术体系及它们支配的行为之描写。它是民族志者在其长时段田野工作时期被研究民族历史的一个横截面。作为一项力求完善的科学研究结果之著述，民族志不仅以被土著的言行证实的材料为主要内容，而且必须在可能的范围内使用一切即存的历史文献和实物资料，以求最大限度地厘清民族志者田野期间认定的各种文化事实的前因后果；同时，作为描写的必然后续，它亦当

---

① 桂林、柳州、河池一带的汉语方言。
② 贵州省民族研究所编《月亮山地区民族调查》，1983，第 84～90 页。
③ 蒙朝吉、蒙凤姣编著《瑶汉词典》，民族出版社，2008。

包括对一个民族的文化事实和社会事实及其结构的分析，以及对该民族社会运作机制的揭示。①

　　本书是一项基于人类学价值立场和学科目的的民族志，共时性视角是笔者观察、描述与分析白裤瑶信仰体系和日常生活的切入方式。本书呈现的各种信仰行为与集体仪式虽源自传统，但并不是只存在于过去的历史中，而是当下在白裤瑶社区中仍然实在发生着、在白裤瑶人生活中仍然被高频实践着的事实。从统计学的意义上讲，这是笔者进入田野之时大多数白裤瑶人仍未抛弃的一种生活方式，不论是出于真正的信仰，还是仅仅出于对家庭、家族或村落集体事务的责任。但一方面，所谓共时性研究并不意味着完全无视变迁，白裤瑶人对待信仰体系的整体态度正在发生剧烈的变化，当下正是宗教传统式微的年代，而这股新旧更替的潮流是由受过良好教育（相对于以前）的 85 后、90 后和 00 后掀起的。年轻一代从学校教育、多元化的媒体以及外出打工的经历中获得了更多关于自然与生活的科学知识，获得了更多个人化的生活体悟与经验，传统信仰体系对于他们而言已经不再是认知与解释世界的可信工具，本书也将在后面的章节中呈现这种变化趋势。另一方面，共时性研究也不意味着本书所关注的白裤瑶的文化事项和涉及的实际案例全部处于田野调查的时间段里，任何一个横断面本身就包含了历史变迁的结果，那些从口述材料和档案中撷取出来的历史片段，可以帮助我们更完整地勾勒白裤瑶信仰体系的制度化图景，同时也能展示传统的"变"与"不变"。

　　需要强调的是，信仰体系虽然建立于想象之上，信仰者的宗教体验与信仰活动本身却是可以被客观呈现的。如费孝通所言的，"不论超自然界是否实有，宗教到底是人类的活动，超自然信仰的本身也是人的信仰，人的活动和信仰还是自然的事物。宗教既有此自然部分，这部分至少可以用科学方法来研究的了"②。对人类学者而言，"宗教信仰是社会学的

---

① 蔡华：《20 世纪社会科学的困惑与出路——与格尔兹〈浓描——迈向文化的解读理论〉的对话》，《民族研究》2015 年第 6 期。
② 参见费孝通为《芒市边民的摆》所作的序，详见田汝康《芒市边民的摆》，云南人民出版社，2008。

事实，而不是神学的事实，他唯一关注的是诸信仰彼此之间的关系和信仰与其他社会事实之间的关系"①。因此，在叙事策略上，本书呈现报道人亲身经历或听闻的各种"神秘性"事件时，不再一一强调其作为"文化想象"的性质，而是以贴近白裤瑶人所认为的"非虚构"的口吻讲述种种在局外人看来不符合物理经验的"奇幻"情节与场景，目的是呈现它们给白裤瑶人的生产生活和社会运转带来了什么。一方面，这是为了将观念阐述与案例描写统一放置在主位视角上；另一方面，也是基于一种研究他者信仰体系的合理态度，即作为研究者的我，是否相信白裤瑶文化中的神圣存在并不重要，重要的是我相信"他们（白裤瑶人）是相信的"，将他者观念中描绘与诠释的那个世界视为一种本体论意义上与我们不同的"真实"，才是达致认识与理解他者的根本途径②。

本书是一项宗教人类学的研究，"宗教"当然并不是白裤瑶人自身所持有的概念。格尔兹在谈及人类学方法论时，曾借用心理分析学家海因茨·柯胡特（Heinz Kohut）的"贴近感知经验"和"遥距感知经验"这对概念。前者是指报道人对自身文化的感知，这是研究的原材料，后者是指研究者利用原材料构建的一套与研究对象的实际确切吻合的，成体系的描述、分析与解释③。那么，我观察到的白裤瑶人的日常行为和访谈所得的基于白裤瑶人内部视角的叙事就是一种感知贴近经验，它们是本书的血和肉，而我书写的"宗教"主题则是对遥距感知经验的运用，它使我看到了构成信仰体系的结构化的观念集合和制度化的宗教行为，这是白裤瑶人自身未曾进行过全盘梳理与总结的一面。它们是本书的筋与骨。

依照"筋与骨"的走向与分布，全书的篇章设置如下。除《导论》以及《结论与讨论》两章之外，全书共分八章。第一章重在勾勒白裤瑶人日常生活的基本面貌，通过呈现他们关于族群历史和地位身份的诸种

---

① 〔英〕E. E. 埃文斯-普理查德：《原始宗教理论》，孙尚扬译，商务印书馆，2001，第20页。

② 参见 Castro, Eduardo Viveiros de. "The Relative Native". *Journal of Ethnographic Theory*, 2013, 3（3）：473 - 502；Descola Philippe. *Beyond Nature and Culture*. Chicago：University of Chicago Press, 2013。

③ 〔美〕克利福德·吉尔兹：《地方性知识：阐释人类学论文集》，王海龙、张家瑄译，中央编译出版社，2000，第72～73页。

自我叙事，诠释白裤瑶人对生活中艰难与困苦一面的特殊体认，指出信仰体系与各类仪俗是其集体心灵的重要支撑，由此初步引出白裤瑶人观念中"生活秩序"的内涵。

之后便开始正式进入白裤瑶的信仰体系，第二、第三两章描绘的是白裤瑶的整体宇宙观。其中第二章详述白裤瑶人观念中宇宙世界的时空特征、结构划分、各结构部分中的基本存在物及其分类体系；第三章将目光从抽象的宇宙时空下移至具象的人之生活世界，依次考察人的身体与生命构成观念、群体构成规则和生活空间的构筑。这两章的内容将帮助我们了解白裤瑶信仰体系的宇宙观知识框架以及仪式实践的行动者基础。

第四章聚焦人与神圣存在的一种交集产物，同时也是沟通人与神圣存在的中介——鬼师，考察其从普通人到宗教职业人士的转变条件与过程，以及作为鬼师的职责与行为规范，指出该群体在白裤瑶人日常生活中的重要性。

第五至第七章从三个维度分别考察白裤瑶人的信仰体系如何解释生活的有序和无序，人们在其指导下又是如何营造生活秩序的。第五章从作为生活秩序之首要基础，即所谓健康的身体切入，考察白裤瑶人观念中身体崩坏的三种结构性表征及其引发因素，阐述他们如何重建与维系身体的完整性以消除病痛。第六章紧扣生活秩序的另一项重要基础，即群体的安宁和谐展开，考察白裤瑶人观念中导致家庭、家族和村寨发生群体性紊乱甚至群体解组的干扰因素及其应对策略。第七章论述白裤瑶人如何看待与处理一个人从生到死的变化，通过何种方式实现他们观念中人在死亡之后"日子"的绵延不断，这是生活秩序的最后一项基础所在。需要说明的是，这三章将涉及大量具名的鬼神，虽然它们并非白裤瑶信仰中的全部，却是与白裤瑶人关系最为密切，对白裤瑶人的生活影响最大、频率最高，最常出现在日常话语中的部分，且在类型上覆盖了白裤瑶信仰中神圣存在的整个体系。

第八章是对前述七章内容的综合分析与纵向延展。第一，探讨白裤瑶的传统信仰体系为其生活秩序的营造提供了怎样的支撑。在原理解释部分，将梳理白裤瑶的宇宙观中关于生活"何以有序"的系统性答案；在调适手段部分，将对同样建立在宇宙观基础上的巫术仪式进行结构性分析，指出其发挥秩序调适功能的本质化逻辑；最后扩展讨论那些有助于营造生活秩序、帮助白裤瑶人"过日子"的社会价值规范如何投射于神圣存在的分类体系中并通过仪式得到强化，借此回应人类学中的"分类观念"研究。第二，探讨传统信仰体系所内蕴的白裤瑶人对"人"之存在价值与意义的思考，以及由信仰体系所形塑的白裤瑶传统社会的基本特征。第三，叙述当下白裤瑶青年一代生活观、价值观的全面转变及其时代意义，以及由此带来的传统信俗在角色功能与实践方式上的多重变迁与未来指向。

在结论与讨论章中，首先梳理白裤瑶信仰体系的基本内容，总结其基本的观念结构，然后在帕森斯和格尔兹相关理论的基础上探讨信仰体系营造生活秩序的微观过程与作用逻辑，尝试提炼出其中的文化机制。文末将白裤瑶的传统信仰与仪俗放回到瑶族整体语境中，用以说明白裤瑶信仰体系的"非典型性"，并从中窥探南岭走廊诸民族的文化交流与交融。

第一章 初识白裤瑶：困苦与信仰

南丹县里湖乡聚集了 50% 以上的白裤瑶人口，历来都是各路民族调查者和民俗旅游者的首选之地。我也不例外。2013 年初到里湖时，热情、和蔼的乡文化站站长用摩托车载着我寻找适合的田野点。在比较了白裤瑶民族生态博物馆所在的怀里寨、从高山上迁居而来的岜地新村和用水较为不便的瑶里寨之后，我最终选择了离里湖乡场 3 公里左右的瓦庸寨。这是一个白裤瑶人聚居的自然村落，有 100 多户人家 400 余人。瓦庸寨东西两面各有一条河流，四面环山，溶洞遍生，土地稀少，具有喀斯特地貌区的典型特征。

在站长的帮助下，我住进了房东勒少家。勒少与我同龄，活泼健谈，喜爱吉他，有一副动听的歌喉，在南丹县小有名气。当时勒少从东莞的工厂回乡不久，正值站长在瓦庸寨筹备成立一个白裤瑶民俗风情表演队，勒少当仁不让成为队长。有了这份积淀，后来勒少在离瓦庸寨几公里的另一处风景区担任管理人员，并身兼导游和演员等职。2015 年，瓦庸寨外的千户瑶寨项目启动之后，勒少也用存款和征地补偿金翻新了自己的房子，打造了一处温馨的农家乐，还购置了一辆汽车。如今他已经在家乡站稳脚跟，成了当地青年人的榜样。

初入田野的我，完全有赖于勒少的引荐，才从他的家族成员开始，逐步认识了各个重要的报道人，得以深入白裤瑶人的日常生活。集中田野调查期间，白裤瑶人关于贫穷与落后的自嘲就不绝于耳，贫穷与落后像是他们给自己贴上的标签。由于身处喀斯特山区的深处，白裤瑶人的农耕条件极为恶劣，他们对土地的珍视和依赖胜过其他一切生产要素，并形成了以土地为中心的传统财富观与社会等级观。白裤瑶人的自我叙事中充满了被欺侮的族群遭遇与个体经验，这些集体记忆与历史上他们被土司欺压、土匪追赶以及由此形成的"糅合"式文化不无关系。曾经，面对自然环境与社会环境的双重困难，信仰体系与各类仪俗是支撑白裤瑶人集体心灵的重要力量。

一　长在石头里

土地为根

在瓦庸住下的第一天，我发现寨子以北有一块政府立的石牌，牌上内容是向人们宣传爱护山林植被，防止当地自然生态的石漠化趋势。环顾石牌四周，全是大石山，山野间多是低矮灌木和稀疏的野草，可以耕种的田土都是见缝插针，仿佛一切都是从石头里长出来的，离一般人想象中藏在山里的水土涵养之地相去甚远。我初入白裤瑶地区的第一印象便由此形成：山石盘踞，土地稀少，农耕条件十分恶劣[①]。2000 年以前，化肥和农药的使用尚未在白裤瑶地区普及开来，那时凡遇洪涝与干旱，很多白裤瑶家庭只能忍饥挨饿。他们有句俗语用来形容饥馑之年："吃玉米不到小年，吃大米不到大年。"现在人们依然保持着当年缺粮时形成的存粮习惯，每年新米入仓就被囤积起来，平日只吃老米。吃新米是一件很隆重的事，人们会通知亲友来做客，庆祝丰收之后的第一次品尝。谁家若是悄悄吃了新米而没有分享，被别人知道后是很丢面子的事情，会落下一个吝啬之名。

有一则叫作"阿艾耙天下"的神话，讲述了白裤瑶地区自然环境的形成——

> 天地刚形成不久，有一位名叫古东业雍的神，他的前两任妻子都没有生育，娶第三任时终于如愿，得到两个男孩，哥哥叫阿义，弟弟叫阿艾。由于家中人口多，周围山地无法种粮，一家人常常吃不饱饭。于是弟弟阿艾决定出远门去看看这个世界，希望找到一个可以开辟更多田土的地方搬过去生活。一路上，阿艾走累了，就敲打带在身边的铜鼓取乐。娲王的女儿听到阿艾的鼓声非常悦耳，

① 南丹县境内山地面积占比约 86%，多为石山，土质薄，石砂质性，保水条件差，其中 40% 的山峰为灌草植被覆盖，60% 为蕨草类植被。有关南丹地区的自然地理条件，可参见南丹县土地管理局编《南丹县土地志》，广西人民出版社，1999，第 31～37 页；朱荣等《中国白裤瑶》，广西民族出版社，1992，第 16～35 页。

感动得流下眼泪。娲王从女儿那里听说这件事之后，便找到阿艾问："你是什么人，为什么跑到这里来敲铜鼓。"阿艾将自己此行的目的如实告之，娲王深感欣慰："原来你是古东业雍的儿子。你父亲是我同一辈分的兄弟，你是我的侄子。既然你准备到外面的世界走一遭，那我交给你一样东西，助你一臂之力。"阿艾连忙点头同意。

　　两人到了娲王家中，娲王倾尽所有造了一把铜犁，对阿艾说："这个犁杖重三千八百八十斤，你若拿得动，用它耙地就会事半功倍，耙平的地方以后都可以种粮食，大家就不会再挨饿了。"没想到阿艾只是轻轻一用力，就把铜犁提了起来。他笑着说："原来这么轻，我感觉就像抓了一把米。"于是阿艾带着娲王送的铜犁和一头力壮无比的牛去耙天下了。他走之后，娲王才想起忘记交代阿艾只能耙出七分平地，留三分山地给其他动物生活；有了地之后，大家要继续奉行勤俭节约，每天吃一顿饱饭就足够了；同时还要注重保持自己的整洁，从早到晚梳三次头。娲王遂派屎壳郎前往传话，不料屎壳郎却将话说反，最后这个世界就变成了七分山地、三分平地；人们每天梳一次头，吃三顿饭。由于人们吃饭太多，地上处处是粪便，为了惩罚屎壳郎的错误，娲王就命令它从此以后推粪球，以粪便为食，专事清理污秽。

　　随着水稻品种的改良与农药、化肥的使用，白裤瑶地区的粮食产量在近20年来有了很大提高，人们再也不用担心吃不饱。不过当地的农业生产仍然是艰辛的，除了主粮，其他物产匮乏。白裤瑶人每年四五月播种玉米，八九月收获，用于喂猪和酿酒；五六月种植稻谷，九十月收获，完全用于自足。由于绝大部分田土都用来种植粮食，菜地特别稀少。白菜、油菜和辣椒种得最多，黄瓜和南瓜居次，豆角和红薯等极少见到。由于种植面积小、土壤不适宜、品种少等因素的叠加，蔬菜的自给一直无法做到四季稳定。或出于历来形成的饮食习惯，或出于节约的考虑，除了仪式和节庆所需，人们也极少光顾乡里和县城的菜市场，每次蔬菜的收获季一过，一段时间内人们就会陷入无菜可吃的境地。缺菜期间，人们有时将几个辣椒切碎煮汤泡在饭里便是一餐。此时女人们会抽空上山挖野菜，男人们会扛着猎枪上山打猎[1]，猎物多是野禽，肉少骨头多。除了用枪，男人们还用自制的鼠夹捕捉山鼠，他们在傍晚时分将鼠夹安放在山上的峭壁下或者石缝前，第二天一大早去便有收获。鼠夹的安放位置可谓一门外人难以掌握的学问，白裤瑶人在草丛或者石道旁一观察便知此处是否为山鼠的必经之地，而在我看来，那些鼠道没有任何特别之处。

女人们除了配合男人耕地种粮，还要花上一整年的农闲时间完成民族服装的制作。每遇年关，男人们都会骑着摩托车带着妻女去赶圩买棉线，而更早的时候，绝大多数人家还要自己种棉花，压棉籽，再纺成线。大年之后，女人们开始在火塘边孵化蚕卵，采集桑叶喂蚕，制作蚕丝布。四月、六月和年底都是染棉布的时节。白裤瑶的染布工序复杂，每个步骤要用到不同的植物汁液，这些植物在不同的季节成熟，因此整个取汁染布的过程被分散在了全年多个时段。秋收之后，她们立即投入绣花的工程中，绣完花开始忙着煮线、跑纱和织布。几乎每一户人家都有一台传统的木制织布机，操作起来咯吱作响，但织出的布匹却紧实而坚韧。画裙，则是一项绵延整个冬季的艰巨任务。白裤瑶的服装采用蜡染的工艺来制作图案，她们取黏膏树的树脂与牛油一起熬制成黏膏，画在布料上再染蓝靛，最后用热水融掉黏膏便得到白底蓝线的图案。寒冬腊月里，女人们扎堆画裙，在有说有笑间全然忘记了她们被冻得青肿的双手，每完成一个精美的图案之后她们都会互相品评欣赏，内心充满骄傲。

耕作与纺织是以前白裤瑶人仅有的两项经济生产活动。虽然有稀疏的山林，但早先人们对待山林的方式是粗放的"赶山烧畲"[2]，未考虑过能否从中获得经济收益。例如白裤瑶地区以前有散见的马尾松、油桐树和油茶树等经济植物，产出的少量松木、桐籽油和茶油基本用于自足，人们未曾考虑规模化的人工栽种。直到 20 年前，政府开始用小型飞机往山林间播撒马尾松的种子，当地人才第一次接触到了所谓"林业经济"。如今当地已随处可见小型的马尾松林，在我进入田野的前几年，瓦庸寨陆续砍伐了第一批成材的集体林木，每户人家能分得两三千元不等。

---

[1] 如贵州岜沙苗族那样，白裤瑶人使用猎枪是由公安机关特批的。

[2] 姜永兴、杨庭硕：《赶山烧畲的真实写照——白裤瑶丧葬剖析》，《中央民族学院学报》1986 年第 4 期；玉时阶：《白裤瑶社会》，广西师范大学出版社，1989，第 12～14 页。

2014年时，在保有集体林的基础上，部分林地开始承包到户，大家的热情瞬间被激发，瓦庸寨的老老少少都涌上山头种起树来。长在马尾松下的马尾菌也成为白裤瑶人每年的收入补充来源。秋收过后的两个月里，外地商人进驻圩场，人们就开始忙着进山搜寻马尾菌，行情好时一斤能值五六十元，行情最差时一斤的价格也有十几元。此外，每年也有一些外地药贩到里湖的圩市上收购应季的野生中药材，常见的有蛇附子、金线莲和山豆根等。例如蛇附子的价格依据品相一般为每斤30～40元不等，但由于它多生长在石壁的缝隙处，采摘难度不小且数量有限，每年只有少数人会去寻找，一天下来多的能采十几斤，少的话只有几斤。再比如蜈蚣，收购价一般也就三五元一条，由于价格过于低廉，且需要经过风干处理才能拿到圩市上卖，男人们不会特意捕捉蜈蚣，只是碰巧遇见时便捉住拿回来晾在屋檐下。不论是采摘马尾菌还是中草药，都无法产生稳定的收入，即便是熟练又勤快的采摘者，每年顶多也只能赚得两三千元补贴家用。

在这广袤而闭塞的大石山区，白裤瑶人就跟他们神话中的阿艾一样，有耙尽天下的干劲儿，把能够开垦为田土的地方全都开垦了。以瓦庸寨男子古匕家为例，这是由一对夫妻和三个孩子组成的五口之家，家里有四块旱地，家屋对门的山上有一块，寨外南北面各有一块，都用来种植玉米，另有一小块菜地，共两亩左右。这几块旱地要么位于陡峭的斜坡上，要么有裸于地表的岩石散缀其间，耕作非常不易。他家的水田也有四块，分别位于寨外的牛棚处、家屋对面的山上、翻过两座山的洞洪区域和离洞洪两公里远的甲哨区域，加起来四亩左右。水田土壤稀薄，土质保水能力极弱，土基多岩缝，田中蓄水极易渗漏。每年播种和插秧前，凡遇大雨，不论白天还是凌晨，人们都必须立即起身冒雨犁田，将土壤犁均匀封堵住下层的岩缝，蓄好的水才不会渗漏。这不是瓦庸寨的特例，整个白裤瑶地区都是这样的地质条件。

令我记忆深刻的是2014年插秧前夕的一个晚上，当时早已入睡的我在迷迷糊糊中被雷声和大雨惊醒，看了一眼手机是凌晨两点半。不一会儿，雨声中传来隐约的人声，我翻身起床站在窗边一看，发现对面的山路上有一列向上移动的灯光，好奇大家这么晚冒雨上山做什么。于是我拿着手电筒，披上雨衣，戴好斗笠也往对面的山上冲，走近了一问才知道是山上有水田的人家都乘大雨之际上山犁田。当时我心中泛起一丝震惊，这是我从未见过甚至从未想象过的一种农耕之苦。

对土地有着严重依赖的白裤瑶人最害怕的莫过于土地失去生产能力，那些不适合植物生长的不毛之地总会让人们心生恐惧，白裤瑶人向来用神话传说来合理化这类现象。例如在董甲村有一片面积达好几亩的土地一直以来草木稀疏，当地人曾试图耕种，但任凭他们如何培育土质、呵护作物都无济于事，那是生而贫瘠的一块地。在神话中，这块土地的不育之殇是这样被诉说的：

远古的一天，空中突然出现九个太阳和八个月亮，在它们的照射下，河流几乎断流，庄稼陆续死亡，土壤龟裂，岩石被热量蚀刻出一个个坑洼，最致命的是稻谷种子和棉花种子因为太热而逃跑了，就算日后世界恢复正常，人们也失去了吃穿之本，温饱成了大问题。此时一个叫尼勒的男子自告奋勇，准备用弓箭将多余的日月射落。他先是爬上寨口的高山上放了一箭，但由于离天空太远，日月纹丝不动，从此他踏上了寻找高地、不断接近天空的漫漫长路。一年之后，他终于完成夙愿，射落了八个太阳和七个月亮，只留得一对日月。在回家路上，他遇到一个背着弓箭的孩童。这孩童见尼勒就上前说要与他比赛射箭。尼勒毫不犹豫地答应了。可是在几轮比试中，尼勒都输得一塌糊涂。他一怒之下将孩童一箭射死，回到家后，妻子告诉尼勒在他出门期间她生下了儿子，儿子前几天背着弓箭出去玩到现在还没回来。尼勒猛然醒悟，那个被他射死的孩子就是自己的儿子。

他歇斯底里地往外跑，一边跑一边骂道："可恶的太阳和月亮，是你们害死了我的儿子，我要把你们全部射落。"众人一听，纷纷跪在尼勒面前，祈求他为大家留下最后一对日月。大家一致同意如果尼勒答应他们，他们就把当地最好的一片土地送给尼勒。尼勒最终答应了的请求，但是他太伤心，看着那块似乎是由儿子的性命所换来的土地不知所措。于是他给那块地施了诅咒——任何人在上面都种不出庄稼。作为对他儿子的纪念那块地永远不会被人开垦破坏。

初到瓦庸时我还注意到，寨里外出打工的人非常少。勒少告诉我，他念小学的时候，邻村下纪厚（一个汉族聚居的自然村）的汉族人就知道种粮食赚不了钱，除了留一点田土满足家里的口粮需求，剩下的地全都种上了蔬菜。每逢圩日，里湖市场上的菜贩有一大半来自下纪厚。里湖地区缺乏蔬菜，下纪厚的人正是看准了这一点，他们不仅在里湖做生意，还起早贪黑将蔬菜运往县城，卖更高的价钱。瓦庸人把这一切都看在眼里，但他们没有任何触动。如今，下纪厚的人大多数都在外省打工，寨里是老人和孩子留守的典型中国农村状态。他们在外存了钱，每到插秧和收米的农忙时节就寄钱回家，让家中留守的人来瓦庸寨物色劳力做帮工，每天100元。而彼时的瓦庸人仍然埋头种着田，种完自己的再忙别人的，拿着下纪厚人发放的工钱，在烈日曝晒的泥泞中干得不知尽头。

老一辈白裤瑶人割舍不下家里的土地，农耕的重要性胜过一切。一年中，农闲的时段只有大年过后的二三月、插秧完成到收米之间的两个月和秋收之后到过大年之前的两个月，大多数白裤瑶打工者见缝插针，趁短暂的农闲外出，工作刚刚熟练起来，农忙与节庆一到便结伴回家了。这种打工方式严重限制了他们对工种的选择。沿海一带的工厂更倾向于招聘工期稳定的工人，一年之内反复进出不便于管理。所以男人们通常都选择去做劳动强度极大，但是去留非常灵活的电力工程，跟着施工队深入高山峡谷中立铁塔、拉电线。愿意外出打工的女人极少，照看家中的孩子似乎更加要紧，做衣服也同样重要。上了年纪的人习惯以做衣服的多少来衡量一个女人是否勤劳、能干。若是有女人穿了显旧的民族服装出现在一些大型的仪式场合，定会有人在背后议论她的懒惰。而白裤瑶的民族服饰虽然有复杂的染色工序，效果却并不理想，洗涤两三次就开始褪色，所以每年为全家人制作一套新的便装，隔几年制作一套新的盛装，是很多女人给自己定下的任务。

当下的白裤瑶人大多不再死守着土地，出门打工的人络绎不绝，在家乡创业的人也越来越多。本书将在第八章中呈现这种生活方式的变化。

视牛为命

作为一个传统的山地农耕族群，没有牛的生产活动是无法想象的。白裤瑶地区的地理和气候条件造就了人们对耕牛的严重依赖。首先，当地降水较少，年平均气温较低，土壤发育较差，每年只能种一季粮食。开春种粮之前，田地已经荒置了七个月左右的时间，土壤完全板结，没有牛的帮助，翻土甚是困难。其次，如前所述，喀斯特地貌区土壤稀薄，地基多岩缝，地下孔道众多，人们只能靠水牛反复耕犁，将田中的土壤铺展均匀从而封堵住土基下层岩缝才能蓄水。最后，由于一部分田土位于陡峭的斜坡上，且常有裸露在地表的岩石，用牛耕地比用人力锄地的效率高太多。所以白裤瑶人在耕牛身上倾注的热情与细心不容低估。

2014年瓦庸寨秋收的那段时间，人们都忙碌着顾不上照看牛群。一日午后，阿多等人赶牛穿过溶洞，将牛群拦于溶洞另一面的山坳里，然后他们就下田割稻去了。那晚阿多本打算和几个互助收割的家庭一起吃晚饭，饭菜都已备好的时候，突然有人急匆匆地跑来说山坳里的牛不见了，找遍四周也没有踪迹，怀疑是被人偷走了。丢牛的几个男子火速从屋中扛出猎枪，骑上摩托车，声势凶猛地赶往事发地。那个山坳以前也出现过牛只被盗的事件。翻过其中一个山头再行一段不远不近的小路便是另一个白裤瑶村寨，当时偷牛者就来自那里。所以阿多等人第一时间怀疑是那个村寨的小偷卷土重来。他们不打手电，尽量靠着自然光分头寻找，以免打草惊蛇。他们的计划是，一旦发现可疑人物立刻鸣枪警示，如果与对方起了冲突，万不得已之时就直接开枪。

好在是虚惊一场，牛群被找到的时候它们正安静地蜷伏在一处树丛中，没有所谓的小偷。但当时阿多等人准备用猎枪捍卫牛群安全的强烈感情震慑了我，同时也让我替他们担心。

又过了不久，一条八圩乡有人偷牛的消息在瓦庸寨传得沸沸扬扬，人们聚在一起讨论不休。八圩乡与里湖乡隔着重重高山，连接两处的公路蜿蜒几十公里长，但盗牛事件却以惊人的速度在白裤瑶地区传播，我听到消息时离事发时间还不到12小时。当事人报案之后，派出所调看公路上的监控录像，确认偷牛者的车几十分钟之后将会经过瓦庸寨外的公路。寨里的人听闻后义愤填膺，都主动赶到公路上配合警察将车拦下，最终人赃并获。

田野初期，我偶尔听寨里的一些年轻人抱怨父辈们养牛的执着，我也和他们一样表示很不理解。但后来经历过上述两次事件，我意识到牛对于白裤瑶族群的传统农耕生活而言，与土地的地位是不分高下的。在石漠化的喀斯特山区，没有耕牛的土地，就失去了绝大部分的生产价值，人的基本生存将面临威胁。因此日常生活中有关牛的信息最能调动人们神经的敏感度，与牛相关的事件也能够轻而易举地夺取舆论高地，动员整个白裤瑶社会迅速卷入其中。

村里二十多岁的青年，不论男女，童年时光有一半都被放牛所占据。男孩们平日里钓鱼、抓山鼠，东奔西跑停不下来，这时他们让女孩们帮忙看牛；等到赶圩日，女孩们都赶往圩场逛街，男孩们则承担起看牛的任务。从每年开春播种玉米到八九月收完稻谷，这大半年的时间为了不让耕牛破坏农作物，养牛人每天都要将牛从圈里赶往山头吃草，寸步不离地看守着，太阳落山时再赶回来。女人们习惯早餐后带上午饭出发，所谓午饭，通常是白米饭加一点酸菜，甚至没有任何佐菜，而是到山上摘一根黄瓜就着饭吃；男人们则不喜欢带午饭，习惯傍晚放完牛回到家才吃一天中的第二顿饭。放牛时，女人喜欢绣花，男人则乘着间隙打猎。砍柴也是人们放牛时的附带任务。有的人就在村寨周围的山头放牛，有的人会赶着牛翻越几座山到达另一处草高树茂之地，后者的牛通常比前者的更加壮实。秋收之后，农田尽荒，这时人们不必每日看牛，而是放任它们在山野间觅食，每天或者两三天去瞧一瞧，确认它们是否安全。

白裤瑶人既养水牛，也养黄牛。黄牛好养，价格便宜，在我田野调查期间一头能卖五六千元；水牛难养，售价奇高，每牛不会低于八千元，牯牛几乎值上万元。一到冬季，草木枯萎，贮藏的玉米秆和水稻秸秆不够吃，牛儿们便到各种危险的悬崖峭壁处觅食，一不小心就有可能跌落山谷摔死。水牛更为笨重，且不抗寒，每年冬季寨里都有水牛死亡。有的人家为了帮助水牛幼崽熬过困难期，甚至会买奶粉或者猪油来喂食。有报道人开玩笑说："我们自己小时候都只能吃粗米粉，也没油吃，现在的牛比我们吃得还好。"这句玩笑在事实上多半是成立的，足见白裤瑶人对牛的珍视。土地的多寡是确定的，只有牛的数量可以通过养牛人的辛勤放养逐步增多；相比土地，牛更能体现财富的积累与增值，人们也习惯以牛的数量来夸耀财富。因此有人守着自家一年年庞大的牛群，始终不愿意卖出，牛只越多，放养出圈时浩荡的队伍就越是令人艳羡，但同时牛只死亡的风险也就越大。很多人养了几十年的牛，虽然从没有售卖过，然而身边始终只有几头幸存的牛跟随着。

田产与等级

在白裤瑶传统社会中，个体之间、家族之间和村寨之间皆无政治性的高低贵贱之分，唯一可称作社会等级的，是里湖一带的白裤瑶人曾经以土地多寡为标准将族群划分为两个群体。这种等级划分是非正式的，不具有任何地方政治意味，但的确在一定程度上影响着人们的日常生活。

等级中较高的叫作"娄艾人"（nɯ tɬəu ɣai，tɬəu ɣai 表示"有田土也有山石的地方"）。他们生活的区域拥有相对而言更好的农耕条件，只要不遇上重大的自然灾害，从田土中收获的粮食足以保障温饱。娄艾的范围通常包括里湖的怀里、蛮降、化图、化桥、灰乐、里摆等村寨。这些村寨整体海拔较低，村里人的农田多半分布在与村寨有山路相通的另一处，那个地方地势低洼，相对而言水多土肥，叫作"古嗖"（ku shəu），意思是"适合种植庄稼、做农活的野外"。后来为了生活的方便，陆续有人直接搬到古嗖建新房过日子。与娄艾人相对的下位等级群体叫作"瓦东人"（nɯ va toŋ，va toŋ 是指"尽是山石、犄角旮旯的地方"）。这些人生活条件更为恶劣，找不到适宜的地块种植农作物，居住地也被山石包围，位置偏远而封闭。瓦东的地域范围包括里湖的瑶里、岜地、瓦庸、董甲等村寨，往贵州方向一直到荔波县的瑶山，以及里湖东南的八圩。瑶里、岜地位于山上，种田和用水都不方便；瓦庸的自然条件并不比娄艾人的村寨差，但由于它是瑶里人几百年前搬迁于此形成的年轻村寨，所以瓦庸也被划为瓦东的范畴；董甲在通公路以前被锁在深山之中，很是偏僻。往贵州方向而去，沿途村寨虽然有一条打狗河串联，大面积的田土却仍然少见。八圩乡也处于深山之中，2014 年当我结束集中田野调查时还未通水泥公路。

娄艾人自诩条件好，说话的口音好听；娄艾的女人染布和绣工的技艺更加高超，做出来的衣服漂亮。他们评价说瓦东人的口音奇怪，衣服上的图案粗糙难看，最重要的是缺衣少食。娄艾人有土地，特别是有古嗖之地的大片良田在手，因此将自己所处的区域视为白裤瑶的中心，外围土地稀缺的区域是边缘，生活于边缘地带的人，土地不足、生产落后、生活艰苦，自然而然，他们就无法发展出更为成熟的手工技艺。而口音问题与地理位置密切相关。被称作娄艾的几个村寨处于白裤瑶地区的腹地，东边的董甲、南面的瑶里、西边的邑地和北面的瑶山，都与以壮族、汉族、苗族和水族人口为主的乡镇毗邻。这些区域族际的接触较多，长时段地看，当地人语音变化一定会大于腹地的娄艾人，因此才被认为口音奇怪、说话难听。与其说是奇怪和难听，不如说是传统的语音不再。久而久之，"娄艾"和"瓦东"分别发展出了另一层含义，前者表示"传统好的、正宗的、先进的"，后者则表示"没有传统的、不正宗的、野蛮的"。因此，笔者在田野过程中偶尔会听到怀里、蛮降等村寨的人说自己才是正宗的白裤瑶。

　　这种等级的划分，实际上是娄艾人单方面的定义和操作。但他们土地多、口音正的说法的确是不可辩驳的事实，在事实面前，瓦东人也不得不认同于此，尽管这种等级性是非正式、与政治权力无关的。等级划分对白裤瑶人的生活影响最大的方面莫过于选择婚姻对象。娄艾的女人以前都不愿意嫁给瓦东的男人为妻，因为嫁过去之后可能面临更为严峻的温饱问题。瓦东的女人嫁入娄艾也面临重重困难，即使成婚，婚后可能会受到男方家庭的歧视。两个等级群体间长期的婚姻隔膜也反过来巩固了瓦东人对"低等级"标签的默认和承受。

　　董丙村的女子登竹，当初她与阿兑的婚事历经磨难才最终圆梦，因为阿兑生于化图寨，家中世代都是娄艾人，而董丙是一个里湖去往贵州途中的瓦东村寨。当年在阿兑的坚持下，家中长辈虽然同意他娶登竹为妻，但登竹刚进门的几年中，她的家公，也就是阿兑的父亲经常欺负她。吃饭的时候，登竹由于忙着干活来晚了一刻，家公就当着登竹的面，把剩下的米饭全部倒在门口让狗吃掉。分家之后的几年，阿兑家的稻田被洪水淹了，没有什么收成，夫妻二人和两个女儿只能吃分家时分得的老米，老米又黄又渣，带着霉味，于是他们只能把玉米当主食。白裤瑶地区的玉米结棒之后很快会变硬变老，不适合作为人的口粮，只适合用来喂猪。所以阿兑家里的每顿饭都要费尽力气才能吃完。而家公田地受灾较轻，且存粮较多，每顿都是新鲜的白米饭，但从来不会给阿兑他们送去一些。直到后来登竹生了一个儿子，家公的态度才稍有转变。其间，登竹每次受气回娘家时，母亲和姐妹就数落她当初的固执，然后劝说她过得不好就别再勉强，离婚再嫁，以后避开娄艾的男人。

现在，以土地为标准的等级观念已经极其淡化，年轻人恋爱嫁娶不再考虑这些传统说法。所谓娄艾人和瓦东人之间因土地而产生的婚姻隔膜和地位差异基本消除，但在谈定一桩婚姻时，女方家里的长辈多多少少仍会在意男方家中田产的多寡和土地质量的优劣，这乃人之常情。

二　"边缘"体验

糅合的文化

研究者多认为白裤瑶是从湖南、贵州、河南和江浙等地迁徙到如今区域的[①]，并推测他们族源在黄河流域一带，是汉族人在南下过程中转变而来的[②]，历史上有相当长的一段时期都过着颠沛流离的迁徙生活[③]。事实上确有报道人自称祖上是汉族人，例如笔者经常接触的董甲村的谢姓家族、洞洪一带的黎姓家族以及岜地村的罗姓家族都是如此。谢家人更是明确说自己祖上来自四川成都一个叫"朱米街"（音似）的地方。白裤瑶虽然是布努瑶的一个亚支群体，但从语言到服饰，从神话体系到节庆仪俗，其与布努瑶主流群体和毗邻的盘瑶支系都有着不小的差异。

就语言而言，在基本的数字读法和亲属称谓方面，白裤瑶是自成一体的，他们与布努瑶主流群体和盘瑶群体之间的日常交流也存在一定的

---

① 广西壮族自治区编辑组：《广西瑶族社会历史调查（第三册）》，广西民族出版社，1985，第7~9页；朱荣等：《中国白裤瑶》，广西民族出版社，1992，第9~12页。

② 韦标亮主编《布努瑶历史文化研究文集》，贵州民族出版社，2003，第54~65页。

③ 广西壮族自治区编辑组：《广西瑶族社会历史调查（第九册）》，广西民族出版社，1987，第72~75页。

障碍。就传统服饰而言，白裤瑶也与毗邻的其他瑶族群体不一样，男性的白色短裤和女性夏装的"两片布"特征①是白裤瑶所独有的，因此有人也称他们为"两片瑶"。至于神话体系和节庆仪俗，白裤瑶的独特性则更加明显。

以往的布努瑶调查研究主要针对南丹县东南的巴马、都安和大化三个布努瑶主流群体所在的自治县。当地的布努瑶世代流传着上古女神"密洛陀"创世的长篇史诗，叙述的内容包括密洛陀的诞生，世界的形成和万物起源，密洛陀治理天地，瑶族的族群迁徙、分化和矛盾等重大事件②。为了纪念这位创世者的诞辰，每年农历五月二十九，人们都会庆祝"祝著节"。白裤瑶地区的周围还分布着大量盘瑶群体，其中讲勉语的部分分布于南丹以东的都安、巴马和宜山等县以及南丹以西的百色地区；讲金门方言的部分分布于南丹西南方向的巴马和凤山两县③。盘瑶普遍信仰盘古或盘瓠，人们将其尊称为"盘王"，认其为开天辟地和人类创生的始祖。传说中瑶人由北向南迁徙时，于十月十六那日乘船漂洋过海遭遇狂风大浪，幸得盘王相救才保住了整个族群④，日后盘瑶都要在这一天庆祝"盘王节"，又称"盘王还愿"。

而白裤瑶人既无法讲述密洛陀的史诗，也从未明确将盘古或盘瓠视为创世者。白裤瑶的老人讲到人类起源时，都异口同声以"雷公降水和兄妹成婚"作为开端，更早的创世阶段多是被略过的。有研究者就认为白裤瑶作为一个长期自行封闭且民族文化保留较好的族群，却比邻近的布努瑶、苗族、壮族和汉族晚一个神话时代，这是令人费解的⑤。如果一定要追问洪水神话之前的创世情境，老人们都表示难以讲清楚，且说

---

① 关于白裤瑶服饰的设计特征，可参见周少华《中国白裤瑶民族服饰》，化学工业出版社，2017。

② 有关布努瑶的密洛陀史诗，可参见蓝怀昌、蓝韦京、蒙通顺搜集和翻译整理《密洛陀》，中国民间文艺出版社，1988；蒙冠雄、蒙海清、蒙松毅搜集和翻译整理《密洛陀》，广西民族出版社，1998。

③ 有关河池市境内的各瑶族支系分布，可参见广西河池地区民族事务委员会编《河池地区民族概览》，1990，第117~119页。

④ 盘瑶渡海神话的内容，可参见黄海、邢淑芳《盘王大歌：瑶族图腾信仰与祭祀经典研究》，贵州人民出版社，2006；罗宗志《盘瑶渡海神话考释》，《贵州民族学院学报（哲学社会科学版）》2003年第5期。

⑤ 朱荣等：《中国白裤瑶》，广西民族出版社，1992，第111页。

法不一。我在田野调查中收集到以下四种版本：

版本一：神"古诺"（ku nuo）创造了世界。

版本二：创世之神是"古洛陀"（ku lə tu）。

版本三：我在靠近贵州的更播寨中获得的此传说，仍然是简短的几句概括性描述，讲述天与地最早是粘在一起的，由一对兄弟神"勒通"（lə thoŋ）和"多雍"（to joŋ）合力挥剑将它们分开。分开之后，天和地因为靠得太近常常吵架斗殴，于是兄弟俩将长剑撑于天地之间，让它们越分越远，从此不再靠近。该说法也见于白裤瑶葬礼上唱诵的"带路歌"中。

版本四：与上一种说法相似，讲述天和地都有自己的母亲，天在九月初九出生，地在十月初十出生，开始时它们靠得很近，各自的母亲由于刚生产完没有力气将它们抱离，有两对神灵夫妻"古牙（ku jæ）和葳牙（ve jæ）""古东（ku toŋ）和葳东（ve toŋ）"前来帮忙，一对抱着天往上走，一对抱着地往下走，天地由此得以分开。

有趣的是，在以上四种创世神话中，多次出现的"ku"发音同盘古的"古"字，"ku lə tu"和"lə thoŋ"也与"密洛陀"有谐音之处。从这一点看，白裤瑶的创世神话可能受到盘瑶和布努瑶主流群体的双重影响[1]。虽然创世神有多重版本，但关于造人之神的说法没有争议，报道人都认定是女神"娲王"（va vaŋ）创造了人类。"va"的发音与女娲之"娲"谐音，且有报道人向我翻译娲王时称"就像你们说的女娲"，从这一点可以看出，白裤瑶的上古神话也带有典型的华夏遗风。如果说娲王是生命之神，那么自然就有对应的死亡之神。在白裤瑶人的信仰中，人死之后神灵"瓦布"（va bu）会将人的灵魂收入阴间。瓦布有一本书，上面把每个人能活多长时间都已经写得清清楚楚，只等他断气的那一刻派出两个阴差带走灵魂。所谓瓦布的那本书明显是道教神祇阎罗王"生死薄"的翻版。又如白裤瑶人神话传说中因被女儿嫌弃而无法死而复生

---

[1]　有研究者将白裤瑶的创世神与盘瑶的盘古神做了异同对比，详见朱荣等《中国白裤瑶》，广西民族出版社，1992，第185～187页。

的"穹雍"（tçioŋ joŋ），与壮族师公丧葬唱本中的人物"董永"① 发音相似，且两者讲述的主题都是孝道，董永则是汉族民间孝道故事中的标志性人物。这些事实无一不说明白裤瑶的神灵与神话体系从道教、汉族民间信仰和上古传说中汲取了不少的成分。

再让我们把视线转移到白裤瑶的两个传统节日——"大年"和"小年"上，它们与纪念密洛陀或盘王几无关系，而是有自己独特的仪俗体系。

白裤瑶使用的传统历法与汉族的农历相同，但是他们通常只庆祝两个节日，一个是与汉族春节同期的"大年"，另一个是农历六月三十开始的"小年"。所谓大年，在瑶话中叫作"哈赛"（ŋha shai，ŋha 是"日子"的意思，shai 表示"开始"），过大年就叫"纳哈赛"（na ŋha shai），直译为"吃天始"，表明大年是日子的开端，家家户户都要备好酒菜，请宾客吃喝，共祝新的一年来到。

外人所称"小年"在瑶话中叫作"哈泽"（ŋha dzɯ，dzɯ 表示"尽头、末端"），过小年叫作"纳哈泽"（na ŋha tsɯ），直译为"吃天末"。从这天开始一直到农历七月十四，亲朋好友相聚一堂共享美酒佳肴，气氛不逊于大年期间。七月十五是壮族和汉族的中元节，所以一般在这之前大家就陆续结束对小年的庆贺。现在人们的经济条件比以前好了很多，备酒备菜不是难事，七月十四之后才开始或者仍在继续设宴的人家亦不少。白裤瑶的小年并无特殊的庆祝仪式，唯一的乐趣是走亲串戚、饮酒对歌。

关于小年的来历，众说纷纭，最为常见的一种说法是"农业节庆说"，即为了庆祝特定的农耕时令。一年之中，农历四月犁田、播种，五月初插秧，到了六月结束时，庄稼就已经长成一半，如果接下来一切顺利，一两个月之后就能喜获丰收。所以小年不仅是一年时间过半的节点，也是庄稼成长到一半的节点。白裤瑶人生活在典型的喀斯特地貌区，这里虽然降水不少，但农田蓄水并不容易。过小年便是为了庆祝降雨的及时与充足，欢庆秧苗都顺利入田，且度过了生长最为困难的前半程，好

---

① 对壮族师公丧葬唱本中"董永"一角的考察可参考覃延佳《食人与孝道：壮族师公抄本〈董永唱〉的文本、结构与礼仪日常性》，《民族文学研究》2021 年第 1 期。

的收成已近在眼前了。另一种是"女子持家说"，该说法比较受官方和白裤瑶知识分子欢迎，具体如下：

相传很久以前，白裤瑶的一户人家生了一个极其美貌的女儿，这个女子集万千宠爱于一身，长大后也从不劳作。到了嫁人的年龄，前来提亲的人络绎不绝，包括慕名而来的庆远府（今河池宜州）的官爷。人们到了她家却发现她好吃懒做，什么也不会，若是娶进门，根本无法持家，于是人们纷纷退避。从此，女子决定要学会各种家务和农活。向父母学习不到半年她便样样精通，特别是掌握了高超的烹饪手艺。一年过半的时刻将近，家人就选择在六月三十邀请客人来家中吃饭。众人得知饭菜竟然出自主人家女儿之手后都非常吃惊，齐声称赞，女子的名声迅速扩散。事情传开以后，大家都学着在这一天设宴待客，并让自家女儿负责烹制席上菜肴，这样才能展示她们勤劳能干，是做媳妇的好人选。久而久之，白裤瑶形成了六月三十过小年的习俗。

仅仅从神话和节庆等易于获知的信息来看，白裤瑶就明显不同于他们的瑶族其他支系邻居。曾有研究者总结了布努瑶各方言支系的相互认同，认为各支系在自称、语言、丧葬习俗、婚姻习俗、建筑风格等方面一致性很高[1]。事实上，除了自称和建筑风格高度近似、语言零星相通，白裤瑶在丧葬、婚姻等方面与研究者所述的布努瑶主流群体大相径庭。都安、大化等地的布努瑶从明末清初开始与壮族通婚者就甚多，从民国时期开始，与汉族的融合开始显现[2]，在通婚的基础上，布努瑶主流群体的汉姓发展到至少57个之多[3]。同样世居于大石山区的白裤瑶支系到目前为止仍然较为排斥与外族通婚。他们的汉姓只有何、黎、谢、兰（蓝）、陆、王、罗、蒙、韦、岑（覃）、花、白[4]等十几个，整个族群偏于封闭。

---

[1]　韦标亮主编《布努瑶历史文化研究文集》，贵州民族出版社，2003，第54~65页。
[2]　韦标亮主编《布努瑶社会历史》，广西民族出版社，2010，第349~353页。
[3]　韦标亮主编《布努瑶社会历史》，广西民族出版社，2010，第368页。
[4]　关于白裤瑶人的汉姓与瑶姓，笔者将在第三章第一、第二两节中进行详细阐述。

　　综上所述，"糅合"是笔者对白裤瑶文化的一个感性却可能准确的印象。这种糅合特征与封建历史时期土司的欺压和迫离、匪群的冲击和驱散不无关系，是白裤瑶族地位和居住的边缘化在文化上的反映。事实上，整个瑶族的古代民族史就是一部迁徙史，盘瑶的渡海神话便以一种文学加工的方式展演瑶族祖祖辈辈翻山越岭，最后定居西南深山的艰辛。落难而逃，四处躲避，导致他们最后呈现出鲜明的"大散居，小聚居"的分布特点，形成非常多的支系和地域集团，难以形成社会的统一合力，在文化上最终吸收了周边各民族的元素。正如费孝通所言的，"分布得这样广，又这样分散的瑶族，在语言、社会组织、风俗习惯、宗教信仰，甚至服装上都存在着显著的相互之间的区别"①。

　　上述比较尽管还很浅显，却已足够说明白裤瑶文化是周边多族群文化元素交叠与融汇的结果。认识白裤瑶不能将其简单地放置于瑶族或者布努瑶的特定文化归属之内，而应对其进行深入考察并且单独成章。

困苦的记忆

　　封建历史时期的边缘化不仅造就了白裤瑶文化归属上的多重性，也给他们的实际生活带来许多艰难困苦。有关白裤瑶曾长期遭受莫氏土司盘剥的历史叙事并不少见②，如民国《河池县志》中对南丹土司和白裤瑶人的关系有这样的记载："土官生子，必派各哨捐钱，名曰打红；若遇丧事，派捐则曰打孝帛。安葬时必以白裤瑶二人跳井，先醉之以酒，瑶固醉生梦死者，亦欣然为之，盖如常人用鸡也。"③ 面对土司的强权，白裤瑶历史上涌现出一些英雄式的反抗者，但由于没有文字记载，在我的田野调查中，报道人对这些著名人物的讲述版本众多，且多数已经被神化了。例如具体年代不详的"兰老勇"，他是一个与南丹莫氏土司斗智

---

① 费孝通：《六上瑶山》，群言出版社，2015，第 159 页。
② 广西壮族自治区编辑组：《广西瑶族社会历史调查（第三册）》，广西民族出版社，1985，第 71~78 页；朱荣等：《中国白裤瑶》，广西民族出版社，1992，第 206~212 页；陈日华、韦永团主编《广西民间文学作品精选·南丹县卷·莲花山仙踪》，广西民族出版社，1998，第 22~31 页。
③ 转引自蓝仕明《南丹瑶族好汉黎水保反土官斗争简叙》，南丹县《瑶族通史》办，2000。

斗勇的人物①；又如清朝时期从土司手中夺取官印、收回被抢土地的
"黎水保"②。并且经过白裤瑶自己的一些知识分子加工之后，黎水保的
这段起义史演变成了另一个在时间上相当古老的"瑶王印"传说。白裤
瑶的老人实际上对于该"传说"知之甚少，反而我们只能从当地的一些
文化官员口中听到，其大致内容如下：

> 古时候白裤瑶人在瑶王的带领下过着平静的生活。瑶王的女儿
> 和一个壮族人结为连理并诞下一子，瑶王非常喜欢这个外孙，甚至
> 把象征权力的瑶王印也给他玩耍。壮族女婿一直都觊觎瑶王的权力，
> 于是心生一计，他让儿子吵着闹着把瑶王印带回自己的住处玩耍，
> 第二天归还时，他用南瓜雕刻一个假印还了回去。他把真印一直藏
> 在房梁上，等瑶王去世的时候才把真印拿出来宣称瑶王把王位传给
> 了他。

由黎水保起义演变而来的还有另一个传说，它道明了白裤瑶成年男
性为什么习惯留长发：

> 在一次瑶王组织的起义中，白裤瑶人因为寡不敌众，反被土司
> 的军队围困在山中。这时大家就想了一个办法：让所有男人留长发，
> 等头发够长的时候全部剪下来结成绳子，将绳子从一个陡峭的山崖
> 处放下，大家就顺着这条头发绳子爬下山而得以保全性命。从此，
> 白裤瑶男人就有留长发的习惯，一方面是为了纪念这一帮勇敢的反
> 抗者，另一方面是为了日后再遇到类似危险情况时可以削发自救。

这个传说依然带着强烈的知识分子加工过的色彩，但它同样确凿无
疑地表明了白裤瑶族群记忆中的土司阴影。

历史上此起彼伏的匪患进一步加深了白裤瑶的困苦，彼时的匪群主

---

① 相关传说可参见徐金文整理《朵努民间故事史料》，南丹县文物研究所，2000。
② 相关传说可参见广西壮族自治区编辑组《广西瑶族社会历史调查（第九册）》，广西民
　族出版社，1987，第78～80页；何正文：《反腐征恶　闹红一方——白裤瑶民黎水保打
　击土司抗击清军历史传略》，南丹县委宣传部，2000。

要由汉族人和壮族人组成，也有从贵州南下的苗族人参与，而白裤瑶始终是土匪劫掠的对象。他们为了躲避土司和匪患，逐渐往山上搬迁，所以现在白裤瑶地区的壮族和汉族村落基本上位于山下和山腰，山顶上的村落几乎都是被撵上山的白裤瑶人所建。里湖地区海拔最高的岜地寨，就是白裤瑶人为了躲避土匪才搬至山顶的。最艰难的时候，土匪就驻扎在岜地坡的山脚下，周边的壮族和汉族村寨同样没能幸免被扫荡，后来大家联合起来才把土匪暂时驱离此地，所以现在岜地坡脚下的几个壮族和汉族村落与岜地寨的关系很好，有着一份共患苦难的友谊。山顶固然易守，但日后的饮水、种田成了难事。1999 年通公路之前，花一个小时下山耕作、再花两个小时攀爬回家的艰辛，现在二十多岁的岜地人年幼时全都经历过。这种居住格局正如云南广南地区瑶族的一句顺口溜说的那样，"壮族住坝头（河谷稻作），汉族住街头（市镇商业），苗族住山头（山坡旱地），瑶族住箐头（林间旱地）"①。但是白裤瑶人引起为豪的是，不论条件如何艰苦，他们始终坚持自立自强，努力维系着族群的生存与繁衍。白裤瑶人常念叨一句汉语的顺口溜：

先有瑶，后有朝，客穷客带瓢，瑶穷瑶挖窑。

意思是，南丹一带最早居住的就是白裤瑶人，汉族人（称客家）是后来者。遇到灾荒时很多汉族人就带着饭碗到处乞讨，瑶族人则更为勤劳，纷纷下窑挖煤讨生活②。中华人民共和国成立之后，国民党桂西军政区中一些不接受和平改编的顽固分子成为新时期的土匪头子，20 世纪 50 年代前期，当地政府一直致力于在南丹地区剿匪③，很多健在的老人都是那场匪患的亲历者。

　　房东勒少的曾祖父在土匪肆虐的那几年是公社里管粮食的人。

---

① 王建新：《阿科瑶寨的家族、宗教与寨老：权威的传统建构》，《思想战线》2010 年第 5 期。
② 这句顺口溜本身就是汉语，不是从瑶话翻译而来的。
③ 南丹剿匪这段历史可参见广西壮族自治区南丹县地方志编纂委员会编《南丹县志》，广西人民出版社，1994，第 659 ~ 661 页；龙德强、刘期贵《三湘子弟兵南丹剿匪记》，《文史博览》2008 年第 10 期。

某日，一帮土匪派人向寨里喊话，要人们在三天之内准备好十袋大米，到时候土匪来人运走，否则就会袭击瓦庸。他被逼无奈，费尽心思动员全寨，终于说服每家每户都出了米才免于那场祸事。到了"文革"期间，有人却将他向土匪"献米"的事情告了状。

瓦庸寨里还有一位老人阿迈在土匪窝里经历过残酷的生死抉择。当年土匪从各个村寨绑架了一些人，要挟被绑架者的家人给土匪送吃送穿。人们照办了之后，土匪却没有如约放众人一条生路。土匪押着人质行至一个悬崖处，说："要么被我们用枪打死，要么就自己从悬崖上跳到下面的河里去。"那条河满是裸露的岩石，这对他们意味着横竖都是一死。阿迈选择了跳崖，与他做了相同选择的人跳下去都摔死了，他却奇迹般地落到了水深处，只受了一点轻伤。

土司和土匪带来的困苦早已经被画上历史的句点，当我们把目光跳转到当下，白裤瑶地区的相对贫困则是绕不开的一个话题。里湖、八圩两乡是广西典型的深度贫困地区，所在的南丹县是之前广西全自治区54个脱贫攻坚重点县之一，而南丹所在的河池市则是广西最欠发达的地级市。直到2018年时，南丹县才成为河池市第一个整县脱贫摘帽县。到瓦庸寨的第一天，去广东打过工、能说会道的勒少妻子恩德就问我："小张，这是不是你来过的最穷的地方？我想我们白裤瑶可能是世界上最穷的人了吧。"虽然她的判断并不准确，但贫困的确是白裤瑶人生活中的不可言说之苦。

当地政府曾在白裤瑶地区推广过各种农业扶贫措施，例如饲养瑶山鸡、瑶山黑猪，种植核桃、猕猴桃、观赏油菜花等。来自国际上的多个NGO组织从20世纪90年代初开始一直致力在当地扶贫。2004年，政府在里湖乡里摆寨修建白裤瑶生态博物馆，欲借此保护白裤瑶的传统村落，传承与弘扬白裤瑶的民族风情和生产技艺，同时，也希望以博物馆为中心发展民族生态旅游，进行曲线扶贫。但由于自然条件本身的限制、文化障碍和市场因素等内外因的交织，所有政府与非政府扶贫项目的效果都不甚理想。例如曾经短暂见效的烟叶种植便是如此。

白裤瑶一直有种植烟叶的传统，但产量很小，一部分拿到集市上售卖，一部分留作自用。20世纪90年代初期，当地政府开始大力推广烟叶的规模化种植，一座座用于烤烟的土制烟房在各村各寨拔地而起。政府也在乡里设立了烟叶站，主管烟叶质量鉴定和集中收售，帮助人们解决产销问题。烟叶种植在初期的确为白裤瑶带来了一部分收入，但后来由于种种原因，这条预想的致富之路逐渐被放弃了。一是传统的烤烟法对人力有着极高的要求，很多种植者在烟草收获季会没日没夜地连轴转，身体吃不消。二是烟叶的种植和烤制多选址在山上，在尚未村村通公路、摩托车也未普及的那些年，运输是一大障碍，例如岜地村的烟农每年都是靠着肩挑背扛的方式将烟叶挑下山再送往几公里之外的烟叶站，总体上性价比并不高。当然，最重要的原因是后来随着全国烟草市场格局的变化，白裤瑶地区这种粗放的烟叶生产模式逐渐失去了市场优势。

又如饲养瑶山鸡的尝试，尽管政府为养殖户免费提供鸡苗，资助修建鸡舍，但仍然无功而返。究其原因，一是难以找到大面积的较为平整的地块进行圈养，一旦扩大围栏范围，石头和岩缝众多，小鸡时常出现意外；二是当地阴湿的地理和气候条件容易滋生鸡瘟，又缺乏农学专业人士长期跟踪式地帮助大家进行防治，尝试过的养殖户几乎最后都因此而折戟。2014 年，有一个外地老板在瓦庸与里湖之间的一个山坡上承包了一片林地发展专业养殖，当时他联系到了某大型媒体农业频道的一档栏目来到瓦庸拍摄养鸡致富的专题片，借机宣传自己的瑶山鸡品牌，还临时聘请了几个村里的小伙子在山坡上奉献了一场养鸡"表演"。这位老板的本意是先用自己鸡场的鸡打出名头，然后便可以号召当地村民一起养鸡，养成之后他来收购，以此扩充出栏规模，带动大家共同致富。本以为这位老板既有养鸡技术，又懂如何开辟销路，瑶山鸡走出瑶山指日可待。但好景仅仅持续了大半年，鸡场里的鸡同样大规模死于疫病，这位老板的创业扶贫之梦便很快破灭了。

再说到养猪，寨里的小伙子勒巴在大学里学的是畜牧专业（他是瓦庸的第二个大学生），毕业之后他在外面闯荡了一段时间，于 2014 年回到家乡创业，准备养殖瑶山猪。好不容易猪场开起来了，但是越往后他越发现养猪需要不断投入资金，达不到一定的规模，赢利就无从谈起。此外，他必须坚持天然饲料喂养以保证瑶山猪的肉质，这样才能卖出高价，否则养殖瑶山猪就失去了意义。但由于自然条件的限制，当地玉米等饲料谷物的产量几乎仅能满足每户人家自己养殖所需。到了后期，勒巴发现饲料的收购也成了问题。再者，白裤瑶地区阴湿的气候条件迫使勒巴频繁更换圈里的铺草以保持夜间的温度，否则猪容易生病，而一到秋冬季节，山上的草被便枯萎殆尽。我目睹了勒巴从兴致勃勃建起猪舍到无可奈何推倒猪舍的全过程，与他一道体会了当地农业致富之难。

2014 年，有一个国际 NGO 组织从广西农科院聘请了一位专家来到瓦庸寨向大家推广生态农业的种植思路。当时这位专家提出的想法是在稻田里养鸭，一举两得。他们不曾分析白裤瑶地区的水田状况是否适合所谓的生态思路，而瓦庸寨的人真正考虑的是：一方面水田里的土基薄弱，下面岩层跑水严重，饲养鸭子是否会破坏千辛万苦才犁好的土基；另一方面生态养鸭必然要求减少农药和化肥的使用量甚至完全禁止使用，以前农业技术不发达时粮食歉收的情形还历历在目，瓦庸寨的人不可能接受这种"倒退"。

2015 年开春之时，政府又在瓦庸东面寨口外规划了一片油菜花海，借此吸引游客前来。为避免油菜花被破坏，政府要求村民将平时放养的牲畜改为圈养。但这个决定忽略了家畜饲养的周期性特点。一旦将猪和牛圈养起来，就需要人们去收割大量的草食进行投喂，而开春之时草木稀疏，如果每天都要囤积到足够的草食数量，这是几乎不可能完成的任务，最终油菜花海计划也只好搁浅。况且，一年到头也只有这个阶段地里没有庄稼，人们可以安心地将牛放养，免于每日看牛的艰辛，改为圈养则是将他们难得的闲暇时光给剥夺了。

不过，尽管农业扶贫困难重重，当地政府仍然发挥出了锲而不舍的工作精神，不断试验新的可能性。例如近几年南丹县开始试点"林药间种"，最为典型的项目是在油茶林下种植中药材山豆根，发展林下特色经济。相信这项助力乡村振兴的新举措不久便会推广至白裤瑶村落。

从贫困中也派生出种种"弱势"的自我体认，这往往是我在田野里听人们讲述白裤瑶人与外界交流时的一种基调所在。瓦庸寨里一直流传着一位老太太的陈年"笑话"：

　　　　一次圩日，她去里湖赶圩买剪刀，到了摆满刀具的小摊前，她左看看、右摸摸，始终一言不发。直到摊主问起来，她愣了很久才憋出四个字："咔嚓！咔嚓！"摊主满头雾水，她心急如焚地重复着

"咔嚓！咔嚓！"最终，摊主领悟到她想买的是剪刀。还有一次，她想买一把雨伞，进了店里也不知道该如何表达，就用不标准的汉语说："大一下，小一下！"仍是费尽周折，店家才弄清楚她要买雨伞，雨伞一开一收，就是一下子变大，一下子变小。

每次聊起来这位老太太，人们语气中都充满自嘲，他们说白裤瑶人太笨，不会讲汉语，而当地壮族人就聪明很多，为了外出方便，为了跟汉族人做生意，很早就学会了汉语。现在白裤瑶地区的圩场上，开门市、练地摊的人大多数是汉族和壮族人。以前瓦庸寨有一条岔道，岔道尽头的山洞中有泉水，正月初一早晨，谁越早打到水喝下，谁长大后就越聪明，不但瑶话说得好，汉话、壮话也学得快。所以那时家家户户的孩子在开年第一天都争先恐后地提着水桶去洞中打水。

寨里与我同龄的这一批85后年轻人讲述起20世纪90年代中期他们念小学时的情境，说那时白裤瑶人对"上学"几乎没有概念，政府三番五次地劝说他们送孩子去学校，告知他们除了基本的文具需要自备，白裤瑶的孩子享受其他费用全部免除的优惠政策，但寨里的家长们依然不为所动。政府人员见此情形便放话说，一个星期之内如果再不送孩子去学校念书，就派人来抓他们养的鸡，等孩子入了学，才把鸡还给他们。本以为说这番话只是吓唬，没想到后来政府言出必行真的来抓鸡了，寨里的人才不得不照做。在学校里，白裤瑶学生学语言慢，成绩差，很少跟壮族和汉族同学交流，家里没钱买文具就捡壮族和汉族同学扔掉的烂笔头写字。如今，20多年过去了，白裤瑶人已经实现从"逃学"到"向学"的转变[1]，在学校里和其他族群的孩子们也不再有隔阂，但当初刚接触学校教育时的那些不愉快仍然记忆犹新，也是他们经常用来自嘲的笑料。

历史上，白裤瑶因生产力落后和族群人口稀少而在资源的分享与利用中不占优，但新中国成立之后，在党和国家的关怀下，白裤瑶跟随瑶族社会整体上已经"换了人间"[2]。然而，贫穷、文化程度低和语言障碍

---

[1]　参见黄胜《民族地区学校教育价值定位的反思与建构——以瑶山白裤瑶的学校教育价值取向变迁为例》，西南财经大学出版社，2015。

[2]　费孝通：《六上瑶山》，群言出版社，2015，第157页。

所带来的困苦离现在并不久远，也正是这些刻骨铭心的记忆激励着当下年轻一代谋求提升与改变，走出大山的愿望变得前所未有的强烈。

三　心灵的支撑

起初，面对一个农耕条件极为恶劣、历史上地位较为边缘、经济发展较为滞后、人口力量较为弱势的族群社会，我不由得想象，白裤瑶的祖祖辈辈何以克服种种困苦，发展出这样一套自在的生活方式与稳健的文化体系。当经历长时间的田野调查之后，我发现答案显而易见，正是作为生活方式的传统信仰与仪俗给予了他们最强大的心灵支撑。信仰体系指导人们系统化、逻辑化地认知自我和宇宙世界，理解日常的瞬息万变，树立与巩固他们坚实的生活信念；丰富多样的仪俗活动则充盈着他们的闲暇时间，承载起他们的社会交往，塑造了他们的群体归属感。

在传统社会时期，每每遭遇生活中的负面事件，如生病受伤、禽畜瘟疫、庄稼受灾、家庭矛盾、邻里冲突、财物失窃、人的死亡等，白裤瑶人除了采用"世俗"的处理手段，同时也会寻求信仰体系的帮助，试图运用巫术仪式消除各种不幸带来的生活波动。这些仪式指向三类具体目标：一是消除身体上的痛苦，二是避免社会群体的溃散，三是处理死亡带来的生活中断的风险。只有解决了这三项问题，生活才有平稳性和持续性可言。本书所定义的白裤瑶人观念中的"生活秩序"便立足于此，包含个人身体完好无恙、所属群体稳固不移和死亡之后生活绵延不断（无论是对于死者还是生者而言）三个方面的内涵，这三个方面昭示着白裤瑶人对于美好生活的传统式向往。

但白裤瑶人从来不是一个陷入"迷信"的群体，面对生活中的种种磨难，他们向来能够清楚区分什么是"当务之急"、什么是"根除之方"。如前文中患上"羊痫风"的颇堂公，家人都懂得首先需要用现代医药缓解病痛，只不过他们的目标不仅仅是压制住疾病本身，还要进一步掐断产生疾病的根源。同样，当出现群体矛盾与冲突，原本紧密联结的一群人濒于溃散时，白裤瑶人会利用血缘和地缘规则对当事人的行为予以规范，借助习惯法与群体内生的权威机构进行调解，但同时也会寻求解决产生矛盾与冲突的根源性问题。遇到农业生产中的旱涝之灾或虫病之困时，白裤瑶人累积了一套判断天气、土壤、地形、水源等情况以及应对灾害的农业知识与技术，但他们最终仍要完成的一步是追溯并干预导致灾害的根源。信仰体系的功能正在于此，它既帮助白裤瑶人解释一切不幸事件的"根源为何"，又包含了他们认为行之有效的处理根源性问题的手段，即生活中处处可见的巫术仪式。

最为典型的是疾病治疗。一直以来，白裤瑶人一边依赖常规的医疗体系，一边求助于传统信仰体系，即我们熟知的"神药两解"。传统时期的医疗活动由瑶医来完成。瑶医不仅会使用大量的草药，还懂得一些外伤的处置手段，例如脱臼或骨折时，瑶医首先会进行复位，然后用草药涂敷，最后再上竹质或木质的夹板加以固定。但在瑶医治疗之外，每个伤病家庭都会求助于巫术仪式，在他们看来，这一步才是治本之方。如今白裤瑶地区的医疗水平和人们对疾病的科学认知有了很大的提高，医院已经成为治疗伤病的首选之地，但是几乎所有家庭仍会像以前那样选择双管齐下，同时寻求或者在治疗效果不佳的情况下寻求仪式的帮助。伤病即使在医院已经被治愈，但家里的仪式往往也不会落下。反而越是迅速、轻松治愈的伤病，事后越需要用仪式来巩固效果，以绝后患。每一次治疗仪式，不仅是针对当时的情况开出的一张药方，亦是规避下一次凶险的预防之策，它在当下老一辈白裤瑶人的观念中，依然是保障生命健康的一项有力举措，是当现代医疗手段也无能为力或者他们无力负担医疗费用时拯救生命的最后那根稻草，我在田野调查期间便看到了这样一个例子：

干邑寨有位不到 20 岁的小伙子在外打工时感觉身体不适，当时他不愿花钱去当地的大医院看病，而是选择回家后与父母一同去南丹县城医院做检查，医生告知他是肺病和肝病。入院治疗期间，家里人多次寻求巫术的帮助，仪式隔三岔五地举行。但住院一段时间后，小伙子的病情更不容乐观。医生坦诚医院水平有限，建议将小伙子转院至市里，但转院后的费用是这个家庭承受不起的，老夫妻俩不得已只好带小伙子回家养病。小伙子回家后一直卧床不起，母亲守在他的床边常常流泪，嘴里说："儿子，我们对不起你，没钱给你治病了。"与此同时，他们将最后的希望孤注一掷在一场大型巫术仪式上，期待这可以唤来奇迹。

　　虽然上述田野故事中的主人公最后没有奇迹般地康复，但是他的家人并不后悔为他耗费大量的物力和财力举行仪式。诚如宗教人类学研究的共识所指出的，虽然人的生命最终还是陨落了，但并不等于信仰和仪式就是无效的，它帮助主人公的家人甚至整个村寨的人获得了宽慰，消除了他们对事态进一步扩散的担心，重整了因疲于应对病痛而变得紊乱不堪的日常生活，恢复了从家庭到社区因恐惧不幸的降临而涣散的运转秩序。信仰体系是族群最重要的文化传统，且经历了成百上千年的沉淀，即使到了今天它仍然在白裤瑶人的日常生活中处处彰显着生命力，并定义着这个族群的某种文化身份。

　　白裤瑶的巫术仪式根据其目的和规模要求，有的只需要家庭成员参与，有的需要血亲家族的参与，有的还需要联合姻亲，还有的则属于整个村寨的责任，甚至是多个村寨的联合义务。因此，巫术仪式也是不同人群聚众议事、联络感情的绝佳机会，更是忙碌的农耕生活中不可或缺的消暇时刻，在此意义上，它同样于困苦生活中支撑了白裤瑶人的集体心灵。以处理死亡的葬礼为例，整个过程都围绕着开辟灵魂的阴间旅程与建立死后的阴间生活而展开，其本身就是一场规模庞大的巫术仪式，参与者最为广泛。首先，同村同寨和熟识之人前去悼念是基本礼节。其次，按照规则，一个人去世，他所在家族的每一户的姻亲家族必须参加葬礼。反过来说，一个人需要参与其所在家族的每一户的姻亲家族的葬礼。例如，某男子的妻子的堂弟去世，该男子所在家族的每一户人都需要派一个代表跟随他前往参加，已婚男女都可。该男子为领头者，葬礼完毕回家后，最好的做法是夫妻俩准备饭菜，邀请家族中前往参加葬礼的所有人来吃饭，以示感谢。在该情况下，家族中的人出席葬礼的根本目的是支持该男子，显示姻亲家族的群体力量，而不是作为死者的亲属参与。于男子的妻子而言，如果丈夫家族中某一户不派人一同前去悼念逝者，这既是缺乏手足之情，也是看不起她娘家人的表现。在这种要求之下，一个已婚之人，每年参加的葬礼至少有十来场之多。当然，出席葬礼也并非全部出自道义责任，而是带着某些主观意愿的，因为葬礼既是表达哀悼和悲伤的场合，同时也是把酒言欢的场合，还是白裤瑶铜鼓舞的传承场合，在没有电话和手机的年代里，更是白裤瑶青年男女谈情说爱的场合。

除了巫术仪式，婚礼等其他仪俗在白裤瑶人的日常生活中同样占据了重要的位置，且这些仪俗无一不与他们信仰中的鬼神有交集，大量的禁忌和巫术操作点缀其间。一场婚礼，根据鬼师的卜算，其各个阶段会分布于不同的"良辰吉日"，整个过程最长可以绵延一两个月。其间参与的群体众多，除了本寨邻里、至交好友，不可或缺的是新郎新娘双方家族、各自的舅舅家族和各自父亲的舅舅家族这六大群体。不同的群体在婚礼的不同阶段会聚，在各阶段的婚宴上，六大群体会按需派出自己的歌手进行对歌，这些传唱千古的婚宴歌会唱述六大群体的基本情况，包括家族名称、居住地、骨干成员、重要经历等。它向人们传达出的是：没有这六大群体，就没有这场值得祝福的婚姻。婚宴的顺利筹备和隆重举行，依靠的是家族的团结和舅家的支持，若是有人身为六大群体的成员却不参与，闲话和指责必定会落在他头上。尽管婚礼有时候比较耗费心神，但不管男女老少，大家都非常愿意投入，毕竟这是白裤瑶所有仪式中凝结祝福最多的一个，它昭示着未来的新生命和族群的兴盛。

最令白裤瑶人陶醉的要数过大年时的"赶年街"。白裤瑶人庆祝大年，准确说是从初一开始的。瑶话中没有"除夕"的对应词，他们也不在除夕当天吃团圆饭以示庆祝，只有近年刚嫁人的女子会带着丈夫在当天回娘家相聚，且晚饭之前必须赶回夫家。年三十晚上，人们在睡觉前将晾在屋外的衣服连同竹竿一起收进屋里，这样才不会挡住来年的好运。到了午夜零点时分，人们会燃放焰火跨年。不过跨年夜的焰火只是一场序幕，初一早上五点左右开始，举寨欢腾的大戏才开始上演。寨里的男女老少都是天不亮便起床，男人和男孩们燃放鞭炮，女人和女孩们则点燃一种树叶，这种树叶燃烧时会发出清脆响亮的噼啪声，宛如鞭炮。人们在持续接近两个小时的热闹气氛中准备着当天宴客的食物。

天大亮时，早餐也准备好了。用餐前，人们首先会喝一碗香茅草泡的茶，就着茶吃几块豆腐。初为父母的人将几个红鸡蛋装入网袋，让孩子背在身上，然后抱着他爬柱子，寓意快点长大。初一这天人们通常不去其他村寨走亲戚，只在自己的村寨中相互拜访，先是到与自己属于同一家族的人家，然后再提着简单的礼品，例如一包糖或两斤酒去其他人家。他们在每处逗留的时间都不长，推杯换盏，片刻之后便行至下一处。初三开始，摩托车纷纷出动，人们开始穿梭在各个村寨间，路边醉酒的人随处可见。

热闹的气氛累积至"年街日"达到鼎盛。白裤瑶人并不庆祝汉历的元宵节，而是选择离正月十五最近的圩日去逛年街，这一次圩日被称为年街日。现在的圩日都以阳历计算，如里湖场的圩日是每逢尾数为3、6、9的日子，如果正月十五恰好是圩日，那就在当天上街。逛年街时，各村各寨的人倾巢出动，街上水泄不通，男人一碰面就蹲在路边喝起酒来，女人则三五成群地畅聊心事。天色渐暗，瑶歌爱好者开始聚集在某一空旷处对歌，庞大的人群以歌者为中心，由外向里一阵阵推挤，人浪此起彼伏，欢笑声、吆喝声、起哄声响彻夜空。这便是白裤瑶的歌圩，它没有一个特别固定的场所，但歌者对它的热爱却是雷打不动的坚定。这几年，里湖的白裤瑶人都喜欢聚集在农贸市场的大棚下面对歌，那里既宽敞又能遮风避雨。人们的热情一直持续到晚上十一二点才开始退去，年街日正值十五前后的月圆时期，如果天气好，月光可以照亮乡间小路上的每一块石头，很多人便舍弃摩托车，乘着月光慢悠悠地走回寨里。从2010年开始，每年的年街日，里湖乡、瑶山乡等地都有官方庆祝活动，项目包括赶圩、铜鼓表演、牛角号表演、细话歌表演、传统的打陀螺和斗鸟比赛，还有文化人士为当地人编排的民族舞蹈，吸引了大量的游客与民俗爱好者，圩场的红火与赶街人的兴致不输以往。

概而言之，是那些与日常生活已经融为一体的信仰体系和仪俗活动丰满着白裤瑶人平淡而艰辛的农耕生活，缓和了他们生命历程中的种种苦痛，维系着这个人口极少的族群在曲折历史中穿梭与延存的自在性。这种作用在传统时期极为关键，到如今虽然已经有所淡化，但仍然发挥着它的余热。在了解了白裤瑶人的基本生活面貌之后，下一章我们将正式进入白裤瑶人的信仰世界。

第二章　观念中的宇宙世界

宇宙观既是信仰体系的基本内容，也是信仰体系得以搭建的知识框架，一切宗教象征符号的意义都可以统辖于宇宙观之下进行理解。本章将详述白裤瑶传统信仰中宇宙世界的时空特征、结构划分、存在物及其分类体系。白裤瑶传统信仰中宇宙世界由两个部分组成：一个是"瓢瓜"（phʑao kua，phʑao 表示"黑暗"，kua 是指"世界、地方"），直译为"黑暗的世界"；另一个是"熬归"（ŋao kue，ŋao 是"天"的意思，kue 表示"亮的、有光的"），直译为"天亮"，引申为"天亮的地方"。白裤瑶人平时也习惯用汉语"阴间"和"阳间"分别翻译两者。阴间的空间形态是对阳间的地理形貌和人居环境的一种模拟与复制，二者的时间在"日"和"年"的尺度上都处于错位运行中。阴间是"德拉"（tɬæ）生活的地方，阳间则有人与有生万物相互做伴。

一　"瓢瓜"与"熬归"

同构的两界

2013 年腊月，房东勒少的一位堂叔从外地打工回来，晚上邀请亲朋好友去他家里吃饭，我也跟着勒少前往。饭后大家围着火塘取暖，微醺之际纷纷打开话匣。当我向众人简要介绍自己来瓦庸的目的后，勒少堂叔警觉地问我："小张，你有没有去过寨门旁边的那个山洞？"他所说的山洞位于东寨门外的一处山崖上，洞口直径有七八米，被寨里的人用石头砌了半人高的墙封堵了起来。洞内有一些木柴倚着石壁，地上的若干块石头围成一个圈，看起来就像人们聚餐时准备就绪的座席；旁边横卧着一块大岩石，岩石中间略微凹陷，形似某种巨型容器。我回答说："我去洞口看过一次，但没有进去。因为洞口有墙，我猜是有人在洞中放了什么东西，故意拦住不让进。"众人脸上遂露出放心的表情，并告诉我说："以后你想进那个山洞，就找我们带着你，最好不要一个人进去啊，因为山洞里有鬼。"对此嘱咐我疑问重重，便立刻向他们寻求解答。

原来，据他们所言，洞中的那些石器都是瓦庸寨去世已久的先人们所造，他们偶尔会从阴间返回，聚在洞中把酒言欢，顺便帮助生者看护村寨，那圈矮石是就座的凳子，旁边的大岩石是用来舂米、舂辣椒的石舂，所以人们才称那是个"鬼洞"。鬼洞中的先人不认识我，我如果擅自闯入，他们就会认为我心有不轨、蓄谋破坏，进而责难于我。鬼洞只允许瓦庸本寨的人进入，外人进入时必须由本寨人带领才不会引起先人们的怀疑。在场的几位老者都为我感到庆幸，夸我沉稳，未有鲁莽之举，否则恐会发生不好的事。为了不让大家担心，我向在场的人保证，如果要进山洞，一定会找瓦庸寨的人带着我。然后我借此机会追问他们所认为的先人们生活的阴间究竟是一个什么样的地方。

在白裤瑶人的信仰中，人的目力所及和脚力所达的整个实体物理世界是阳间的疆域范围，它承载人的生产与生活，还为万物生灵提供了生长与栖息地。与阳间相对的是阴间，人的目力所不能及的天空以上区域属于阴间，脚力所不能达的地底以下的区域也被认为是阴间。除此之外还有一个无法指出其明确方位的区域，那里山、河、田、土、树林等一应俱全，村寨、圩市、歌坝、峒场①等白裤瑶人的各种活动场所也应有尽有，用他们的话说便是"阴间和阳间是一样的，只不过一般人看不见"。因此所谓阴阳两界，它们不是物理意义上的清晰分割，而是两个有着不同存在状态、不同感知途径的平行世界。白裤瑶人根据自己耳闻目睹的这个实在的世界想象了阴间的模样，所以阴间的形貌与格局才显现出对阳间的模拟与复制。普通人在正常情况下无法看见与触知阴及其中的存在物，如果阴间之物通过各种方式向人们示意它们的到来，这往往预示着凶险，鬼洞里的先人便是如此。此种情况下，人须要小心翼翼地处理自己与它们的关系，会其意，顺其愿，千万不能无故招惹，否则将有祸事临门。

错位的时间

阴间"瓢瓜"在瑶话中的字面意思虽然是"黑暗的世界"，但这并

---

① 白裤瑶习惯称野外的地点为峒场（ji toŋ）。

不意味着那里是个暗无天日的地方，而是指它的时间规则与阳间不一致。

当初我在瓦庸参加过几次葬礼后，忍不住向勒少抱怨出殡的时间问题。每一次，早晨八九点钟便有人告知我送葬队伍即将出发，我带好纸笔和相机慌忙赶到逝者家中，却通常要等待好几个小时棺材才被抬出门，有时等到中午十一二点，有时晚至下午两三点，使我疲惫不堪。后来我才逐渐明白，出殡的具体时间是经过人们仔细测算的，讲究好的时辰，但这个时辰往往处于中午至下午的时间段内，最早也不会早于上午十点。原因在于，逝者要去的阴间和生者所在的阳间，两个世界的时间是错位运行的。阴间白昼的开始，正好是阳间的中午，在"日"的尺度上，两者相差半天①。选择中午至下午两三点这个时间段出殡，正是为了顺应阴间的时间规则，让逝者于阴间的清晨或者上午时分踏上去路。此时的阴间处处光亮，一切清晰可辨，逝者才得以顺利到达他们的归宿之地。从操办葬礼的实际需要来看，出殡日逝者家人须做大量准备，中午至下午时段出殡，也是为了留出更充裕的时间供人们完成相应的工作。

阳间从太阳落山到午夜零点时分，对应于阴间的正午至黄昏。这个时间段内，阴间的鬼喜欢四处游荡，很容易与阳间的人产生交集。尤其是当人们做一些具有危险性的事情，伤到身体导致流血时，那些鬼便闻着血的气味前来害人。

> 瓦庸寨有一位有口皆碑的勤劳妇女名叫阿吉，50多岁，干起活儿来常常废寝忘食、不顾病痛。她白天的时间都用在田间地头，所以缝衣服、织布一类的针线活只能留到晚饭之后来做。几年前她出过一次车祸，伤了肾，身体一直不太好，劳累之余总是抱怨自己病多。我在瓦庸寨期间，她又被检查出颈椎问题，医生和家人都叮嘱她要多休息，但她无论如何也闲不下来，总是忙碌一段时间就病一场，严重时不得不到县城住院。家人私底下偶尔抱怨说："看吧，叫她不要晚上做衣服，她偏要做，眼睛不好，灯光又暗，手上那么多伤口，不晓得又被什么鬼找上了。"

---

① 在日常生活中，白裤瑶人通常所称的半天，其实是指半个白天，而非24小时的一半，在这一点上汉族人亦是如此。

阴间和阳间的时间错位不仅体现在每一天，从"年"的尺度来看，也同样遵循此规律。每年农历六月三十白裤瑶人过小年时，一年进程才刚刚过半，而阴间此时已到岁末，阳间三十过完进入七月，阴间就迈入了新的一年，在"年"的尺度上，两者相差半年。小年期间，阳间的人合家欢聚，先人们此时则在阴间过大年。如此推算，当人们在正月里庆祝新春的到来时，先人们就该过他们的小年了。也有人说，时间错位的阴阳两界，并非大年与小年严格交错对应，而是阳间的大年期间大致对应阴间的八九月，也就是阴间收获粮食的日子，到了阳间秋收时，阴间就该准备过大年了。所以常有老人说每年大年之时，他们就很容易梦到阴间的先人们正在收获玉米和稻谷。接下来，我们将目光转向阴阳两界中那些具备主体性的存在物。

二　阴间的"德拉"

当初我到瓦庸不久，有一次和寨里的几个孩子一起看电视，当时出现了西游记的画面，其中一个孩子问我："叔叔，你知不知道我们把孙悟空喊作什么？"我听到这个问题的第一反应是：孙悟空作为一个虚构的文学人物，其名字进入瑶话之后只会形成一个谐音词，怎么会有相应的译称呢？我就询问孩子答案，得到了三个字："公沃艾！"当我追问为什么叫作此名时，他便表示不清楚了。后来我才了解到，公沃艾（koŋ və ɣai，koŋ 指"男性长者、老公"，və 不表义，ɣai 是"山"的意思）是一种鬼，它只在夜空中出现，看起来细长、发着光，像金箍棒一样，所以大家都戏称它是"孙悟空"①。公沃艾管理这村寨周围的群山，保护群山之中的村寨，每当它发现村寨里有危险，就会飞翔于空中，四处巡逻。最后它消失在谁家屋顶，就预示着那家人将遭遇不测，轻则丢失财物，重则出现疾病伤痛。报道人在介绍公沃艾时，为了便于我理解，都喜欢向我解释道："公沃艾就像你们汉族人说的山神。"

从我田野初期所获信息来看，似乎在白裤瑶人的信仰中，鬼洞里的

---

① 实际上这个形象来源于流星，从宗教起源的角度而言，白裤瑶人将流星想象成了一种神灵或者说神灵降临的痕迹。

先人被称为"鬼"，阿吉晚上做针线活引来的害人之物也是"鬼"，保护村寨的山神公沃艾仍然是"鬼"，给人一种"神鬼不分"的印象，也似乎契合了研究者对桂北地区瑶族宗教特征的判断①。但实际上，白裤瑶人并非不分神鬼，他们用汉语所称的鬼，在瑶话中叫作"德拉"（tɬæ），这是白裤瑶对阴间一切具备主体性的存在物的统称，它们以香气为食，包括食物的气味与香火的气味，只是白裤瑶人在翻译"德拉"一词时采用了"鬼"的表达方式。德拉涵盖的类型实际上很丰富，汉语意义上的神、鬼、祖先、精怪甚至是抽象的神秘力量等都包括在内，而在白裤瑶人的在地分类中，德拉可分为"做心好"、"做不好"和"努高"三种类型。

做心好

在白裤瑶人的传统观念中，该类型的德拉是宇宙世界中的先验存在，都来源于阴间的天上，平日里驻守于阴阳两界的各处。白裤瑶人称它们为"做心好"（tɯ çiao ʔoŋ，意为"做好事"）的德拉，即"善鬼"。一方面它们创造了宇宙世界和人，掌控着自然规律，能够与阴阳两界中的各种存在打交道，甚至发号施令，是宇宙秩序的管理者与维护者；另一方面，它们主持着宇宙世界中的公道，调解其间的矛盾与冲突，驱逐与压制邪恶的存在，保护人的健康与安全，是正义与德性的最高化身。白裤瑶人在将某些善鬼的名称翻译成汉语时，会冠以"某某神"的称谓，如上文中的山神。为避免"鬼"与"神"的混淆，后文中将一律使用"神灵"一词来指代善鬼。神灵都被想象为具有或者能幻化成人的形态，有男女性别之分。人们在某些场合会将神灵戏称为"天王"（joŋ ŋao，joŋ 是"领导、帝王"的意思，ŋao 指"天"），表明它们来自天上。

众神没有严格的等级区分，无至上神或中心神，仅仅是管理或保护的对象范围不同。它们在地位上没有绝对的高低差异，只有能力和司职的不同。神灵有着与人类相同的生活方式，一方面它们结婚生子，建立家庭、家族，组成紧密的亲属网络，聚居在村寨之中；另一方面它们耕田种地，建立基业，靠自己养活自己。安定而自足的生活使得神灵不会

---

① 唐永亮：《人与自然组合的变形——谈桂北瑶族鬼文化》，《广西民族研究》1993 年第 2 期。

与人夺利，主动伤害人，破坏人的生活。很多神话中有对众神生活状态的描述，最常见的主题是叙说神与人一样，生活条件艰苦，甚至因为闹饥荒而不得不为生计奔波。具有代表性的段落之一是前文中的"阿艾耙天下"，它讲述了白裤瑶地区的自然条件为什么如此恶劣。而以下这段神话则勾勒出了神灵生活的贫寒：

> 有一位神叫多幺撒，由于生活困难，难得吃上一回肉食。他的妻子只得用自己的鼻涕当油，用蚯蚓做菜，炒给丈夫吃。多幺撒每天在外面劳动，回到家却面对如此令人恶心的饭菜，他实在难以下咽，便常常对一颗名叫波洛朵的星星倾诉，说自己的生活太苦了。

神灵的命名方式有三种。第一种是"德拉＋具体名称"，如"德拉普"（tɬæ phu），它保护着一个家庭中的人畜平安，白裤瑶人用汉语将其俗称为"大老爷"。第二种是"人的称谓＋具体名称"，例如保护婴幼儿灵魂的"葳拜"（ve mpai，ve 是"老奶奶、妻子"的意思，mpai 指的是"猪"）；再比如前文所说的"公沃艾"。在讲述一些神话故事时，人们不知道或是记不清某位神的具体名字，常会用"公"笼统指代，在这种情形下，其所指的神灵一定是位男性神。最后一种是直接冠以具体名称，如寨神"沃素"（və sɯ）。

做不好

前文中提及的闻着血液的味道前来害人的德拉，抑或是本书引子中致人癫痫的"拱赖贝"，它们往往没有自己的家庭，常年在阴阳两界之间独自穿行，四处流浪；也不懂得耕田种地，于是只能与人争利，以害人为要挟换取食物或其他的物资，坑蒙拐骗的伎俩层出不穷。白裤瑶人称这一类德拉为"做不好"（t̪ɯ ma ʔoŋ，意为"做坏事"）的德拉。鉴于此，后文采用"恶鬼"这一名称进行指代。阴间是恶鬼的应属之地，阳间理应是禁止其踏足的界域，寨神、家神等各路神灵帮助人们防守恶鬼侵入生活世界。

恶鬼的命名方式也有三种。第一种是"德拉＋具体名称"，如"勒米勒松鬼"（tɬæ lə mi lə soŋ），这是一种生活在山洞中的恶鬼。第二种是

"人的称谓＋具体名称"，如"葳尼"（ve ni，ve 是"老奶奶、妻子"的意思，ni 是"偷盗"之意），它专门偷取小孩的灵魂。最后一种是直接唤其具体名称，例如恶鬼"问斗"（ven təɯ），相传它生活在里湖的一个山洞里，每次出现定会搅乱整个村寨。

有的恶鬼具备人的形态，但身体上有缺陷，例如专偷小孩灵魂的葳尼是身体极度佝偻的一位老太太，伤害年轻女子的色公（sə koŋ）是一个瘸腿男子的形象。有的恶鬼以自然物的形态示人，例如"渥尤"（və jəɯ），这个词在瑶话中同时也指"猫头鹰"，渥尤每次出现都化作猫头鹰的样子，人们说只要听到猫头鹰在夜晚令人不寒而栗的叫声，坏事就肯定不远了。又如从山洞里突然飞出吓人的蝙蝠也被认为是恶鬼的化身。再如天上的彩虹也被认为是一种恶鬼，它有红绿两色，一公一母，横跨天空的彩虹其头部埋在田地里吸水，会影响庄稼的生长。农历五月之后如果彩虹挂天，则表示当年大雨较少，小雨居多，是不吉的预兆。有的恶鬼以抽象力量的形式存在，如可以将一个人的疾病传导至其他人身上的"赛鬼"（tɬæ sæ）。

还有一种特殊的恶鬼由凶死之人的灵魂所化。白裤瑶人将死亡分为"正常死亡"和"非正常死亡"，病死、衰老而死之外的一切死亡都是非正常死亡，例如意外事故、自杀、他杀等，瑶话称"渡麻瓮"（tu ma ʔoŋ），直译为"死得不好"。非正常死亡者都"死得不甘心"，带有强烈的哀怨，不愿在阴间安身，其灵魂游历于荒山野岭，不时出来害人，人们用瑶话将其称为"努渡梭"（nɯ tu sho，tu 是"死亡"之意，sho 表示"少的"），也常用汉语"凶死鬼"来指称。凶死鬼比一般的恶鬼更"坏"，它向人索取物资时不计较手段的软硬与后果的轻重，因此人们最惧怕凶死鬼。并且，与凶死者生前关系越是亲密就越容易成为凶死鬼加害的目标，这是因为他们是凶死鬼最熟悉的人，凶死鬼从他们那里获取物资最为方便。

努高

与非正常死亡者不同，正常死亡的人其灵魂会从天门处进入阴间成为另一种类型的德拉，瑶话将它们称为"努高"（nɯ kao，nɯ 是"人"的意思，kao 表示"旧的"），意味着死者是旧的、已经成为过去的人。

努高不能简单等同于汉语中的"祖先"，祖先一般是指逝去较为久远的长辈、先辈，而努高是不分年龄对死去之人所化德拉的统称。在日常对话中，白裤瑶常会用"牙与"（ja ju）专称那些去世时年龄很大的和作古已久的逝者，这个词的本义就是"老人"。

一个人在世的时候，身体里只有一个灵魂，这是严格的一一对应关系。当这个人死亡时，神灵"瓦布"（va pu，pu 表示"地下的"）就派阴差（nɯ phʐao kua，直译为"阴间的人"）来到阳间带走他或她的灵魂。瓦布与娲王所做之事刚好相反，后者造人灵魂，前者收人灵魂。瑶话中有一句常见的辱骂之词叫作"娲王西，瓦布扫"（va vaŋ shi, va pu shao），意为"娲王放你出来，现在瓦布要来收你了"。瓦布很年轻且讲求穿着，与汉族人观念中的阎王有类似之处，它有一本书，书上注明了每个人诞生与死亡的时间，时间一到，它就派出阴差将这个人的灵魂永久带离身体，失去灵魂的人进入死亡状态。不同点在于，汉族人认为阎王会根据一个人生前的功德来确定其寿命长短，做坏事者会折阳寿；而白裤瑶人并没有明显的功德观念，不认为一个人生前的善与恶会影响到其寿命长短，因此也不会通过多行善事或者祭拜瓦布以求长命。"命该如此"，白裤瑶人会这样解释人在不同生命阶段的死亡。

灵魂被瓦布带离身体后会即刻"一分为三"。都安、大化地区的布努瑶认为人的三个灵魂一个住在祖宗的发源地特卡拉苏，一个住在坟墓里，一个住在家里的香炉上或牌位上①。白裤瑶人的看法与此类似，但又有不同。

第一个灵魂首先要经过阴间的 360 个垌场，有菜地、猎场、圩市，也有山峰、河流、树林，所有这些垌场所在的区域统称为"故台"（ku tɬæ）。灵魂一步一坎走遍所有垌场就到了一眼望不到尽头的天梯脚下。灵魂踏着天梯攀登至顶端便到达天门处，跨入天门才算正式成为阴间的努高。神话中娲王投魂也从天门投下来，灵魂从天门而出便来到阳间世界，所以天门是阴阳两界的出入口。努高在阴间一个有田有地、有山有水的地方安顿下来，与那里的先人们一起过着生前熟悉的农耕生活。天

---

① 吕大吉、何耀华总主编，李绍明等本册主编《中国各民族原始宗教资料集成：土家族卷、瑶族卷、壮族卷、黎族卷》，中国社会科学出版社，1998，第243页；叶建芳：《人观与秩序：布努瑶送魂仪式分析》，《广西民族研究》2014年第6期。

门一共有两处，一处在里湖乡的岜地高坡，另一处在八圩乡。不同村寨走不同的天门，离哪一处更近就选择哪一处。第二个灵魂跟随尸体进入坟墓，长期存在于墓地及其周边区域，瑶话用"嘎德"（ka te，ka 是"地方"之意，te 表示"地下"）来表示它们存在的方位。第三个灵魂则在家神①"古撒"（ku phʑe，字面意思为"我家"）的神龛处。岜地寨的罗家人、瓦庸寨的谢家人都说自己家族几十年前会在家中摆放努高的牌位，那时第三个灵魂就存在于牌位处。后来牌位在历次运动中被破坏，现在先人们就集中在古撒那里，会帮着家人做家务，但它们并非古撒本身。

通常情况下，努高是特指进入天门的那个灵魂所化的德拉。努高在阴间归依于自己所属家庭、家族和村寨中那些去世已久的先人群体，并经营着自己的农耕生活，在阴间安居乐业，不需要后人的长期供奉，只有当人们在年节时分邀请它们回家团聚时才从阴间回来分享食物。它们一回到家里便聚集在古撒的神龛处，年节过完，人们又送它们离开。努高如果在没有邀约的情况下回家或者与人接触，生者就会出现身体上的不适，这就表明努高可能在阴间遇到什么事情须要向在世之人传达讯息。

同时，白裤瑶人也有灵魂"转世投胎"的模糊说法。究竟是三魂中的哪一个进入转世投胎的过程，我在田野中并没有得到确切信息，在访谈中甚至有报道人自认为转世投胎与三魂说是自相矛盾的。瑶话称转世投胎为"达普柏达沃"（tɬa phə bæ ta ʔo，直译为"翻花第二次"），意味着一个人转世时，其第二次获得了身体中的花②。相较于汉族人的转世说，白裤瑶人认为灵魂再世仍将为人，并不会变成其他动物。即使一个人在生前做了很多坏事，临死之际这个人也不必担心自己来世不再为人，只是感叹"我做坏事太多，以后要做个好人"。一个人来世出生在什么样的家庭，过怎样的生活，与其这一世没有任何关系。这个人不会因为想要下辈子过得更好而给现世的生活加上更多的道德约束，人们也无法左右"翻花"的结果，因此不会反过来给生前的行为提出自我要求。我在田野期间也听到过其他说法，有的人认为如果这辈子是男的，下辈子

① 本书中所称的家神指的是一个神灵体系，其中古撒是核心"人物"之一，驻扎在每个人的家屋中，详见第六章。

② 在白裤瑶的传统观念中，花是人的身体组成部分，详见第三章。

就会变女人，这辈子富裕，下辈子就会去穷人家，反之亦然。不过，人们对三魂各归其位的观念非常相信，反而并不关心人是否能转世投胎的问题，在白裤瑶人的葬礼中也没有任何与转世投胎有关的仪式操作。据此判断，"转世投胎"说可能来源于当地壮族或汉族的晚近影响。

与善恶属性鲜明的神灵和恶鬼相比，努高不能被单纯定义为"做心好"或者"做不好"，而是在与生者的互动中展现出更为复杂的属性。在满足某些条件时，努高会表现得如神灵一样与人为善，福佑生者；反之，努高则表现得如恶鬼一般害人匪浅。第七章将对此进行详述。

三　阳间的"多努"

肠子化人

阳间的存在主体是人，与人相伴随的是有生命的万物。那么在白裤瑶人的传统观念中，人从何而来呢？在一个普通人眼中，这些事情仿佛是史前史，事实太过遥远，意义也就变得模糊，加之白裤瑶没有自己的文字，因此只有老者或者作为宗教职业人员的鬼师才对这类问题的答案略知一二——它们都藏在白裤瑶的神话中。但总体而言，白裤瑶神话中有关人类始源的信息非常少，白裤瑶神话难以被非常生动地讲述，所以由神话改编的瑶歌是传承这类信息的重要载体。有一段简短的唱词这样唱：

> 神家造天地，
> 第一瓢成泥（地），
> 第二瓢成天，
> 第三瓢成雨。
> 开天辟地做成人，
> 天上有两个，
> 地下有三个。
> 天上有两个，
> 星星和月亮；

　　　　地下有三个，

　　　　两个是公婆，

　　　　还有一个是舅爷①。

　　从上述唱词中我们只能读出两个重要事实，而细节一律不详。第一，天地为神所造，但这个神是谁，创世的具体过程没有讲明，正如第一章中所述，白裤瑶人关于天地的由来就有四种不同的说法。至于整个宇宙空间和阴阳两界，那更像是无法参透的时间开端，它们是固始的、先验的事物，白裤瑶人极少去深究该问题。第二，人类伊始，地上只有三个人，但造人的具体方式和过程不知道。三人中除一对夫妻外，还有一个舅爷。白裤瑶人习惯用汉语称"舅舅"为"舅爷"，称舅爷所在的父系家族为舅家。舅爷是白裤瑶社会中一个非常重要的社会角色，在婚丧嫁娶和其他很多仪式场合中，舅爷与舅家的参与必不可少。

　　真正具有翔实内容的起源叙事是从"族群诞生"神话开始的。闻一多曾对遍布中国西南各族的洪水神话进行过总结，他认为这类神话都蕴含着"人与神之间的冲突"和"洪水遗民再造人类"两大母题②。白裤瑶人观念中的族群诞生也从具有相同母题的洪水神话展开。

　　　　远古时期，一对白裤瑶夫妻结婚多年一直没生孩子，丈夫很是伤心，遂离家周游去了。三年之后，他碰见一个老熟人，这个人告诉他："你怎么还在这里，你老婆都怀孕九个月，快要生了。"他不相信，回到家一看果然妻子挺着个大肚子。他一气之下操起一根棍子就朝妻子肚子上打去，打一下妻子就生出一个小孩，总共打了七下，七个小孩分别从妻子的耳洞、鼻孔、嘴巴和下体出来。丈夫见此怪事更加绝望，转身再次离开，从此杳无音讯。七个孩子长大后个个都是狩猎高手，每天从山上带回各种野味做给母亲吃，但是母

---

① 这段唱词由蒋学伟和黄钰于1957年调查时根据瑶歌所译（可参见徐金文整理《朵努民间故事史料》，南丹县文物研究所，2000；广西壮族自治区编辑组《广西瑶族社会历史调查〈第三册〉》，广西民族出版社，1985，第2页），表意非常准确，后来被民族调查资料多次引用，本书决定沿用此译词。

② 闻一多：《神话与诗》，上海人民出版社，2010，第36~57页。

亲每天哭，孩子问她原因，她说："我吃遍了天下的肉，可是还没有吃过雷公肉。"孩子们说："那好办。阿媄（瑶话的"母亲"之意）你明天把煮好的米饭撒遍房前屋后，到时候雷公会下来吃饭，我们便趁机捉住他杀了给你吃。"第二天母亲照做，果然雷公从天上下来吃饭被捉住关在了笼子里。

　　几个时辰之后，雷公在笼子里心热口干便晕了过去。这时邻家的一对兄妹来到笼子边，见雷公的胸口挂着一块金光闪闪的铜镜十分有趣，便舀了一瓢水朝铜镜泼去。铜镜一沾水就"轰"的一声巨响，放出一道闪电，兄妹俩惊吓之余，又忍不住哈哈大笑起来。雷公淋了水，也醒了过来。它请求兄妹俩不断往它身上泼水，然后逐渐恢复了力气，挣破了竹笼，并决定报复人类对它蛮横的囚禁。但它感恩于兄妹俩，于是将一棵葫芦种子交给他们，交代二人明年开春时种下去，八九月收稻谷时将结成的葫芦搬回家，放入柴米油盐。届时如果天降暴雨，大地被淹，他们就可以躲进葫芦里避险。说完，雷公一跃便升向天空[①]。

闻一多分析认为，在这类神话中，洪水无一例外都是由人与神之间的战争引起的，两个母题是因果关系。这里的战争，不一定指真正的兵戎相见，更多的是泛指人神之间的冲突。白裤瑶神话中的雷神制造大水，是因为人对它的冒犯，这亦没有脱离人神关系的基本框架。洪水神话进入后半段，便讲述了白裤瑶地区喀斯特地貌的由来和白裤瑶族群的诞生——

　　在发了七天七夜的大水之后，雷公派遣神灵"勒通"治水（与天地起源神话中挥剑斩天地的勒通是同一位神）。勒通用铁锹挖地，洪水全部漏入地下，于是形成了众多的溶洞和地下河。此时人类只剩葫芦里的兄妹俩，于是他们不得不结为夫妻，以使人类得到繁衍。妹妹怀孕期间，一位形似蜘蛛的神"纪伯"指引哥哥到嘎东那翁、

---

① 　田野中，不同报道人讲述的洪水神话常有不同的前因后果，唯一不变的是雷公发怒降下洪水、兄妹二人用葫芦自救的关键情节。这种情况与"天地起源"神话有不同版本同理，是白裤瑶文化杂糅并蓄的结果。

嘎东那西和嘎东那伏这三个地方分别找到水牛、黄牛和老虎三种动物。他将水牛、黄牛牵回家之后喂养起来，从此将它们用于耕作，生产迅速发展；老虎则被放到山林中成为万兽之王，劫后大乱的动物们有了新的秩序。

妹妹怀胎十月，孩子终于出生。兄妹俩一看惊吓不已，这个孩子的形状就像一块磨刀石，没有四肢，无头无脸，却长着一张能吃能喝的大嘴。他们觉得孩子太过丑陋，把他扔到路边希望被牛踩死。结果牛非但不踩他，还给他喂奶。他们又把孩子放到山林中让老虎吃掉，老虎也不吃，反而给他喂食。他们再抱回孩子放到田间让乌鸦来啄食，乌鸦也不啄，还找食物给他充饥。最后兄妹俩将孩子扔到溶洞里让他自生自灭。三天三夜之后，他们去溶洞查看情况，刚到洞口就听见里面人声鼎沸。进洞一看，里面竟然有一群长相与正常人无异的孩童。原来，"磨刀石"被扔进洞中之后，身体里的脏器从下身滑出变成了三种不同的人。按照从下到上的顺序，第一批出生的是由肠子变化而来的，这是白裤瑶人；第二批是心和肺变的，成为日后的壮族人；最后一批由大脑所变，他们是汉族人。

这段神话中的描述清晰地对应了白裤瑶族群的某些现状。兄妹俩在神的指引下找到了"牛"这种动物，牛是白裤瑶人最核心的生产工具，因而也是最重要的财产之一。老虎统领山林野地中的各种动物，这是白裤瑶人对动物界秩序的朴素想象。瑶、壮、汉三族出生的先后顺序，对应于白裤瑶人对自身和周围族群的认知顺序。从地理距离和接触的多寡来说，壮族人比汉族人更"接近"白裤瑶人，老一辈人当中有不少还会说壮语，因此壮族是紧挨瑶族诞生的；汉族人离得远，白裤瑶人认识他们更晚，因此被认为是最后诞生的。

我在瓦庸的前两个月，总有老人跟我说一些奇怪的话，既不是当地的官话桂柳话，也不像瑶话。后来才知道，他们把我当成壮族人，对我说的是壮语。上了年纪的人总以为，与自己交往的不是瑶族人便是壮族人，相对而言鲜有汉族人出入他们的日常生活。他们也把汉族人叫作客家人，以区别于瑶族人和壮族人，瓦庸寨西边的汉族人村寨"下纪厚"

因此也称"客纪厚"。白裤瑶人说自己是肠子所变，所以跟壮族人、汉族人比较起来最是愚笨，心肺和大脑所化的壮族人和汉族人都更加聪明，所以历史上自己才一直落后于他们，这是白裤瑶人对自身弱势地位的又一项注解。

有生之物

在白裤瑶人的传统观念中，不只是人有生命，自然万物皆是如此。其中最令人敬畏的、最让人琢磨不透的是天和地，在瑶歌中经常有向天地倾诉或慨叹天地无情的歌词，瑶话将汉语中的"懂事"叫作"懂天"（piæ ŋao 的直译），意思是万事皆有天的道理，懂天才算懂事。太阳和月亮也被视为生命体，在前述"阿艾耙天下"的神话的另一段落中，雷公的弟弟勒沃瓮籛偷了阿艾的铜犁拿回天上造铜鼓，冶炼时溅出火塘的铜星子变成了日月。太阳是女性，因为女性穿裙子，身体不能被随意直视，太阳同样也是无法被直视的；月亮是男性，因为男的穿裤子可以随便观看，所以月亮也能用肉眼观看。

在天地日月之外，与白裤瑶人的日常生活关系最为密切的有生之物还包含水稻和树木两种植物，石头和水流两种自然物，牛、鸡、猴三种动物，铜鼓和皮鼓两种财物。

1. 水稻、树木、石头和水流

白裤瑶人将水稻视为像人一般，想象它们也有在水田里进进出出的生命体验，担忧它们在成长的过程中受挫，因此给予水稻精心备至的呵护。按照传统的农耕方式，在每年插秧之前要先拔苗，拔苗时人们先将苗厢一端的前几排秧苗拔起来再插入两边，意思是给秧苗们开了一道门，这样它们才方便走出来，顺利进入生命的下一阶段。插第一块秧田的时候，要在朝着太阳升起一方的田埂上放置三棵芭芒草，草根没入泥中，草身倚靠在田埂上，草尖直冲旭日，这样做才能给秧田引来充沛的阳光。挨着芭芒草的位置先插上一些秧苗，让它们首先汲取阳光的滋养，为后面的秧苗开一个好头，之后的生长才能万无一失，这一年才会有好的收成。

树木、石头和水流分别与生命的繁盛、坚强和生生不息有着象征意义上的关联，幼童可以拜它们为干爹，这样可以为自己年幼的生命增添力量。挑选拜寄对象时，树木须是粗壮、老成的，这样的树木才不会被人砍了当柴火；石头必是稳固于地面无法移动的硬质岩石；水流必须是涓滴不断、四季长流的。总而言之，能成为干爹的都必须具备"持久永恒"的特质。拜寄之后，孩子用改汉名的方式宣告自己是有干爹的人。拜了树，就在名字中加入一个与木有关的汉字，如"黎木保"；拜了水，就加入一个与水有关的汉字，例如"何水妹"。除了改汉名，也可以选择改瑶名，但新改的瑶名通常只作乳名，长大之后便不再使用①。瓦庸寨的老人都知道现任寨老小时候闹过一个改名的笑话：

> 那时寨老因为常常生病所以拜了一棵枫树为干爹，老人们就想把汉字"树"的谐音放在他的瑶名中，但那时的人汉语水平特别差，把树念作"sə"，而"sə"在瑶话中是"站立"的意思，后来大家经常开玩笑说"lə sə lə sə kə mo ne, kə nio ʔa"，意思是"你老站老站干什么，你坐啊！"

2. 牛、鸡、猴

牛、鸡与猴这三种动物被认为是通人性的，也与鬼神之事息息相关，承载了很多宗教信仰方面的意义。

前文曾从牛的物质性方面介绍了这种动物在白裤瑶人生活中的关键地位，它既是山地农业中不可或缺的生产工具，又是用于夸耀财富的标的物。除此，牛也被赋予了更多的精神象征的价值。例如在洪水神话中，牛是人们劫难之后经神灵指引才获得的一种生存依托，可谓神的恩赐。再如，很多白裤瑶村寨，例如瓦庸寨，是人们尾随牛群吃草时才发现的适合安家建寨的地方，追逐水草的牛群完全称得上是白裤瑶人迁徙扩散的拓路者，有着引领生存的地位。再者，白裤瑶人还相信牛的某些行为可能是灾祸的预兆，牛的伤病和死亡隐含着神灵的某种启示，人死之后也离不开耕牛在阴间做伴，砍牛陪葬才能使亡者得到安息。总之，牛的生死与人的生死有着千丝万缕的联系，后文将逐一给予解读。

---

① 为何是汉名，或是在瑶名中加入汉字？笔者在田野调查中没有得到确切答案，因此推测该习俗或许来自汉族，或许由于历史上白裤瑶人认为在名字中加入汉字对人身安全有更好的保护作用。

在白裤瑶人的传统观念中，鸡是一种可以通阴阳的灵性动物，人们说鸡懂得按照时辰准时打鸣就是最好的证明，因此鸡舌、鸡眼、鸡蛋都可用以测算凶吉。一种常见的做法是在宴请的场合上"说鸡头"（dze ko），其中又以婚宴上使用最多。恋人定亲之后准新郎的父亲宴请舅家（此处的舅家是指准新郎的舅舅家族）时，一位舅舅会在席间拿着一个煮熟的鸡头，鸡嘴与自己相对，开始喃词——

> 鸡啊，
> 你的父亲从东扎东左来，
> 你的母亲从波唧吧唧来，
> 它们创造你，
> 七天生个蛋七个月成只鸡。
> 我今天不用你做新年的鸡头，
> 也不做过完年的鸡头，
> 也不做四月五月的鸡头，
> 也不做造田造水塘的鸡头，
> 也不做七八月在外面吃粮食的鸡头，
> 也不做十月十一月的鸡头，
> 也不做吃新米时的鸡头，
> 也不做女婿带给岳父岳母的鸡头。
> 我们选了今天，
> 这是一个宝贵的日子，
> 我要你做接亲的鸡头，
> 我要你漂亮的眼睛，
> 我要你来做四个眼睛四只脚①的鸡头，
> 我要你来做八只眼睛八只手八只脚②的鸡头。
> 今天用你的鸡头保两家顺利，
> 明年生第一个孩子就会是男孩。

---

① 比喻男女两人结婚，两个人有四只眼睛四只脚。
② 比喻婚后有儿有女，家里两口人变为四口人。

　　喃词完毕，舅舅将鸡舌扯下来观察鸡舌根部的两根须，如果须是向上或向下卷起来的，就表示新婚夫妇两家人将紧紧地勾连在一起，以后将幸福和睦。在什么场合说鸡头，喃词中就说"我要你做……的鸡头"，同时否定其他场合，以此提高鸡头预测的准确性。再如新娘进门那晚男女双方的亲属和歌手通宵对歌，时至午夜，男方家将一只煮熟的鸡和一个煮熟的鸡蛋放在盆里盖好盖子，端上对歌台。歌手唱毕一个段落就揭开盖子观察鸡眼和鸡蛋。如果鸡眼完好，预示婚姻幸福，如果鸡眼凹陷或者爆裂，预示婚姻可能会遇到麻烦。鸡蛋的大头如果朝着火塘方向，表示吉祥，朝着门外，情况便不妙。但由于是新娘过门当夜的喜庆场合，歌手往往不会将不好的结果当场公布，只会事后偷偷讲给主人家听。

　　在所有动物中，猴子被认为是最有灵性的，不仅因为它聪明似人，更因为传说中它是由人变化而来，与人同源。

　　　　古时有一对夫妻生了很多孩子，无奈家里粮食太少，没办法养育这么多。于是夫妻俩想了一个办法，他们让孩子们上山去挑水，规定必须把水桶舀满了才可以回家。但是水桶早已被做了手脚，夫妻俩将镶于桶底的一块木板取掉了，孩子们因为年龄小不懂其中的道理，发现水怎么也舀不满，就不敢回家，于是躲进荒山野岭住了下来。多年之后这对夫妻的生活状况有所好转，他们到山上去找孩子，喊道："孩子们，你们快回来吧。"孩子们回答说："我们不回来了，我们现在吃五倍子①的花儿甜得像糖，吃山上的老鼠咸味刚好，生活跟你们没有两样。"久而久之，这几个小孩就变成了世界上第一批猴子。

　　作为人的一种"变体"，猴子常常以主角的面目出现在白裤瑶的诸多神话传说中，它亦作为重要的元素出现在与灵魂、阴间、恶鬼等相关的诸仪式中，后文将有相关呈现。

---

　　①　五倍子，学名盐肤木、盐肤树，是白裤瑶地区的一种常见植物。

3. 铜鼓和皮鼓

在白裤瑶人的传统观念中，最重要的财物不是手里的现金，也不是显示在存折和银行卡上的数字，而是家中的铜鼓。中国南方诸多民族都有收集和演奏铜鼓的爱好，宋人朱辅在《溪蛮丛笑》中写道："溪峒爱铜鼓，甚于金玉。"① 溪峒指的就是宋代南方的苗、瑶、僚、僮和仡佬五族。白裤瑶人并无祖传的冶炼和铸造技术，使用的铜鼓是从其他民族的造鼓人那里购买的，从形状和纹样来看属于麻江型铜鼓②。

相传铜鼓最初是神灵们拥有的器物，为开天辟地的勒通、多雍兄弟二人的发明创造。后来多亏了猴子的帮助，白裤瑶人才得到了铜鼓：

> 古时白裤瑶的一位兰姓先人到一户人家去给儿子说亲，对方二话不说同意了婚事，兰老心里高兴，喝得酩酊大醉才开始回家。他在翻越一座山头时感觉实在是走不动了，恍恍惚惚间进入一个山洞，山洞里有人家储存了很多风干的黄豆荚，于是他就躺在豆荚上就睡着了。这时一群猴子进入山洞，准备在豆荚中找剩下的黄豆吃。猴子们看到面目慈祥的兰老躺在豆荚上一动不动，以为他去世了，于是不知从哪里搬来一面铜鼓，用树枝敲击以示哀悼，姿态灵动活泼。铜鼓声惊醒了兰老，但他没有立即起身，而是半闭着眼睛观察这声音究竟来自何处。当他看清楚居然是一群猴子在敲鼓时吓得猛地坐了起来，众猴见死人复活也吓得惊慌失措，丢下铜鼓跑出了山洞。兰老感到分外神奇，感觉这些猴子通晓人情，懂得祭奠逝者。于是他将铜鼓搬回寨里，第二天跟众人讲述他的奇遇，一边讲一边拿着两根棍子学着猴子的动作敲击铜鼓。众人一听，觉得鼓声低沉辽远，充满哀思之情，遂决定以后有人去世后就用铜鼓来祭奠逝者。由于敲铜鼓的动作模仿自猴子，因此在瑶话中铜鼓演奏被称为"批泽格拉"（mpʰi ndzɯ kə la，直译为"敲皮鼓的猴子"）③。

① 玉时阶：《瑶族铜鼓考》，《民族艺术》1989 年第 3 期。

② 有关男方少数民族铜鼓的分类、工艺和艺术源流可参见蒋廷瑜《铜鼓研究一世纪》，《民族研究》2000 年第 1 期；姚舜安《布努瑶与铜鼓》，《中南民族学院学报（社会科学版）》1986 年第 1 期。

③ 外界常用音译为"勤泽格拉"（应该是不同村寨间的口音差异），俗称猴棍舞或铜鼓舞。

铜鼓是葬礼上使用的仪式器具，与死亡的意象直接相连，不是一件可以在平时随意演奏的乐器，直到现在当地还一直有人反对将铜鼓用于商业表演中①。偶见有人在过大年期间敲打铜鼓，一是为了邀请逝去的先人回来同乐，二是为了向后生传授击鼓要领。铜鼓只能由男性来演奏，女性被禁止触碰铜鼓。铜鼓又分为公鼓和母鼓，公鼓颈长壁厚，响声清亮；母鼓颈短壁薄，声音浑厚。白裤瑶人普遍更喜欢后者的声音，所以他们的鼓几乎全是母鼓。

铜鼓还分为家族公有和私人所有两种。公有铜鼓由家族成员共同出资购买，是家族的财富象征和精神象征，这样的铜鼓都属于祖传，最古老的甚至有几百年历史，它们被统一珍藏在家族中有威望的老者家里。例如房东勒少家族有四面公有铜鼓，两面存放在出身于该家族的现任寨老家里，两面存放于家族中的一位小学教师家里。这四面鼓在瓦庸寨旦属于最古老的一批，声音最为动听，瓦庸寨上了年纪的人只要听见鼓声就知道是不是这四面鼓，它们绝对算得上勒少家族引以为豪的传家宝。人们总是给予铜鼓最高级别的安全保护，铜鼓如果被损坏，则预示着家族的命运将走向衰落。

私有的铜鼓是由个别对铜鼓极度喜爱的人自己购买的，他们痴迷于铜鼓的鼓声，甚至用手机录下来供闲暇时欣赏。购买一面铜鼓需要的钱，在任何时代对于白裤瑶人而言都是一笔不小的花费。现在一面铜鼓的价格为 5000～8000 元，多从荔波县和金城江买回，而很多白裤瑶家庭的年收入也就刚跨过贫困线。20 世纪 80 年代民族调查资料中的例子更为极端，如当时蛮降寨的一户人家购买的铜鼓价值 1000 多元，花掉了他几十年的积蓄；八圩乡大瑶寨潘老文家的铜鼓是他祖父在新中国成立前用一块地所换，这块地每年的收成够一家四口吃一年②。

每一面铜鼓都是有生命的，买回家时需要请鬼师为它举行一个命名仪式。取好名字，主人在家门口悬挂起铜鼓，与前来祝贺的客人轮番敲打，享受铜鼓"初试啼声"的欢乐。出席葬礼的铜鼓，在鼓场上会享受到美酒和食物的祭献。铜鼓都知晓自己的重要性，所以它们也懂得保护

---

① 白裤瑶的铜鼓表演兴起于 1964 年，由南丹县文化馆组织，其发展过程可参见徐金文《白裤瑶铜鼓舞的形式与流传》，《中国古代铜鼓研究通信》2002 年第 18 期。

② 玉时阶：《瑶族铜鼓考》，《民族艺术》1989 年第 3 期。

自己，如果遇到有人前来偷盗，它们知道应该如何躲藏；遇到火灾水灾时，它们甚至还知道逃命。瓦庸寨就有这样一桩尽人皆知的轶事：

20 世纪 70 年代的一天，当天是正月十五又恰逢圩日，寨里的人几乎都去里湖赶年街了，只剩少数人留在家中。快中午时，寨里一名男子勒沃干完农活儿下山，正走到寨口，一个人匆匆迎上来说："你怎么还在这里慢慢走，你家房子都快烧光了！"他听了后箭步冲回家里救火，但火势蔓延很快，顷刻就烧到了屋后邻居家的房子上。于是他开始从家门外的池塘里一担担地挑水灭火，满头大汗之际，突然觉得眼睛被天上一道亮光晃到，抬头一看却什么也没看见，几秒钟后他听到身后池塘里一声闷响，像是什么东西掉进水里，还砸开了水花。大火扑灭的第二天，邻居家里传出消息说他们家的铜鼓不见了，一打听，包括勒沃在内的好几个人都异口同声地说他们在救火的时候看到天上有亮光飞过，不一会儿就听到池塘里掉进了东西，恐怕那是铜鼓逃命钻进池塘了。铜鼓的主人不顾池水的冰冷跳进去一番摸索，但没有结果。几个月之后，因为天气干旱，池塘干涸露出池底，却还是不见铜鼓踪影。人们相信，铜鼓被火烧到之后非常害怕，已经躲到别人找不着的地方去了。

葬礼上演奏铜鼓时是由一面皮鼓领奏的。皮鼓通常有半人高，为白裤瑶人自己所造，用上好的木材和水牛皮制作而成，如果没有水牛皮，黄牛皮和猪皮亦可，但价值就大打折扣。皮鼓都为家族集体公有，但不是每个家族都会造皮鼓，一个村寨通常只有几面皮鼓，村寨中所有的葬礼都要使用它们。如果自己家族没有皮鼓，需要使用时就到别的家族去借，去时捎上几斤酒，邀请对方家族兄弟每人喝上一碗。瓦庸寨现在仅存一面皮鼓，是传了不知多少年的老古董。皮鼓与铜鼓一样，制成时要取名，使用前后要用酒食祭献它，敲打完毕时要在现场及时向它致以感谢之词。

在游走于抽象尺度的宇宙时空与神圣存在体系之后，下一章我们将视野拉回到白裤瑶人的生活世界中，对有关人的身体和生命构成观念、亲属制度与群体归属以及生活空间的构筑依次展开论述。

第三章　人及其生活世界

　　白裤瑶人家中的阴凉角落里，总有几个装着酸菜或酸肉的陶罐。酸菜多用白菜帮子和豇豆制作，酸肉的原材料多为牛皮和五花肉。它们可以被长期保存，无须加热，方便即食，可在缺少蔬菜的季节中充当应急品，更是农忙时节的首选下饭菜。腌制酸菜和酸肉需要用到米汤发酵而成的"酸"，酸清澈中泛着微白，质地黏稠，气味刺鼻，瑶话称为"呱"（kuæ）。白裤瑶人也将酸点入烧热的豆浆中，即刻便得到凝结的豆腐花，再通过压出水分、塑型，便做成了宴席上必不可少的豆腐。不论是蔬菜和肉类在酸的作用下由不易保存的形态转化为适宜储藏的新形态，还是豆浆在酸的作用下从液体转化为固体，酸都使得食物有了"新的生命"。

　　在白裤瑶人的传统观念中，成年男女的体内也存在着同样称作"酸"的物质，当男性和女性的酸相遇时，一个崭新的生命开始被孕育。父母之酸催化而成的肉体与神灵娲王投下的灵魂、花婆剪成的花相结合时，完整的生命得以诞生。不同的生命个体组成家庭、家族和村落共同体，白裤瑶人的一切公共生活都是这三种社会群体组织与互动的结果。在群体基础上，白裤瑶人构建了以家门、寨门和村寨四周的群山为三重安全界限的栖居空间。

一　酸、魂、花

　　人的身体是由"酸"催化生成的肉体、神灵娲王从天门投下的灵魂和神灵花婆剪出来的花构成。三个部分完好无损且紧密结合，生命便不息不止。

"酸"的相遇

　　在白裤瑶人的传统观念中，一个人的肉体毫无疑问是由父母双方共同孕育的，他们在生育方面的功劳旗鼓相当，二者缺一不可，正如瑶话中一句谚语所说的，"天大地大，父母最大"（ŋao çiao te çiao, me paɯ çiao）。至于孩子身体中的血、肉、筋、骨等物质究竟是由父母身体的哪个部分转化而来，人们都说从来没有想过这个问题。不过他们肯定地认为有一种物质与怀孕和繁衍后代密切相关，这就是同时存在于男性和女性体内的"酸"。

男性体内的酸是指男性的"精液"，女性的酸则是指"白带"。在生理学上，女性的白带期对应排卵期，当一个女人身体里分泌出酸时，就意味着她的身体具有了怀孕的适时条件。在这个时期，通过性行为使得两种酸相结合，新生命便开始被孕育。精液与白带，两种体液的共同特点是黏稠、颜色发白、带有特殊气味，它们使人体内的物质发生变化，出现新的物质形态。可以说，人体内的酸与制作食物的酸不仅在外观和性状上接近，在作用和功能上也极其相似，这便是白裤瑶人将这两种体液叫作酸的原因所在。

白裤瑶人虽然认可酸是生育后代所必需的体液，但并没有明确地认为人的肉体是直接由双方的酸发展变化而来的。酸的作用更多的是一个抽象过程，正如用酸腌制酸菜和酸肉一样，它是一种催化剂，需要作用于有形的食物原材料才会诞生新的食物品种。孕育新生命的过程中，原材料究竟是什么物质，白裤瑶人缺少相应的说法。

同时，他们习惯将生育的过程比作耕种，母亲是田土，父亲是播种者。每块田土都相差无几，重要的是看人们在上面播种什么，有什么样的种子就长什么样的庄稼、收获什么样的果实，果实与种子一脉相承，性质相同，种瓜便得瓜，种豆便是豆，播种者起着决定性作用。"从种子到果实"的说法强调的是：父亲提供了决定孩子肉体属性的基础物质。此外，白裤瑶人还有一则传说：

> 古时候男性和女性都可以生育，从女性身体里降生的孩子，刚出生时都是五六斤正常大小，而男性生出来的孩子只有手指头那么大。人们上山做农活儿的时候，女性生的孩子可以牢固地背在身上，不影响劳作，而男性生的孩子由于个头太小只能放置于插镰刀的插销里系于腰间。插销上下相通，孩子一不小心就从中漏出，摔死摔伤。后来人们一致决定不让男性生孩子，只由女性来承担这项任务。

该传说表达了这样一层意思：只要男女双方的酸发挥了中间作用，无须借助女性的身体，男性自己就能生育后代，这进一步印证了男性提供肉体基础物质的说法。但是当女性提供了种子成长的土壤，给予胎儿从男性那里无法得到的肥力之后，生育的后代体格更大，更容易抚养。

综上所陈，按照白裤瑶人的身体再现观念①，父亲作为种子的提供者，输送了孕育孩子肉体的基础物质，母亲的肚子作为种子生长的土壤，提供了孕育孩子肉体的营养物质；基础物质与营养物质在父母双方的酸的共同催化作用下生成人的肉体，二者缺一不可，但前者决定了肉体的根本属性。

灵魂与花

拥有单纯的物质肉体，还不足以成就一个"真正"的人，父母给予孩子以肉体，却在某种意义上没有赐予其生命。他的肉体还需要与"灵魂"（tə vein）和"花"（pæ）进行结合，才能长成一个完整的、活着的人。

人体内的灵魂由神灵娲王创造，白裤瑶人经常说到的"娲王造人"不仅是指娲王乃天地之初创造人类的神灵，它还是每一个人的灵魂的创造者。在婚礼上，新郎的舅家来做客时也被大家尊称为"娲王"，仅此一天，婚礼一过，该称谓立即失效。新郎的舅家之所以在当日得此称呼，是因为舅家与娲王有着同样的功绩——"造人"。娲王创造人的灵魂从而赋予一个人生命，舅家的功绩则在于提供了一个可以生育的女子，即新郎的母亲。新郎大喜之日，舅家以比拟娲王的身份得到新郎家族最高规格的款待，接受新郎家族的感恩。娲王在天上将造好的灵魂从天门处投向地面，其最终的去向是进入母腹之中与肉体相结合，神灵巴候高（pa həɯ ŋao）则管理着天门。神话"阿艾耙天下"的另一个段落描述了娲王在天门处投下灵魂的情境：

---

① 即关于"人的身体如何产生，由什么物质生成或转化而来"的观念，人类学对于"身体再现观念"的专门研究，可参见 Cai Hua. *A Society Without Fathers or Husbands: The Na of China*. Zone Books, 2001；蔡华《人思之人：文化科学和自然科学的统一性》，云南人民出版社，2009。

　　娲王送给阿艾一把铜犁和一头牛之后，阿艾便周游全天下四处耙地去了。其间阿艾遇到了水神的女儿，为她着迷，一时间忘掉了自身的任务追随而去。雷公的弟弟勒沃瓮籍趁机偷了他的牛，用一床和牛皮颜色相近的被子盖在大石头上冒充耕牛，铜犁也被拿去铸铜鼓了。阿艾偶尔返回查看牛还在不在，但每次都被骗过。这场恋爱一谈就是三年，可阿艾感觉才过了三天。终有一日，他想起还有大事未了，回来时却发现牛和犁都不见了。于是他到山里去找一种叫恩搜的动物代替牛，用长刺的树枝做犁，可干了不一会儿就觉得这两样东西根本不顶用，他怕娲王怪罪，只好跑到天门下面躲了起来。

　　藏了好几天，阿艾饥饿难忍，不得已就把娲王从天门口投下的人（的灵魂）给吃掉了。娲王觉得奇怪，为什么近段时间投了这么多人下去，却不见有新的炊烟升上天来（意思是没有出现新的人家）。一天，一只名叫克力的鸟去偷吃娲王养的母鸡，娲王发现后拉弓准备射杀，克力当即求饶：“娲王，您先不要杀我，等我吃完，然后告诉您一件事，保证您听了之后伤心流泪。”克力吃完鸡就说了阿艾躲在天门下吃人的事情，娲王听了悲痛万分，泪流不止。于是他原谅了克力鸟，放它飞走。

　　花是由神灵“花婆”（ve ləu pʰie te）用剪刀剪出来的[1]。在瑶话中，植物的花与人体的花都叫作“柏”（pæ），给牲畜做绝育手术叫作“割花”，计划生育政策所要求的节育手术也被叫作“割花”。显然，花在一定程度上是性器官的一种隐喻，它意味着生育和新生命，凝聚着对果实的期待。南岭走廊诸民族对花的信仰较为普遍，除瑶族一些支系[2]以外，壮族[3]、侗族[4]、

---

[1]　此说法常出现在白裤瑶的歌谣中。

[2]　朱展炎：《过关与护花——广西昭平县仙回瑶族乡“作花楼”仪式考察》，《宗教学研究》2017 年第 2 期；冯智明：《沟通阴阳与修“阴功”：红瑶架桥仪式及其人观研究》，《广西民族研究》2017 年第 2 期。

[3]　彭谊：《壮族花婆信仰与佛道思想的文化叠合》，《文化遗产》2008 年第 4 期；杨树喆：《“花”为人魂观与壮族民间师公教的花婆圣母崇拜》，《民间文化论坛》2000 年第 11、12 期；李素娟、贾雯鹤：《壮族花婆神话与“求花”仪式的文学人类学解读》，《云南社会科学》2013 年第 5 期。

[4]　黄洁：《连通阴阳与“为赎”：侗族的灵魂观与架桥仪式》，《原生态民族文化学刊》2019 年第 4 期。

苗族①、毛南族②、仫佬族③，直至海南黎族④等民族的某些支系都有相关信仰。他们要么认为花是人的身体组成部分，例如侗族的"花为人魂"观念，要么将花视为人的诞生之源，例如壮族始祖米洛甲"从一朵花中诞生"的说法，且普遍信仰与花相对应的神祇，如花婆、花王圣母、天娘等，以及与神祇相关的圣地、仙境，如"圣母花园"等。除了南岭走廊民族，个别地区的汉族人也有类似信仰，如湖南常德、沅江地区⑤和香港⑥均有散布。在所有这些花信仰中，花无一不意味着生育和生命力。只有当身体有了花，并且与肉体和灵魂进行紧密结合，才组成了一个完整的生命体。如果没有花，便不会有新生命的诞生，缺花是白裤瑶人传统观念中不育的根本原因。

在构成身体的三个部分中，肉体是灵魂与花的载体，当肉体受到损伤时，灵魂与花会因寄托的根基变得不牢而出现分离或消散；灵魂使肉体有了呼吸，能够活动，成为一个"活生生"的人，否则肉体是一团死寂之物；花一方面保护着肉体和灵魂，另一方面维系着肉体和灵魂的结合。每个人只拥有一个肉体、一个灵魂，但每个人体内的花是有一定数量的。人出生之后，随着年龄的增长，体内的花一方面会出现自然的消耗，另一方面也会随着肉体和灵魂一次次出现异常而有所损耗。当花的数量足够多时，肉体和灵魂安好无恙，人便拥有强盛的生命力；当人体内的花出现短缺，肉体与灵魂便容易受到损伤且容易分离，生命力显得不足，人便会产生疾病甚至死亡。不过缺花的情况只出现在一个人的成长期，成年之后，体内的花便趋于稳定，不再减少。白裤瑶人通常将结婚视为一

---

① 梁玉生、杨锐：《苗族架桥仪式场域中的互惠交换与社会流动——以贵州油捞苗族为例》，《怀化学院学报》2019年第9期。

② 吴兰：《毛南族传统宗教仪式"求花还愿"透视》，《广西民族大学学报（哲学社会科学版）》2006年第S2期；韦文焕：《毛南族与仫佬族花婆神话对比研究》，《广西教育学院学报》2019年第1期。

③ 黎炼、黎学锐：《生命之花的传承——论仫佬族花婆神话的生命意识与教化功能》，《河池学院学报》2009年第1期。

④ 参见刘宏涛《仪式治疗新解：海南美孚黎的疾病观念和仪式治疗的文化逻辑》，《民族研究》2013年第3期。

⑤ 林河：《〈九歌〉与沅湘民俗》，上海三联书店，1990，第265页。

⑥ 〔美〕波特：《广东的萨满信仰》，载〔美〕武雅士《中国社会中的宗教与仪式》，彭泽安、邵铁峰译，江苏人民出版社，2014，第212～236页。

个人真正的成年，换言之，一个人只有在结婚之后才不会再经受缺花之苦。

综上所述，白裤瑶人认为，肉体、灵魂与花，缺失任一部分，都不能形成一个人完整的身体，新生命便不可能诞生，即出现所谓的"不育"；新生命诞生之后，任一部分受损或三者的结合被暂时破坏，人就会出现伤病；失去任一部分或三者永久性地分离，人将步入死亡。白裤瑶的身体观、疾病观与生命观都寓于这种身体构成的基本观念中。

"合法"的生命

在身体再现观念基础上，白裤瑶人认定社会血亲的首要标准是：从任一个体出发，按照父系向上追溯，不论追溯多少代，只要出自同一个祖先或同一对亲兄弟，他们之间就互为社会血亲，构成一个父系血亲群体（见图3.1），其成员之间的关系叫作"作德作娥"（dzo tə dzo ʔe，dzo是"弟弟、妹妹"的统称，tə 和 ʔe 分别是"哥哥""姐姐"的意思"，

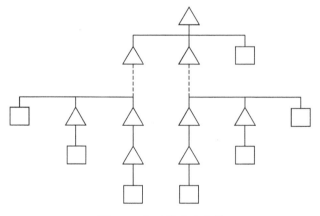

图3.1 父系社会血亲①

---

① 书中出现的亲属关系图例如下：
　　△　男性
　　○　女性
　　□　男性或女性
　　＝　婚姻关系
　　∣　代际关系
　　⊓　兄弟姊妹关系
　　▲／●／■　己身（ego）

翻译为"兄弟姐妹")。性禁忌严格作用于父系血亲群体的成员身上，因为他们的身体有着相同的基础物质，即他们身体的根本属性相同，被明确禁止婚配，遵循社会血亲性禁忌。

每个父系血亲群体都有自己的名称，瑶话称作"榻"（tʰa），即外人口中白裤瑶人的瑶话姓氏。瑶话中问"格么呢塌?"（kə mə ne tʰa），意思就是"你是哪个家族（父系血亲群体）的?"或者翻译成"你姓什么?"但在日常生活中人们称呼一个人时，只称呼其瑶名，并不会带上这个所谓的瑶姓。瑶名相同的人非常多，因此称呼一个未婚之人的瑶名时通常会在后面加上其父亲的瑶名便于区分。例如有两个人的瑶名都叫作"尼"（ni），其中一个人的父亲名叫"诶"（ʔe），人们就称呼他为"尼诶"（ni ʔe），另一个人的父亲名为"竹"（dzɯ），他就被叫作"尼竹"（ni dzɯ）。当一个男性成婚并有了第一个孩子之后，不论孩子是男是女，人们习惯将其孩子的名字加在他的名字前面称呼他，同时就不再使用他父亲的名字做后缀了。例如尼诶的孩子取名叫"盎迪"（ʔaŋ ti），以后他就被人们唤作"盎迪尼"（ʔaŋ ti ni），尼诶的称法从此被摒弃。因此，会出现这样一种情况：一个已婚男性和他第一个孩子被其他人唤作同一个名字。如果恰巧父子/父女同时在场，当别人喊他们的名字时就不知道叫的是谁。这种一时的混淆的确会出现在日常生活中，但只要及时澄清就无妨，同时也有避免之法，那就是称呼孩子时只唤其本名。当一个女人成婚并有了第一个孩子之后，不论孩子是男是女，人们习惯改称她为"孩子的名字 + me"，me 是母亲之意，她自己的名字则逐渐淡出社会话语。如果上述称呼还不能区分同名的两个人，人们才会进一步询问其瑶话姓氏。

此外，白裤瑶人还有汉姓与汉名，一切官方姓名登记中都使用汉名，而白裤瑶人之间的日常交流一律使用瑶名。白裤瑶人的汉姓由来已久，从什么时候基于什么原因开始使用汉姓却没有人能够确切解释①。同一瑶姓的人其汉姓一定相同，而相同汉姓的人其瑶姓不一定相同。如表 3.1所示，这是瓦庸寨人的瑶姓和汉姓的构成情况，总共只有个 5 汉

---

① 关于瑶族汉姓起源的研究可参见宇晓《瑶族的汉式姓氏和字辈制度——瑶汉文化涵化的一个横断面》，《贵州民族研究》1995 年第 4 期。

姓，却有 10 个瑶姓，意味着在瓦庸寨居住着 10 个不同的父系血亲群体。

表 3.1　瓦庸寨人姓氏构成

瓦依格拉保（va ʑi kɬa pao）	黎
瓦依德尼（va ʑi tə ni）	黎
瓦依道摘（va ʑi ntao ndzai）	黎
阿格里叭咪（ʔa kɬi pa mi）	黎
瓦郎翁赛（va laŋ ʔoŋ sain）	何
瓦郎诶莱（va laŋ ɣe lai）	何
瓦郎诶比（va laŋ ɣe bi）	何
瓦德罗道节（va tɬo ntao jai）	兰
拉答道节（la ta ntao jai）	陆
恩塔巴翁沃（ʔen tha pa ʔoŋ vəu）	谢

此外，按照母系向上追溯，凡是能追溯到同一对亲姐妹的个体之间也互为社会血亲（见图 3.2），人们同样使用"作德作娥"笼统称之。不过，由于其肉体只有营养物质上的共同性，基础物质截然不同，有着根本的属性差异，因而作用于母系血亲群体的性禁忌极其微弱和有限。名义上只追溯三代，但一般说来除了第一代（亲生姐妹的下一代）通常被禁止婚配，从第二代开始便不再受性禁忌的严格约束。

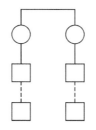

图 3.2　母系社会血亲

以前在实际生活中也有亲姐妹的子女（第一代）进行婚配的情况，虽然违背了规则，但是大家并不过分追究。老人们说："一对亲姐妹嫁给了两个男子，只要这两个男子不是一家的（不属于同一父系血亲群体），她们生的孩子实际上就是两家人了，既然是两家人，实在是要结婚就结吧。"不过，如果一对姐妹所嫁之人属于同一父系血亲群体，那么她们的后代将永远禁止婚配。此时父系血亲性禁忌显现出严格的上位性，它的出现立即否定了母系血亲性禁忌的宽松尺度。诚然，父系血亲观念才是白裤瑶人社会血亲性禁忌规则的实践出发点，这对应了白裤瑶人的身体再现观念。母系社会血亲则几乎沦为一种纯粹的说法，在实践中母系血亲性禁忌的约束可以忽略不计。

不属于上述两类社会血亲关系的交叉旁系亲属统称为"勒表"（lə piao），他们与己身分属不同的社会血亲集团，两者间没有性禁忌，可以自由婚配。综上所述，白裤瑶人认定社会血亲时名义上采用的是"对称双系制"，即父系和母系集团均计算无数代。但在实际生活中，白裤瑶人实践的却是"不对称双系制"，父系集团计算无数代，母系集团名义上计算三代，实际上仅严格计算一代甚至完全不计算。在白裤瑶社会中，男女两性只有在遵循了上述社会血亲性禁忌的前提下才能进行婚配，在此条件下诞生的新生命才拥有"社会合法性"。

二 家、锅、寨

从男女之间"逗花心"开始，社会群体的生命进程便得以开启，从家庭到油锅再到村落共同体，人与人的联结都遵循着明确的规则和步骤，以保障群体的边界与有序更新，维系其内部的紧密团结。

逗花心

瑶话将"谈恋爱"叫作"逗花心"（ȶɯ təu shai，ȶɯ 是"做"的意思，təu 表示"逗、惹"，shai 多用于形容男性"花心"，引申为"期待交往、冲动爱慕"的意思）。这是一个充满美好的词语，对应了白裤瑶人自由的恋爱时期。

所谓自由，首要是指白裤瑶人有自由追求心爱之人的权利。在没有现代通信设备和交通工具的年代，村寨之间的交通联系非常不方便，青年男女平日里碰到一起的机会非常少，去街上赶圩、参加婚丧仪式、共赴宴席等就成了大家物色恋爱对象的绝佳时刻，其中赶圩是最为重要的场合，进入青春期的男女都渴望到圩场上邂逅意中人。

那时的圩市从早上一直持续到凌晨时分，夕阳西下之后赶圩被称作

"赶夜圩",夜圩通常比日圩更为热闹。圩场上随处可见喝醉的男人躺在路边就睡,女人守在一旁,直到凌晨两三点男人醒来,他们再乘着月光回家。青年男女喜欢结伴而行,一面谈笑一面四处张望,打量从身边走过的异性。如果男子看中某位女子,大胆一些的人会走上前去主动搭讪,提议到街角处聊天,然后以唱情歌的方式表达自己的爱意。有时女子比男子更为主动,她如果看中某位男子,除了与其对歌之外,还会在一帮姐妹的帮助下抢走男子身上的腰带,男子会追逐自己的腰带,女子则将腰带在人群中扔来扔去逗趣。倘若被抢走腰带的男子也中意这位女子,他就不会真正想要抢回腰带,而只是"逢场作戏",和大家一起玩耍取乐,最后他会默许那位女子将他的腰带带走。

无论男女双方是谁主动,圩场上传情的主要方式都是唱情歌。白裤瑶的情歌叫作"噻"(sai),听起来低声细语,犹如在悄悄地互诉衷肠,因此外界将其称为"细话歌"。评价一首细话歌好不好听,不在于旋律是否优美,而在于歌词是否表达了足够的心意和情感。在一个外族人听来,细话歌几乎没有旋律可言[1],演唱时好似喃喃念经,只有懂它的人才能领略其中的美感。根据歌词内容,细话歌可以分为"根源歌"与"撒花歌"。前者唱诵白裤瑶的神话传说和具有固定答案的谜语,后者唱诵自然界和生活中的一切,随性发挥,用于试探、询问对方对自己是否有感觉。当两个人确立恋爱关系后,唱诵撒花歌的目的就变成了表达思念、抱怨等交往过程中的心情[2]。圩场上会唱细话歌的人定会抓住一切机会向异性展示自己的歌唱天赋。细话歌往往由一个起兴句打头,引出正式的歌词内容,最常见的一句是:"德拉么格(tɬæ mo kə),德拉么格!"翻译过来即:"鬼要你,鬼要你!"它真正想要表达的意思是:你太过于美丽(帅气),不仅人喜欢你,连鬼都喜欢你、想要你。没人能说得清为什么表达爱恋的细话歌会这样开篇,但这从一个侧面说明了传统信仰体系在白裤瑶人生活中的重要性,它已深深地卷入亲密情感的表

---

[1] 有关白裤瑶细话歌的乐理特征,可参见林慧思《白裤瑶细话歌的音乐特征探究——以南丹县里湖乡怀里村为例》,《黄河之声》2014年第10期;朱荣等《中国白裤瑶》,广西民族出版社,1992,第19页。

[2] 有关白裤瑶细话歌的唱词分类和艺术风格,可参见谢明学主编《中国白裤瑶风情录》,陕西旅游出版社,2001,第54~74页。

达中。

20 世纪 90 年代中期，录音机传入白裤瑶地区，那些歌艺不精的男子开始用录音机录制别人的唱段，赶圩逛街时用巨大的音量播放细话歌。细话歌高手也好，买得起录音机的人也罢，总会有一大帮女性跟在他们后面，显得颇为风光。在圩场上被女子众星捧月的男子被戏称为"大粮仓"（tθa bzo lao ɣə，tθa bzo 是"围堵"之意，lao 表示"像……一样大"，ɣə 为"粮仓"之意）。在我的集中田野调查期间，白裤瑶地区的圩市上有一种插存储卡的小型录音机，很多人都买来挂在胸前，伴着细话歌做农活、走山路。近几年智能手机基本普及，细话歌的爱好者可以随时掏出手机录下别人的歌声和表演场面，便于日后慢慢欣赏或者偷师学艺。

除了专门用于表达男女之情的细话歌外，白裤瑶还有多种类型的歌谣和对歌活动。在婚宴上所对的歌叫作"嗖"（səɯ），葬礼上唱的歌叫作"带路歌"（hai dʑe，hai 是"带领"之意，dʑe 是"路"的意思）。所有种类的歌谣，其唱词使用的语言与现在白裤瑶人用于日常交流的语言有很大差别。一方面，指称同一事物的语词在歌谣和日常语言中是不同的，歌谣的唱词犹如瑶话的古语，这是语言本身的差别；另一方面，歌谣运用海量的暗喻、换喻、转喻等修辞手法，使得每一层意思的表达都足够隐晦，这是文学性的差别，例如在细话歌中惯用"黑蚂蚁的蛋"来比喻米饭，珍贵的肉食常被比作"冬天里的火炭"，将思念之情表达为"荷叶上滚来滚去的水珠"。再者，歌谣带有大量的即兴成分，唱歌的人在现场就各种事件与状况编成唱词，语言组织和叙事风格也因人而异，唱词不会完全相同。可想而知，学习歌谣并成为高手需要付出极大的时间成本。

那些歌谣创作能力突出的人常被请到宴席或仪式场合驻唱，白裤瑶人喜欢用汉语将他们统称为"歌手"：婚宴上的歌手叫作"努得嗖"（nɯ ʈɯ səɯ），直译为"做歌的人"；葬礼上的歌手叫作"努海节"（nɯ hai dʑe），直译为"带路人"。从前，一代代白裤瑶人在遍地的歌谣声中耳濡目染，优秀的歌手层出不穷。尤其是细话歌，几乎人人会唱，个个懂欣赏。而现在 40 岁以下的青年不但极少有人能唱细话歌，连听懂的人也为数不多了。他们在一定程度上已经失去了那种被歌谣浸染的传统环境。

到了 2010 年前后，除了赶年街，白裤瑶地区的夜圩基本消失。第一，彼时通信条件已经足够好，青年人谈恋爱不再靠赶圩，一条短信、一个电话以及即时聊天工具都能传达情意。第二，电视机已经进入当地千家万户，晚饭过后人们找到了新的消遣方式，夜圩的吸引力急转直下，冷清的圩市不再适合谈情说爱。第三，生活物资日渐丰富，人们不再单纯依赖圩日集中购买消费品，每次赶圩的时长被压缩。也是从那时起，当地外出打工回乡的壮族、汉族青年男子开始骑摩托车带女友上街，白裤瑶人很是羡慕，于是奔赴外地的男青年逐渐多了起来，他们打工赚来的第一笔钱，基本用于购买摩托车。现在几乎每个白裤瑶家庭都有摩托车，房东勒少也在 2014 年添置了一辆。摩托车已经成为村寨间往来的必备工具，穿越层峦叠嶂不再是一件辛苦事。圩日里，原本宽敞的圩场也因为摩托车的聚集而变得拥堵起来，白裤瑶的青年男子全部实现了开着摩托车谈一场自由恋爱的梦想。

所谓自由，还体现为婚前的性自由。以往的研究者常将白裤瑶人婚前的恋爱活动称作"玩表"，强调恋爱过程中的"同宿"现象①。玉时阶在《白裤瑶社会》一书中说明"玩表"一词乃当地壮族、汉族人对白裤瑶人恋爱活动的称法。但在更早的民族调查资料中，书面所用的还是"表"字，到了《白裤瑶社会》却改为了"玩婊"②。其后《中国白裤瑶》一书也沿用了这种说法，只是把"婊"字换作"俵"，并将其解释为"'俵'，表亲也"③。本书暂且将"表"认作中性，但"婊"的贬义性就很明显了，于是后来者又用"俵"字替之。然"俵"是分发、施舍的意思或者直接通"表"，解释为"表亲"属于谬误。正因为"婊"字的不雅和"俵"字的谬用，官方对这种说法颇有微词，并发函调查④，

---

① 全国人民代表大会民族委员会办公室编《广西壮族自治区南丹县大瑶寨瑶族社会概况》，1958，第 40 页；王昭武：《论白裤瑶的婚姻》，《贵州民族研究》1987 年第 3 期；广西壮族自治区编辑组：《广西瑶族社会历史调查（第三册）》，广西民族出版社，1985，第 55 页。

② 玉时阶：《白裤瑶社会》，广西师范大学出版社，1989，第 56 页。

③ 朱荣等：《中国白裤瑶》，广西民族出版社，1992，第 60 页。

④ 中共南丹县委统战部：《关于〈中国白裤瑶〉一书出版前是否经过我县党委审稿情况函》（丹统〔1994〕1 号）。

还指派了文化工作人员对白裤瑶"玩表"的说法进行全面批驳和漫长的澄清①。不过令人遗憾的是，官方全盘否定了白裤瑶人婚前性自由的传统习俗，围绕"玩表"一词的争议实际上悬而未决。

在官方和学者的论辩中，白裤瑶人真正的婚姻构建过程与规则变得扑朔迷离，成为待解的疑问。"玩表"一词所引发的官方与学界之争，其本质原因在于研究者不能清晰界定白裤瑶"性自由"的限度和婚姻模式，然而近年却没有人提供新的材料和分析以揭开真面目。在最近一项关于"白裤瑶婚姻习惯法"的研究中，除了几份新获得的人口学统计材料，作者引证的也是20世纪90年代以前的成果②。澄清该疑问首先需要对白裤瑶人的性自由观念做出准确描述，明确"自由"的实践限度是什么；然后准确定性白裤瑶人的婚姻模式及其具体规范。

在传统时期，白裤瑶人婚前性关系是一件自然而然发生的事，且在一段时期内，一个人同时与多人保持性关系是被社会默许的。但白裤瑶人特别反感研究资料中用"玩表"来指称他们的恋爱活动，认为这个词极为不雅。小伙子们告诉我，以前交通和通信都十分困难，男女见一面不容易，这一次赶圩碰到的意中人在下一次赶圩时可能就难再见。即使双方有约定，当一方出现意外情况而无法赴约时，及时联系上并说明情况是几乎不可能的，只能通过熟人捎话，或者双方亲自到对方的村寨中去询问。笔者虽不能否认白裤瑶人在婚前与几个心仪的对象同时保持交往带有主观欲望，但这的确也是客观条件限制下的结果。

青年男女在恋爱期间都可以带自己交往的伙伴回家。家庭条件稍好的人家会为适龄子女修建一间偏屋，入夜之后，子女待父母熟睡才与伙伴悄悄进入屋中。偏屋通常只有一间，由几位子女按照年龄大小依次使用。如果没有条件修建偏屋，至少也要想办法为适龄子女开辟出一块私人空间，例如在牛圈或猪圈的上方搭设一层简易的木板，或者在家中用竹篾隔出一个单独的房间。虽然留宿过夜之事都悄悄进行，但实际上当

① 蓝仕明、韦业宝：《关于白裤瑶族婚姻与家庭形态的再认识——与朱荣、过竹同志商榷》，南丹县档案馆，1994；蓝仕明、覃光：《现代南丹瑶族婚姻家庭形态概述》，南丹县档案馆，2000。

② 李远龙、赵知新：《冲突与融合：南丹白裤瑶婚姻习惯法与国家法之互动》（上）、（下），《广西民族研究》2015年第1、2期。

事人的父母、亲属、邻居，甚至整个村寨中的人都对当事人的伙伴数量及其具体身份有一定的了解，多方的恋爱关系处于一种表面禁言、实则皆知的"半公开"状态。如果当事人与某位伙伴间的感情有了长足的增进，双方便不再同时交往其他对象，这时当事人就可以在任何时候当着父母和旁人的面带对方回家。父母会为他们俩准备饭菜，并且为可能成为自己儿媳或女婿的人煮一个鸡蛋。

一个人同时与多人保持恋爱关系时，其中一个伙伴明确知道其他伙伴的身份从而产生嫉妒、猜疑和矛盾的事情常有发生。特别是当其中一个伙伴与当事人同村同寨时，当事人交往其他伙伴就变得更加不容易。多方的交往与性关系是一种有效物色婚姻对象、提高成婚概率的行为方式。现在由于发达的通信手段和方便的交通，恋人间可以随时联系与走动，相较于以前，青年人在婚前同时交往多位伙伴的情况已经锐减，至少在我的田野调查中，与我关系密切的几位男青年都说自己从一开始便脱离了老一辈的恋爱传统。

步入婚姻

1. 族内通婚

当然，白裤瑶人选择恋爱对象的"自由"也并非绝对。在传统观念中，它必须符合一项前提条件——不与外族人交往，因为白裤瑶人历来都遵循族内婚的社会规定。外族人是指除白裤瑶之外的其他一切族群人口，不仅包括当地的壮族、汉族、水族、苗族、布依族等民族人口，其他瑶族支系人口也包含在内。当人问起为什么要实行族内婚时，白裤瑶人众口一词："族群人口太少，若与外族通婚，族群便会走向消亡。"这可以视作族内婚的原因之一。原因之二则是白裤瑶人在封建历史时期曾长期受到周边其他民族的排挤和欺侮，造成了他们对族际通婚的抗拒。还有一个较为隐蔽的历史原因在于，当地的壮族和汉族人以前对白裤瑶人的婚前性自由并不认同，甚至给他们套上"玩表"和"钻狗洞"的污名，男性普遍不愿娶白裤瑶女子为妻。

瓦庸寨的女子拉朔 2010 年在广东打工时与厂里的一位汉族男青年恋爱，她一直不敢将自己的情况告诉家里人。但与拉朔在同一个工厂里的亲戚知道后立即打电话向拉朔父母报告了此事，拉朔父母每天打电话叫她立即与汉族青年分手并回家相亲。拉朔拒不从命，直到父母说再不回来就亲自去广东工厂里将她绑回来时，她才真正感到害怕了。最终她与汉族青年分手，嫁给了白裤瑶的男子。

现在，白裤瑶人族内婚的观念大有减弱，婚前交往多个伙伴的性生活模式基本消失，当地外族人也更为尊重白裤瑶的传统婚俗，相互间的婚姻隔膜已在加速淡化。尽管还能听见老一辈人的反对声，但事实上白裤瑶人与外族人恋爱、结婚的情况已经越来越多，只是到目前为止已有的婚姻事实基本限于外族男子娶白裤瑶女子为妻。外族女子嫁入白裤瑶的情况我仅仅打听到寥寥几例，并且有的案例中男方已经离开白裤瑶地区在城市中打拼，有的案例中嫁到白裤瑶地区的女子身有残疾。

2. 一夫一妻制？

白裤瑶人尽管在婚前拥有性自由，但恋爱双方追求的最终结果是相互的独占，也就是一夫一妻制的婚姻生活。

前人研究中所用"玩表"一词之所以容易引起白裤瑶人的反感，还在于外界将白裤瑶人结婚后的婚外情也叫作"玩表"，民族调查资料中就是这样的用法①。该用法将婚姻中的出轨行为等同于婚前被社会允许的"性自由"，容易让人误解为婚前的多方性行为与婚后的多方性行为都具有社会合法性，将白裤瑶想象成一个婚后性生活模式多样化、性关系开放、婚外情人被许可的族群。实际上，瑶话中"婚外情"被通俗地称作"得格勒得尼"（ʈɯ kɬe ʈɯni），直译为"做狗做偷"，表示这是偷鸡摸狗的事情，是畜生才做得出的事情。发生婚外性关系、婚外情的人一旦被发现，都将受到白裤瑶社会的严厉谴责与惩戒。

嫁入瓦庸寨的恩走妹向我讲述她念小学的时候，母亲有一次带着她和妹妹前往寨中的一户人家看热闹，当时只见一男一女坐在中间，周围围了一圈人七嘴八舌地说着什么，女子不断哭泣，男子沉默不语。后来长大了她才知道那是发生婚外情的一对男女在向双方家族中的长辈交代

---

① 全国人民代表大会民族委员会办公室编《广西壮族自治区南丹县大瑶寨瑶族社会概况》，1958，第40页；广西壮族自治区编辑组：《广西瑶族社会历史调查（第三册）》，广西民族出版社，1985，第55页。

事情经过，众人一面指责一面商议该如何处置他们。恩走妹说当时的场面令旁人也感到羞耻，这事从小就刻在了她的心里。

婚外情被捅破后，女性和男性面对的后果往往不一样。首先，女性出轨者会在第一时间面对离婚的后果，男性出轨者离婚的可能性则较小。我在田野中听说过这样一件事，20 多年前有一个男子和一位已婚女子发生婚外情，事情暴露之后当事男子与他的妻子依然生活在一起，妻子哭过闹过，但最终还是决定跟着丈夫。当事女子的丈夫却立即提出离婚，为了能够尽快解除这段婚姻关系，丈夫甚至愿意放弃该女子腹中极有可能是他亲骨肉的孩子。发生婚外情但尚未怀孕、生育的女子在离婚后再嫁他人会十分困难，通常只有那些出于各种客观原因成为"婚姻困难户"的男子才愿意接受她。其次，女性出轨者所受的社区舆论惩戒可能会持续很多年甚至她的一生，如果她继续居住在原来的寨子，以后她便极少在公共场合露面，除了在农忙和洗衣服时会匆匆出现在众人视野中，平日里的各种仪式和节庆场合均不参与。与之相比起来男性受舆论影响较轻。

在田野中的第一个大年，我随众人赶完年街之后已是半夜 12 点过。我没有选择坐摩托车，而是跟寨上一位 40 岁左右的大哥一起走夜路回寨。路上我与这位大哥的一段对话可以作为男女因婚外情所受惩戒不对等的生动注解：

　　　　我问："如果一个男的在外面另外找了一个女的，整夜都没回家，老婆会怎么想？"
　　　　他想了想说："她爱怎么想就怎么想嘛，反正男的不承认就是了，顶多吵一架打一架，这事就算过去了。"
　　　　我又问："如果是女的在外面一夜没回家呢？"
　　　　他毫不犹豫地回答："那我马上休了她，没得什么好商量！"

白裤瑶人将非婚生子女叫作"狗仔"（to kɬe），他们在婚姻嫁娶时是不受欢迎的对象。被称为狗仔有三种情况，第一种是男女婚后因婚外性关系所生的孩子。一旦这种事情被捅破，女性出轨者会在第一时间面对离婚的后果，孩子由女性出轨者带在身边抚养。如果婚外情被发现时女方已经怀孕，却不能确定孩子的生父是男方还是第三者，这时男方定不会冒着风险承认是腹中胎儿的父亲，离婚刻不容缓。以后女方诞下孩子，当事人和事件的其他目击者、知情者会根据妊娠时间和孩子的长相，在心中得出论断。如果男方与众人都觉得这个孩子乃他亲生而非第三者的"种"，男方以后会用各种方式宣示父子/父女关系。若此时女方未再嫁人，男方会将孩子带回家中抚养，若女方已经再嫁，且新任丈夫愿意抚养这个孩子，男方就会时常接济孩子，给孩子买吃买穿或直接给钱。如上述案例中那位愿意放弃妻子腹中骨肉的男子，离婚之后妻子诞下一个女孩，女孩长大后，寨上舆论认定该男子是女孩的生父。所以后来女孩出嫁时，男子为她置办了风光的嫁妆，表示自己认可女儿的身份。

第二种是女性在婚前性自由阶段便怀上，却不知怀的是谁的孩子。如果女子在婚前怀孕时明确知道腹中胎儿生父是谁，且被认作生父的男子本人也认可这个事实，那么该男子和女子一定会奉子成婚，诞下的孩子自然不会被称作狗仔。但是如果她不知道腹中胎儿是谁的，与她交往的男性也没有人出来承认说是自己的孩子且愿意与她结婚，那么孩子出生之后自然就成了没有父亲的狗仔。

第三种是女性在婚前性自由阶段便怀上，然而婚后根据其妊娠时长推算，认定生父另有其人的孩子。这种情况只有一种符合社会规定和舆论期待的结果——双方离婚，女方带走孩子，男方从此不再过问。正因为如此，如果女方在婚后早产，人们通常会谨慎起见，暂且将生下来的孩子认定为身份不明。女方在一个月之内不能与男方同睡一张床，男方父母会在家中角落处临时搭出一张床，女方只能带着孩子睡在这里。一个月之后，男方父母私底下通过各种途径已经掌握女方婚前恋爱情况，确认婚前一段时间儿媳未与其他人发生关系，而且孩子的眉眼在此时也已经长开，大致能看出是否像父亲，一切没有问题，女子和她的孩子最终被男方家庭认可与接纳，她才可以与丈夫同床。

虽然夫妻双方追求婚姻中感情与性的双重独占，但因此将白裤瑶人的传统婚姻定性为"一夫一妻制"① 也是不完整、不准确的。在且只在

---

① 玉时阶：《白裤瑶的婚姻家庭制度》，《贵州民族研究》1987 年第 3 期。

一种极端情况下，白裤瑶社会允许一夫多妻的存在：夫妻俩结合多年没有生育，经双方协商，丈夫为了传宗接代，可以在不离婚的情况下再娶一房妻子，新来的妻子成为家庭的女主人，第一房妻子就得搬出家屋，到村寨的别处另起一间房子，这间房子通常都在牛棚的旁边，从此她在这间房子里单独生活，丈夫仍然对她负有关心、照顾与扶养的义务。但更多的情况是夫妻无法生育时，丈夫与妻子先离婚再娶下一任，不离婚而采用一夫多妻方式的是极少数。在我的集中田野调查期间瓦庸寨仅存一例。

当然，凡是采用一夫多妻制的，男女双方必然是上了年纪、未在民政部门进行婚姻登记的老一辈人。在瓦庸寨，50 岁以上的夫妻很少领取结婚证。而年轻一辈受教育程度明显提高，他们有着中国社会主流的婚姻权利意识，在国家婚姻制度的深刻影响下都自愿领取了结婚证，一夫多妻的现象便不会再出现了。

所以，准确地说，白裤瑶婚姻制度是以"一夫一妻"制为主，"一夫多妻"作为补充或辅助制度，但绝不允许婚外性关系，与以往研究者所称的婚后"玩表"南辕北辙。

3. 舅家为大

在白裤瑶社会中，交叉表亲之间没有性禁忌，可以自由进行婚配。实际上，白裤瑶最为传统的一种婚姻形式就是"姑舅表婚"，舅舅的儿子有优先娶姑姑的女儿为妻的权利，扩展为舅舅所在家族的所有适龄男子，不论隔代与否，都有优先娶姑姑的女儿为妻的权利。这就是白裤瑶人常说的"舅家为大"。婚姻之事为何首要尊重舅权，对此报道人多做这样的解释："从我们家嫁了一个女的给你，你肯定要还一个女的回来才公平。"另外人们还偶尔提及一个简短的传说用于解释舅舅独一无二的重要性——

从前有个女子分娩，用了三天三夜也没把孩子生下来。舅舅见状想了一个办法，他用裤子包住女子的头，用一根细线吊起一颗石头，孩子得以顺利出生；三天之后，女子还没有奶水喂孩子，舅舅知道后带了两个粽子给女子吃，她便有了奶水；三年之后，孩子还没有长牙，吃不得任何食物，舅舅听闻后从自家带了一副碗筷亲自给外甥喂饭，于是孩子长出了牙。

在姑舅表婚姻关系中，一个男子的姑姑在他结婚后便成为他的岳母，日后成为他孩子的外祖母，他的姑父便成为他的岳父，日后成为他孩子的外祖父，因此在瑶话中（见图 3.3），"姑姑"、"岳母" 和 "外婆" 都叫作 "沃斗"（və tɯ），"姑父"、"岳父" 和 "外公" 都叫作 "古由"（ku jəɯ）。对一个男子来说，婚前对自己姑姑和姑父的称谓延续到了婚后自己的岳父和岳母身上。

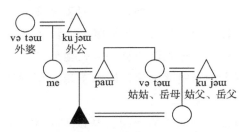

图 3.3　姑舅表婚中的特殊亲属称谓（1）

同理，一个女子的舅舅在她结婚后便成为她的公公，她的舅妈成为她的婆婆，在瑶话中（见图 3.4），"舅舅" 和 "公公" 都叫作 "讷"（nəɯ），"舅妈" 和 "婆婆" 都叫作 "得蒙"（tə muŋ）。但不同的是，婚前该女子称呼舅舅和舅妈时可用这两个亲属称谓，但婚后却不能继续用它们称自己的公公和婆婆。生孩子前，她面称公公为 "丈夫的名字 + 拔（paɯ）"，意思是 "某某的爸"，面称婆婆为 "丈夫的名字 + me"，意思是 "某某的妈"；当她生了孩子，就跟随孩子分别叫公公和婆婆为 "雹"（pao）和 "葳"（ve），意为 "爷爷" 和 "奶奶"。

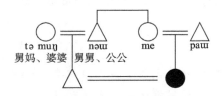

图 3.4　姑舅表婚中的特殊亲属称谓（2）

当然，姑舅表婚成立的前提是不领取结婚证，因为婚姻法并不允许这种近亲婚姻的存在。如今青年一代结婚都会领取结婚证，法律中的禁令也开始严格作用于白裤瑶人的婚姻制度，所以不会再有新的姑舅表婚事实的出现。随着老一辈姑舅表婚者的离世，在瓦庸寨已经找不到现存案例了。

4. 悠长的婚礼

一对恋人从开始谈婚论嫁到步入婚姻生活，会经历提亲、商定彩礼和婚礼三个阶段。男方到女方家提亲前，男方长辈会聚一堂，商量是否同意这门亲事。被否定的原因无外乎两类：第一，女方家庭中发生过太多的不幸，例如有多人曾经意外死亡，这会给男方家庭带来晦气；第二，男女双方家族之间曾有不幸的联姻记录，也就是说如果两个家族之间以前有过多次通婚，但成婚后的家庭大多数都发生过不幸事件或是过得并不幸福，长辈们就会因为担忧往事重现而劝告男子放弃。如果没有上述情况，或者即使有但被意欲提亲的男子说服，那么大家就可以选出家族中的其他两个成年男子择日去女方家提亲。如果男子与女子之前并无交往经历，仅仅凭借几次照面和初步的好感便上门提亲，他就必须亲自出面与其他两个男子一同前往。

上门提亲时，男方带着酒肉前去，女方的父母和舅舅作为女方代表一起就座。女方是否接受这门亲事除了需要做与男方一样的考虑外，还有三个影响因素。首先，女方长辈会考虑男方家庭的社会地位和财富多寡，这属人之常情。其次，如果没有经过较长时间的恋爱男方便来提亲，女子本人的意愿会起很大的作用。最后，也是最重要的一点，需要得到女方舅舅的亲口同意。在传统的姑舅表婚中，当有人到女子家提亲时，舅舅必须出席。如果该女子早已经被舅舅的儿子或者舅舅家族的适婚男子相中，舅舅会拒绝提亲者；如果舅家中没有对女子中意之人，舅舅就会吃下提亲者献上的鸡头，表示同意外甥女出嫁。如今虽姑舅表婚不再优先，但舅舅在提亲现场的话语权仍然被保留并延续下来。

双方对亲事都点头同意之后，约定一个时间再次由男方家族中的两个男子做代表，带着男方父母的预期前往女方家商定彩礼数额。商定彩礼当天，女方家族中的已婚男子都要到场做见证人。彩礼以金钱为主，物品为辅。十几年前，以瓦庸寨的必尧为例，他娶妻的彩礼为480元；而如今一份像样的礼金数目在1.5万元以上。我在集中田野期间听到的最大彩礼数目接近3万元。舅舅同意了这门亲事，因此他会分得彩礼的1/5～

1/3，作为男方对女方舅舅"放行"女子的报答，这是姑舅表婚优先的另一种表达。

定亲之后，准新郎的父亲择日带着酒肉与糯米饭，去准新郎的舅舅家里宴请舅舅家族的全体已婚男子，感谢父辈们当初同意将女儿，也就是准新郎的母亲嫁给他，这才有了准新郎的降生，继而有了现在的喜事。

此外，以前白裤瑶"女多男少"的人口结构也对婚姻对象的选择有所影响。白裤瑶的男女比例虽然未曾出现在官方的统计资料中，但在我集中田野调查期间，所有人都异口同声称以前白裤瑶是女人多男人少，每户人家都担心女儿嫁不出去。相爱的一对恋人，当男方在受到过女方父母款待之后却迟迟不向女方提亲时，如果有其他男子抢先一步，父母通常会将婚事答应下来，而不会由着女儿等待她的恋人。因为一旦多次拒绝提亲者，女方家的情况会很快传遍周围所有村寨，大家议论纷纷："那家女子不好要（不容易娶过门），以后再要就去要别人家的。"未婚的女子对此非常理解，同时也担忧自己受舆论影响而真的嫁不出去，所以通常也就随了父母的意愿。

上述各种原因都会导致相爱的人无法最终成婚。人们对棒打鸳鸯之事也都有惋惜之意。在细话歌中，有一段经典唱词表达了相爱却不能相守的痛苦，大意如下：

> 今生我俩没有粮，[1]
> 你若有真心，
> 去到阴间耐心等，
> 红枫树下绣花候。
> 我若是命短，
> 很快就会去找你；
> 我若是命长，
> 最多活到 120 岁，
> 带着纸钱去找你。
> 红枫树下再对歌，

---

① 歌谣中用"无粮"来表达类似"无缘"的意思。

　　手拉手，

　　肩挨肩，

　　那时终将做夫妻。

　　通过了对种种禁忌与现实的考量，定亲的两家人就开始为婚礼忙碌起来。对于不领取结婚证、没有国家法律证明的传统婚姻来说，婚礼是向整个社会证明一男一女确立婚姻事实的唯一机制。白裤瑶人的婚礼可以绵延数天，亲朋好友在其间尽情吃喝，娱乐活动更是层出不穷，没有任何仪式比婚礼更加称得上是一场狂欢。

　　第一天。这是新娘过门的前一天，新娘家里集合了众多亲朋好友一起准备第二天的宴席。这场宴席与新郎无关，宴请的都是新娘家的亲朋好友与村寨邻人，由新娘家负担费用。到了晚上，全寨的孩童每人从自家带两斤糯米送给新娘，和参与宴席准备工作的人一起聚餐。聚餐之后，新娘家请来的两位歌手开始唱歌，唱词中歌手扮演成卖鸡人和卖猪人来到新娘家，用迂回委婉的方式为男女双方牵线搭桥。到了晚上 12 点，歌手们转移到新娘的叔伯家唱歌。如前文所说，旧时相爱的一对恋人因多种原因尤其是姑舅表婚的特权而无法成婚，但白裤瑶人对这种"被拆散"的感情给予了尊重与同情，采取了某些措施予以补偿。例如，这天一大早，新娘用一张绣帕背着糯米饭与她的几个好姐妹一同前往她最爱的那位男子家里玩耍，把酒话情，做最后的告别。但她们在日落之前必须回来，时间晚了将招致非议。

　　第二天。这天的主要任务是接新娘过门。接亲时，新郎本人不出面，他派出一个接亲队，接亲队的核心成员有五人：一个歌手，他扛一把刀，刀上绑一把黑伞，刀和伞用于在接亲来回的路上象征性地斩杀野兽和妖魔鬼怪；新郎家族中的同辈未婚男子和未婚女子各一个，他们被称作"多开"（to khai）和"美开"（mei khai），可译作"伴郎"和"伴娘"；之前负责提亲的两位男子也要随同前往，他们为新娘家捉来两只鸡，新娘家给他们一人十几元或几十元的喜钱。除此，队伍中还有其他帮忙和凑热闹的人。新娘也有送亲队，核心成员也是五人：一位扛着刀和伞的歌手、新娘的一个未婚好姐妹、两个家族中的平辈兄弟和新娘舅家的一个男子。队伍中其余人都是帮手，帮助挑送糯米等物品。

接亲队来到新娘家，送上两只鸡、糯米饭和炒黄豆等物品，两只鸡立即被宰杀煮好摆上桌，双方的歌手对坐两端，喝酒、进食，然后对歌。歌词的内容主要是告知双方的祖先"今天是什么日子，家中的某某成婚，新娘家的祖先，你们回来一起喝酒，送新娘出嫁，新郎家的祖先，你们也来一同庆贺，迎接新娘子的来到，以后她就是我们家的人了，你们要看清楚记清楚"。对歌时，新娘的一位叔伯在旁边负责为歌手们斟酒。新娘出门的吉时快到，接亲队与送亲队一起围拢在桌前吃饭，酒足饭饱后两位歌手起身，横持着己方的刀和伞相对站立，然后将刀和伞在空中旋转一圈，双方的队伍这时就可以出发前往新郎家。接亲队先出门，出门前，伴郎找到为新娘出嫁蒸糯米饭的那位伯母，塞给她一些喜钱，伯母就将一根黑色腰带斜系在伴郎肩上。然后伴郎与伴娘出门接受新娘村寨中妇女和孩童的捶打，这个环节被外界称为"捶亲"。伴郎须小心翼翼地护着身上的腰带，一旦被捶打者抢走，他要想方设法夺回腰带，接亲队伍才可以离开。待这一切结束之后，送亲队才能出门，由歌手打头，新娘须紧跟在歌手的后面。

新娘出门的吉时可能在上午、下午甚至是当天凌晨，如果是凌晨，接亲队伍在前一天晚上 12 点之前就会来到新娘家。不论新娘在一天中的什么时候出门，当天中午，新娘家都会如期举办宴席，前一晚送糯米的孩子们单独成席，不与成年人混坐。宴席上，新娘的好姐妹会将接亲队带来的炒黄豆分给大家吃。

新娘和送亲队来到新郎家门口时，伴郎点燃一个火堆，新娘一行人逐次跨过火堆，象征性地烧掉身上带的不吉利的东西，这才被允许进入家门。早在新娘到来之前，新郎家人已在家门外架起一座齐膝高的竹桥，新娘一行人进门之后，用一根长竿将竹桥破坏掉，寓意新娘与娘家的关系在某种程度上断裂了，从此属于新郎家的人，身后无路可退。进门后，新娘和送亲队中的好姐妹要立即躲到新房中不出来，俩人在里面用餐，晚上一起休息，新郎当晚不能与新娘同床。送亲队的其他人则与新郎家的人聊天、喝酒，等待晚上 12 点的到来，也就是婚礼第三天的零点时刻，到时候送亲队与新郎家族和舅家的成员享受一次夜宴。

从晚上 9 点前后开始，歌手们就开始对歌：一人是新郎的主唱，称为守桌人；接亲队中的歌手占一席；新郎的舅家和新郎父亲的舅家分别请来一位歌手；最后一个是送亲队中代表新娘一方的歌手。以前男方的姑父还会请一位歌手前来，现在已经很少见了。歌手们围着歌台而坐，歌台是几张用竹篾镶边的桌子。这个阶段的对歌，新娘的歌手不参与，只在一旁聆听即可。歌词的内容是叙述新郎一家五亲六戚的基本情况，如住在哪里，家中多少间房，养了多少牲口，猪圈牛圈的位置等。

　　第三天。凌晨零点，夜宴开始，送亲队中的两个同辈兄弟与新郎、伴郎单独成桌，吃的鸡是专门为他们宰杀的，其他人不得食用。夜宴之后，人们三三两两扎堆畅聊，有的人去听歌手对歌，还有人吃完就回家休息。从前一晚9点前后开始的对歌一直不停歇，至该日早晨6点，原本坐在一旁聆听的新娘一方的歌手开始成为主唱，众歌手开始转换歌词路数，围绕新娘家五亲六戚的情况展开。对歌过程中，新娘的歌手还要接受对方一众人的询问和挑战，如果问到新娘家某个人的情况，歌手唱不出来时，就意味着他在那一局输掉了。

　　中午时分，新郎家的喜宴热闹开席。宴席结束后，新郎的舅家成员还有权利享受一道独特的菜肴——猪耳朵。吃猪耳朵前，新郎舅家代表与新郎父亲的舅家代表各自派给新郎一份喜钱。吃完猪耳朵，舅家与新郎家族之间展开一场"抢挑篓"的游戏，直到这一刻，屋里从昨晚开始的漫长对歌才结束。游戏中的一对挑篓是前一天由新郎的亲舅舅送到新郎家来的，篓里装着糯米饭、猪肉、米和酒。现在舅家的人要把它抢回去重新送到新郎的亲舅舅家里。抢挑篓时，新郎家族中的一位女性作为守护者站在挑篓旁边，她将扁担横放在两个挑篓上，扁担上放一碗酒，想要拿回挑篓就必须喝酒，一碗不放行便来第二碗。舅家家族中的青年男子会乘守护者疏忽之际拿开扁担上的酒碗、抢走挑篓，舅家家族中的女人则负责加油助威，叫喊声和欢笑声回响在山寨里，可以说是整个婚礼的最高潮部分。抢回了挑篓，新郎家送给舅家的每户人家一块重约两斤的五花肉和一包糯米饭。

　　抢完挑篓，新娘和送亲队则准备返回娘家，前一天进门的新娘及其好姐妹此时才从新房中走出来。回家时，新娘的歌手仍然走在队伍最前面，扛着自己的刀与伞扫清"路障"。在瓦庸和岜地等村寨，新娘返家时，新郎并不跟着一起去；在怀里寨，新郎则需要找几个兄弟或好友，抬上烟酒陪同新娘返家，与新娘的亲友一一认识。等用过晚餐，新郎须立即回他自己的家，不能在此留宿。

第四天。由新郎家出资出力，在新娘去新郎家的路途中选一个地点架上锅灶，双方亲友在那里享用"半路酒"。这是双方全体亲友第一次相互见面认识。半路酒宴上，新郎被新娘的亲友拉着喝酒。亲友们面对新郎坐定，向他介绍自己以及送上祝福，然后往他的怀里塞喜钱，几元到几十元不等，每塞一次钱，新郎就必须喝下一杯酒。新娘不出席半路酒宴，直到宴席完毕，新娘才来到现场，跟着新郎一起回家。

接下来的两天是新郎家和新娘家相互请对方的亲友去家里喝酒吃饭，增进双方的感情，这是婚礼的最后部分，瑶话称"美盖森"（mhe khæ sein，直译为"画亲家新"），意思是亲家之间相互熟悉，在心中为对方画像①。

家的历程

白裤瑶人在婚后采用从夫居的方式并且实行幼子赡养制，如果成婚者是家中独子或幼子，他以后要担负赡养父母的责任，一辈子与父母生活在同一屋檐下。如果不是独子且非幼子，婚后就要开始考虑分家事宜。分家不一定立即搬出，新婚夫妇可以暂时在父母家中隔出一个空间，待经济条件成熟才另起新房居住。水田、旱地、林地、牲畜以及一部分生活用品都是分家的标的物。由于男子结婚时父母付出了礼金，且一场婚礼之后父母手中的现金已经所剩无几，分家时一般就不再分取现金。分家后，一方面，小夫妻拥有了自己单独的火塘，耕种分得的田土，吃自己家的粮食，织布、制衣全都自足，达到经济上的独立；另一方面，小夫妻在房间或家屋中立上自己的家神古撇。这两点标志着分家事实的确立。此刻，由一男一女，未来还有其子女后代共同组成的一个新"家庭"正式宣告诞生。在瑶话中，侧重于表达人员构成和权利、义务关系的"家庭"，作为建筑与生活空间的"家屋"，回家、一家人等抽象意义上的"家"，都使用同一词语"撤"（phʑe）。

---

① 有关白裤瑶的婚俗，还可参见陆军、徐金文《白裤瑶族的"鸡时"婚姻》，《民族艺术》1999 年第 3 期。该文中有个别细节描写与笔者的调查所得并不相符，原因之一可能是村落之间的差异，或是贵州荔波白裤瑶与广西南丹白裤瑶的差异；也有可能是随着时间的推移，那时的婚俗如今已经发生了细微的变化。

由于幼子的赡养负担重，分家时父母会适当考虑为幼子保留更多的财产。在没有儿子的情况下，一个人年老力衰时通过以下六条途径得到赡养，同时这也是遵循父系继嗣规则的白裤瑶人在没有生养男性后代的时候使得继嗣能够继续进行下去的六条途径。

第一种，婚后多年没有生育，男子会提出离婚，然后娶下一任妻子。白裤瑶人将夫妻不生育首先归因于女方的身体原因，如果男子娶第二任甚至第三任妻子仍不能生育，或者前任妻子离婚再嫁他人之后生了孩子，这时才会考虑是男方身体出了问题。

第二种，婚后多年没有生育，男子不与妻子离婚，而是娶入第二房。前文已提及，这是一夫一妻制的补充与辅助制度，因此不是首选。

第三种，婚后多年没有生育，夫妻双方不离婚，男子也不续房，年老时自己养活自己并同时接受家族成员的帮扶，做此选择的人大多因为夫妻俩感情深厚，不愿分开。

第四种，婚后夫妻正常生育，但只有女儿没有儿子，这种情况下，男子没有正当理由与女方离婚，只能接受这个事实，年老时自己养活自己并同时接受家族成员的帮扶。

第五种，从别人家抱养一个男孩，这个男孩通常是父母双亡的孤儿，或者是家里过于穷困无法养活的非独子，因此被父母送出。被抱养的男孩作为新家庭中的独子，享受亲生儿子应有的一切权利，同时担负相应的义务。做这种选择的人极少，因为白裤瑶人重视社会血亲关系，被抱养的孩子在某些涉及利益分配的场合或多或少会受到家族中成员的排挤。

第六种，也是最罕见的一种，招女婿上门。在调查中，每当我问起这样的事情，大家纷纷摇头表示难以容忍，在瓦庸以及周围几个村寨中，我只打听到一例。这位上门女婿的来源家庭极其贫穷，没有女子愿意嫁入他家。从社会血缘身份的角度来看，上门女婿仍然属于他的来源家族，原先的权利和义务一样没少，而且他的子女仍然属于其来源家族，儿子长大成婚时要回到来源家族的村寨中举行婚礼，并在那里定居。上门女婿在妻子家里有着"半个儿子"的身份，标志之一是他有权继承岳父母的财产；另一个关键性的标志是当岳父母去世时，在他们的葬礼期间该男子必须"忌油"。什么是忌油？我们将从白裤瑶的家族制度中获取答案。

"油锅"之亲

白裤瑶人将一个父系血亲群体中的男子、未出嫁的女子和男子的配偶组成的群体叫作"德作仲果"（tə dzo dzu nko，tə 是"弟弟、妹妹"的统称，dzo 是"哥哥"，dzu 表示"禁止"，nko 指的是"肉、荤食"），这个词表达的含义是该群体中有人去世的时候，在葬礼期间所有群体成员都不能吃肉和动物油。一个人去世，其儿子必须在葬礼期间忌油，因此上文中的上门女婿具备了儿子的身份特征，也须"忌油"。当地的壮族、汉族人在很早之前习惯用"油锅"一词来称呼白裤瑶的德作仲果群体，以便与本民族的父系家族群体形成对照理解，其含义有两层：一是形容该群体成员在同一口锅里吃饭的亲密关系；二是白裤瑶有一种"跨油锅"的家族仪式只允许本德作仲果的成员参加，该仪式严格排外，而不像其他仪式那样还有其他亲朋好友参与。久而久之，白裤瑶人将"油锅"一词反向借用过来，并直译为"委由"（vei jou，vei 是"锅"的意思，jou 是"油"的意思）用于德作仲果群体的自称。由于"油锅"是一个借用词，因此白裤瑶人其实在日常生活交流中很少使用它，通常是在与外族人交流的时候才会说。"德作仲果"一词在瑶话中真正的口语表达通常是"一桌人"（ji dzoŋ nɯ）和"一家人"（ji phʑe nɯ），我们可以将其大致翻译为"家族"。但是从 20 世纪 50 年代民族调查①开始，一直到近年来以白裤瑶亲属制度为题的论文②，研究者都习惯称德作仲果群体为"油锅"。为了研究的连续性，笔者在后文中也将沿用"油锅"一词。不过在此之前，有必要对"油锅"的既往研究进行简要厘清。

油锅是研究白裤瑶社会无法绕开的一个概念，但以前研究者并没有完全明确"油锅"二字所对应的瑶话词语。玉时阶在描述油锅时，指出该词是当地壮族、汉族人对白裤瑶家族的称谓，而其自称在不同村寨有着不同的称法，例如破卜、威腰、遮斗等，具体被定义为"油锅基本上

---

① 全国人民代表大会民族委员会办公室编《广西壮族自治区南丹县大瑶寨瑶族社会概况》，1958，第 29～30 页；广西壮族自治区编辑组：《广西瑶族社会历史调查（第三册）》，广西民族出版社，1985，第 34～37 页。

② 刘志娟：《浅议白裤瑶油锅组织及其社会功能》，《甘肃民族研究》2009 年第 4 期。

是由血缘亲属组成，它以同一姓氏的形式表现出来，但同时也接受不是血缘亲属的群体通过仪式的洗礼之后加入"①，王昭武等早期关注白裤瑶亲属制度的研究者也持相同看法②。然而，这一系列类似的定义难免令人有些许疑惑。

第一，油锅的自称究竟是什么？以白裤瑶的自称为例，虽然不同村寨发音有所差别，如"朵努""东挪""当喽"等，但它们发音相近，且字面含义并无他解。而所谓油锅的自称却出现了村寨间的巨大差异，对于一个人口极少，且居住区域非常集中的族群来说，这不符合语言分布的规律。如前所陈，油锅对应的唯一自称应该是"德作仲果"。以往研究者所举"威腰"（即笔者根据瓦庸寨的口音所翻译的"委由"）并不是油锅的自称，它是汉语他称"油锅"一词被白裤瑶人反向借用时以瑶话直译的结果。"破卜"，在与亲属关系相关的白裤瑶词语中，只有"劳卜高卜"（kɬo pe kao pe）与它发音最为接近，指的是至亲之人，直译为手心手背。但这是一种比喻，亦不是某种自称。"遮斗"的说法则来源于"作德作娥"（dzo tə dzo ʔe）一词（"遮斗"即"作德"，这是不同村寨口音的区别），它是"兄弟姐妹"的意思，与家族的含义最为接近，但多用于对双系亲属的泛指，同样不是油锅的自称。

第二，"同姓群体"是否可以定义油锅？在朱荣等的著作中，玉时阶的油锅定义以另外一种方式被表述："油锅组织的成员，原则上应是同宗同姓的直系血亲关系。"③ 根据本章第一节最后一个部分关于白裤瑶姓氏的使用规则可知，"同宗同姓"与"油锅"两者不能简单等同。首先，我们需要区分"同姓"中的"姓"指的是什么。白裤瑶人同时使用汉姓和瑶姓，族群内部的日常生活使用瑶姓，汉姓只用于官方身份登记和对外交流。虽然相同瑶姓的人必用同一汉姓，但有着同一汉姓的人其瑶姓却不一定相同。其次，"宗亲"是一个汉语词，它表示的是父系的男性血亲、男性血亲的配偶与尚未出嫁的女性血亲之总和。如果以汉姓定宗亲，事实上使用同一汉姓的白裤瑶人不一定具有血亲关系；如果以瑶姓

---

①　玉时阶：《白裤瑶社会》，广西师范大学出版社，1989，第30页。

②　王昭武：《论大瑶寨的"油锅"组织》，载中国民族学会编《民族学研究》第9辑，民族出版社，1990。

③　朱荣等：《中国白裤瑶》，广西民族出版社，1992，第37页。

定宗亲，不同瑶姓的人也可能是血缘亲属，这一点本书将在后文陈述。因此，"同姓""同宗"与"油锅"所指涉的群体在白裤瑶的亲属制度中并不是对等的，不能混用。

第三，油锅允许他人加入吗？无论是玉时阶还是朱荣等研究者，在他们的定义中都认为油锅群体允许非父系血亲关系之人通过仪式洗礼加入[①]。从婚丧嫁娶到宗教祭祀，油锅是除某些家庭内部私密活动之外一切集体仪式的基本组织单位。易言之，在绝大部分集体仪式中，参与者要么是所有油锅成员，要么是代表自己所在油锅出席。同时，油锅也是白裤瑶人在集体劳作、济贫扶弱、争端调节和抗灾避险等社会公共事务中的基本动员单位。因此，油锅在白裤瑶人的日常生活中扮演着举足轻重的角色。对于如此重要的一个群体而言，划分其边界、设定其资格准入的门槛便尤为必要。在后文中我们将看到，油锅的准入规则十分严格，除了女性嫁入该油锅之外，其他任何非父系血亲之人都无法获得油锅成员的完全资格。

油锅以父系血亲群体为基础，同一油锅最初都居住在同一片区域，是典型的地域性群体。油锅经过发展后，如果规模过于庞大、人数太多，原来的村寨环境无法再承载他们的生产与生活，一部分人就会选择搬至其他地方开辟新家园。久而久之，搬至新居住地的油锅成员与原居住地成员间的日常互动会越来越少，双方群体除了永远属于同一个父系血亲群体、遵循油锅成员间的社会血亲性禁忌以外，其他权利和义务关系完全分开，最重要的是不再一起忌油，他们成为两个联系微弱的不同油锅。这时新油锅会将父系血亲群体的瑶话姓氏中的一部分进行改造，换成一个表示地名或者其他特征的后缀，以示与原油锅的区别。如瓦庸寨的"瓦朗翁赛"（va laŋ ʔoŋ sain）油锅是瑶里寨的"瓦郎诶宗"（va laŋ ʔe dzoŋ）油锅搬迁至此形成，他们改掉了原来姓氏中的"诶宗"，选择寨子西边的一条河的名字"翁赛"作为姓氏的一部分，这样便出现了前文所说的不同瑶姓却属于同一油锅的情况。因此，前人"同宗同姓即为同一油锅"的观点，无论是从汉姓的角度还是从瑶姓的角度来看，都不是一

个足够准确的界定。不过有的油锅虽然已经分散在两个甚至更多的村寨中，但由于每个地点的户数较少，他们为了维系最有力的群体团结，会一直保持共同忌油的习惯。

油锅群体的亲属称谓如图 3.5 所示：

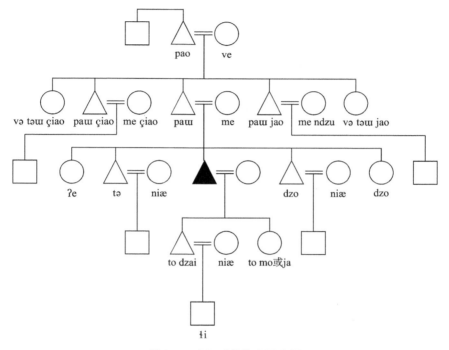

图 3.5 油锅群体的亲属称谓

1）己身 +2 代以及之前，不区分长幼，只区分男女，分别称"雹"（pao，即"爷爷"）和"葳"（ve，即"奶奶"）。

2）己身 +1 代，男子都称"拔"（paɯ，即"爸爸""父亲"），比己身父亲年长的加后缀"肖"（çiao），比己身父亲年幼的加后缀"尧"（jao）；女子都称"沃斗"（və təɯ，即"姑姑"），用同样的方式区分长幼；男子的配偶都称"媆"（me，即"妈妈""母亲"），比己身父亲年长男子的配偶加后缀"肖"（çiao），比己身父亲年幼男子的配偶加后缀"竹"（ndzu）。

3）己身 +0 代，比己身年长的男子都称"德"（tə，即"哥哥"），女子都称"娥"（ʔe，即"姐姐"），比己身年幼的男子和女子统称

"作"（dzo，即"弟弟"和"妹妹"）；男子的配偶都称"涅"（niæ，同时具有"妻子"、"嫂子"和"弟妹"之意），不区分长幼。

4）己身-1代，男子都称"多仔"（to dzai，即"儿子"），女子都称"多莫"或"丫"（to mo／ja，即"女儿"），男子的配偶，即儿媳、侄儿媳同样称为"涅"（niæ，与上述"妻子"、"嫂子"和"弟妹"的称谓相同），此代所有成员称谓皆不区分长幼。

5）己身-2代以及之后，不做任何区分，统称"哩"（ɬi）。

为了便于一些集体事务的组织与开展，人们倾向于将人丁兴旺的油锅进行分组。瑶话中没有专门的词语用以称呼油锅小组群体，通常都用"颇"（mpo）来指代，这是"群"的意思，羊群、牛群以及泛指人群时都使用该词。分组的原则为，所有在世的油锅成员，是亲兄弟关系的，他们各自的家庭以及后代家庭都被分在同一个小组中。拆分成小组后群体人数减少了，在诸多需要油锅成员共同参与的活动中才容易协调工作，减轻合作负担。例如，瓦庸寨的瓦朗翁赛油锅现有 26 户，是全寨人数与户数最多的油锅，它已经被拆分为两个小组。当然，组与组之间的成员性禁忌仍然存在，仍然要一同忌油①。

对于一个男性来说，当他因为极端的矛盾决定与油锅其他成员断绝关系时，他可以通过一个"分狗头"的仪式完成独立，从此他的家庭不再属于这个油锅，也就没有了共同忌油的基本义务。以后如果他的后代想回到油锅中，通过宴请油锅成员，经大家一致同意便可。对于一个女性来说，当她出嫁后就不再属于原父系油锅，而是夫家油锅的成员，从此她全面遵守夫家油锅的忌油制度，而其父系油锅中除她本人的父母、亲兄弟姐妹和个别关系特别要好的堂亲之外，其他油锅成员去世时，她不必再忌油。她的瑶话姓氏永不改变，依旧保持其父系血亲群体的"榻"。所以用一种较为准确形容来说，一个女性出嫁之后，她拥有着 1.5 个油锅身份，1 个完全的夫方油锅身份和 0.5 个原父系油锅身份。可见，油锅虽以父系血亲群体为基础，但它更多地强调了某些权利与义务

---

① 在有的白裤瑶村寨，所有同一汉姓的家庭会共同参与"跨油锅"仪式，但在另一些白裤瑶村寨中，并非所有同一汉姓的家庭会一起"跨油锅"，原因就在于前一种情况是该村寨里的所有同一汉姓家庭都属于同一个油锅，而后一种情况是该村寨中的同一汉姓家庭本来就分属于不同的油锅。

关系，而非以所谓血亲为唯一依据。

但是油锅群体除了以父系血亲为认同基础，以及接受嫁入本油锅的女子之外，不会接纳任何非父系血亲的人加入，例如被称为"狗仔"的非婚生子女永远不被承认是油锅的一员。在实际生活中，我们可以见到有些油锅群体在进行集体活动时，例如筹备婚礼、葬礼，举行某些巫术仪式时，有其他非血亲的家庭单位参与。不过我们并不能据此认为油锅"也接受不是血缘亲属的群体通过仪式的洗礼之后加入"①。在该情况下，参与他人油锅集体事务的家庭多是从其他地方搬来不久，其自身的油锅人数与户数在村寨中所占比例太小，甚至只有一个家庭，势单力薄。为了更好地融入新的环境，也为了以后处理自家事务时有人支持与帮助，他们会选择投靠一个与自己汉姓相同的油锅。但二者的关联仅仅在于日常事务的合作，他们并不属于同一个油锅，也不在葬礼中一同忌油，且双方可以联姻。投靠之后，两个油锅成员之间的关系称为"德作"，即泛化的"兄弟"之意，但不是"德作仲果"，即不是"忌油兄弟"，他们永远都不会在一起忌油。

另有一种不同油锅家庭进行"结盟"的情况，即认"干爹"（paɯ zi），体弱多病的幼童通过认成年男子为干爹可以获取生命力，从而更加健康地成长。认干爹既可以直接指认一个与自家关系要好的男子，也可以交给"命"来选择。后一种情况须在家门内侧放一碗水，每逢初五、十五或者二十五，第一个来访的非本油锅的男子，不论是瑶族还是外族，都可被认作干爹。这个男子最好是已婚之人，达到适婚年龄的未婚男子亦可。他身体健康、具有威望、家境富裕或者有文化，鬼师、寨老、做官之人都是上佳的对象。认亲之日，父母领着孩子，带着酒肉到干爹家共进佳肴。席间大家商量给孩子改名，其要领是将干爹的汉姓以直接或谐音的方式加入孩子的汉名中。改好名字，干爹送一副新碗筷给孩子，一直用到上学的年龄甚至用烂为止。父母将两支筷子绑在绳子两端，既方便与其他筷子区分，也保证它们成对出现。以前白裤瑶的儿童拜了干爹用上新碗筷，都忍不住四处炫耀。

认了干爹，两家人结成了拟亲属关系，每逢年节孩子家人都会准备

---

① 玉时阶：《白裤瑶社会》，广西师范大学出版社，1989，第30页。

酒菜单独招待干爹一家人，举行仪式时，两家人互帮互助。但他们始终分属不同的油锅，孩子长大后虽与干爹家保持往来，但他并没有继承干爹财产的权利，在干爹及其油锅亲属去世时，孩子为了表达哀思可以选择忌油，但没有必须忌油的义务，因为在身份上他不属于干爹的油锅。就都安、大化等地的布努瑶主体群体而言，"认干爹"结成的拟亲属关系同样不具备明显的社会功能[①]。整个布努瑶支系社会中的拟亲属制度都是以扶助生命、扭转运势等文化象征意义为主，并不是对血缘关系和亲属制度的补充。

此外，再婚关系会产生继子的油锅归属问题，属于生父油锅还是继父油锅，需要视具体情况而定。

第一种，孩子还未出生或者年龄比较小的时候，其生父去世，母亲嫁给第二任丈夫，在这种情况下养父通常都不能接纳母亲带过来的孩子，孩子无法成为母亲第二任丈夫的油锅成员。这时母亲会把孩子寄养在娘家，直到孩子开始上学甚至年龄更大的时候，其生父的油锅成员会把孩子接回去养育，培养成油锅的继承人。如果是男孩，他生父的田土仍然归他所有；如果是女孩子，她最终会嫁人成为夫家油锅的成员。

第二种，孩子还未出生或者年龄比较小的时候，如果养父接纳这个孩子，将其当亲儿子一样看待，同时孩子又与生父那边的油锅保持着联系，那么这个孩子就要负起两边的忌油义务。从血缘归属上，他属于生父油锅，从纯粹义务的关系来看，他也对养父油锅负责。

第三种，孩子还未出生或者年龄比较小的时候，跟着母亲到了养父家，养父非常接纳，但是生父油锅却因此不接受他了，那么他就自然与生父油锅断了关系，只需在养父这边忌油就可以了。但是这种情况极少发生，因为这个孩子与生父油锅有血缘关系，即使没有真正的感情联系，父系血缘群体成员之间的那份相互的责任感还是有的。

第四种，孩子年龄比较大，但又没有到自立的程度，在这种情况下母亲通常无法再嫁人，因为没有人愿意娶带着如此大的"累赘"的女子为妻。

[①] 叶建芳：《布努瑶"拟亲属关系"与社会秩序建构》，《湖北民族学院学报（哲学社会科学版）》2017 年第 2 期。

第五种，如果孩子已经成年能够自立了，母亲再嫁，孩子就肯定会留在生父油锅和村寨中。

寨中人

在白裤瑶人的传统生活中，一个人所属的最大社会群体是生活在同一村寨里的村落共同体。"事实上，所有比成员之间有着面对面接触的原始村落更大（或许连这种村落也包括在内）的一切共同体都是想象的"①，对于白裤瑶人的传统生活尤其是宗教活动来说，那些超越村寨的、非面对面关系的、需要靠想象维系其成员相互联结的群体（如民族、国家等）都只是一种意象，对于他们"过日子"而言显得并不那么重要。在他们的传统认知中，家庭、油锅和村落共同体便是人们所谓"社会"的全部。

作为村落共同体成员，其有参与村寨利益分配的权利，其中最为核心的是土地所有权或使用权的分配。在国家正式的土地制度进入之前，瓦庸寨的田土和林地都是在全寨范围内经集体商议进行分配的。土地分为以户为单位的私产地和以油锅为单位的公产地，每家每户和每个油锅都会分到匹配人头数量的所谓"好田""好地"，和相应的"烂田""烂地"，前者指的是离村寨近、海拔低、土质较厚、岩石较少和取水方便的土地，后者则是离村寨远、海拔高、土质较薄、岩石较多和取水困难的土地。在实行家庭联产承包责任制的时候，寨里几乎沿用了本有的土地分配方式，因为它已经足够合理。除了土地等物质利益，共同体成员能够享受到的最重要的集体福利便是从以村寨为单位的大型仪式中获得完全平等的福祉，包括神灵的庇佑、恶鬼的远离和村寨先人们的照顾。享受村落共同体的权利，自然也就需要承担相应的集体义务，例如为村寨事务出谋划策，遇到问题时团结一心、通力合作，为村寨集体仪式出力出钱。在权利和义务关系的规约与整合之下，村寨成员都具有强烈的共同体情结，展现出充足的地缘凝聚力。

---

① 〔美〕本尼迪克特·安德森：《想象的共同体：民族主义的起源与散布》，吴叡人译，上海人民出版社，2011，第6页。

　　2014 年 5 月时，瓦庸寨与白岩寨为了一片林地的归属闹至政府。由于当年的相关行政文件和土地凭证存在矛盾之处，政府一时半会儿也无法裁定归属权，于是两个村寨的人决定私下里谈判解决。当时寨中成年男子迅速集结，甚至在外打工的人也相继回家。他们几次倾巢出动去与白岩寨的人理论，团结一致的声势令我印象深刻。

　　村寨最早都是由某一个或几个油锅的人率先来此安家，之后才吸引其他油锅的人前来，早来的油锅就容易成为村寨中的"大姓"人家，例如瓦庸寨最早的油锅之一是瓦朗翁赛，该油锅共有 26 户，而全寨也不过 90 多户人家。老邑地寨的 1000 多人大部分分属于"多格雷"（to klei，汉姓"罗"）和"多幺"（to jao，汉姓"王"）两个油锅，前者的集体排屋式院落在整个白裤瑶地区都属罕见。大油锅通常是"扫寨"等大型村落仪式的发起者和组织者，也是诸多集体事务的主要出力者。因此大油锅在一个村寨中往往享有一定的威望，其他油锅遇到问题时常会上门求助，轻则前来听取意见，重则会请大油锅中的老者前去协助参与自身油锅事务的处理。

　　比大油锅的威望更大的是"寨老"。寨老，瑶话称"拔依"（pau ɤi，直译为"寨父"），意味着他充当的角色是整个村寨的父亲，可见其在村落共同体中的权威性和重要性。寨老通常由三类人担任：通晓丧葬仪礼者、通晓婚姻仪礼者和通晓鬼神之事的鬼师。用白裤瑶人的话来说即是"懂白事"、"懂红事"和"懂用鬼"。但凡有能力胜任寨老之位的人，最起码的条件是拥有丧葬、婚礼和鬼神三方面之一的族群知识权威，更甚者同时掌握其中两个或者三个方面，而通常只有鬼师才能如此"全才"。因此相对而言，鬼师是寨老最合适的人选。在大的村寨里，这种能力与德行兼备的人有时不止一个，这种情况下就可能有两个寨老同时存在。

　　瓦庸寨现任寨老是一个懂白事者，前任寨老懂红事更多，再前任则是一位鬼师。现任寨老出自房东勒少的瓦朗翁赛油锅，1954 年生人，但这个年龄对于寨老角色而言还正处于黄金阶段。他除了对白事了如指掌，还了解丰富的族群历史、神话传说和信仰体系等知识，称得上一位集大成的传统村落精英。寨老告诉我，如此深厚的知识积累得益于他的特殊经历。以前，家人为了多挣工分常常将还是小孩的他带着一起做农活，因此他从小就跟老一辈的知识权威在一起聊天，听他们讲故事。到了"文革"期间，他也步入成年，当地的宗教和仪式活动全部被取消。这段特殊岁月导致各种在地知识和经验的传承出现了断层，以至于现在除了他这一代的几位长者，寨里再也找不出合适的继承人。更老的已经过世，年轻人却一知半解，且没有太大的兴趣学习。

寨老并非寨民正式推举而成，也非多人公开竞争选出，而是一种集体默许的角色。通常情况下，某个有能力的人在长期的村寨事务中总是表现得尽心尽责，在别人家的白事、红事或鬼事中长期不计回报地施以帮助，这样的人在不知不觉中累积起声望和威信，最后自然而然有人提议他做寨老。当这种舆论口口相传，得到全寨人的认可，寨老之名便喊开了。白裤瑶人有句俗语说得好："你可以当乡长、当县长，但是你当不了寨老。"作为一寨之父的寨老除了承担白事、红事或鬼事的仪式主持义务，还要组织寨里的农业生产。以前，寨老要在每年春耕时期负责选定吉日，带领大家进行犁地、播种、插秧等，在岜地、瑶里等大型村寨，每年春耕时必须由寨老第一个下地动锄头，众人才能跟后进行。时至今日，寨老已经基本不过问这些事情，农耕工作由各家自行安排即可，寨老只负责提醒大家遵守农耕的禁忌，以及在农忙时节协调不同家庭和不同油锅之间互帮互助。

寨老还是习惯法中的判官，人们对他有着调停纠纷、裁断利益得失、保障村寨人际和睦的期待。瓦庸寨的寨老说："有人吵架闹事，我就去跟他们打招呼：叫你们别吵就别吵了，你们如果不听，我要是放话，以后全寨人都会怪你们。"寨老虽然乐于在这些事情上发挥自己的权威作用，但他并非扛下村落事务的唯一领导者，寨里还有其他一些人物同样能赢得大家对其意见和建议的尊重，与寨老形成权威上的配合。例如在瓦庸寨，有人家产生纠纷时都习惯去找一个平时寡言少语的老先生做调停人，他之所以被大家认可，是因为如人们所评价的那样："他非常正直，会讲理，从不受人恩惠，也从不偏袒谁。"总而言之，白裤瑶村落中一直都存在一个以族群知识精英为主、道德精英为辅的民间传统权威，其发挥着积极的内部自治功能，尽量满足每一个寨中人对共同体的期待。

三　群山之围

以家庭和村落共同体为人群单位，白裤瑶人构筑了由家屋"撇"、村寨"依"和村寨四周群山所组成的栖居空间。它不仅承载着基本的生产与生活，也是宗教意义上的安全地带。精心构筑并悉心维护这份安全感，日常生活的秩序才有可能维持。

广西南丹县里湖乡、八圩乡一带的白裤瑶民居为青瓦黄土墙。从里湖沿二级公路一路向北朝着贵州省荔波县瑶山乡而去，大致从半路的仁广寨为起点，再往北的白裤瑶人则建有很多青瓦木板房。以最为典型的土墙民居为例（见图3.6），最受白裤瑶人垂青的一种传统建筑形式是半坡式吊脚楼，下层圈养牲口，上层住人，省去了单独找一块地搭建圈舍的麻烦。此外，还能见到扩展家庭联合修建的杆栏式排屋。

图3.6　白裤瑶的传统民居

房屋的典型格局是进门为堂屋，火塘被安置在堂屋中靠后墙的位置。除前门外，人们根据需要还可以开后门与侧门。卧室分布于堂屋两侧，只用简易的木板或竹篾隔开，家中一旦有儿子成婚，常见的做法是临时隔出一间新屋子作为新婚夫妇的私人空间，直到他们有条件另建新居时迁出。房屋内的上部空间多用木板隔出一个低矮的夹层堆放杂物，通过简易的楼梯上下。粮食则另筑粮仓存放，粮仓都是离地式的，由四根柱子支撑，柱子顶部常套有陶罐或者锅瓢，这样可以防止老鼠沿柱子爬上去偷吃粮食，仓体下方常常放置着为家中老人准备的棺材。最老派的粮仓（见图3.7）是竹篾做围、茅草盖顶的圆形结构。后来人们生活条件有了提升，便开始建造木墙青瓦的方形吊脚粮仓。

图 3.7　白裤瑶的传统粮仓

　　家屋不仅仅是衣食起居的场所，更重要的是阴间恶鬼前来侵扰时最后的避风港，因此白裤瑶人非常重视"家门"的界线感。他们在门外墙角处搭建象征跨越家门的房门桥，一位神灵驻扎于桥上守护着家里的孩子；在正对家门的柱子或者墙上钉上一张红色的纸，上面画着一个人骑着一匹马表示家神古撒，它无时无刻不在监督从家门进进出出的一切事物；在某些特殊时期，人们还会在家门口插上具有避鬼作用的树枝，用以提醒外人不要随便跨越这条界线，将"不干净"的东西带进屋里。

　　家门之外是村寨。白裤瑶村寨的内部格局通常是由一条主干道贯穿并联通外部，绝大部分房屋就沿着主干道分布于两侧，寨里有任何公共事务需要通知全寨人时，通知者只要沿着大路从一端喊至另一端便可达到广而告之的目的。白裤瑶人会在主干道抵达村寨边缘的节点处建造同样具有明显"界线"意义的寨门，一种方案是用石头垒于路的两侧形成具象的门，另一种方案是在路旁立上象征寨神的石头并种上一棵常绿植物形成抽象的门。寨门不仅是向外人宣示村寨的地界，更是阻挡阴间恶鬼前来侵扰的第一道关隘，由寨神长年驻扎于此。在危机时期，寨门则会被封锁起来，暂时将内部空间与外界完全隔离开。寨门同时也是驱赶恶鬼时使之退居寨外的最后一道线，白裤瑶人的诸多驱鬼仪式都是从家屋中开始行进，最后结束于寨门处。恶鬼一旦逃出寨门，它一时半会儿则难以再次进入寨子。因此寨门同样是白裤瑶人心理意义上非常重要的安全边界，寨门之内，是人们日常知觉中足够安全的区域，寨门之外则布满危险。当然，所谓村寨，其地理范围在有的语境中是指寨门之内的区域与本寨的农田、林地之和。但农业活动区域并不属于心理意义上具有安全感与界线感的"村寨"范畴，从走出寨门的那一刻起，即便是去耕田种地、洗衣打柴、放牛捕猎，也必须开始谨慎行事。当人们从外面回来时，只要过了寨门，便无须过多担心。

现在经过政府改造的新式村寨非但不会放弃寨门，反而还会通过各种方式强化其界线感。2010 年，南丹县出于扶贫的目的，准备在瓦庸寨尝试打造一个"白裤瑶原生态民俗风情体验村"，于是通过财政拨款和个人出资相结合的方式，将瓦庸寨传统的黄土房全部改造成了白墙黑瓦的砖房小楼，每家都有卫生间连接到化粪池；在寨子西边修建了一个舞台，外侧则修建了一个篮球场和一栋三层楼的村公所，里面设置了会议室、图书室，空余的房间则计划以后有游客时打造成临时的客房。这个项目极大地提升了整个寨子的居住条件，也让瓦庸寨成为里湖乡第一个实现人畜分离，以及完成"厕所革命"的自然村。虽然瓦庸寨没能如现在的白裤瑶旧寨那样保留传统风貌，但依旧保留了寨子东西两面极具辨识度的寨门。东面的寨门（见图 3.8）是在瓦庸寨人的强烈要求下于原处特意修建的，颇具气势（当然也是出于吸引游客的目的）；西面的寨门则是通过保留原有的大树从而维持了原先存在的界线。

图 3.8　白裤瑶新建村寨的寨门

　　白裤瑶的传统村寨无论是建在山脚（例如笔者所在的瓦庸寨），还是半山腰（例如瓦庸对面的瑶里寨），抑或是山顶地带（例如里湖乡海拔最高的岜地寨），都是选址在周围有山头围绕的某处，寻求一种山峦围合的形态格局（见图3.9）。在土司强势、土匪猖獗的年代，这种格局的御敌功能是显而易见的；从宗教信仰的角度看，这种格局可以方便山神从四面八方的山峰上俯瞰村寨，从而构筑心理意义上的另一层安全感。可以说，村寨周围的群山构成了白裤瑶人栖居空间的最外一层"界线"。

图3.9　白裤瑶的传统村寨格局

　　近年来，当地政府一直在做异地搬迁的扶贫工作，将一些位于山顶的、不通公路的以及用水不便的村寨搬迁至地势较为开阔的地方，既方便村民的日常生活，也方便学龄儿童就学，即前文中所说的从"瓦东"之地搬迁到"古嗖"之地。但是很多年龄大一些的人宁愿住着破烂的土房，和子女相隔数公里，也不愿意搬到新址，原因就在于新寨的选址大多失去了山峦围合的格局，让人觉得不安全。它们往往呈现的是居住分散、地势复杂、四通八达的敞明格局，于是选定合适的位置修建寨门就变成一件很难的事。在这种情况下，人们通常的做法是选择走的人最多的那条路，在离村寨足够远的某个节点，于路边立下寨神石和种植常青树，将其主观标记为寨门。总而言之，在白裤瑶人的传统观念中，这道界线无论如何都是不能忽视的，它是全寨人过日子的一份保障。

第四章　沟通两界：鬼师

　　洪水退去之后，"磨刀石"生出瑶族、壮族和汉族的先人。瑶族人最先诞生，他们就扎根在自己出生的这块区域；壮族人稍微靠后，去到比瑶族人稍远的地带生活；最后出生的汉族人去往更远的外围安家。因此现在离瑶族最近的是壮族，然后才是汉族。瑶族人在这片满是高山和溶洞的地方世代繁衍，还产生了第一个鬼师，他名叫"约惹"（juo zei），是造天地之神"古诺"的徒弟。古诺赋予他命名天下的权力，现在世界各处的地名就是由约惹定下来的。

　　上述内容出现在白裤瑶洪水神话的结尾部分，主要讲述白裤瑶人生活的这个世界由第一个鬼师进行各地的命名，也即是说白裤瑶人认知世界是按照第一个鬼师的指点和规定来进行的。鬼师是对已知世界了解最多、掌握其来龙去脉和其中万物规律的人。他们知道阳间的种种，熟知阴间的峒场和路途，看得见阴间的神圣存在，懂得如何与它们交流，是沟通阴阳两界最重要的桥梁。

　　然而，具有超凡本领的白裤瑶鬼师，其身份和能力却并不体现为外表和仪式操作的神秘化、严肃化。在白裤瑶人的信仰中，鬼师成巫是神灵"基多"严格挑选、传授技艺并终身"附体"的结果。他们在本质上是人与神的复合体。鬼师运用"卜卦"与"用鬼"两项巫术技艺，在神灵基多的监督与配合下，帮助人与神圣存在打交道。人们仰仗着鬼师天地皆知、通行阴阳的能力，才能理解德拉出入阳间世界的真实想法和目的，沉着应对由此带来的种种紊乱，并尝试恢复生活的秩序，让日子"细水长流"下去。

一　常人之面

　　外界所称的"鬼师"，在瑶话中叫作"努豪"或"努哟"（nɯ mhao∕

nɯ jo, nɯ 表示"人"，mhao 和 yo 都无具体释义，表示"与巫术有关的"）。鬼师有男有女，均适用于这两种称呼。除此，男性鬼师也可以被称作 po mhao，女性鬼师也可称为 ve jo。白裤瑶人还用汉语称鬼师为"鬼师""魔公""先生""阴师""道公"等。

我第一次在瓦庸寨见到白裤瑶的鬼师时，其着装打扮和操持仪式时的言谈举止完全有悖于我起初的想象。我本以为在仪式现场可以一眼认出谁是鬼师，实则不然。巫术仪式开始之前，鬼师在人群中和旁人没有差别。他①不必穿着与佩戴任何有别于普通人的服装或饰物，但是人们普遍认为鬼师穿着民族服装更有利于巫术获得成功，所以在仪式现场男鬼师多以白裤瑶男性典型的蓝靛衣、白短裤、蓄发包头的形象示人，不讲求着装的新旧，甚至大部分时间都穿着年代已久的旧装，显得风尘仆仆、饱经风霜。冬季里为了御寒，男性鬼师通常会舍弃民族服装，直接穿上在圩场购买的便装前往各家各户主持仪式。女性鬼师的着装也很随意，但一般情况下一年四季都会套上白裤瑶女性最引以为傲的蓝靛百褶裙。

在仪式过程中，健谈的鬼师习惯性地保持与旁人有说有笑，他可以随时中断自己正在进行的仪式喃词，转而与人进行短暂的攀谈或者指示助手做事，之后再回头续上前一刻的工作。女性鬼师还时常一边操作一边与仪式现场的其他女人话家常。说到兴起，俩人要么仰天大笑，要么身体靠拢，像姐妹般交头接耳，传达女人们才有资格知晓的秘密。

从我第一次参与白裤瑶人的巫术仪式，就没有一次能够避免被鬼师"钦点"跟他一起完成仪式中的饮酒任务。我是一个在现场的外族人，热情的鬼师总是以酒相邀，将我拉入他们的"情境"中，陌生的气氛很快就能得到缓和。当我连连摇头拒绝再喝时，一旁的其他人便会起哄，鬼师也跟着众人一起敦促我接二连三地干杯。直到我实在喝不下做出要夺路而逃的样子时，鬼师才把酒杯转交给其他人。在瓦庸的日子长了，我便领会到了很多避酒的技巧，但若遇到心思敏锐、爱开玩笑且擅长言辞的鬼师，他们总有办法让我不得不端起酒杯。曾有一位鬼师为了劝我喝酒，假装很生气地说："你要是不喝我就不要你跟着我们一起在这里看

---

① 本书在笼统谈及鬼师时使用的第三人称"他"，既指代男鬼师，也指代女鬼师。

了。"见我迟疑，他扭头跟主人家说："这个小伙子不听话，你们把他赶出去吧。"我也顺着他的玩笑回应："我不是不听话，而是听不懂你说的话，你们说瑶话我什么都听不懂。"鬼师大笑，用一本正经的桂柳话说："那你就更应该喝酒了，只要喝了我的酒，你就能听懂我们说话，你不信的话就喝一杯试试！"

　　遇到好酒的鬼师，仪式现场可能还会出现让人哭笑不得的场面。么另寨的一个鬼师经常来瓦庸寨负责葬礼中的巫术操作，但有时他管不住自己的酒兴，若干杯白酒下肚就开始口齿不清。有一次给逝者送葬，抬棺上山之前需要他点酒于棺盖上以告慰亡灵，当时他醉意已浓，主家人不得不搀扶着他，在大家善意的取笑中，他踉跄地完成了仪式工作，旁边有男子假装骂道："这个老酒鬼，不务正业！"在另外一次葬礼上，有些醉意的鬼师正端着米斗撒米喃词，我蹲在一旁拍照。这位鬼师与我熟识，他见我在旁边默不作声地端着相机，就将大米猛然朝我身上撒来，引得葬礼现场的人捧腹大笑。

　　在主持巫术仪式之外，鬼师的日常生活与其他人一样，耕种、放牛、狩猎，女鬼师也如普通妇人那样得闲便埋头纺织、刺绣。总之，鬼师在日常生活中是怎样一个人，他在仪式现场依然可以保持其本来的个性，表达自己的好恶，按原有的言谈举止风格示人。例如上面所说的"酒鬼"鬼师，他在任何场合都不掩藏自己对于美酒的渴望，在仪式的过程中，他贵为核心人物却依然可以自由地展露嗜好与心性。女鬼师也自然可以保持对家长里短的敏感和好奇，她打听逸闻趣事和对人品头论足的个性，都大方地展现给仪式现场的众人，豪爽抑或拘谨、活跃抑或沉默，她仍旧是她。

　　可以说，白裤瑶的鬼师，其特殊的身份和能力，并不依靠将自己神秘化与严肃化而得到彰显，无论是平时还是仪式中，他始终以常人的面目示人。鬼师不用服装或者其他装饰来标榜自己的身份，其巫术之外的日常生活与常人无异，为人的个性与风格不会因为"鬼师"的身份而被压抑和扭曲。鬼师在仪式中也不刻意地"表演"，他在一种轻松的氛围中工作，按部就班地推进仪式的每道程序。巫术仪式就如一件家常事，鬼师随时可以一心两用，既履行职能，又表现得如普通的参与者，融合在旁观众人的集体情绪中，或谈笑或悲悯。鬼师施展巫术的整个过程对于参与仪式的人来说都是清晰可见且步骤分明的，是一种几近完全开放的公共展示。如果一个人对每一种仪式都进行反复参与观察，记录每个细节和鬼师的所有唱词，通过长期练习和背诵，在表面的技术层面上是可以复制一场巫术仪式的，他可以成为一个在演示上不出错、操作上没有破绽的"鬼师"。最后，同一项仪式，不同鬼师的操作会存在很多细节差异，标准的仪式结构中带有一定的随意和即兴成分。

在集中田野调查的后半程，瓦庸的人常常对我说："小张，我们觉得再过上两三年，等你把该看的都看了很多遍，把你的本子全部写满，你就可以做先生了。"不过，玩笑归玩笑，纵然同一种仪式我参与多次，具体的操作步骤我也许比很多白裤瑶人更清楚，跟随录音我还可以对仪式中的唱词进行机械复述，但这一切都不足以让我成为一个鬼师。因为鬼师的真正资质体现在其他方面，他所掌握的知识和技术不是普通人通过所谓的学习能够得到的。这就是为何尽管不同鬼师在同一种仪式中操作有差别，人们也不会认为他们是在弄虚作假。

二 "基多"传艺

白裤瑶的第一个鬼师叫约蒽。他是一个从石头里蹦出来的人，无父无母，长大后就去找创世神古诺学本事，但是古诺觉得应该先让这个年轻人接受一些考验。古诺的七个女儿知道父亲的想法后就偷偷告诉约蒽，并让他不要担心，她们会帮助他通过考验。第一次考验是徒手接箭，如果约蒽能徒手接住古诺射出的箭就算过关。女孩们告诉约蒽，只要向手心里吐几口唾沫就能接住箭。这一招果然奏效，古诺一连发出九支箭都被约蒽牢牢握在手里。第二次考验是去收割小米①，收完后要在满是秸秆的地里点燃秸秆，待秸秆燃尽才能从地里出来。其中一个女孩告诉约蒽点燃秸秆后将一个鸡蛋敲破将蛋液滴入秸秆堆里就能安全过关。约蒽照着嘱咐做，蛋液滴入秸秆堆之后就变成一汪水池，约蒽跳入水池逃过了火焰的灼烧。第

---

① 在白裤瑶的语言中，"小米"和"人"的称法完全相同，都称 nɯ。这也是民族史研究者认为白裤瑶的源头在小米的原产地——黄河流域的根据之一。十几年前白裤瑶人还种小米，现在已经很少见了。

三次是去捉一种动物，这种动物在非常陡峭的岩壁上活动。古诺的女儿又告诉约惹，她父亲已经用绳子系了好多石头垂挂在岩壁上方，他一旦攀上岩壁，父亲就会砍断绳子让石头砸下来，所以让约惹明天将一只瓢戴在头上，即使被砸也无妨。最终约惹通过了所有考验。古诺将做鬼师的一切技艺全部教授于他。

正如神话传说中的约惹那样，在白裤瑶人的信仰中，鬼师的超凡本领都是从神灵那里学习而来的。但与神话中第一位鬼师约惹不同的是，后世的鬼师之所以能够成为鬼师，不仅仅是技术加持的原因，更重要的是其存在状态与普通人有着本质的差别。

"基多"的来临

所谓鬼师，必定是被"十五对基多"附体（possession）① 的人。十五对，这是指附体于鬼师的神的数量总共是十五对；基多是对附体神灵的总称，全称为基多沃业（dʑi to，直译为"小孩"，və je 只能作为后缀，表示"鬼师的"），简称"基多"，在田野调查中也常能听到"小鬼""阴灵"等汉语译称。"附体"在瑶话中叫作"背基多"，这种表达非常形象，表示鬼师是将基多背在自己的背上。白裤瑶信仰中的所有神都可能是十五对基多中的一员，附体于每个鬼师身上的十五对基多的身份不完全一致甚至毫不相同，但它们本质上都是信仰中的阴间神灵。可以说，鬼师实际上是一种"人与神""阳间之物与阴间之物"的复合体。

凡被基多附体之人，其身体和行为举止都将出现有别于日常的变化，从前往后、由浅至深的变化依次为：看见常人看不见的事物、景象，遭受怪病的折磨，精神上出现短暂的失常，具备超常能力。当其经历了其中一个或者多个阶段的失常再恢复到正常状态，就表示基多已经完成附体。变化可能从鬼师成巫之前的很多年开始，也有可能仅仅提前几个月出现，更有甚者几天内便走完从初现变化到恢复常态的全过程；其间各

---

① 在宗教学研究中，巫师通灵有两种方式：一种是通过灵魂脱窍（ecstasy）的方式进入神鬼的世界，另一种是召唤神鬼前来附体（possession）。关于该现象最早的系统化研究详见 Eliade, Mircea. *Shamanism: Archaic Techniques of Ecstasy*. London：Routledge & Kegan Paul, 1964。

种失常现象可能从不间断，也可能是间歇性地显露。十五对基多逢每月初五、十五和二十五的时候来到附体目标身边，它们可以一次全部到齐，也可能逐次前来，数量达到十五对便停止。瓦庸寨的尧社是一位远近闻名的鬼师，一只眼睛有残疾，虽然年近八十，言语和行动有些缓慢，但是人们都相信他的能力和经验，他也经常活跃在各村各寨主持巫术仪式，甚至有时候壮族和汉族人家也会求助于他。据报道人讲述，尧社被基多附体的经过就完整地展现了上述四个阶段。

　　基多第一次来到尧社身边时，他还是一个普通少年。有一年秋收时节，他跟着父母去地里收玉米，中途歇息的时候他与旁边一块地里的同龄伙伴玩起了游戏。他们四掌相对，头顶着头相互用力，看谁能先把对方顶至摔倒谁就算赢了。玩了不一会儿，尧社突然感到头晕目眩，眼前泛起一片白光，他赶紧招呼伙伴停止游戏，随即坐在地上稳定心神。过了一阵，他抬头往天上看，隐约见到天空中出现了一道门，门的背后是各种房屋和良田，像极了自己生活的这个世界，他看得入了迷。等回过神来，他将自己所见告诉了父母，父母听了没多说话，但是他们心里明白，这可能意味着自己的孩子将来是做鬼师的命。尧社看见的门就是天门，房屋和良田就是阴间的模样。

　　在那次看见异象之后的若干年，尧社身上都没有再出现过任何征兆，直到快30岁的那几年间，他突然对狗肉"过敏"。刚开始他只是觉得狗肉的味道不好闻，难以下咽，过了一段时间发展到吃了狗肉会呕吐，然后演变成吃了狗肉就高烧不退，家里人从此不再拿狗肉给他吃。但后来发生了更严重的情况。那一次尧社去兄弟家串门，当时兄弟一家正围着火塘吃着热腾腾的狗肉，他刚一进门，就发疯似的冲过去掀翻整锅狗肉，然后打破一只盛着狗肉的碗，将碎片放进嘴里嚼了起来。大伙都吓坏了，几个人冲上前去准备掰开他的嘴让他把碎片吐掉，但他的力气异常大，拼命反抗，众人合力也没能把碎片从他嘴里掏出来，最后他竟然将嚼烂的碎片咽下了肚。接着尧社冲出房门往寨子外面跑去，人们在后面追着他喊着他，但不起任何作用。他一直跑到寨子北面的悬崖边才停下脚步，悬崖下是一条河，人们提醒他要冷静，让他注意脚下危险，但是他徘徊几秒钟之后就跳了下去。这条河水很浅，河中乱石遍布，人们心想这下子完了，尧社肯定命已不保。他们急忙从小路下到悬崖下面，到了河边却发现尧社竟然正踉踉跄跄地往岸边爬，只是受了一点皮外伤。自那以后，尧社就成了鬼师。

尧社成巫经历了所有变化阶段，身上显现了全部四种失常现象。他看见阴间的那一刻，是基多初次试探他，在他年少时就将阴间的奇异景象展示给他，让他在一个非成熟的年纪第一次体会了阳间之外另一个世界的存在；若干年后他开始对狗肉形成生理排斥，出现呕吐、发烧等症状，这是基多在向他以及他身边的人宣告"我们已经到来"，提醒目标人物做好心理准备。对于这两个前期变化阶段，尧社是知晓的。但是当发展到掀翻食物、跳下悬崖的精神失常阶段和拥有吞咽利物不被割伤、跳下悬崖几近毫发无损的超常能力阶段时，尧社就变得意识模糊，对于自己的奇怪举动几乎毫不知情。

技艺的"阴传"

在上述四个变化阶段中，被附体者能够清醒知觉的前两个阶段仅仅是前奏，他此时并不会获得成为一名鬼师所需要掌握的巫术技艺。被附体者进入后面两个意识模糊的阶段，才表明基多开始正式向其传授本领了。被附体者在迷迷糊糊的状态中，会看见十五对基多从天上飘来或是从地下冒出，它们贴近被附体者的耳朵，轻声念诵一些不同于日常语言的词句，向他解释其中的含义，并反复叮嘱他牢牢记住。基多滔滔不绝讲述的正是开展巫术仪式必备的技艺，包括以下三个方面。第一，阴间世界和神圣存在（既包括阴间的德拉，又包括构成人的灵魂、花）的相关知识。第二，巫术仪式的操作要领，包括仪式规程、喃词、道具制作与使用。第三，超常的感官与能力，例如能用肉眼看见常人见不到的存在，如阴间的景象、德拉、人的灵魂，并与之进行沟通，也包括灵魂出窍穿越阴阳两界的能力。鬼师看见这些东西时并不会大惊小怪，更不会四处声张，但鬼师的家人由于长期与鬼师亲近，时常会听到鬼师在某个时刻对着空气轻声嘟哝："怎么这里会有个人！"然而家人自己却什么也看不见。

报道人常常将上述过程比喻成"上课"，基多是老师，被附体者是学生。上课的过程有时候很快，几天便完成，有时候很慢，长达几个月甚至几年时间。基多有时候为了提高传授巫术技艺的速度，会让被附体者保持失眠状态，通宵达旦地给他"上课"。有的被附体者一边听着神灵的讲话，嘴里一边咕哝着进行复述，大家常形容这就像学生跟着老师"读课文"一样。

　　更舵寨有一位 60 多岁的女鬼师，结婚生子之后才开始经历被附体。从一开始她就进入意识模糊的阶段，但她对于自己的举止和体验有所知觉。那段时期她常常失眠，无论觉得有多困都睡不着。一天夜里她上床睡觉，刚进入迷糊状态时突然大喊大叫，家人起床查看情况，见她眼睛大睁，好像在说梦话，但所说的话谁也听不懂。家人叫她的名字时，她能够听见继而安静下来，但嘴巴仍然一开一合轻声地喃着奇怪的词句。家人伸手摇晃她的身体，她仿佛受了惊吓，起身下床，赤脚往外面跑，在没有任何照明的情况下以惊人的速度冲上山，家人在后面怎么追也追不上。

　　事后她说知道自己赤脚上山的事情，山上很冷，脚下很冰，但身体和意识不受控制。她还能清楚地记得躺在床上时有人在她耳边说话，叫她复述那些奇怪的词句，她想翻身赶走那些声音却发现身体被束缚，动弹不得，只好一边听一边读。那些人不让她闭眼，告诉她说不睡觉就可以夜以继日地学，学得快，事情就能早点儿结束。

当"课程"全部结束，被附体者脱离意识模糊的状态，身上所有的异常症状都消失之后，他便拥有了巫术技艺。白裤瑶人将鬼师习得巫术技艺的这种机制称作"基多找人"，并借用当地壮族和汉族风水信仰中的"阴传"一词作为惯用的汉语译称，表达了鬼师成巫的隐晦、神秘与超常之义。阴传是一个人习得巫术技艺、成为鬼师的唯一渠道，如果有人找其他鬼师拜师学艺，偷偷学习，不但学不会，而且该鬼师身上的基多还会惩罚他，让其身体遭受一些莫名的病痛。也有极少数的人悟性极高，不经历附体便成了鬼师，但这种人的寿命往往比较短，最多只能活到四五十岁。在调查中，每当我问"鬼师做的那些事是不是找师父学的或者自己偷偷学会的"时，报道人一般都会反问："如果鬼师是可以看一看、听一听、记一记就能学来的，那岂不人人都能做鬼师了？"

对于有的人而言，基多将他确定为附体目标后迟迟不向他传授巫术技艺，他便会经历前两个异常阶段漫长的折磨，很久之后才能进入意识模糊的后两个阶段。而对于另外一些人来说，他们并不会经历前两个阶段，没有见过异象，也没有身患怪病，而是直接显现出精神失常和具有超常能力。但无论哪种情况，听到甚至见到基多在他们耳边"上课"都是必不可少的经历，这才是成为鬼师最关键的一步。

　　鬼师一。戈立寨的金社鬼师，他在 25 岁那年的一个傍晚吃完晚饭准备去表叔家串门，两家之间有一条石头小路，这是寨里人都会选择的一条路。但是他出门之后没有选择小路，而是朝一处陡坡走去，坡下正好是表叔的家。金社到了陡坡处就向下爬，这时正在自己屋外歇息的表叔一家人隐约觉察到坡上有个物体在移动，定睛一看竟然是金社。他们吓到立即呼叫金社的名字，问他在干什么，但是金社完全听不见，没有任何反应，继续自顾自地往下爬。这个陡坡很光滑，坡度极大，一般人不可能从上面爬下来，但是金社的每一步都很稳健。当他爬到坡底后就径直走到表叔家人面前，像平常那样开始寒暄。大家问他："刚才你怎么从坡上爬下来，发疯了！不怕摔死吗？"他的回答让大家极为诧异："什么，我从上面爬下来？我是走路下来的。"实际上，金社从出家门的那一刻起就突然被基多附体，拥有了超常能力，在抵达坡底之前他都处于毫无知觉的状态。

　　第二天人们开始议论金社那晚的经历，有人猜想可能金社要做鬼师了，但又不确定。直到后来，金社好几次发疯似的冲出家门跑到山林间寻找香木树，放肆地咀嚼并吞咽香木叶，人们才确信，的确有基多选中了金社。香木的气味是神灵最喜欢的食物，金社吞咽香木叶实际是附体于他的基多在吸食香味。吃香木叶时，金社听见基多们讲述各种鬼神，十五对基多轮流上阵，金社每一次吃香木叶，基多就完成一部分传授。约莫三个月之后，金社习得了所有的知识和技艺，他向寨里人宣称有十五对基多已经来到他身边。

鬼师二。董甲寨有一位女鬼师，她成巫时是在没有任何预兆的情况下突然变得疯疯癫癫，看到丈夫就骂各种脏话，睡到半夜突然坐起来猛打身边的丈夫，就像不认识他一样。看到自己的女儿，总告诉别人说那是一头猪仔，不是她女儿。后来有一天晚上她爬到自家的房顶上又唱又叫，人们听不懂她唱的是什么，然后她从房顶上突然跳了下来，在众人的惊呼声中重重地摔在地上昏睡过去。第二天她醒来时却感觉身体没有任何异样，家人也没有在她身上找出任何伤。从那之后她就成了鬼师。

鬼师三。董甲寨有一位男鬼师，成巫前的一天他去里湖乡赶圩，遇到几个朋友叫他吃狗肉。饭后他在回家的路上突然感到整个人迷迷糊糊的，然后就意识不清地钻入别人的玉米地，掰下玉米棒就开始啃食，一共吃完了七挑（"一挑"即"一担"，是白裤瑶人常用的量词）玉米。过路的人听见玉米地里不断传出马叫声，都以为是马在偷吃。玉米地的主人发现情况之后就进去赶马，却发现是个人，那人一边吃还一边学马叫，于是玉米地的主人找到他的家人要求赔偿。家人说："怎么可能是他吃的，一个人吃完七挑玉米，可能吗？我现在就拿出一块地来，你喊上你家的七口人去吃，只要能吃完那块地里的玉米，我就赔你七挑玉米。"玉米地的主人被问得哑口无言。后来鬼师说他当时看到有十二匹马在地里吃玉米，他就走了进去，对其他情况浑然不知，只记得耳边一直嗡嗡作响，像是有人说话。

虽然每个鬼师都必定有十五对基多前来附体，但他们不一定完全知晓这些基多的具体身份。白裤瑶人的解释是，基多在上课的时候，有的身形和样貌清晰可辨，有的则模糊一团，还有的只闻其声而不见其形，所以鬼师自己也无法全部弄清楚。生活中常见的神灵，例如山神公沃艾、土地爷（tɬæ ti te）等都是潜在的基多，其余大部分无具名。不过就算有鬼师全部知道，他也不能向外透露太多，基多的身份需要在一定程度上保密，这是对基多本身的一种保护，否则该鬼师会受到基多的惩罚，巫术仪式也可能不再灵验。但无论十五对基多是由哪些神灵组合而成，它们都来自阴间的两个地方：一个叫作"泽俩泽路"（dzə lia dzə lu），另一个叫作"努沃艾沃奥"（ŋu və ɣe və ɣo）。前者无法具体释义，来源于此的基多从附体之日起，一直到鬼师去世的那天才会离开。后者表示有着"大面积岩壁"的地方，从那里来的基多可能不会一直附体于鬼师，若干年之后也许会离开，当它或它们离开时，鬼师就会丧失一部分甚至全部的巫术技艺。

挑选接班人

基多挑选的被附体者不需要具备任何独特性，无性别要求，不论未婚或是已婚，也无需特殊的生活经历，但这个人必须具备足够的个人天资和成为鬼师的意愿。基多偏爱具有聪慧、记忆力足够好的人，因为这种人学习能力强，但是基多并不是每次都能顺利实现挑中"人才"的愿望。那些才智欠佳的被附体者往往无法全部接收和消化基多的课程，最终便成为一名能力不完全的鬼师。在白裤瑶人的传统观念中，女性鬼师的资质是普遍低于男性的。这不仅体现在学习的能力上，还体现在女性鬼师的体力上。她们通常无法应付漫长的大型仪式，因此绝大多数大型仪式的主持者都为男性鬼师。

基多也希望它们找到的人有做鬼师的意愿，不排斥"附体"这件事，然而这样的"好学生"并非每一次都能遇到。倘若一个人不愿做鬼师，不想日后一辈子过着与鬼神打交道的生活，他在经历附体的过程中就会有强烈的反抗，例如基多上课的时候他竭力不配合，不去学习那些知识和技艺。但基多不会轻易放弃，它们会反复尝试，如此一来，被附体者就会陷入与基多的拉锯战，身体上的异常反应迟迟无法结束。在大多数情况下，基多会在拉锯战中"笑到最后"；也有一些人意志坚定，最后逼迫基多另寻他人；还有一种情况是拉锯战以折中的方式结束，被附体者最终成为一个能力并不完全的鬼师，例如关于阴间和德拉的知识储备不全面，超常的感官不发达，只擅长少量的巫术仪式，只能与一部分德拉进行交流，等等。

瑶纪厚有一个鬼师，初中没有念完的时候就开始有基多前来附体。他当时为了逃避这件事就准备去学开货车跑货运。但因为他是家中独子，父母怕他出危险就不同意。后来他又去报名去参军，由于身体条件达不到标准也没有如愿。最终他还是没能逆转基多的意思，做了一名鬼师，但是只懂一部分巫术仪式，因此始终没有成长为鼎鼎有名的大鬼师。

为了尽量避免被附体者的资质与理想相差较远的情况出现，当一位鬼师去世之后，附体于他的基多会从该鬼师的父系血亲后代中选择下一个附体对象，传承鬼师的身份，男女皆可。其原因在于，鬼师的父系血亲后代是与鬼师在一起共事时间最长的一群人，他们常年将自己的性格、习惯和才智曝光在附体于该鬼师的基多眼前，自然而然地成为基多最为了解的一个候选群体，基多从中挑选接班人是最为可靠的。

大多数鬼师都清楚自己身上的基多来自哪一位先人，基多附体的时候会告诉他们真相。但也有人不清楚，需要从别的鬼师口中获悉。由于鬼师去世之后，附体于他的基多只可能选择其父系血亲的后代进行转移，因此当这位潜在的接班人是一名女性时，情况便稍显复杂。一个女子在嫁人之前，她是父系血亲的后代成员，因此是父系油锅中前代鬼师的潜在接班人；当嫁人之后，她虽然加入了丈夫的油锅，但仍然是父系血亲的后代成员，依旧可能是其"娘家"前代鬼师的接班人，而不会是其夫家前代鬼师的接班人。换言之，某个油锅中前代鬼师的基多不会附体在嫁入该油锅的女子身上。但是当一个女子结婚之后，如果基多再欲求附体，常常会被她拒绝，且拒绝成功的概率很大。因为女子嫁入夫家之后是从夫居，婚后的生活都以夫家为中心，她们不愿意再接受父系油锅中前代鬼师的基多，如果接受，以后父系油锅中的仪式事务会第一时间找她来操持，这会占用她大量的时间，导致她生活重心的偏移。

蛮降寨有一名已婚女子叫阿娅，她的爷爷是鬼师，已经过世。嫁人之后的一段时间阿娅总是觉得有气无力，没有食欲。她日渐消瘦，求医问药都不见好转，以为患上了什么怪病。阿娅向一个鬼师询问原因，鬼师占卜之后告诉她，是她去世的爷爷身上的基多在作祟，那些基多让他传话，说它们准备找她做后继者，她生病就是基多们试图附体的结果。但是阿娅不想做鬼师，于是就让鬼师替她转

告基多："我一个女人家，现在已经嫁人了，是这边的人了，以前家
里的事情我现在都管不了了，现在只能管我老公这边的事。请你们
回以前那家去找人，就不要来找我了好不好？"爷爷的基多对阿娅的
陈情非常理解，从那之后，她的身体就好了起来。父系油锅的人便
议论说："看这种情况，我们家阿娅这一代的其他人中，以后肯定有
一个人会成为鬼师。"

倘若一个女子在婚前就已经被附体，那么她将带着十五对基多嫁入
夫家。当她去世的时候，基多有两种选择：一种是直接回到她的父系油
锅群体中寻找下一个附体目标，而不会在该女子的夫家油锅中觅得人选；
另一种是附体到该女子的子女身上，但最多只传两代，之后便回到女子
的父系油锅中。

同样是为了避免选择的接班人最终成为一个能力不甚理想的鬼师，
基多在某些情况下会选择将某些技艺只传男不传女，某些技艺只传女不
传男。如前所述，有的鬼师天资不高和意愿不强，所以他的巫术技艺就
会欠缺一部分，在此情况下，基多以后便可能只会寻找与这个"瑕疵"
鬼师性别不同的人来学习他欠缺的那部分技艺，用一个形象的说法便是：
基多吃过一次亏，有了前车之鉴，知道这个家族的男性或女性不擅长的
是什么，所以不敢再冒这个险。例如一位男性鬼师只懂 A 仪式，不懂 B
仪式，那么以后基多寻找的接班人为男性时，该男性同样只懂 A 仪式，
不懂 B 仪式；而接班人为女性时，该女性 A 仪式和 B 仪式皆通。

虽然在理论上一个鬼师身上的基多会选择该鬼师父系血亲的任何一
个后代成员进行附体转移，但实际上基多为了避免接班人不甚理想的情
况，往往会将下一个附体对象的选择范围进一步缩小：从鬼师己身出发，
向下追溯三代之内的父系血亲成员。通俗地讲，基多通常从"爷爷辈或
奶奶辈"成员身上转移到"孙子辈"成员的身上，当孙子辈成员在附体
过程中坚决地拒绝了基多，那么孙子辈的后代成员再被附体的可能性就
变小了，越往后，可能性越小，即使不能完全排除。人们常用一个比喻
来说明基多做这种选择的初衷："就像一棵树，越是生长，分支越多，隔
得太远的分支就不太熟悉了。"意思是，辈分隔得越远，潜在的接班人数
量就越多，且越是分散在不同的父系分支中，基多就越是无法做到对这

些成员足够了解。

当然，一个鬼师可以在平时生活中对父系血亲中某一个或者某几个特定的晚辈表达传授衣钵的愿望，比如他说"恐怕以后我走了基多们就该去你身上"，或者"你们这一群人中以后可能有人要接我的班"；旁人也可能表达对未来的猜测，比如说"恐怕某人以后要接着吃他爷爷那碗饭"。这时候，如果被寄予希望的人当场表示他不想做鬼师，不想吃这碗饭，不要基多跟着他，且以后一直坚定这种想法，并反复公开否定人们对他的寄望，那么他被基多附体的可能性就变得微乎其微。在集中田野调查中，我时常问人们这样一个问题："如果以后每个人都拒绝基多附体，久而久之岂不是就没有鬼师了。"老一辈的人听到我的疑问时并没有表示出任何担忧，他们认为，不可能每一代的每个人都拒绝基多；即使现在白裤瑶的鬼师数量越来越少，他们也一直坚信，凡是有过鬼师的家庭，其后代中必有继承人，阴传之事绝不会断后。

三　固定的人生

当身体上一切失常和超常的现象消失，被附体者恢复到正常的生活状态后，他便可以对外宣告自己掌握了巫术，开始以鬼师身份进入社会生活。从那一刻起，相应的义务和职责也将伴随他的一生，固定了他之后的人生轨迹。

供奉基多

在第一次主持巫术仪式之前，鬼师需要在家中的某处安放一张齐膝高的小方桌用以供奉附体的基多，地点可选择在堂屋或自己的卧室，上面摆放若干只酒杯，酒杯数量不必与基多的数量对等。鬼师还可以依照个人意愿摆上米饭、肉食，以及必不可少的一碗燃烧的香木——它是基多最喜爱的食物。在没有香木或者香木用完的情况下，也可点上几支市售的长香。鬼师供奉给基多的第一餐，往往要做到品类齐全，酒水、肉类、米饭和香一样不落，但是在以后的日子里只要保证香火不灭即可。除此，鬼师在桌子的边缘处贴上红纸，红纸上画一个人骑着一匹马，象征着十五对基多（见图4.1）。这些有着特殊意义的红纸在瑶话中并没有一个对应的专门词语，而仅仅被叫作"红纸"，后文为了行文方便将其称为"人马符"。有些鬼师的符上只见人不见马，甚至可以什么也不画。

图4.1　人马符上所画图案

方桌、食物、香木与人马符共同构成了一个简易的神龛。基多们平日就安家在神龛处，饮食和休息都聚于此。当鬼师外出主持巫术仪式时，基多跟随鬼师一道出门，仪式完成回到家，基多就重新归于神龛。神龛是神圣的，不允许被破坏，否则基多会降下惩罚，让鬼师丧失好不容易才习得的巫术技艺。

戈立寨有一位鬼师在20岁的时候出现过短暂的精神失常，直到30岁开始被怪病连续折磨两年后才宣告成为鬼师。但是在他刚刚立好神龛，供上基多的那天，他的奶奶不想让他跟鬼神打交道，便偷偷将神龛上盛香木的碗带出家门，找了一处山坡埋进土里。于是他就只剩下了一部分技能，到老也没有学会主持大型仪式，只是占卜比较厉害。

神龛也不允许那些容易招来不洁之物的人接触，例如坐月子的妇女。如果有妇女不听劝告污染了神龛，必然会被基多怪罪。

瓦庸寨尧社鬼师的大儿媳妇坐月子期间，有一次做完家务觉得很累，就坐在神龛旁边休息，不知不觉地趴在神龛上睡着了。迷迷糊糊中她看见一些高矮不一、穿着花花绿绿的人指着她脑门质问道："你这个坐月婆，你睡在这里干什么？"一边骂还一边向她吐唾沫。

她大叫着惊醒过来，随即又晕了过去。家人将她扶到床上躺好，她闭着眼睛开始唱歌，歌词内容是各个基多以第一人称继续骂她："你个坏婆娘，我们都从天上来，这里干干净净的，你在这里把我们弄脏了。"人们说这是基多进入她的体内，占据了她的意识，以此表达不满。

一年中的绝大部分时间，基多都与鬼师密切相处，只有邻近农历年关，它们才陆续离开神龛和鬼师，回到它们的来源地。不论其来源地是哪里，相对于鬼师所处的位置来说，它们回家的方向都是太阳升起的一方①。哪个基多会离开，什么时候离开，每个鬼师的情况不尽相同。有的腊月十二就走了，有的留至年三十；某些鬼师的十五对基多会全部走掉，某些鬼师的基多只离开一部分，还有的众基多都留在神龛处与鬼师一起过年。直到正月十五之后，基多才全部回归。因此从大年前到正月十五，有的鬼师会丧失部分能力，他们向上门求助的人坦诚自己当时无法主持某种或某几种仪式，有的鬼师则完全无法操持任何巫术，处于过年休息的状态。

正月十五晚上十二点以前，鬼师要杀鸡做饭，迎接基多的归来，他将酒水和食物摆上神龛，嘴里念道："今天是正月十五，是我家的基多就回来吃饭喝酒，不是我家的基多，想害人的恶鬼，请你不要进我的家门。"众基多刚回来时会先进入鬼师的身体。鬼师就会以基多的口吻、唱瑶歌的方式自我陈述每位神灵离开和归来的具体情境，比如唱我是某某某，我是从某天离开的，今天是什么日子，我为什么回来，我回到谁的身边，等等。唱遍了回来的每一位基多，鬼师就恢复自己的身份。这个时刻非常关键，需要在严肃、神圣的氛围中完成，如有冒犯，鬼师可能会受到神的惩罚。

更播寨的一位鬼师有一年正月十五晚上在神龛面前迎接基多，当他唱起瑶歌的时候，旁边有几个来做客的亲戚小辈开始七嘴八舌

---

① 白裤瑶的语言中没有东、南、西、北四个方位词，而是用"太阳升起的地方"表示东方，"太阳落下的地方"表示西方。

地议论开来，质问这唱的什么，为什么听不懂。他们时而吵闹，时而觉得鬼师的歌声很好笑。正当他们放肆之际，鬼师突然狠狠地扇自己巴掌，嘴里埋怨："你们这些年轻人，为什么个个都这么笨，连我唱的这些都听不懂！"鬼师掌自己嘴是由于被基多控制了身体，神用这项体罚一面表达了对几个小辈的不满，一面责难鬼师没有为自己的归来创造一个合适的环境。

卜卦与用鬼

一个人成为鬼师之后，他的所有知识和技艺将在两类巫术仪式中得到展演："卜卦"和"用鬼"。因此也可以说鬼师从基多那里习得的就是"卜卦"和"用鬼"两类巫术。为有需求的人举行卜卦和用鬼的仪式，便是他日后的社会职能所在。

1. 卜卦

当遭遇不幸时，人们会求助于鬼师通过卜卦回测引发不幸的原因，以及对未来的情况做出一些预测。白裤瑶人称这样的占卜活动为"拉碰"或"拉竹"（la phom 或 la dzɯ，la 是"猜测、推测"的意思，phom 和 dzɯ 都表示"不好的情况、坏事、噩运"，前者表明程度较重，后者说明程度较轻），有时也直接简称为"通"（thoŋ，表示"猜测、测算"之意）。

通常情况下，主家请鬼师卜卦都必须派一人或两人亲自登门问询，男性女性皆可，他们在鬼师的家中完成仪式；实在无法抽身时亦可请熟人向鬼师捎带口信，请鬼师上门来卜卦。卜卦时，遭遇不幸的当事人不必在场，因此那些在外打工的人生病时也可以打个电话回家，叫家里人帮忙请鬼师即可。鬼师卜卦所用道具有石头与鸡蛋两种。用石头卜卦，人们常用汉语将其称为"吊卦"；用蛋卜卦，人们常用汉语将其称为"看蛋"。

吊卦之前，鬼师通过当事人对不幸事件的描述以及他本人的观察，在心中对原因做出初步的判断，然后手握一根绳子，绳子末端吊起一块石头或者一个秤砣悬于半空，然后开始喃词。白裤瑶鬼师的仪式喃词使用的是一种不同于日常的语言，听起来像是瑶话却又不完全是瑶话，人们都说这是基多传授给鬼师的特殊用语。不同的鬼师在同一种仪式中的嗌词并不完全一致，除鬼师之外，普通人无法听懂其中最为关键的部分。鬼师嗌词除了被附体接受阴传之外，也无法通过一般性的学习来掌握。他们向来将仪式的嗌词视作自己最为重要的秘密，是他们引以为傲的知识储备，主观上不会轻易告知他人其含义。嗌词完毕，鬼师会使用日常语言按照他自己的预判向石头询问当事人不幸的因由。基多们平日里会飞翔于各个地方，将每个村寨、每一户，甚至在外地的每个白裤瑶人的情况尽收眼底，因此基多了解人们每一次不幸的来龙去脉。当鬼师询问的信息正确时，基多就通过摆动石头来给予肯定的答复。吊卦是白裤瑶鬼师最为精专的技术之一，人们相信，没有基多附体的人不可能靠其他力量让石头自己发生摆动。

看蛋的方法通常有两种：看生蛋和看熟蛋。前者是将生鸡蛋打破，让蛋清与蛋黄流入一个小碗中，通过观察其形态和颜色进行占卜。后者是将鸡蛋煮熟，剥开蛋壳观察蛋白上的纹理、蛋黄是否快要冲破蛋白进行占卜；或者将鸡蛋对半切开，直接观察蛋黄的形态等方面的特征进行占卜。不同的纹理、颜色和形态对应着不同的原因，甚至蛋里有可能直接显现出一些具象，鬼师据此进行回测或预言。还有一种看蛋手法较为少见，鬼师将蛋立于米斗中，大头朝下，小头朝上，再点三根香插在米中，嗌词之后对着鸡蛋陈述当事人的基本信息，遭遇了什么事情，前来寻求占卜的动机是什么。说完抓一撮米撒在鸡蛋头上，重复三次，看最终停留在蛋头上的米粒成双还是成单，双为吉，单为凶；或者看米粒的数量，不同的数量也代表着不同的情况。

之所以使用鸡的蛋而不是其他禽类的蛋，是由于鸡这种动物具备一定的沟通阴阳的特质，这在第二章的最后一节中已有论述。日常生活中普通人也能借助鸡蛋的特性从中瞧出一些端倪，但普通人看蛋的适用范围和准确度都无法与鬼师相提并论。鬼师之所以能比普通人从鸡蛋中读到更多有用的信息，一方面是靠基多传授给他的巫术知识，另一方面是因为鸡蛋显现出来的关键信息都来自附体于鬼师的基多，普通人看蛋时，蛋上的信息会单薄很多。

通常情况下，男鬼师只使用吊卦，极少看蛋；女鬼师则几乎不使用吊卦，看蛋是她们的看家本领。如果有鬼师同时掌握两种方法，他的能力一定非同一般。还有少数能力极强的男鬼师可以仅靠观察当事人或者靠其对某个村寨近期事件的耳闻就能对事件原因做出回测。之所以不使用器具，是因为这样的鬼师能根据基多掌握的情报在脑海中自行推演出准确的结论，无须借助其他手段辅助理解与印证。

几年前，邑地寨的一家人从邻村请来鬼师主持巫术仪式，仪式完成之后，鬼师与在场的几个男子开始闲聊。这时其中一个小伙子想试试鬼师的能力。他指着另外一个 30 多岁的男子问鬼师："你看看他，你能看出什么？"鬼师看了一下，连忙别过脸，一边摇头一边叹气："他……唉，我不能说。"旁人见状都觉得奇怪，一起游说鬼师谈谈他的看法，鬼师还是拒绝。直到大家第三遍发出请求时，鬼师突然低声哭泣，然后以第一人称开始叙述一段往事："我太可怜了，从小到大，父母就整天吵架打架。我念小学的时候每次放学回家，家里都是一团糟，父母都在生气，谁也不理我，没人做饭，没人喂猪放牛，我就只好一个人偷偷哭。我觉得好累，一家人从来都没有开开心心过，我也不想跟别人说话，活下去真的没有意思。"当鬼师说完这段话，那个 30 多岁的男子也跟着哭了起来。原来，鬼师讲述的故事中，那对总是闹矛盾的夫妇就是这个男子和他妻子。鬼师口中第一人称的"我"就是这对夫妇的孩子，他从小就生活在如此不堪的家庭环境中，性格孤僻，不爱与人说话。小学念完之后，孩子辍学了，夫妻俩一如既往地吵闹，没过几年，不堪忍受的孩子喝农药了结了年少的生命。这个故事刺痛了那个男子的心，让他悔恨交加，所以才忍不住流下了眼泪。当时在场的人都夸鬼师卜卦太厉害了！

同样，鬼师也可以预测未来的情势：

2010 年之前的那几年，瓦庸寨每年去世的都是风烛残年的老人，但 2010 年之后的几年，瓦庸寨每年都有青壮年因病离世，我在瓦庸的时候就经历过两次。人们觉得这可能是寨子出了什么问题，恶鬼太多或是神灵不佑。于是 2014 年底，寨子里有人去白岩找一位德高望重的鬼师询问情况。鬼师听了来者的叙述以及他自己对瓦庸寨情况的耳闻，告诉询问者说："恐怕 2015 年瓦庸寨会有人死不好（非正常死亡），要出凶死鬼。"果然，2015 年底，也就是我结束集中田野工作之后不久，瓦庸寨有个男子出意外去世了，鬼师的预言应验了。

鬼师之所以可以不用吊卦或看蛋便直接做出判断，同样是因为附体于鬼师的基多将自己四处飞翔的所见所闻告诉了鬼师，鬼师则据此做出合情合理的推演，最后陈述出来。

2. 用鬼

卜卦是针对问题判断原因，得出判断之后紧接着需要对问题进行干预和处理，这样的巫术仪式叫作"得盖"（ʈɯ ke，ʈɯ 是"做、用"的意思，ke 表示"与德拉有关的事务"或者直接通"德拉"，因此鬼师也被称作"努得盖"），白裤瑶人习惯用汉语将其译作"用鬼"。用鬼通常是紧接着卜卦进行的，它们一前一后形成步骤上的配合；但用鬼仪式不拘泥于此种形式，在年节时期和宰杀大型牲畜的时候，也可以请鬼师用鬼，目的是乘此机会向神灵祭献祈福。所谓用鬼，在本质上是通过物品的祭献，取得与德拉的沟通和交流，从而提出自己的愿望或要求，最终与德拉商定某种互利的协议。

根据卜卦的结果，如果只需要举行一场小型的用鬼仪式，那么用鬼的鬼师与卜卦的鬼师可以是不同人选；如果用鬼仪式规模较大，用鬼与卜卦则最好为同一鬼师，以免产生信息衔接上的误差。不论当事人是否在场，用鬼都能正常进行，但与在鬼师家里就可以完成的卜卦不同，用鬼必须在当事人家中进行，男性女性皆可参与，男性负责杀生、准备仪式道具、给鬼师做助手以及绝大部分户外工作，女性主要在室内负责饮食等辅助工作。用鬼之日，基多全程跟随着鬼师，助他一臂之力的同时对其进行监督。

鬼师出门用鬼时会捎带几种固定的仪式用品：红白两色的纸、黑白两色的布、一把剪刀、一支笔和一副竹卦。这些道具平时都被装在一个黑色的布袋里，只有使用时才能拿出，黑色的布具有屏蔽恶鬼视线的功能，让它们无法窥探袋中的秘密。以前鬼师的黑布袋多用白裤瑶人制作的土布缝制，斜着系在肩上，现在很多鬼师则喜欢从集市上购买黑色的公文袋。红白两色的纸、剪刀和笔主要用于现场制作绝大部分用鬼仪式中都必不可缺的纸钱和人马符。纸钱（见图4.2）用于仪式中对德拉的祭献，分红色和白色两种，一般说来，敬神祭祖都用红纸讨吉祥，白纸多用于跟恶鬼打交道的场合，但在实际使用时并没有处处严格区分，而是混用居多。正如很多报道人所说的，红纸钱和白纸钱都是钱，就像人民币有十元、二十元和一百元的区别，并无本质上的不同。红色的人马符在仪式中用来象征附体于鬼师的基多，而用以象征作为沟通对象的德拉时，红白两色可以混用。黑白两色的布在仪式中用于包裹和遮盖某些仪式道具，可由鬼师自备，也可由主家提供。

图4.2　纸钱的形状

竹卦是用鬼仪式的核心器具，仪式过程中鬼师与德拉的每一次沟通和交流都依靠丢竹卦来确认其是否有效，以此推进仪式程序步步向前。最好的竹卦是选用竹子根部的L形部位，纵向破开成两片，两片竹卦为一副，外表面为阳面，内表面为阴面。竹卦用得越久越灵验，所以鬼师会认真选择制作竹卦的竹根，使制作的竹卦尽量达到可以使用一辈子的程度。有些老鬼师的竹卦在几十年的使用中已经被磨得圆润光滑，显得古朴而神秘。使用竹卦时鬼师将两片合拢复原成竹筒状握在手里，然后丢出去，如果与德拉沟通不畅或是状况尚不明确，基多会让两个竹片同时显示外表面或内表面，即同时显阳或显阴，表示仪式尚不能进入下一步。当沟通有效，基多会让竹片出现一阴一阳，此谓"显卦"，仪式则可以进入下一步。丢竹卦时，如果前一两次都出现同阴或同阳的情况，那么就继续丢，直到显卦即可。如果丢了很多次，仍然不是显卦，那就表明情况不容乐观，此时就需要重复同一个仪式段落，然后再次丢卦。

因此丢卦是推动用鬼仪式不断行进的关键操作。

虽然不同的用鬼仪式时长不同，步骤也不尽相同，但总体上具有相对固定的结构，可分为建立联系、祭献物品、提出要求、得到允诺四个部分，而其中每个部分也可以由几个小段落构成，每一个段落都以鬼师的喃词与唱诵为开端，以丢卦、显卦和分享酒食结束。食物是最主要的祭献物品，且任何用鬼仪式都必定会有祭献食物的部分。祭献食物大致可划分为三个段落：第一段落，"生祭"，准备好酒水、白米饭、糯米饭等其他食物之后，宰杀动物祭品，将其鲜血和几缕生肉或生的内脏盛装在器皿中摆上祭台；第二段落，"整祭"，将煮熟的动物祭品以相对完整的形态呈上，如果是鸡、鸭这样的禽类，就呈上整只鸡、整只鸭，如果是猪、牛等大型畜类，就呈上其完整的内脏或者身体的某个完整部分，例如整只牛腿、整颗猪头；第三段落，"分祭"，将动物祭品切块装盘，以宴席上具备色香味形的完成形态重新放上祭台。这三个段落向德拉展示祭献的完整过程，从"宰杀祭品"到"烹煮祭品"再到"盛装祭品"，每一步都让德拉看得清清楚楚，既没有偷梁换柱，也没有缺斤少两，它才不会质疑主家的诚心实意。

由于德拉吸食的是香气，而不是酒食本身，因此仪式中每一轮显卦之后需要分享的酒食都由鬼师和参与仪式的男性当场吃下肚，女性只在仪式全部结束之后才能享用餐食。参与仪式者若有谁当时在一旁无事可做，鬼师便就近邀请他食用，甚至是我这个外人也有资格。第一次参与瓦庸寨的用鬼仪式时，我当时拿着纸笔在一旁做记录，鬼师在一个段落之后瞅了瞅四周，发现我离他最近，于是拉我过去，旁人见状笑着递给我筷子叫我跟着鬼师一起吃肉、喝酒。刚开始我很不好意思，而且也是为了躲酒，所以再三推辞。在场的人都劝我要听鬼师的话，一个兄弟开玩笑说："你看了这么久肯定也饿了吧！"我回应道："一会儿我要跟你们一起吃饭的，现在饿一下没关系。"那位兄弟立即严肃地说："那可不行，这个上面放的肉和酒是现在要吃的，一会儿吃饭是吃饭，是不一样的东西。"这位兄弟摆出的"道理"无可争辩，用鬼时由鬼师和在场的男性享用的酒食并不是为了填饱肚子，而是与德拉之间通过分享食物进行的一种交流。一次次显卦，一回回吃喝，与德拉的交流才能层层深入。可以说，摆放酒食的祭台就像一张议事的餐桌，人和德拉面对面坐定，喝着酒、吃着肉才把该办的事情办好。因此这是每一个仪式段落都必不可少的收尾，它是沟通的关键所在。

鬼师卜卦和用鬼并非次次都奏效。当巫术仪式不"灵验"时，在白裤瑶人的信仰中有三种可能的原因：第一，鬼师能力所限，如上文所说的个人资质差、基多离去等情况，这时人们就会寻找其他鬼师出手相助；第二，在某些驱鬼的仪式中被驱赶的恶鬼太厉害，它不屑于与鬼师交流，用鬼反而会进一步激怒它，人们说这种情况是"越出事越用鬼，越用鬼越出事"，此时最好不要用鬼，而是等着事态自由发展一段时间之后再进行干预；第三，主家的生辰八字不对、家屋和祖坟位置不当等原因，这种说法是受了壮族和汉族人风水信仰的影响，不是白裤瑶人普遍接受的观念。

行为的守则

基多给予鬼师神圣的身份和超凡的技艺，同时也为鬼师的职业活动定下了一系列的行为准则。

首先，卜卦和用鬼不能以营利为目的。在巫术仪式之后，求助者为表谢意都会回报给鬼师一些食物，但这份回报首先应该归属于基多，而不是鬼师独享的私利。如果主家给的食物不多，鬼师不能将其带入家中让家人分享，他必须在进家门前先请附体的基多吸食香味，然后自己将实体部分吃掉。如果食物较多，一时半刻吃不完，鬼师只好带进家门，那就必须将食物先放置在神龛上一段时间供基多吸食香味，待基多享用完毕，鬼师才能与家人一起吃掉实体部分。吃的时候必须由鬼师最先动筷子，如果鬼师的家人先于鬼师一步尝了这些食物，就会受到基多的惩罚，最常见的是变成歪嘴，有的人嘴唇当场歪掉，有的人事后才逐渐显出症状，有的人能恢复，有的人过于贪吃，可能就成为一辈子的歪嘴。

除了食物，鬼师还可以从求助者那里得到金钱的回报，这是基多附体带来的额外福利，但是基多对钱的数量有严格规定。在经济水平低下的年代，那时鬼师替人卜卦和用鬼时，如果求助者家里实在太穷，鬼师常常不辞辛劳在山路上来回几十里却不收一分钱，仅仅将一些食物带回即可。并且求助者回报多少食物鬼师就只能拿走多少食物，不能贪图小利主动向求助者索取更多。后来随着人们经济条件越来越好，求助者都会非常自觉地给鬼师现金，数额也从几分几毛上升到几元再到如今的十几元、几十元甚至上百元不等。现金的额度必须为 6 或者 8 的倍数，例如从以前的 1.2 元、1.6 元、2.4 元到现在的 36 元、72 元、120 元等。鬼师同样不能向对方主动讨要过多的现金，如果随意要价，借机索取钱财，基多就会惩罚鬼师。

上述有关食物和金钱回报的原则为鬼师的行为设定了一个限度。鬼师只能在限度之内行动，他不能利用基多传授的知识与技艺做限度之外的事情，不能滥用、妄用自己的能力牟求私利。当然，鬼师最好也不要完全不求回报，因为基多作为神灵，与人之间也存在一种"礼物交换"关系，基多通过鬼师作为中介助人为乐，人理应懂得感恩回报，否则基多会认为人们对它没有敬意，并因此而惩罚不求回报的鬼师。

> 十几年前，瓦庸寨的尧社鬼师去瑶里用鬼，求助者是一个寡妇，尧社见她家里穷困就心生可怜，不要她一分一毫便回了家。当天晚上，尧社便受到基多的惩罚而无法入眠，身体莫名地难受，被折磨了一整夜。第二天他又去白岩寨用鬼，刚一踏进求助者家门就昏倒了。这一倒就在床上养了三年，据说有四十多天几乎不能吃喝。

其次，鬼师也不能空怀一身技能而无所作为，不去帮助有需要的人。只要被基多附体且宣告自己成为鬼师，他就需要一生从事这个领域的工作，将基多传授的技艺派上用场，不能看心情行事，更不能主动退出这个领域。有的人因为嫌某项仪式太累太麻烦，在求助者上门之后不为其卜卦，或者卜卦之后又反悔接下这个任务，谎称无能为力，一直拖着时间不去为求助者用鬼。一般从求助者上门起三天之内鬼师若没有行动，基多就开始惩罚鬼师，惩罚的方式通常是让鬼师经历无法解释的异常现象，对其身体和精神造成双重折磨。田野调查中，很多报道人都不约而同地向我讲述如下两个事件：

> 很多年前，八圩乡有一个鬼师一直找各种借口不去为一户人家用鬼。有一天晚上他半夜才上床睡觉，很快便入睡，到第二天天快亮时因为一阵强烈的寒意而猛然醒来，发现自己竟然躺在寨子旁边

一座山的山腰处，然而他对于自己上山的过程浑然不知。下山之后，他发现家人已经在四处寻找他。人们说，是基多趁他睡着时故意将他抬上山的。

前些年还有一位里湖的女鬼师同样因为不想用鬼，突然就变得疯疯癫癫，脱光了衣服在寨子里四处乱跑。家人抓住她后将她锁在屋旁的一间瓦房里，并封上窗户。结果第二天早上，人们发现她居然是睡在房顶上的，而门窗和瓦片都完好无损。

有的鬼师彻底厌倦了自己的身份，想全身而退去过另外的生活，从此不再替人卜卦与用鬼，对上门的求助者宣称自己不想再做鬼师，那么基多也会施以惩罚。程度轻一点的是让鬼师变得食欲不振、精力锐减，每日昏昏欲睡无法做其他事，严重一点的是让鬼师疾病缠身，常见的病征有脱皮、便血、脱肛等。显然，要不要继续做鬼师，不是鬼师自己能够主导的，话语权和决定权都在基多那里。鬼师退出的原因只有两条：一条是如前文所说，附体的基多离开了鬼师，鬼师丧失了能力，特别是来自"努沃艾沃奥"的基多，它或它们的突然离开会让鬼师完全变回普通人；另一条是随着鬼师年纪的增长，身体状况变差，操持巫术仪式逐渐力不从心，无法再应付终日与阴间存在打交道这项耗费体力和精力的任务。

最后，鬼师用鬼必须针对不同情况采用不同的手段和程序，如果鬼师张冠李戴，乱搞一通，导致仪式之后求助者的状况没有得到任何改善，基多也会惩罚鬼师，它们认为这是鬼师学艺不精，坏了自己的威信和名声。下面这个故事非常具有戏剧性：

十几年前，里湖有一对夫妻都是鬼师，他们的儿子当时还在念小学。有一天晚上，一家人吃完饭休息，妻子突然开始找由头跟丈夫吵架，紧接着打了起来，越打越厉害。愤怒的妻子从家里翻出一把斧头高高举起，对着父子俩大喊道："你们这两头熊，怎么跑到我房子里来了，我要砍死你们。"此时妻子眼中的父子不是两个人，而是变成了熊的模样，于是她满屋子追砍他们。父子俩夺门而逃，后来在左邻右舍的帮助下才将妻子控制住，一两个小时后妻子平静下来，并表示对刚才发生的凶险一无所知。后来丈夫追查原因，跟妻子一起梳理前几天发生的所有可疑情况，最后得出的结论是：因为妻子此前去别人家用鬼时出了差错，基多才教训了她一顿。

在白裤瑶人看来，正是由于基多的约束与监督，鬼师在专业技艺之外也具备了令人信服的道德优势。这使得他们在信仰体系中的权威性溢出到世俗生活。如前所陈，鬼师常被人们拥戴为治理村落的寨老一角儿，以常人的身份同样影响着人们的日常生活，成为神圣领域和世俗领域的双重权威，其在白裤瑶社会中的地位和重要性可见一斑。

在鬼师的帮助下，人与神圣存在取得交流，即使对方是不可见的、无法触知的且拥有超越人的力量，人也不再是纯然被动的一方，而是可以发挥自身的能动性，与它们达成某种平衡关系，从而能够营造自在的生活世界。从下一章开始，本书将进入关于生活秩序的论述。

第五章　完整的身体

保持身体健康是人们日常生活平稳、持续运转的首要基础。在白裤瑶人的观念中，身体健康与否在于身体是否"完整"，当构成身体的肉体、灵魂与花三个部分完好无损且紧密结合时，身体便能够协调地运转，表现为身体无疾病、无伤痛、无异感，反之则会导致各种疾病，包括身体的伤病和精神的异常。白裤瑶人举行的绝大部分巫术仪式，其目的都是为了恢复与维系身体的完整性。

身体完整性被破坏有三种情况。第一，肉体的损伤，轻则表现为小伤小病，重则出现严重疾病或重大伤亡事故。第二，灵魂的脱离，表现为久病不愈，严重者会陷入昏迷不醒。第三，花的短缺，人体内的花会随着年龄的增长与不断的伤病而有所损耗，当花减少到一定程度时，它便无法再保护肉体和灵魂以及维系两者的紧密结合，此时肉体更容易损伤，灵魂也更容易脱离身体，主要表现为萎靡不振和反复生病。这三种身体上的状况都与阴间的德拉有着某种程度的关联，针对此，白裤瑶人通过各类巫术仪式以及相关禁忌，或是对肉体加以特别的保护，或是维系灵魂不让其从身体中脱离，或是向体内补充新鲜的花。基于这种观念，白裤瑶人对身体异常的传统认知采用的并非是基于疾病的分类。他们将身体异常分为肉体异常、灵魂异常和花之异常三种，表现为肉体受损、灵魂脱离和花的短缺。

一　肉体受损

在白裤瑶人的信仰中，肉体的任何损伤都是由德拉引起的，神灵、恶鬼和努高都有潜在的破坏动机。通常情况下，神灵的目的是惩罚人的不敬或怠慢；恶鬼则是想从人这里得到食物或其他福利；努高则是由于有事情需要知会生者，例如坟墓年久失修、生前愿望未了等。在集中田野调查初期，我跟寨里人聊天时提到了寨神，于是用手指了寨神所在的方向，他们立即提醒我手不要乱指，小心寨神怪罪。大人们告诉孩子要尊重神灵，例如离大家日常生活最近的寨神，既不能随便迁动伫立于寨门处的寨神石，也不能让寨神一家沾染污物，尤其是人的排泄物。若有人犯此禁忌，便可能受到寨神的惩罚。

　　七年前的一天，瓦庸寨男子泽雍的女儿突然全身瘫软，茶饭不思，去医院检查没有找到病因。泽雍去找鬼师卜卦，鬼师认定是小女孩对寨神有不敬之举，但具体情况还需要问小女孩本人。泽雍一问，果不其然，小女孩前些天在寨神石旁边偷偷小解，这才惹怒了寨神，于是寨神施以惩罚。

　　凡是遇到以上这种情况，需要拿几根柴木到寨神面前点燃，表示驱散排泄物的污浊之气，并在口头上赔礼道歉，寨神才可能息怒。如果身体状况仍无改善，就需要请鬼师用鬼祭献寨神才能得到原谅。如果有人胆敢三番五次犯同样的错误，例如常年酗酒随处拉撒的醉汉，或者不听家长教训的顽劣孩童，寨神会让他们的耳朵失聪，造成无法挽回的残疾。人们平时呼叫某人却迟迟得不到回应时，就会开玩笑骂道："这么叫你也听不见！你的耳朵是不是被寨神整聋了？"

　　无论是神灵还是努高，它们本质上并没有什么恶意，导致的结果通常也只是小伤小病，以示警告和提醒。但是恶鬼下手不分轻重，越是引起大伤大病，它们越可能达到自己的目的，因此人们的绝大部分精力都放在了防范恶鬼上，生活中常见的禳解仪式大多是为了驱赶侵入生活世界的恶鬼。伤害肉体的恶鬼名目繁多，人们最常遭遇的是三种分别被定性为"狡诈"、"凶狠"和"难以防范"的恶鬼。

看护幼童

　　相对于成年人，儿童身上出现伤病最为频繁。在白裤瑶人的信仰中，这是由于儿童的肉体非常脆弱且自我保护意识不强，从而给了恶鬼极大的可乘之机。而且有一些病痛只出现在儿童身上，大人不会遭受，这便是那些专以儿童为伤害目标的恶鬼所致。它们知道儿童的身体最容易被伤害，也懂得孩子是家长的心头宝，孩子受伤害比家长本身受伤害更容易引起家人的重视，如此一来它们就更加易于得到人们的祭献，就像通过绑架人质"胁迫"他人达到目的一样，因此这些恶鬼被认为是狡诈的。

例如，儿童由于皮肤较为敏感且体内缺少抗体，身上经常会长一些莫名的小疙瘩，这被认为是恶鬼"多捞"（to lao，to 是"落下、掉下"的意思，lao 表示"一颗颗"）作祟的结果。又如，孩子们到野外玩耍时很容易被恶鬼"葳路"（ve lu，lu 是"土"的意思）盯上，这种鬼可以使用障眼法将牛粪变成糯米饭哄骗孩子，孩子只要贪吃就会被它带到隐蔽的地方，然后被关闭视觉和听觉，只留下一串突然断线的脚印，人却消失不见，任凭家长喊破了喉咙孩子也听不到。这时需要立即找来三只鸡送给葳路，然后再叫孩子名字孩子就能听见了，顺着回应的声音就能找到孩子。葳路有时也用同样的方法让牛消失，因此为人父母的一般都不带三岁以下的孩子去野外干活，更不敢让孩子单独与牛待在一起成为葳路一箭双雕的目标。

集中田野调查期间，有一晚我搭乘泽候的摩托车回瓦庸。临近寨门时，他突然对我说："一会儿你回到家最好不要马上去抱勒少（我的房东）的儿子。"我非常纳闷问他为什么。他回答："我们这里就是说晚上大人赶夜路回来的话不要马上去抱小孩，因为怕你在外面把那些不好的东西粘在身上带回家了。"我仍然困惑："那小孩自己的老爸老妈怎么办？他们回到家肯定又亲又抱啊。"泽候解释说："信这个的人，他自己有小孩的话，赶夜路回家到寨口的时候一定要先点把火，把自己烤一烤再进村。只要烤过了，进屋就没事了。"祖辈们传下来的教训是，那些专以儿童为伤害对象的恶鬼为了躲过诸神的监视，有时候会悄然粘在夜归者的身上偷偷进入村寨和家屋。为人父母者，如果带着孩子走夜路回家时最好是撑一把黑伞，将孩子遮挡在恶鬼的视线之外。如果出门忘记带伞，那么行至寨门时便要生起一堆火稍加烘烤身体，特别是烘烤双手，火的光和热可将身上的恶鬼通通吓跑，父母进屋抚爱小孩时才足够安全。

除了遵守各种归家时的禁忌以躲避恶鬼，白裤瑶人也经常求助于神灵"干妈"（me ẓi）给予孩子更加强健的体魄。如前文所述，白裤瑶儿童通过拜寄成年男子或树木、岩石、流水为干爹来扶助弱小的身体。"干妈"也同样有此作用，不同在于，干爹都是可触知的生命体或自然物，干妈却是一位神灵。生活中白裤瑶人用一个半圆形带着耳朵的竹篓来象征干妈（见图 5.1），谓之"干妈的房子"。

图 5.1　"干妈神"

2014 年夏天的一段时间，寨里霭宗家的一儿一女反复地感冒、咳嗽，眼睛还发炎，可谓小病不断。鬼师卜卦的结论是需要让孩子认干妈，第二天家人就将这件事操办起来。上午十时前后，鬼师在家神古撒①面前搭好祭台，盛好米饭，斟满酒，杀一只白鸡，将象征干妈的竹房置于祭台旁便开始用鬼，故认干妈仪式又被称为"做竹房"。谁家要做竹房，就得准备仪式中的一项必备物品——"香木"。如今鬼师用鬼基本上都用市场上买的长香，但认干妈时必须用老人们在深山中寻得的香木。这种木头闻起来清香怡人，点燃后更是奇香无比，是干妈神最喜欢的味道。不过现在已经很难找到香木，年轻人甚至根本不清楚香木生长的地方，仪式中用到的香木都是家中或者油锅中的老人多年珍藏下来的。

鬼师与干妈神建立起初步联系之后，开始向它祭献食物。经过几番交流之后，鬼师令霭宗拿出孩子的衣服并将其放到祭台上，然后开始撒米喃词，引荐孩子给干妈神认识。最后一次丢卦显卦之后，表示干妈神

①　白裤瑶人用一张红色的人马符象征古撒，将其钉在堂屋的墙上或柱子上，家里的一切巫术仪式都要让古撒知情，因此鬼师通常会将祭台直接设置在古撒面前，详见第六章。

认了两个孩子做义子义女。鬼师烧掉纸钱，将象征干妈神的人马符与古撇钉在一起，表示它以后是家中的一员，贴身保护自己的干儿子和干女儿；将香碗置入竹房内，让干妈神零距离地吸食世上最好的香气；在竹房两侧贴上红纸钱，差一位参与仪式的油锅兄弟沿着木梯将竹房送到家屋的高处安置，例如房梁上、墙体与屋顶之间的缝隙。此举是让干妈居于高位，方便她俯看家中的孩子。

　　事实上，在白裤瑶人所有的巫术仪式中，无论出于什么原因和什么目的，为家中未成年的孩子举行的仪式占了大多数，这与以前白裤瑶儿童的高死亡率有关系。因此白裤瑶人尤其注重对儿童的保护，一点风吹草动便能让他们神经紧张起来。

抵御凶死鬼

　　凶死鬼"努渡梭"是所有恶鬼中最凶狠可怕的一种，由于它们都是非自然死亡，不接受自己离世的事实，带着深切的哀怨，所以秉性暴戾，令人闻之色变。它们一旦盯上某人，就会以极为惨烈的方式对其肉体造成严重伤害，例如车祸、坠崖、急性重症等，最终受害者因伤病而走向死亡的可能性很大。因此白裤瑶人非常重视对凶死者的处理和对凶死鬼的规避，一旦发现有凶死鬼闯入生活世界的迹象，会不惜耗费大量的人力和物力将它驱赶出去。

1. 判断凶死

　　病死和衰老而死（即自然死亡）之外的一切死亡都是凶死，例如意外事故、自杀、他杀等造成的死亡，但在某些情况下，判断一个人是否凶死存在一定难度，需要仔细辨别。例如，患心血管疾病的人走在路上突然倒地死亡，如果家人知道他的病情，且倒地时有目击者，那么一般会将其当作正常死亡来处理；但如果他倒地的时候头部碰到石头或者直接倒在水里，人们便无法确定死者是疾病致死，还是因为撞伤或窒息而死，这时为保险起见，通常会将死者作为凶死来对待；如果他倒地时没有目击者，遗体是之后被发现的，这种情况下即使家人清楚死者的疾病史，也无法判断真正的死因，所以就得请鬼师来占卜其死亡的原因。但如果是因为脑出血在睡梦中死去，也被认为是正常死亡。如果在不知道有无疾病的情况下一个人猝死，其通常会被当成凶死来处理，例如下面这个例子：

> 瓦庸寨的中年男子恩诺以前去八圩乡的一个亲戚家做客，同桌的一名男子吃完饭靠在椅子上便一动不动。过了很久大家才发现情况有些不对，叫他推他，他都毫无反应。于是恩诺壮胆用手指放在那个人的鼻孔前一试，发现他已经没了呼吸。死者的家人并不知道他是否患有可能导致猝死的疾病，不知道该如何为这场意外的死亡定性。家人的想法是将其视为正常死亡，按照应有的程序一步不落地为死者举行隆重的葬礼。但在恩诺的建议下，大家权衡再三，最后决定将其当作凶死来处理。如果不这样做，日后死者的家人会有被凶死鬼加害的风险。

人们有时候会错判一个人的死亡性质。例如下面这个事件：

> 以前在里湖有一人身患怪病，到县城医院做了各项检查也没确定病因，医生建议去市里做进一步检查。但是到市里住院很长时间也不见好转，无力继续负担费用的家人决定带他回家找瑶医诊治，算是孤注一掷。他吃了一段时间瑶医给的草药后，状况仍无改观，最后形容憔悴地死在床上。家里人按照正常死亡的情形为他操办了葬礼，埋葬的地方正对着公路的路口。之后的几个月内，接二连三地有人说晚上经过路口时看到有黑色的人影坐在坟头，甚至有人看清楚了，正是前不久才下葬的乡干部。一时间各种流言飞传，大家都很疑惑为什么死者不安宁，夜夜出来吓人，难道是家里人做了什么对不住死者的事情，或是葬礼没有考虑周全，缺了什么必要的步骤。直到有一晚，一个人骑摩托车经过路口，被坟地里的身影吓得人仰车翻，死者的家人才不得不警觉起来。他们找了一个鬼师来卜卦，鬼师说死者根本不是病死的，而是从医院回来后吃了草药致死。瑶医错断了病情，开错了药方，死者成了不折不扣的凶死鬼。家里人赶忙差人将死者从坟中挖出，重新按照处理凶死者的方式将其埋到另一处，这才平息了整场风波。

2. 暴戾的秉性

凶死鬼比其他恶鬼更加频繁地出入阴阳两界。它们胆大妄为，不选荒僻或荫蔽之处逗留，专挑上好的大路游荡。以前在摩托车还未普及的年代，婚嫁时接亲队来去都走小路，因为大路上的凶死鬼最多，且尤其喜欢往人多热闹的地方去。

去往里湖瑶里、么另、白岩等寨子，须要攀爬一段很长的山间公路，其中一个路段的旁边是瑶里人掩埋凶死者的地方①。多年来，寨里的老人们在晚上时有听见那个地方有人在哭泣，对面山下瓦庸寨的人偶尔还会在晚上看见那个地方燃着火，第二天去看时却没有发现任何灼烧的痕迹。每隔一两年，从这里都会传出一些蹊跷之事成为人们的谈资。

2008 年北京奥运会期间，干邑寨的小伙子勒冈家里的电视机坏了，他就去瑶里寨的朋友家看比赛，直到凌晨他才启程下山。走到该路段时他突然感到天空变得明亮起来，还带着橙黄色，不一会儿又变成绿色，紧接着是蓝色。他被这诡异的场面吓得不敢再往前走，赶紧跑回了朋友家。勒冈说他以前不相信这些东西，但自从有了2008 年的经历之后便不得不信了。

几年前，瑶里寨的一个男子在傍晚时分开着空无一物的拖拉机回家，车厢里拉了两个人。经过此路段时，他感到拖拉机逐渐变重，将油门轰到底也无济于事。紧接着车厢突然猛地往下一沉，他以为是后面的两人恶作剧，气愤地转头一看，竟然看到车厢里坐满了各种人，面部很难看清楚。这个男子立刻转回头，在心里不停地默念："没看见，没看见，这些都是假的。"他以这样的方式熬过了那段路，一切又都正常起来。

灰乐寨有一个年轻小伙子前几年正追求一个么另寨的女孩，有一天他骑着摩托车去约会，经过该路段时看到一个穿着崭新民族服装的年轻女孩，就停下车问她要不要搭顺风车，这个女孩没有回答，

---

① 这个地方以前很荒僻，但公路从旁边修建而过之后，大家便无法避开了。

他就生气地说："你不坐我的车，走路能有我快吗！"结果当他开车行至瑶里寨口时发现路上的那个女孩早已站在了那里，吓得他立即调转车头回家了。

　　瓦腐寨的古匕前两年骑摩托车上瑶里寨办事，经过那段路的时候摩托车突然熄火了，于是他只能推着车往前走。上坡路陡，他使出了最大的力气以最快的速度走过那段路，之后摩托车又可以正常点火，此时他已经汗流浃背，连抬腿上车都觉得困难。

　　有的凶死鬼怨念太深，永久性地停留于他去世的那个地方，对周边的人形成威胁，于是人们就采取模式化的或者定期的仪式来消除这种威胁。这样的凶死鬼都拥有古老的身份和专门的名称，始于人们无法记事的年代，它们生前的事情已经带有神话传说的成分。例如从里湖到南丹县城的公路上有一个独特的路段，人们走到那里时经常会感到口干舌燥，饿得发慌，严重的甚至会晕倒。这是因为凶死鬼"葳度瑟"（ve tu sə，tu 是"死亡"之意，sə 意为"饥饿"，直译为"饿死婆"）在作祟。它在世时非常贫穷，长期挨饿，最终饿死在这段道路旁。它常年逗留于此处始终不愿离开，想让过路人也尝尝饥饿难忍的滋味，即使走过了这段路，饥饿感也无法自动缓解。唯一的办法是立即喝水进食，并在路边放一些食物给葳度瑟。

　　在这类古老的凶死鬼中，有一个名叫"猴母"（me la，la 是猴子的意思）的身份很是特殊，它不是凶死的人所化，而是凶死的猴子所化。如前所述，在白裤瑶人的传统观念中，猴源于人，凶死的猴与凶死的人一样会成为恶鬼。猴母常年游走在邑地高坡下的洞洪一带，一直影响着周围居民的生产活动与生命健康。猴母的出现是一场悲剧的结果：

　　古时候有一个非常穷困的白裤瑶男子，没有姑娘愿意嫁给他，他只能到山上娶一只猴子为妻。猴妻样貌丑陋，却贤惠能干，生下来的孩子也异常好看。大女儿到了出嫁的年龄，有人上门来提亲。女儿怕猴母吓到提亲者，就让她躲进一口大箱子里不要出来。提亲的人来了之后问家中的母亲去了哪里，因为提亲者上门，作为母亲却不出面，这事可就尴尬了。按照白裤瑶的传统婚俗，女子的父母必须一起喝下提亲者带来的玉米酒才算同意了这门婚事。女儿说，我母亲已经同意我嫁过去，她不用喝酒，我和我父亲喝了便是。但是提亲者担心如果不按照习俗办事，日后婚姻出现问题时分不清责任。女儿这才不得不将猴母请出来，猴母一出现大家都惊了一跳，但碍于情面并没有太大的反应。但到猴母落座，伸出毛茸茸的手直接抓起食物放到嘴里时，提亲者被吓得夺门而逃。

儿女们当夜紧急商议，说他们不能再在这个家里住下去了，要搬到一个新的地方，避免与猴母生活在一起，否则以后男子娶不到媳妇，女子找不着夫家。第二天，儿女们谎称要带上猴母举家搬迁，搬家的途中他们经过洞洪的一条河，正要过河时大女儿对猴母说："妈，我把做豆腐的工具落在了家里。你比我们都跑得快，你回去取一下。现在天色有点晚了，我们就不等你，先过河了，你一会儿自己追上来就行。过河的时候，你用一根木棍斜着插入河水，碰到河底的时候在木棍上标记一下水面的位置，然后将木棍竖起来跟自己比一比，如果记号比你高，你就先不要过河，看看情况再说。如果记号比你矮，你就可以过河了。"猴母不懂其中的蹊跷，按照女儿的嘱咐去做始终无法过河。她就这样试了很多年，每次都是同样的结果。从此猴母只好一个人过日子，她被儿女们彻底摆脱了。她后来有一天明白了其中的道理，伤心欲绝。在上吊自杀之前，她诅咒这片土地永远长不出庄稼。这片土地后来就被人们称作"猴母地"。

所谓的猴母地位于洞洪寨的一个山坳中，以前无论在这块地里种什么庄稼都无法成活。现在经过人们不断地改造这块地已经有了一定的肥力，但种的庄稼隔年隔月便长势不好，并且有一块百米见方的区域仍然是不毛之地。每年大年之后到播种玉米之前的这段时间，洞洪一带的人都要例行公事去猴母地祭献猴母。有时候由当地不同油锅的人共同出资，合作祭献，有时候由同一油锅的几个家庭联合起来祭献。如果不这样做，他们可能会面临农田遭灾、粮食歉收的窘境，甚至是身受重伤或罹患重病。

2010 年，洞洪的一名男子在猴母地附近看见一个身材矮小的老太太佝偻着缓缓前行，他先是被吓了一跳，回过神来后礼貌地招呼老太太，却没有得到任何回应。男子回家后就开始生病。他请鬼师前来卜卦。鬼师认定他是遇到了猴母。于是全家人一起准备食物到猴母地祭献。鬼师说男子的灵魂当时已经到达血河，这个地方是去往阴间的路途中极其遥远的一个峒场，过了血河就很难再回来了，男子的命差一点就没保住。

凶死鬼害人常常出于粗暴无礼的理由：

瑶纪厚寨有个中年男子在建新房时不慎从墙头跌落而死，在他去世后的几个月里寨子里相继有人患重病。鬼师前来卜卦之后告诉大家，那个建新房时意外身亡的男子说他去世太早，阳间的生活还没过够，想拉上寨子里的四五个人去阴间陪他。

化图寨的外面有一个三岔路口，路口旁有一间小屋，里面住着一个中年妇女。她在紧挨路口的地方用竹竿搭了几个架子，每次洗完衣服都晾在上面。有一年她大病不起，求医问药都不起作用。后来家人寻求鬼师的帮助，原来是因为附近有几个去世已久的凶死鬼时常路过三岔路口，当事女子晾衣服挡了它们的路，所以它们决定报复该女子。

从水教寨到怀里寨的小路上有一处掩埋了很多凶死者。一天，一个怀里寨的中学生回家路过那个地方时，不懂事地在嘴里嘟囔："我好饿啊，这里的人赶紧做午饭给我吃。"然而他刚一进家门就肚子疼，疼得吃不下任何东西。家人立即请鬼师卜卦，鬼师就问中学生是不是对着路上的凶死鬼说了什么话，学生如实回答。鬼师说："那些凶死鬼听到你说的话，感觉受到了戏弄，于是将计就计，你不是想让它们做饭给你吃吗，所以它们就留你吃饭，让你回家什么也吃不下。"

人们为了躲避暴戾的凶死鬼，甚至会放弃一些生活中的便利——

曾经有一个国际 NGO 组织在里湖地区为白裤瑶村寨修建了很多蓄水池，在一定程度上缓解了用水难的问题。蛮降寨也有一个这样的蓄水池。几年前有一个寨上的孩子掉入池中淹死了。从那时起水池就荒废了。现在蛮降寨的人饮水都从寨边一个狭长的岩缝中获得，岩缝刚好能挤进一人，缝底有一汪几平方米的水潭，取水非常不方便，且水质时好时坏。但即便如此，人们也不愿重启蓄水池。

凶死鬼害人时有着风卷残云般的速度，短时间内会同时出现多位受害者。例如一个村寨里有人凶死之后的几个月里，寨里人患病的情况会急剧增多。凶死鬼害人时来势也极为凶猛，轻易就能要了人的性命。

在我集中田野调查的后期，蛮降寨有一个不到 20 岁的小伙子突患重病，父母送他去县城医院后没几天医生就建议他们回家，等待度过最后的日子。回家后老两口请来鬼师占卜儿子的患病原因。结果显示是他凶死的堂叔加害于他，同时还有村寨里其他油锅的两个凶死鬼趁机一并前来，这种情况几乎没有挽救的余地，除非家里人变卖所有家产用于祭献。

人们时常形容凶死鬼是"六亲不认"，越是与其关系亲密的人越容易被伤害，因为凶死鬼知道关系越近的人就越愿意为它付出。排在首位的受害者是凶死者的家庭成员，油锅亲属次之，同寨友邻和其他认识的人被害的可能性相对较小，陌生人若没有经过或者居住在凶死地点周围，则通常不会被害。因此，有人凶死时，最担惊受怕的不是外人，而是凶死者的亲属，尤其是与凶死者生活在同一屋檐下的家人。

瓦庸寨的一个中年男子几年前在离寨口不远的公路上出车祸身亡，同行的另外一对夫妻受了重伤。死亡男子的妻子在那段时间日夜沉浸在惊恐中，这种情绪完全掩盖了她的丧夫之痛。几天之后她去县城医院看望那对受伤的夫妻，当她看到两人被疼痛折磨就联想到丈夫死亡的惨状，吓得连内急也不敢独自去解决，而当时卫生间就在病房里，她害怕自己关在里面会出事就没有进去。这次凶死事件之后一两个月之内，死者的油锅亲属们去寨外都要绕过凶死地点，骑摩托车经过那里时也万般小心，生怕出事。

3. 隔绝与社会遗忘

为了尽量避免被凶死鬼加害，人们需要以正确的方式处理凶死者的遗体，希望取得与生者彻底隔绝的效果。有人凶死时，家人最紧急的任务是去寻找抬尸人。这些人多是身强力壮的中年男子，胆大心细，很多村寨里没有这样的人物，只能去其他村寨里请。主人家需要付给这些人360元或者720元的费用作为酬劳。尸体从外面被抬回家之后，首先被放置在一张竹篾上，不洗身不更衣，鬼师用两只白鸡进行祭献，将凶死者的灵魂推出家门，这个过程叫作"隔渡梭"（kə tu sho，kə 是"隔"的意思）。

抬尸人到现场之后以最快的速度将凶死者抬至荒僻的掩埋地，跟着他们去的仅有少数几个至亲之人。抬尸人要选择平时大家很少走的路甚至是没有路的地方行进，途中必须脱掉自己的鞋子，光脚踩地不容易留下脚印，凶死鬼便无法跟着脚印返回村寨。抬尸的过程中尽量不要去触碰凶死者身上的一切物品。

　　　瓦庸寨以前有一个凶死者被抬去掩埋的途中，一只脚上的鞋子掉了下来，大家都非常害怕，没人敢去捡那只鞋子，只能让它留在原地。很长一段时间之内，瓦庸寨的人都不敢经过那只鞋掉落的地方，直到几年之后周围长出茂密的杂草遮住了一切，人们的恐惧才逐渐消除。

到了掩埋地，抬尸人将凶死者脸朝下放入坑中，让其背对着生者的世界，然后用土将坑填平（但不能高于周围地面），并将几块石头放在周围警示不知情路过这里的人。然后一行人匆匆赶回主家，跨过一个火堆之后才能穿上自己的鞋进入家门。当天晚上，油锅兄弟和其他少量亲朋好友来到凶死者家中，大家聚在一起直到天快亮时才散去，他们以这种方式安慰凶死者的家人，帮助他们减轻恐惧。

接下来，人们会对凶死者"执行"社会遗忘，通过一系列措施让凶死者在漫长的岁月里逐渐从集体记忆和社会话语中消失。包括烧毁凶死者生前的贴身物品；销毁凶死者生前的照片；如果有人与凶死者合过影，就将凶死者的部分剪掉。现在由于手机、相机等摄录设备的普及，于是还规定包括仪式参与者在内的任何人都不许拍摄处理凶死者的过程，不能给其留下任何记录。从此人们再也不去掩埋凶死者的地方，只字不提凶死者的名字，不聊其生前的事迹，如果在交流中不得不提到，就用一个陌生的名字或者用"那个人"来代替。

以前瓦庸寨有几个年轻人赶夜圩时喝醉了酒，走小路回寨时经过掩埋凶死者的地方，他们稀里糊涂地聊着天，一不小心就说到了一个凶死者，七嘴八舌地喊出很多遍凶死者的名字。那天之后的几个夜晚，寨上一位老奶奶连续看到那个凶死者戴着草帽进寨，就把这事传开了。大家后来多方打听，认为原因可能就出在那几个年轻人身上，于是寨里的长辈将他们狠狠地训斥了一番，叮嘱他们要"长记性"。

凶死者的油锅亲属要加倍留意各种禁忌，最好选择回避与凶死者有关的任何话题，在日常交流中无意提到凶死者时要主动中断谈话。这样一来，多年以后村寨里的孩子们长大成人时已经完全不知道凶死者曾经在这个世界上存在过，当认识凶死者的人全都去世之后，凶死者就彻底从社会中"消失"，被集体遗忘了。

这种社会遗忘机制理性而残酷，人们都不希望自己"死不好"，不愿消失在后辈人的记忆中。

瓦庸寨里有个八九十岁高龄的老太太，一旦她感觉自己在家中稍微受到子孙们的冷落，就会哭诉："你们都嫌弃我，我很想干脆死了算了，但又怕做了凶死鬼以后没人记得我，我也不想变成凶死鬼来害你们。"

　　瓦庸寨的很多青壮年男子如今都去贵州山区和东南沿海地区做临时电力工，拉电线、抬设备、挖塔井的人每天工资为180～200元不等，而爬上铁塔进行高空作业的人每天能挣250～300元不等，但是白裤瑶人都怕发生意外变凶死鬼，所以同一个工人班子里负责高空作业的基本都是外族人，白裤瑶人宁愿少赚钱也不愿用自己的性命做赌注。

　　近几年，随着人们经济收入的提高，将凶死者火化，把骨灰装入棺材之后再进行掩埋的做法突然在白裤瑶地区流行起来。他们认为被火灼烧过身体的凶死鬼会变得温柔一些，不会那么频繁地害人。如本书引子中的颇堂公自杀后，家人就选择将他的遗体火化，当天骨灰被运回家时已是晚上十一点多了。时间太晚加之棺材还未备好，抬尸人就将骨灰盒先藏在野外，第二天棺材备好之后才将骨灰拿回装入，最后仍旧掩埋在荒僻处。下葬时，鬼师对着棺材喃词——

　　　　别人都往好路去，
　　　　你却偏偏走了这条路，
　　　　莫要怪大家。
　　　　该去阴间就去阴间，
　　　　现在你在中间，
　　　　想跟着祖先们去便跟着去，
　　　　不想跟着去你就自己过活。

　　根据以上唱词，遗体被火化的凶死鬼实则呈现善恶之间的中间状态，它既可以选择跟随油锅的祖先过安定日子，也可以选择做坏事害人，决定权在它自己的手里。

　　概括起来，"隔凶死"仪式和特殊的掩埋方式是将凶死者彻底隔绝于生者的第一步，社会遗忘机制是第二步，也是具有长久意义的一步。这样做的目的，在本质上是让凶死鬼完全脱离社会关系，尤其是从亲属关系中除名。一来由于凶死者懂得利用血缘和地缘的优势满足所需，其害人的主要对象是家庭成员、油锅亲属和其他熟识之人，当它被清除出社会关系，即凶死者与任何一个人都没有关系时，从生者角度来看，凶死鬼害人的可能性就变小了。二来是因为凶死鬼太过于险恶，它每一次出现害人都可能会为本家庭和家族带来指责与埋怨，所以与它撇清关系是必要之举。

4. 驱赶仪式

当有人因凶死鬼而染病时，一场大型的驱鬼仪式在所难免。用鬼之前鬼师先卜卦，凶死鬼会在这时告诉鬼师它想要多少祭品，并指定在什么时辰送到什么地点。凶死鬼需要的祭品通常包括羊、鸭、狗，如果它是男性，还要红色和白色公鸡；如果是女性，还要红鸡和黄色仔鸡。参与仪式的人分为两个部分：第一部分是凶死者油锅中的中年男子；第二部分是非油锅成员，包括舅家和寨中其他关系要好的中年男子。由于凶死鬼过于危险，年轻人通常都不参与。

仪式的第一步是在家中准备好各种祭品，鬼师将祭台设置在正对家门处，上面放上一块猪肉、一团糯米饭、若干纸钱，点燃香火，鬼师首先喃词将凶死鬼赶出家门。第二步，凶死鬼指定的时辰快到时，油锅兄弟吹响白裤瑶的传统乐器拉篥①，拉篥的声音将凶死鬼赶至寨口，寨里的人听到拉篥声起，家家户户立刻关闭家门，以免凶死鬼慌乱之际窜进自己的家屋。非油锅成员在持续不断的拉篥声中将各种动物赶到凶死鬼指定的地点（这个地点通常是离村寨较远的山上），准备在那里进行宰杀。鬼师走在仪式队伍的最后，到了寨口时吩咐助手在路两侧各立一根竹竿，竹竿之间拴一根稻草搓成的绳子，上面挂上白、红、黄、绿四种颜色的纸钱，这样就将凶死鬼阻挡在了寨门之外。上山的过程中，整个队伍尽量避免与外人相遇，尽量不为无关之人带去危险。最后一步，仪式队伍在山上宰杀各种活物，让凶死鬼享受一次盛大的酒宴。如果仪式队伍在途中被耽误无法于指定时辰到达目的地，他们就当场宰杀活物，时间上的及时比地点的准确更为重要。

从驱赶凶死鬼的仪式操作中，我们也可以觉察出白裤瑶人对凶死鬼的深切恐惧；人们不敢不听命于它，不论它提出的要求有多高，人们也要竭尽所能地满足。

---

① 有关拉篥的形态、发声原理和演奏艺术，可参见兰春《南丹白裤瑶拉篥研究》，硕士学位论文，广西民族大学，2010。

首先，在白裤瑶其他所有的巫术仪式中，祭献德拉的时辰和地点都由鬼师建议，但凶死鬼却要自己指定，人们唯有应许。其次，其他巫术仪式中使用的纸钱通常仅有红白两色，只在赶凶死鬼时才会出现其他颜色的纸钱，足见驱赶凶死鬼并非易事，人们需要用更多种类的财物去讨好它。最后，其他巫术仪式从来不会用到羊，但驱赶凶死鬼时要为它送上羊羔，除了牛之外，羊是仪式祭品中最昂贵的。白裤瑶地区很少有人养羊，大多数人一辈子没吃过羊肉，为何凶死鬼对羊有着特别的需求呢？有一种较为流行的说法如下：

> 古时白裤瑶人赶凶死鬼时本来不用羊，但后来一位叫"何登科"（音似）的白裤瑶人做了武官，后来战死沙场。他所化的凶死鬼向家人提出要求：想要与众不同的物品，其价值必须符合他的身份。于是家人就想到用昂贵的羊祭献，这个做法延续至今。

赛鬼之"印"

集中田野调查初期的一天，我在房间里觉得太闷，就到瓦庸西边的山坳里去散心。这个山坳是寨里人种玉米的地方，那时秋收已经过去一两个月，地里早已没有庄稼，土壤也都板结了，所以我特意不走小路，而是在荒地里随意踱着步。在不远处，寨里的几位老奶奶不时地朝我看来，嘴里议论着什么。几个月之后的一天，我出门访谈时感到身体不舒服，也不清楚是什么原因，跟我一起的小伙子见状便问我，是不是之前有一次独自一个人在山坳里散步。我很奇怪他怎么知道，于是他向我讲述了来龙去脉。

原来，当时那几个老奶奶议论的是"我为什么不走正路"的问题。其中一个老奶奶说："太可怜了，这么大的人还没结婚，一个人孤零零地到我们这样的地方来，路就在眼前啊，怎么连路都找不到。"正当她们争相表达对我的可怜与同情时，其中一位老奶奶突然发话说："糟了糟了，我们不要再说那个大学生了，要是他得了我们的'印'可怎么好！"于是大家心领神会了什么，议论戛然而止。后来这件事就逐渐在寨里传开了。现在我突然感到身体莫名的不适，同行的小伙子立即意识到，会不会是老奶奶们的"印"在作怪。

那是我第一次接触到"印"这种抽象的存在。在白裤瑶人的信仰中，一个已婚的成年人，当他或她可怜、思念，暂时性地埋怨、轻微地责怪，抑或羡慕、称赞，甚至在某一瞬间无意间想到了某一个人时，一种叫作"赛鬼"（tɬæ sæ）的恶鬼便可能将其身上曾经感受过或者正在经历的较为微弱的病痛传导给对方，这种被传导的病痛即被称为"印"（jen）。赛鬼的特别之处在于它不直接伤害人的肉体，而是将一个人身体中的病痛在不经意间迅速传导至其所惦记的另外一个人身上，因此这是最难防范的一种恶鬼。

总体而言，已婚男女身体中的病痛最容易被赛鬼传导出去，其中女性比男性、年龄大的人比年龄小的人、男性中会唱瑶歌的歌手和木匠比其他男性更容易被赛鬼利用传印。即是说，当一个人被年长的已婚的女性"惦记到"时，便最容易染上她们身上的病痛。当时我在山坳里散心时同时被几个老奶奶议论，所以这才引起了其他人的担心，怕我被传印。年龄越大的老人，在这个问题上越有自我意识，会尽量提醒自己不要给他人造成痛苦。但是想要克制自然的心理和情感反应几乎是不可能的，所以生活中被赛鬼传印的情况不胜枚举，染病之人也并不会去找病源者的麻烦。以下是两个典型的传印事件，可见赛鬼传印在倏忽之间便完成了，令人防不胜防——

瓦庸寨现任寨老小时候跟着父母一起去洞洪收稻谷，快到自家水田时他开始在田埂上飞奔起来。正跑得兴奋，前路上却出现一群四五十岁的妇女，她们有说有笑，缓慢地走着，挡住了他的路。于是他咕哝了一句："你们这些老人家挡着我的路也不知道让一让！"到了中午时，寨老用过午餐后就在田边的一棵树下乘凉，突然感到胸口疼得厉害，他捂着胸口在地上痛苦地翻滚。一个忙着自家秋收的鬼师见状过来询问了情况，便立刻转身跑到山头上捡了一块石头下来，当着寨老一家人的面开始吊卦，吊卦显示寨老中了别人的印。

鬼师问寨老当天早些时候有没有在路上遇到什么特殊情况，寨老就把他埋怨那群妇女的事情讲了。寨老父母听后立即去找附近干活儿的人挨个打听都是哪些人早上遇到自家孩子了。果然，一个50多岁的女人说："糟了，我前段时间正好胸口痛来着，可能是我把印传给你们家孩子了。当时你家孩子急着过路，嫌我们在前面挡道，我心里就想这个后生仔也太不尊重人了。"

怀里寨一个不到10岁的小男孩在寨里是出了名的勤快，每次家人出门干活，傍晚六七点回家时他就已经把饭菜准备好了。男孩的婶婶很羡慕他家有这样一个得力的小帮手，心里想："他们家可真是有福气啊！生了这么好的一个儿子，天天回家都吃现成，我家孩子这么懂事就好了。"结果没过几天，男孩就喊头晕，听说情况的婶婶便猜测可能是自己传印给侄子了，于是去男孩家里告诉他们实情。

当一个人突然感到身体不适，如果怀疑是被传了印，他或她的家人就会去全寨上下摆谈这件事，人们听到情况之后便开始回忆自己是否在不久前有过同样的不适感，以及是否在某一刻惦记过当事人。如果是，这个人便当即承认，随即从家里拿一根稻穗去对方家里为当事人解除痛苦。传印者将稻穗绑在当事人的手腕上，托着当事人的手，嘴里念："赛鬼是我放出来的，不要脸的印，你快跑回来，不要再去他那里了。"如果当事人身体不适的原因当真在于此，一般几分钟之后症状就会消失，如果不适感没有消失甚至愈演愈烈，那就得考虑其他原因了。

赛鬼传印在一定程度上会受空间距离的限制，碰面的人、邻里之间、同一油锅、同一村寨中的人相互传印最为常见，不同村寨的人之间传印就较为少见了。但是，如果当舅舅惦记外甥时，由于两个人之间紧密的生命联系，舅舅之印甚至可以突破空间的阻隔传出去。

蛮降寨的勒代是个20岁出头的小伙子，他这些年都在广东打工。2014年农历六月过小年期间，勒代的父母去勒代的舅舅家走亲戚，席间说到勒代在外面打工很辛苦时，舅舅几次唉声叹气，说外甥见的世面多，总能侃侃而谈，他不回来一起过小年，家里显得不热闹。过了几天，勒代在广东那边肚子疼，虽然疼得不算厉害，但症状就是一直不退，去医院问诊吃药也不管用。后来有一天他给家里打电话时无意间提到此事，父亲挂掉电话之后立刻就去找寨里的鬼师卜卦，鬼师说勒代是被舅舅传印了。勒代父母心想，鬼师的判断应该是正确的，因为前几天去舅家吃饭时舅舅确实很想念勒代，还当场念叨了几句。

按照鬼师的指示，他们需要找舅舅解印。舅舅为外甥解印不同于普通情况下的解印，这时当事人家里需要为舅舅送去红色的鸡，有几位亲舅舅就送几只鸡。大家集中到传印这位舅舅的家中，将送来的鸡全部杀掉敬奉给舅舅，烹煮之后，将鸡头以直立的姿态摆盘，端上桌由舅舅吃掉，此举在本质上是祭献作祟的赛鬼。一切完毕之后，当晚勒代就来电说肚子不疼了。

二　灵魂脱离

灵魂从身体中脱离出去的原因有三种。一是神灵为了惩罚人的不敬或怠慢、恶鬼想从人这里得到食物或其他福利、努高有事需要知会生者时，它们就会制造一些惊吓事件，人的灵魂被吓到之后便会掉落至阴间。二是恶鬼为了得到人们的祭献，特意将某人的灵魂从身体中偷走或者带离。三是当体内花的数量不足时，灵魂和肉体的结合就会变得松散，这种情况一方面给了灵魂掉落和被恶鬼偷走的机会，另一方面灵魂也可能会自己脱离出去。

掉魂与赎魂

在白裤瑶人的信仰中，看似自然发生的各种惊吓其实都是德拉故意制造的，例如突如其来的声音、猛然出现的动物、一阵疾风吹过、摔了一跤或是被人吓了一跳，在这些情况下灵魂便极有可能从身体中掉落，进入阴间难以返回。在瑶话中，凡是在陆地上掉魂均称为"魂喀"（tə vein nkha, nkha 是"陆地、地面"的意思），凡是因落入水中掉魂叫作"魂瀸"（tə vein ʔoŋ, ʔoŋ 表"水"）。夏天孩子们喜欢去水边玩耍，这个季节就会出现很多"魂瀹"的情况。除此，还有根据受惊吓的具体原因来命名掉魂的类型，如因凶死鬼制造惊吓而掉魂叫作"魂梭"（tə vein sho）；参加葬礼时掉魂称为"掉故台"（t̯o ku tɬæ），意思是灵魂掉在了故台——阴间的360个峒场中的某处。

　　由于阴间对所有生者而言都是陌生的，掉落的灵魂进入阴间之后便会迷失，难以找到回阳间的路，甚至被路过的恶鬼扣押起来。此时需要通过"赎魂"（mo tə vein，mo是"拿、取、要、买、赎"的意思，白裤瑶人惯用的汉语译法还有"取魂""要魂"等）仪式从阴间找回灵魂，让其重归身体。如果是"魂喀"，鬼师会带着事发地的泥土或者石头到家中举行赎魂仪式。如果是"魂瀹"，赎魂时鬼师会在水边搭建一个竹梯，方便被找回的灵魂从水中爬上岸来。如果掉魂的水域较远，人们就从那里带一碗水回家，赎魂时鬼师将水倒入盆中，在盆中搭建竹梯，模仿水岸边的情境。

　　虽然神灵、恶鬼和努高都可能致人掉魂，但是恶鬼所致的情况最多，其次为努高，神灵则极少通过这样的方式表达不满。田野期间我在瓦庸寨见到过一次努高致人掉魂的事件：

　　　　阿咪一家人以前住在偏远的瓮底村，父亲阿尼去世之后，母亲带着她改嫁到南丹县城。此后的几年，由于忙着生意且交通不便，母女俩去阿尼坟前的次数渐少，带去的香火和食物也不多。2014年大年期间，她们再一次回到瓮底去上坟，不知为何，阿咪突然听到背后草丛里有一阵奇怪的声响，吓了一大跳，转身却什么都没发现。回家后不久，阿咪感到身体乏力，吃饭没胃口，小病开始频繁光顾。但她没有把这当回事，直到3月底的时候，她觉得身体实在难受，母亲才通过电话请了瓮底的鬼师卜卦，卜卦的结果是：阿咪过大年回乡时在父亲的坟前掉了魂。阿咪掉魂，显然是亡父阿尼有所不满。

　　通常情况下，努高来自哪个油锅，就由该油锅的人发起和参与赎魂仪式。例如在我的集中田野调查期间，瓦庸寨松威的妻子身体不适，鬼师吊卦认为是她父亲的坟墓有破损，让她掉了魂。那么这场仪式的发起者便是她的哥哥，而不是她的丈夫。参与仪式的是她的父系油锅，而非她现在所属的夫家油锅。倘若当时是她夫家油锅的努高在惩罚媳妇，发起赎魂仪式的任务就落到其丈夫头上，参与者为她的夫家油锅。而上述案例中阿咪的情况更是特殊。事件中导致掉魂的是她的生父，发起者自然不可能是继父。但由于母亲带着她改嫁，她已经脱离了生父的油锅，因此生父油锅的人也不是参与者。最后，仪式只好由阿咪的母亲发起，参与者全是阿咪的表亲，来自她舅舅的油锅。

生活中恶鬼致人掉魂的情况是最为常见的，我在田野调查期间，仅仅是在瓦庸寨经历的此类赎魂仪式就有好几次。其中有一次是寨里的一位姑娘阿比在山洞里受了惊吓，回来后反复生病，找鬼师卜卦，才知道是在山洞里掉了魂。当天傍晚的时候油锅的兄弟姐妹都出动，二十几个人聚集在她的家中，配合鬼师为她赎魂。

这场仪式始于掉魂的山洞前。鬼师准备好一头乳猪、一只公鸡和两只母鸡、香火和各种道具，通过喃词、丢卦、喝酒，与山洞中的恶鬼进行了初步沟通。接着鬼师吩咐帮忙的兄弟们杀猪杀鸡，祭上鲜血，烧钱烧符。然后众人回到阿比家中继续完成后面的步骤。鬼师在堂屋设好祭台，上面摆放酒杯、糯米饭和阿比的衣服，祭台旁边放一把稻穗，把剪好的人马符和纸钱贴在上面。然后鬼师将一块盖棺材的绣帕顶在头上，此绣帕是葬礼中死者灵魂去阴间时所披，用在赎魂仪式中可以帮助鬼师更为安全地到达阴间。接着他在额头上贴一张人马符，并让当事人阿比撑一把黑伞坐在他旁边，一个油锅兄弟作为助手挨着他俩就座，背一个竹斗，里面装有糯米饭。这位兄弟必须是年轻力壮之人，因为待会儿他要跟随鬼师一起去阴间将阿比的灵魂找回来，这会极其耗费精力和体力，他背上的糯米饭正是充饥之物。如果鬼师认为有必要，还会让这位年轻的助手将他的衣物也一并放在祭台上，附着他灵魂的衣物在赎魂过程中可以增强众人的力量。

几轮丢卦、显卦之后，食物都已经煮熟摆盘被端上祭台。此时鬼师准备带着助手，让二人的灵魂一起穿越阴阳，在基多的一路护送下，去阴间寻找阿比的灵魂并将其带回。鬼师在自己额头上贴一张白色的人马符盖住脸，一段喃词之后便进入了一种半睡半醒的状态，接着他开始描述去往阴间的历程：都经过了什么峒场，看到些什么景象。突然他学了几声马叫，表示他们正骑着基多的马游弋在阴间的路途中。走了许久，他们碰到某个德拉，此时鬼师招呼助手烧一张纸钱，嘴里问道："你有没有见到阿比在哪里？"德拉的答案是否定的。他们接着行路，又过了许久，鬼师拿起长香，放到嘴边做出要吃下去的动作，这表示基多们饿了，要吃香填饱肚子。马儿也该喂食了，鬼师从旁边的稻穗里扯出一根放进嘴里咀嚼起来，象征着喂马。不一会儿他和助手也感到饥饿，于是叫助手取出背上的糯米饭，两人一块儿吃起来。

之所以用"半睡半醒"来形容此时鬼师的状态，是因为他的灵魂虽然已经去了阴间，但依旧能够与仪式现场的人进行清醒的交流。一个参与仪式的中年妇女就事先托鬼师在阴间打听一点事，因为最近她女儿经常生病，鬼师答应下来并继续他的路程。不多久，他开始陈述此刻碰到了几只恶鬼，恶鬼们说想要了她女儿的命，除非她用食物来换。另一位妇女见状也上前准备询问，但鬼师忽然表现出快要晕厥的样子，告诉她："不行了，我在阴间走了太多的路，已经没有力气了。"他需要保存实力，毕竟寻找阿比才是当务之急。在灵魂出窍的过程中，鬼师有时还会质问掉魂的人："你到底在什么时候做了一件什么事情，让××德拉如此不高兴？"这个时候掉魂的人就会回答鬼师，向德拉承认自己的越矩或过失。

万幸的是，阿比的灵魂在阴间被找到了，鬼师学了几声公鸡打鸣，宣告时辰已到，开始回程。他喃词之后扯下额头上的白符，令助手烧掉几张纸钱，这时他们的灵魂都顺利出了阴间，回到体内。最后一步，大伙儿打着手电寻找三只蜘蛛。寻找的过程从祭台周围向整间屋子扩展开去，不放过任何一个角落。在白裤瑶人的信仰中，灵魂从阴间回来时会以三只颜色几近透明的幼小蜘蛛的形态出现，赎魂仪式上只要找到三只蜘蛛就证明灵魂安然无恙。白裤瑶人将蜘蛛视作象征生命构成的灵魂，甚至将蜘蛛直接等同于灵魂，认为蜘蛛是灵魂的一种化身。有一则神话也透露出蜘蛛与人之间是相互施救、成全对方性命的紧密关系。

远古时期，一场大火使世界上的所有山林都燃烧起来，有一个人从火中逃下山的时候救了一只快被烧死的蜘蛛。蜘蛛为了报答他的救命之恩就去瓦布那里偷出生死簿，织了一张严密厚实的网盖在恩人的名字上。瓦布怎么也揭不开那张网，看不到网下是谁，所以这个人就一直活在世上。

后来瓦布派阴差去寻找这个不知名的人，阴差化成人到处询问，问到其中一个人："你见过木头在洪水里长成树吗？"这个人回答说："我活了120年了，只见过洪水把木头冲走，从来没见过木头在水中生长。"阴差听他说自己已经120岁，远远超出了人的正常寿命，确定他就是蜘蛛护住的那个人，于是骗他说："老爷爷，你跟我们走，我们带你去看木头在洪水里长成树。"这个人说："今天是八月初四，天气太热了，我不想去。"到了第二天，阴差设法让天气转凉，于是成功带走了这个人的灵魂。所以白裤瑶人说每年八月初四之后天气就凉下来了。

众人合力之下，三只蜘蛛很快被找到，表示阿比的灵魂被顺利赎回来了。仪式完成，阿比收拢黑伞，大家清理现场，开心地享用剩下的食物。

如果是努高致人掉魂的情况，仪式的最后鬼师会再次带着几位助手去到努高的坟前寻找蜘蛛。众人埋头苦寻蜘蛛时，鬼师则用蛛丝缠在几根竹签上插于米中，然后用一根挂着稻穗和纸钱的竹枝在竹签上方旋转。蜘蛛丝具有黏性，竹签重量轻，不久便粘连在一簇簇的竹叶上，此时鬼师将竹枝插上坟头。这些缠丝的竹签好比蜘蛛，在鬼师的努力下全部"爬"上了竹枝，象征着灵魂脱离了阴间。待找到三只蜘蛛，完成仪式的一行人回家时鬼师走在最后，待其他人都进了家门，鬼师站在门口朝里问："××（当事人的名字）回来了吗？"一个代表或者大伙儿齐声应和："回来了！"通过这样的方式，大家共同确认灵魂的回归。

恶鬼致人掉魂的方式更为多样，且可能发生在任何地方，比较常见的是落水、在山洞里被风吹、在荒野里被奇怪的声音或动物惊吓。较为罕见也是最为糟糕的一种情况是恶鬼会制造"人吓人"的掉魂事件，这种事件一旦发生，进入阴间的灵魂会因为过于害怕而躲藏起来，让鬼师很难寻见，造成极其危险的后果。所以为人父母者都非常警惕孩子之间吓人的恶作剧，如果发生不幸，挽救难度很大。

2014年秋收时节的一个傍晚，瓦庸寨的一对姐弟白颜和奈泽丕知从哪里捡到一张僵尸脸孔的面具，两人轮流戴着它在屋外玩扮鬼游戏。这时他们发现了一个很好的恶作剧目标——不到三岁的堂弟古蹦。他们故意把面具藏在身后，神神秘秘地走到古蹦面前，然后迅速戴上，张牙舞爪地嘶吼着。古蹦当即被吓得快要哭出来，他的父亲东威闻声从厨房里跑出来制止。本以为事情就此过去，但不懂事的姐弟俩之后又三番五次重复同样的恶作剧，古蹦最后被吓到哭不出声，迷迷糊糊睡了过去，还发了高烧。东威大为恼怒，追到姐弟俩往他们头上一人打了一下，抢过面具扔进火塘烧掉了。姐弟俩的母亲见此情形，忍不住跟小叔子吵了起来。那晚，我正好去东威家里看电视，他愁眉苦脸地抱着昏睡的儿子，向我讲述了刚才发生的事。他问我："你说小孩这样会不会有什么大事？"我安慰他："应该不会，孩子毕竟还小，不太记事，说不定明早就忘掉了。"他建议妻子第二天不要再画裙，带着儿子去寨子外面多玩耍，妻子连连答应。好在古蹦高烧很快退去，第二早又活蹦乱跳了。

十几年前，怀里寨的一个女子到里湖赶圩，正兴致盎然地逛街时，从街边冲出一个神经错乱的叫花子，抓住她不放手，还大喊大叫，她被吓到痛哭流涕，回家之后便一病不起，求医问药用鬼都无济于事，最终死去。

偷魂者

按照白裤瑶人的传统说法，人在结婚之前都是未成年的"孩子"，年龄越小，其灵魂与肉体的结合越是松散。一是孩子的灵魂与肉体结合不紧密，容易游离在外，尤其是婴幼儿，他们的灵魂甚至在没有惊吓等外力作用的催化下仍然可能游离出去；二是孩子的灵魂与肉体没有建立起固定配对的关系，当它游离在外时，既可能进入其他怀孕妇女的身体，与其腹中的胎儿结合成为别人家的孩子，也可能误入即将分娩的家畜之腹，变成动物幼仔，而原先的那个身体会因为灵魂的一去不返而濒临死亡。

为了尽量保障孩子的灵魂待在体内，白裤瑶人在养育孩子的过程中需要遵循很多传统习俗。白天到寨子外面干农活儿或者走亲戚，回家的路上经过岔路口时最好转过身来对着前方喊几遍孩子的名字。这是因为四周山野里的动植物充满谐趣，可能会将孩子的灵魂从身体里吸引出去，加之孩子有贪玩的本性，又还不太识路，灵魂一旦跟不上父母的脚步就很可能在岔路口走失，喊名字意在叮嘱孩子的灵魂不要跟丢了。现在白裤瑶人出门时骑摩托车比较多，岔路口喊魂的情况已经很少见了。

孩子的灵魂还特别容易附着在衣物上，随着衣物的丢失而丢失。这里的衣物仅仅是指白裤瑶的民族服装，不是在集市上买的便装。在白裤瑶人的信仰中，他们制作民族服装的棉线和市面上便装的棉线，其种子不一样，前者是白裤瑶祖祖辈辈传下来的棉花种，后者是汉族人的棉花种，瑶人的灵魂只认得用自己族群的棉花纺线做成的衣物。白裤瑶地区现在发展民族生态旅游，每当有观光团入寨，女人们都搬出民族服装晾在竹竿上吸引游客购买。一件女性的背心根据刺绣图案的复杂程度售价在 500 ~ 800 元不等，一条百褶裙售价则在 1000 元以上，如果有人购买，她们便可获得一笔不小的家庭补贴。但是她们从来都不会把孩子的帽子、衣裤和背带等展示出来。房东勒少以前看到游客对白裤瑶的童装很感兴趣，尤其是精美而可爱的童帽，于是琢磨着这份生意经。尽管当时还只是一个不成形的设想，但是家里的女人们听到后急得第一时间站出来反对："要是卖了小孩的衣服，小孩就没命了。"

现在有了孩子的年轻人很少再注重关于衣物的禁忌，年纪大一些的人也不如从前那样严格遵循，但是人们对待恶鬼"葳尼"（ve ni，ve 是"老奶奶、妻子"的意思，ni 是"偷盗"之意）仍然非常谨慎。恶鬼的"厉害"之处在于人们就算遵守了各种习俗和禁忌仍然很难摆脱它。它往往在夜幕降临之后潜入人家专门偷取小孩的灵魂。

勒少在 2012 年有了一对可爱的双胞胎儿子，大的叫恩扎，小的叫劳拓。小哥儿俩打出生到现在，身体一直不太好。奶奶阿吉每每看到跟自己住一起的两个孙子生病哭闹就无比揪心，就连有时喝醉了酒都会感叹他们的命不好。有一次劳拓感冒咳嗽，吃药之后也不见好转，走路还不稳的恩扎脑袋又撞到了墙角，右脑门血流不止。阿吉当时就想着要找鬼师来给小哥儿俩算一算，看是什么原因导致他们伤病。没过几天，她就通过电话请一位女鬼师卜卦，电话那头说是葳尼来偷孩子灵魂了。

卜卦的第二天下午，女鬼师便来到勒少家中，准备当晚导演一场"骗局"，让葳尼达不成它邪恶的目的。晚上9点前后，奶奶阿吉叫了游柱给鬼师当助手，他是勒少"拉义"（la ji）兄弟①的父亲，比较懂用鬼之事。除了他，勒少家没请任何其他人来帮忙。驱赶葳尼不比其他一些仪式，它不需要人多势众，相反，人越少越好。人少就不吵闹，因为这个仪式中"骗局"得以成功的关键就在于"安静"。鬼师首先用簸箕在家里对着门外搭了一个祭台，游柱放上去三杯酒和一块煮熟的猪肉。然后游柱将三根芭芒草②挽成一个结靠于门框，鬼师剪了白色的纸钱挂上去；接着再编制一个齐膝高的竹篓搁在门外，它象征着葳尼偷孩子时用来背灵魂的背篓。

仪式开始，显第一卦，烧掉一张纸钱，鬼师与葳尼的交流开始；显第二卦，两人喝酒，喝完游柱跨出家门，准备杀死一只鸭子。游柱将鸭子的头部反转过来，使鸭喙紧贴于颈根处并用左手死死捏住，保证一会儿下刀的时候鸭子不会发出一丝叫声，然后右手提刀轻盈而准确地朝鸭颈上抹了一道，下面用一只碗接住鲜血。放下刀，他用靠在门柱上的芭芒草蘸上一点鸭血再归于原位。断气的鸭子被收拾好之后丢入锅中烹煮。待鸭毛稍干，往之前做好的竹篓底部铺上两张芭蕉叶，将鸭毛轻轻放入。鸭子煮熟，游柱将其整只放到祭台上，鬼师按部就班地喃词丢卦，然后将鸭子切好摆盘，最后显卦确认葳尼享用到了这只鸭子；接着烧纸烧符，拆掉祭台，关闭家门，装鸭毛的竹篓则放于屋外。

大家开始休息，拉起家常，但尽量压低嗓门，做事的动作也很轻微。等锅里的米饭煮熟，鬼师小声地招呼在场的人聚拢在一起，开始就着米饭享用鸭肉。他们叫我一起吃，但我此时睡意渐浓，在旁边努力地撑着眼皮，毫无胃口。一看时间，已经接近零点，勒少夫妻俩也早已坚持不住，带着双胞胎睡了。鬼师、游柱和勒少的父母四人静静地围着鸭肉坐

---

① 即连襟兄弟，游柱的儿媳是勒少妻子的妹妹。
② 芭芒草是白裤瑶人常用的驱鬼道具。

着；鬼师稍稍示意，每人都迅速夹了一块鸭肉送入嘴里，动作整齐划一。之后每一次动筷子他们都保持同样的肃静，就这样反复，直到吃完。

至此，针对葳尼的"骗局"成功了。游柱杀鸭的时候死死捏住它的喙不让其出声，这是做局的开始；然后鬼师唤回孩子的灵魂，将鸭毛放入葳尼的背篓中进行"掉包"。在白裤瑶人的信仰中，小孩的灵魂跟鸭毛的重量差不多。用鸭毛替换孩子的灵魂，葳尼既没听见鸭子的叫声，也没有感受到背篓重量的变化，以为一切都还正常，殊不知在它大快朵颐之际孩子的灵魂已经获救。吃饱喝足之后葳尼就背着竹篓离开了，这时大家迅速关上大门，躲在家里悄悄地吃鸭肉。吃肉时每个人都表情淡然、一言不发，这样葳尼才不会起疑。若大家有说有笑，葳尼听到后多半要折回一探究竟。

对付葳尼的仪式至此还没有真正结束。如前所陈，孩子的灵魂一旦脱离身体就可能误入他人或者牲畜之腹，变成别人家的新生儿或者动物幼仔，被葳尼带离身体的灵魂也面临这样的危险。因此最后还需要用"蒸衣"（tsəu shi）仪式来"破坏"那个潜在的母腹，消除孩子灵魂误入的可能性，并进一步将小孩的灵魂稳于身体中。蒸衣过程中外人是不准进来的，通常主人家都会点一根香插在家门口以示警诫。在瓦庸的一年多我遇到几次这种情况，主人家都让我自己做选择：要么早早地进屋全程参与，直到仪式完成再离开；要么事先退出，中途不去打扰。

仪式开始，鬼师让阿吉抱出双胞胎，用锅底灰在他们额头上画一个十字，表示给这家的孩子做上了标记，然后剪一缕小孩的头发和一些指甲备用。头发、指甲、胡须等从人的身体中长出，包括汉族在内的诸多民族都视其为与人具有同感之物，甚至承载着人的精气和灵魂，这种民俗观念在中国非常普遍[1]，白裤瑶亦不例外。基于弗雷泽提出的"接触律"[2]，蒸衣仪式中使用孩子的头发、指甲连同孩子的衣服一起代替孩子，通过对它们施加影响进而对孩子本身产生作用。紧接着鬼师将红线系在双胞胎的手腕和脚踝上，依次捏住他们的双耳、双手、双脚，嘴里念诵道："孩子，你现在会走路了，不要到处乱跑，快快回家，到爸妈身

---

① 参见江绍原《发须爪：关于它们的迷信》，中华书局，2007。

② 〔英〕詹姆斯·乔治·弗雷泽：《金枝：巫术与宗教之研究》，徐育新等译，大众文艺出版社，1998，第19~21页。

边，以后爸妈要靠你来养。"话毕，鬼师把指甲、头发和一只鸡蛋包入双胞胎的衣服中，抓一撮米哈上几口气也放进去，用针线把衣服缝起来，置入米锅，衣服上再压一碗水一起蒸。生上火后，鬼师点一根香插在火塘旁边，放一碗清水在锅盖上，用菜刀和剪刀交替在水面上划和剪，嘴里念道："这不是你的小孩，你不能要。"那碗水象征着某个女人或者家畜的腹部，动用刀具是在模拟剖开腹部的过程。

柴火终于烧尽，鬼师先取出衣服上的那碗水倒入一个盆里，碗倒扣于窗台下，再取出衣服，拆开线，将包在里面的指甲和头发抖落在盆中，用衣服浸上盆里的热水反复擦拭孩子的身体，这样做能够让孩子的灵魂更加稳固地停留在身体中。擦拭完毕，鬼师将盆里的所有东西都泼洒在窗台下，盆也倒扣一旁，被刀"划烂"的那碗水也以相同的方式处理。从衣服中取出的鸡蛋已经蒸熟，鬼师剥掉蛋壳观察蛋身良久，然后用耳语向阿吉讲述她从鸡蛋中占卜到的情况。如果蛋白或者蛋黄上显示了一个像牛一般的图案，表示孩子的灵魂差点进了牛腹；如果是猪，说明孩子差点做了猪仔；见到人形，便知小孩的灵魂曾到过附近某位孕妇家中。直至凌晨两点半，整个仪式才全部结束。

躲避"石头仔"

除了未成年的孩子，相较于男性而言，女性的灵魂与肉体的结合也显得不是那么紧密，有很多恶鬼便专门以女性为骚扰对象，意图带走她们的灵魂，其中最为常见的是"色公"。进入适婚年龄的未婚女子、初婚女子、怀孕的女子、坐月子的女子和只有几岁大的女孩子，都是色公觊觎的目标。色公分两种，一种瞎了一只眼睛，另一种双眼完好。它们终日垂涎于女色，更妄想让阳间的女子去阴间为它们生孩子，于是特意寻找有年轻女子的人家，在夜幕降临之后将女子甚至孩子的灵魂全部偷走，如果成功，便带着她们到阴间成立家室，如果不成功，至少还能从人这里捞到祭献的食物。因此色公也被戏称为"石头仔"（dʑi to ɣe）。这是古瑶话里对女子的情人和风流男子的称呼。

十几年前的一个夜晚，瓦庸寨北面寨口的一棵大树上传出孩子的哭声，大树周围的人家全都听见了，他们以为是哪家的孩子爬到树上玩耍不敢下来，于是陆续起床打着手电找孩子。但是大伙儿围着大树绕了好几圈也没发现树上有人。大家甚觉怪异，但事后都没有将那晚的情况放在心上，渐渐就淡忘了。十几天之后，寨里一位年轻女子和她的小女儿相继患病，丈夫找来鬼师卜卦，鬼师说有色公盯上了母女俩，需要用鬼驱赶。这事在村寨里流传开之后，人们便将那晚听到树上有孩子哭声的经历与患病母女联系起来，认为那晚色公趁母女俩睡觉时带着她们的灵魂躲到了树上，之后再一步步地要了她们的命。但当时作为丈夫和父亲的这位男子对鬼师的判断将信将疑，没有选择用鬼。不幸终于发生了，最后母女俩相继病逝，这名男子悔恨不已。

驱赶色公的仪式都在晚上举行，与驱赶葳尼一样，仪式中也要用到"调包计"。如果鬼师卜卦认为事件中的色公是瞎了眼的那种，鬼师就叫上一个未婚男子作为助手，将母狗装在袋子里敲死，用狗替代即将被害的女子；如果是两眼完好的那种，就用一只母鸭充当色公想要霸占的女子。已婚男子不能担任鬼师的助手，因为只有无妻无儿的人才没有被色公报复的可能。祭献完成之后，助手朝天上鸣放猎枪，用巨大的声响将色公从家里一路赶出村寨。

有一次，房东勒少夫妇在用过晚餐后给双胞胎儿子洗澡，我在旁边与两个孩子逗乐，高兴起来时不自觉地吹起了口哨，勒少的妻子恩德赶紧制止了我。经她解释，我才得知色公会利用一些便利的方法准确地找到有年轻女子的家庭，例如人们在引导婴儿小便时会时常吹口哨，色公听到口哨声便会来到家中查看。因此，不论什么原因，人们晚上都不能家中吹口哨。年轻女子和孩子的衣服最好不要晾在屋外过夜，到了晚上尽量收至屋内。老人们还告诫年轻女子，如果晚上睡觉时，迷迷糊糊中听到有人叫她的名字，千万不能答应，这是色公在施以引诱。色公还会跟着从外地匆忙回家的男子进入家中，因为这种男子很可能是因为家中妻子生产才赶回来的。如果女子生产之前丈夫还没回到家，孩子出世之后，丈夫回来时最好从牛棚或猪棚进入家里，或者在家门口架一根扁担，从上面跨过去再进入家门，通过这样的方式摆脱色公的跟踪。

坐月子的女子，不但容易被色公偷去灵魂，还容易被月子鬼（və

dʑe lhɯɯ，lhɯɯ 是"月亮"之意）缠上。驱赶月子鬼时也用 1～3 只鸭子作为女子灵魂的替身让它带走。由于月子中的女子太容易引来恶鬼，她们在生产之后的一个月之内严禁进入别人的家门，包括自己父母家，以免将恶鬼引向他人。而上了年纪的妇女则需要极力避免主动去到有坐月子女人的人家，因为她们自己年老体弱，比起同龄的男性和年轻人更加容易被别人家里的恶鬼伤害。

三　花的短缺

花的短缺分为两种情况。一种情况是生育的时候缺花，此时尽管娲王已经造好了孩子的灵魂并从天门投下，但由于得不到花的保护，灵魂便逗留在野外，不会前来与母亲体内孕育的肉体相结合形成新生命，从而造成所谓的"不育"。另一种情况是一个人在长大成人的过程中，体内的花既会自然消耗，也会随着肉体和灵魂的一次次异常有所折损，当花的数量减少到一定程度，"生命力"就会出现问题，肉体的损伤、灵魂的脱离变得更加容易发生，人变得萎靡不振和反复生病。此时人们需要举行"送花架桥"仪式，从娲王那里求取新花补充到孩子的身体中，助其成长为新生命或重新具备生命力。前者实际上是在塑造一个即将出生之人的身体完整性，后者则是在重建一个已经出生之人的身体完整性。

有花信仰的民族大部分都有通过"架桥"来送花或曰安花的仪式。桥作为一种跨越关隘、关煞，连接阴阳、生死、此世与来世的象征物，在中国各族神话传说与信俗活动中屡见不鲜，与生命、生殖之义的联系也较为普遍[①]。因此花与桥的意象组合是顺理成章之事。

缺花时，母亲是第一责任人，父亲是第二责任人，因此无论是夫妻婚后缺花而不育还是孩子在成长的过程中缺花而生病，送花的任务首先由母方承担。担任送花者的是母亲父系油锅中的所有与她平辈的男性成员，他们都是孩子的舅爷，作为一个集体单位参与其中，即所谓的舅家送花。在舅家送花不奏效的情况下，才将送花大任交给父方完成，此时担任送花者的是家中某位去世已久的男性努高，选择哪位努高最为稳妥

---

① 周星：《境界与象征：桥与民俗》，上海文艺出版社，1998，第 5～40 页。

需要由鬼师卜卦测得。

　　由于一个人成年之后便不会再出现缺花的情况，故送花架桥仪式要么是针对夫妻不育而开展，要么是针对婚前的未成年人（主要是儿童期）而开展。有的人从小身体就很健康，没缺过花，一直到结婚都没有经历过送花架桥的人生仪式；还有的人在孩提时代家境过于贫寒，以致从未享受过送花架桥的礼遇。那么最周全的选择是在他的婚礼前夕请鬼师来补充完成该仪式，希望他在告别孩提时代的那一刻不会因缺花而陷入病痛，平安度过成年之前最后的风险期。若有人执意不把送花架桥当回事，到了婚礼中对歌时，舅家歌手问"有没有给我方的外甥送过花、架过桥"，此时主家的回答如果是"没有"，主家一方在对歌中便输了。不过仍然有极个别的人在成年之前从未得到过送花架桥的祝福，在这种情况下，日后终有一日其父母会为他补上这一课。

　　不论是为了生育还是为了恢复身体健康，送花架桥仪式的过程并无太大不同。只是由于每个当事家庭对仪式的繁简程度有不同的要求，所以在田野中很难见到细节完全相同的两次送花架桥仪式。通常情况下，因不育送花会比因疾病送花在仪式程序上更为简单，毕竟一对夫妻生育与否属于家中的私事，该仪式不便大张旗鼓地操办，低调一些是更明智的选择。故下文对仪式过程的完整描述以因病送花的情况为例。

送花架桥

1. 送花

　　根据实时所需，送花架桥仪式可以在一年中的任何时候举行，但最常见的是选择在农历二三月，此时李花和桃花相继盛开，具有强烈的生命意味。由鬼师定下仪式日期和具体时辰之后，主家提前几天去通知舅家。除了亲舅舅必须参与之外，其他每个舅家家庭须派出一位成年男子一同送花过来。通知舅家时，主人会带上几只鸡和几斤肉，在亲舅舅家里宴请其他舅爷，并告知他们送花的时间。如果没有亲舅舅，与母方血缘关系最近的舅爷则成为主事者。

　　仪式当天，主家夫妻俩换上崭新的传统服装。按照要求，所有参与仪式的成年男性（包括舅家男性、父方油锅男性和其他男性亲朋好友）需在头上包裹黑白两层头巾。白裤瑶成年男性的传统着装方式是用布将长发盘起包在头上，成婚不久的年轻人包黑白两层，上了年纪的老者则只包白布。但在送花架桥仪式上，成年男性不论年龄大小，每个人都必须包上黑布，这样会让仪式场合显得生机盎然，契合了送花的新生之意①。一大早，舅爷们便聚集在亲舅舅的家中，他们邀请鬼师前来用一段祭礼向娲王求花。仪式中求得的"花"用一种竹篾和红纸制作的道具来表示，红纸裁成长约20厘米、宽3~4厘米的长条，剪成流苏状，缠于竹签上，两端用糯米饭粘牢，这样就做成了一朵"花"，瑶话将之称为"柏娲王泽"（pæ va vaŋ tsə，意思是"娲王的花木棍"）。根据鬼师的测定，花的数量从几十支到上百只不等，但每一簇必须为5、6或8的倍数。制作好的花被插入若干个竹质的米斗中（见图5.2）并盖上黑布保护起来，黑布可以隔离恶鬼的视线，避免花被破坏。

图5.2　插于米斗中的"花"

约定的时辰一到，舅爷们带着花斗和其他礼物，包括粮食、糯米粑、活禽、猪肉等，启程前往主家村寨送花。送花这一天的舅家与新郎婚礼当天的舅家一样，都被主家称呼为"娲王"，肩负"造人"或赋予人"新生"的重担。当舅家到达寨口时，在此等候的主家众人便迎上前去接花②。接花之前，双方请来的两位歌手先行对歌，以此相互确认对方的身份信息和此行的目的：

---

①　现在的年轻人即使在仪式上也不包头了，只有老一辈的人会按照仪式要求将头包上。
②　如果主家和舅家在同一村寨，接花一步仍然需要在寨门口进行。

舅家：今天你们在这里做什么？

主家：今天我在这里跟老婆做爱。

舅家：大白天也做这个事情？

主家：是啊，大白天也做，想再要个小孩。你们来××（主家的村寨）做什么？

舅家：我们是舅家，来这里送花。我家外甥身体不好，总是生病，我们来这里用竹子给小孩遮阴①。（同理，因不育送花时陈述其相应理由）

主家：你们是从哪里来？

舅家：我们是从××（舅家的村寨）来。

主家：你们是××的哪一家？

舅家：我们是××的××家。

主家：你们送来几对花？送给哪一家？

舅家：我们送来三十六对花，还送来七十二对花，送给××家，你们在这里等谁？

主家：我们就是××家，在这里等着××家。

舅家：等他们来做什么？

主家：家里孩子生病多（或家中女子不生育），等着舅舅来送花。

对歌完成后，夫妻俩撑着黑伞从舅家手中接过花斗抱入怀中，然后再小心翼翼地放置在寨门外事先搭好的祭台上，用黑伞将祭台半掩起来，此过程中黑伞的作用与遮盖花斗的黑布类似。接花之人必须身穿白裤瑶的民族服装，因为在白裤瑶人的传统观念中，人的灵魂会通过判断接花之人身上所穿衣物的棉花种子是不是瑶族人的种子，来决定自己是否进入这家人的家中。对于因缺花而灵魂脱离的人而言，其灵魂回家时以棉花种为瑶家的识别物；对于不育的夫妻而言，孩子的灵魂到来时同样如此。接下来，鬼师和主家的两位男性亲友开始在祭台处用酒水和食物再

---

① 歌谣中用"竹子遮阴"表达"保护"之意。

次祭献娲王，感谢它送来了花。

2. 架桥

祭礼完成之后，双方的歌手和长者围坐在一起饮酒对歌，鬼师带领主家一方的男性亲友开始架桥。"桥"作为仪式中的关键意象，其作用是帮助在野外游荡的孩子的灵魂跨越一路上的各种危险，最终顺利进入家门。根据鬼师的占卜和主家家庭的经济状况，送花架桥仪式繁简不一，架设的桥梁越多，需要参与仪式的亲友则越多，祭献娲王的食物也越多，成本自然会越高。较为隆重的做法通常需要架设至少六座桥，从离家最远的老虎桥开始，然后依次是坑桥、水流桥、大路桥、房门桥和屋檐桥。仪式中用到的"桥"，是用桃树枝、松树枝、柏树枝、槐树枝、五倍子树枝或竹篾制作而成的桥形装置，长约40厘米，高20~30厘米。

老虎桥。架设于以前老虎和其他大型野兽经常出没的地方，例如某条山路的路口，目的是帮助孩子的灵魂顺利躲避老虎。架设老虎桥时主家将一只小狗装入编织袋，并从其他村寨请一个上了年纪却一直没有结婚的单身汉来到仪式现场用木棒将小狗敲死。此处单身汉扮演的是老虎的角色，小狗则是主家用来冒充孩子迷惑老虎的替代品。小狗死掉之后，单身汉扛着编织袋绕过主人家的村寨，从一条很远的山路默默离开，表示成功骗过了吃人的老虎，孩子的灵魂安全渡过这一关。

坑桥。架设于寨外的某个坑洞处，目的是防止孩子的灵魂掉进岩坑、岩缝里。桥梁架设完毕，主家将一只小鸡扔进坑洞中作为诱饵，吸引那些潜伏在坑洞处欲伤害孩子的野兽或恶鬼，孩子乘此机会顺利跨越。对于多次流产的家庭来说，最有可能的原因便是孩子的灵魂在前来的路上总是掉进村寨周边的坑洞中。这种情况下无论仪式繁简，坑桥都是必不可少的。

水流桥。架设于小溪、河流和沟渠等水流处，一方面涓滴不息的水流本就象征人的生命力，另一方面这样可以帮助孩子的灵魂顺利跨越水流。架好桥梁，主家会在水流旁边放置一块石头。有水流的地方，人们会经常去洗衣、挑水，当他们觉得累的时候便可以坐在石头上休息，并自言自语表达对主家放置石头的谢意："放石头的这家人做好事，以后一定儿女双全。"人多的时候，大家还会在水流旁边七嘴八舌地话家常，会说放置石头的这对夫妇心地善良、吃苦耐劳等，孩子的灵魂听到这些溢美之词，知道自己的父母都是好人，做他们的孩子会一直幸福下去，便打消进入此家的担忧和顾虑，也就高高兴兴地过桥了。

大路桥。架设于寨门外的某个岔路口或者寨门的大路旁，目的是帮助孩子的灵魂在来到村寨的路上不迷路。架好大路桥，主家的两位油锅兄弟在桥的两侧各种上一棵松柏树苗，它们是桥的保护神，树苗的成长与孩子的成长同步，若干年后树苗长成参天大树，孩子也早已长大成人。松柏不倒，就意味着大路桥不毁，桥一直在，孩子的灵魂便不会走失；松柏苍翠挺拔，则预示着家中的孩子将来事业有成；等孩子成人结婚之后，大路桥与松柏还能继续福荫他的后代。如果日后这两棵松柏因不可抗力被破坏，可以在原地重新种上两棵树苗，做好补救工作即可。有的家庭在孩子出生之后，为了感谢大路桥和松柏的保佑，会在此后多次请鬼师祭献松柏，并于重要的节庆日在松柏上贴几张红色的纸钱以表敬意。

瓦庸寨有一个20多岁的小伙子叫登宗，小时候他的父亲鲍涅为他送过一次花，种下过两棵松柏。后来由于瓦庸寨的村貌改造那两棵树被砍掉。鲍涅在树倒之前选在不远处重新架了一次桥，及时种下两棵新的松柏。现在瓦庸南寨口的路边有两棵长势喜人的松柏，这就是当初两棵补救的树苗长成的。正如松柏生命力旺盛，登宗日后一路坦途，成为寨里最早的大学生之一，如今已有令寨里人称美的工作。

房门桥。我初到瓦庸寨时就发现几乎每家每户的门外墙脚处都立有成双成对的石头，一对最常见，两对的占少数，三对亦不罕有。对石之间架上树枝或者竹篾，形如一座桥或是一道门，这便是房门桥（dzɯ ka tha，dzɯ 是"桥"的意思，ka tha 表示"进屋前的台阶"）。在白裤瑶村寨中，房门桥如此普遍，以至于成为当地民居的一个建筑特征，可见送花架桥仪式在白裤瑶人日常生活中的普遍性。架设房门桥的目的，是让孩子的灵魂历经千难万阻来到家门口时可以在房门桥上稍事休息。因此白裤瑶人也用汉语称这座桥为"休息桥"。孩子在桥上一边休息一边仔细观察屋内的情况，看看父母是否勤劳、善良，家庭成员是否和睦，与亲友和邻里的交往是否客气，等等。如果是，它便进入家门合于肉体之中；如果不是，它便会犹豫甚至另觅他处。房门桥是六座桥梁中最讲求美观度的一座，首先需要在山上取 1 ~ 3 对高约 20 厘米且形状相似的石头立于墙角作为桥墩，然后再将桥形装置跨接其上，每个桥墩再插上足有一人高的竹枝，最后用水泥（以前用泥土）将桥墩、桥和竹枝固定起来（见图5.3）。竹枝的苍翠挺立象征孩子节节高攀的生命力，用他们的话说便是："插上竹子，以后孩子才长得快。"

图 5.3　房门桥

屋檐桥。架设于主家的窗台外侧，其作用与房门桥类似，给予孩子的灵魂更多的休憩和观察之处，同时也提供了一处场所让孩子的灵魂在日后家中遭遇凶险时可以暂时躲避。

六座桥梁中，老虎桥、坑桥、水流桥和大路桥都是架设于村寨之外的野外桥，帮助孩子的灵魂分别跨越或躲避老虎、岩坑、水流和迷路的威胁。从中人们得以窥见白裤瑶人在恶劣的自然环境中艰苦求存的种种历史记忆。例如老虎桥，其主旨反映的是白裤瑶人以前时常面临的虎患。在里湖乡流传甚广的一个故事，说的是几十年前一位里湖男子去八圩乡一个叫尼坳（音译）的地方接亲，路上碰到了老虎，一行人殊死搏斗，最终用绑着黑伞的刀将老虎砍死。所以现在里湖的白裤瑶人认为讨媳妇千万别往尼坳去，会影响到传宗接代。时光倒退数十载，那时每隔几年就会出现老虎吃小孩的惨剧，虎患一直持续到 20 世纪 80 年代才因林地条件的恶化以及外来者的非法捕猎而结束。有一则"老虎吃小孩"的神话故事，将虎患的难以穷绝展现得淋漓尽致：

一对夫妻结婚很多年还没生育，一天他们上山干活儿，路上妻子叹气说："我们怎么这么命苦，要是现在谁家的孩子丢了，我们就去捡回来养。"这话被树林里的老虎听到了，它就把自己的雄虎仔装扮成人的模样放在路边，夫妻经过时看到这个"男婴"喜不自禁，急匆匆地抱回了家。八年之后，孩子长大，能干又勤快。夫妻俩每次出门干活儿，儿子就在家为他们做饭，特别是他煮的粥透着一股浓香，异常美味。

一天，寨里的人都很愤怒地来找夫妻俩，说："你们自己生不出孩子，也不能抱一只老虎来养啊。现在你们家的虎儿子每天偷吃我们的鸡和猪，你们赶快把它杀掉吧！"夫妻俩不敢相信，于是第二天假装上山干活儿，出门后就躲在一个隐蔽的地方观察家里的情况。果然，他们发现自己的儿子是老虎，他从外面叼回小动物自己吃了肉，然后把骨头熬成汤用来煮粥，所以粥才那么好喝。

第二天，丈夫一早去山上砍了几捆木柴搬到菜地旁边点燃，然后妻子带着孩子去菜地干活时，丈夫趁孩子不注意将他扔进了火里，夫妻俩噙着泪添着柴火，不一会儿这个由虎仔所变的孩子就筋骨尽化，唯独剩下他的肝脏烧不烂。丈夫对妻子说："看来还要烧很久，火太大，烤得我口渴，你回家去煮粥等着我吧。"妻子回家后，丈夫又守了很久也不见那块肝脏有变化，他一气之下拿起一块石头砸向肝脏，肝脏破裂，没想到从中蹿出一只老虎把他吞下了肚。

以前做父母的从小就告诫孩子，如果父母出门干活儿时还听到敲门声，就要警惕可能是老虎来觅食。相传古时候白裤瑶人教给小孩的赶虎技巧是：一旦有老虎敲门，先从窗户扔几块肉出去，等老虎继续张嘴等着投食时把烧红的斧头扔过去，老虎反应不及用嘴去叼斧头就会被烫伤，然后灰溜溜地逃跑。现在，每逢新生儿满月之际，人们会将两个红鸡蛋装进网袋系在新生儿的背上，然后找来油锅中的一名幼童背着新生儿去地里烧一个火堆，表示烧死变人的虎仔，然后这名幼童用一把小锄头挖两下土，表示新生儿学会了劳动。完成这个简短的仪式后，幼童会得到新生儿父母的礼物回馈，一般是糖果和粽子。

与老虎桥同理，坑桥反映的是白裤瑶地区喀斯特地貌多岩坑、岩缝和溶洞的地质风险，水流桥反映了地上、地下水系的变化多端与凶险难防，大路桥则凝结了白裤瑶人经常迷失于石林、荒山和灌木丛的切身体验。除此，在送花架桥仪式中人们还能见到有些人家架设枫树桥、烂桥等桥梁，其功能不一而足，但都象征着跨越野外的各种危险。对于白裤瑶人而言，欲实现个体的顺利成长和族群的生育繁衍，就必须克服这些自然风险。

而架设房门桥、屋檐桥以及水流桥的另一层功能，是让孩子在灵魂得到休憩的同时，有机会根据其见闻来判断目标家庭是否值得回归或第一次到来。送花架桥仪式同样也表明，在白裤瑶人的传统观念中，欲实现个体的顺利成长和族群的生育繁衍，除了克服自然风险之外还需要一定的社会条件，那便是一个家庭的情感基础与道德操守。

3. 引魂入"窨"

架设完六座桥梁，主家在大路桥旁边搭起一个临时的火塘，开始款待诸位舅爷。双方请来的歌手则单独围坐在一起，旁边立一根木棒，木棒顶端绑一把黑伞将歌手遮挡在下面。他们一边喝酒一边唱着宴席歌，爱歌之人围着他们时而聆听，时而有说有笑。此时，主家的两位油锅兄弟在鬼师的指挥下将一红一黑两根细线系于老虎桥上，线从这里引出依次连接坑桥、水流桥、房门桥和屋檐桥，最后引入家中，串联成一座规模更为宏大的线桥，线桥引导着孩子的灵魂跨越重重危险，穿过寨门和家门两道重要的安全边界，最终到达家里。红与黑两种颜色，一是代表儿女双全，二是白裤瑶的传统服饰以红黑（黑色实为蓝靛反复浸染而成）两色为主色调，白裤瑶的孩子看到这两种颜色的线就知道沿着此路通往的是白裤瑶人的家，而不是壮族和汉族人的家。正如前文所言，孩子的灵魂只认白裤瑶人的棉线，如果看到其他颜色的线，孩子的灵魂便不会前去。老虎桥通常离家非常远，因此线桥的长度往往以公里计算，人们为了完成送花仪式，会到圩市上买回大量线卷备用。引线时尽可能地保证每一卷线不会从中间断掉，通常是两个人负责牵引，两个人在旁边防护，以免引线的时候被其他不知情的人突然撞上去，影响送花的效果。

当红黑两线到达寨门外的大路桥时，父母双方抱起花斗撑着黑伞跟随两位引线人进入村寨，走在他们身后的是鬼师，他手中托着竹卦，再往后是作为助手的一位油锅兄弟，他双手端着祭台，将它从大路桥的位置转移到家中，摆放于堂屋中的家神古撒面前，最后面跟着另外两位油锅兄弟，一人提一只鸡，一人提三把糯米稻穗。其他参与仪式的亲友则拾来大小不一的树枝将大路桥围得严严实实，避免牲畜和不懂事的孩子去破坏。当红黑两线缠绕房门桥的桥墩和桥梁之后便引向插于其上的两根竹枝，然后从竹枝顶端引向窗台上的屋檐桥并等待下一步处置，此时花斗便可以被抱入家门并置于祭台上，鬼师在此处祭献古撒并再次感谢娲王，希望它们保佑孩子日后茁壮成长。

图 5.4　安装在卧室门上方的窨

接着在鬼师的指导下，主家开始在家中安装一种叫作"窨"（dʐao）的竹编装置，一大一小共两个（见图 5.4）。窨的下半部分是两根竹枝，竹枝顶端被编成了杯斗状，上半部分用竹篾连接两个杯斗，弯曲成拱形，最后用红纸覆盖其上，看起来好似一所简易的房子。大窨约半人高，悬挂于当事夫妻卧室床头的墙面上，或是卧室房门的内侧上方。小窨只有齐膝高，放于厨房或是火塘处的水缸①背后。待窨安装完成，已经到达屋檐桥的红黑两线继续被牵引至父母的卧室中，最终缠绕于大窨之上，直到此刻，整座由诸桥梁和棉线组成的抽象的大桥才宣告架设完成，而花斗中的花

---

① 瓦庸寨的房屋经过改造且接入了自来水之后，用水缸的家庭便少了。这种情况下，小窨就被放置在灶台下方。有的人家将染布用的染缸放在厨房，这样也可以将小窨放在染缸背后。

束则可以被取出来插入窖上的两个杯斗中，并用红纸包裹。窖可以保护
孩子的花和灵魂，在卧室和厨房分别安装一个窖，是为了让孩子无论是
休息还是吃饭喝水，其花和灵魂都不脱离窖的保护。因不育送花时，只
需要在卧室悬挂一个大窖；如果是因疾病送花，有的家庭会为每个孩子
分别悬挂一个大窖，有的家庭则会选择兄弟姐妹共用。

至此仪式全部结束，舅爷和主家亲友们开始分享各种食物，投入饮
酒对歌的娱乐活动中。

在因不育送花的情况下，当舅家送花无效时，还可求助于油锅中的
努高担任送花人。选择哪位努高，要么由鬼师卜卦决定，要么由主人家
选择生前与自己关系最亲近的那位，例如已经过世的父亲或者爷爷，跟
谁感情好，信得过谁就找谁担任送花人。努高送花的仪式相对简单，送
花的路线从努高的坟墓处出发，鬼师先将花摆在祖坟前并向努高敬献酒
食，然后选择坟墓附近的某处架设水流桥，从桥上引出红黑两根细线，
一路进入村寨、家门，最后连接至卧室中的窖即可。

在我去瓦庸寨做集中田野调查的前几年，有一个其他村寨嫁到
瓦庸寨的女子，结婚好几年一直没能怀孕，而当年与她几乎同时嫁
入瓦庸寨的另外两个女子已经生了一儿一女，令人称美。其间该名
女子的家人也请舅家送过花，但一直不奏效。最终这对夫妻在一位
女鬼师的建议下通过努高向娲王求花。他们选定的一处祖坟离寨门
有三公里远，仪式中他们引线从祖坟处一路跋山涉水连接到家里，
如此长的距离，但两条线在中途一直没有折断，鬼师见情势可喜，
当即断言女子将很快怀孕，并且会是个儿子。幸运的是，送花后一
个月不到妻子就怀孕了，诞下的也确是一名男婴。

日后的修缮

送花架桥之后，首要的是保障几座桥梁不被人为破坏，否则仪式的
作用将大打折扣。四座架设于野外的桥梁通常不会有太大的问题，更何
况大路桥在架设之时就已经用树枝进行了围合保护，因此重点工作是要
尽量避免易于接触的房门桥和屋檐桥被破坏，预防不懂事的孩子去踩踏、

敲打和掰扯，以及家禽家畜在上面拉粪便。白裤瑶人从小就教育自家的孩子不能去破坏村寨里的任何一座房门桥，如果在户外无意间撞见红黑两根棉线的时候要尽量绕开行路，更不能主动去摆弄那些细线。此外，主家还需要遵守两条禁忌：第一条，日后不能使用做桥的树木生火，如果是用桃树做的，这家人以后就永远不能砍桃木烧柴做饭；第二条，家里的物品一个月之内不外借，送花之前借出的物品，送花完成一个月之后再还回来，此举是为了避免刚回到或刚来家里不久的孩子的灵魂随着家里物品的进进出出和客来客往再次被带离。

另外，家中的窖也要保证尽量不被移动和人为破坏，否则灵魂将无法安定下来，病痛的孩子将继续忍受苦楚，不育者只能陷入进一步的等待。

> 瓦庸寨登拔的儿子有一段时间总是生病，他找鬼师卜卦。鬼师问："你们是不是放了什么不该放的东西在窖上面，把它压坏了？再看看房门桥是不是被弄得很脏？"登拔回家查看情况，鬼师果然说得没错。登拔的妻子以前是寨上表演队的，她把敲鼓的鼓槌挂在了窖上。登拔取下鼓槌，没过几天儿子的病就好了。

如果在一些特殊情况下不得不改变窖的位置，则必须请鬼师向窖进行一次小型的祭献之后方可移动窖。

> 2015 年大年之前，寨里的古匕去县城买了一个大衣柜和一张新床，运回家后夫妻俩却犯了难，因为不管如何摆放，衣柜门都会被床挡住，使用甚是不便。古匕的妻子盼这个衣柜很久了，于是提议将衣柜靠着挂窖的那面墙摆放，把窖转移到其他地方。不过古匕和家中老人商议之后，还是决定先让床挡住衣柜门一段时间，待之后请鬼师用鬼，向窖完成祭献之后再挪动。

但是花、桥和窖都是用竹子、树枝和纸张制作而成的，不论如何用心呵护，日子久了都不可避免会变得陈旧直至损毁，此时便要邀请鬼师举行"热桥"（səɯ dzɯ）仪式对其进行修缮。这是一个极其形象的说法，表示将已经冷却下来的桥梁重新加热，让其焕发新生，继续发挥引导花和灵魂顺利进入家门的作用。如果是因不育送花，在求而不得并尝试热桥一到两次之后仍然未果，人们便可能放弃。但是在孩子出生之后，每每见到花与桥已经损坏到需要修缮时，为人父母的都会及时为孩子热桥，因此一个人在长大成人的过程中通常会经历不止一次热桥仪式。所谓热桥，并非大张旗鼓地重新架设所有桥梁，而是有针对性地翻新房门桥和窨并重新制作花束。翻新的工作不仅仅是更换新桥和新窨，还意味着祭献驻扎于房门桥和窨上的两位神灵。

房门桥的保护神叫"猪婆"（ve mpai，mpai 是"猪"的意思），它因爱吃猪肉而得名，祭献它时人们需要杀一两头黑色的乳猪方能获得垂青。白裤瑶人常说房门桥上住着一位老奶奶，指的便是猪婆。遇重要节庆乘家中用鬼之时，人们会用两张红色的纸钱贴在房门桥的两个桥墩上表示对猪婆的敬意。窨的保护神叫"鸡婆"（ve ko，ko 指的是"鸡"），鸡婆之名缘于它喜欢吃鸡肉，人们祭献它时必须杀鸡以示虔诚。年节期间用鬼，同样也会在窨上贴一些红色纸钱表示供奉。生活中人们通常把猪婆和鸡婆合称为"鸡婆猪婆"（ve ko ve mpai），由于它们都来自阴间的地下方位，因此也统称为"地婆"（ve pu）。

同时翻新房门桥和窨既要杀鸡又要杀猪，这着实是一笔不小的支出。因此单独翻新其中一物是更多人的选择，如果这一次热桥时选择翻新房门桥，下一次便翻新窨，一个孩子一生中的第一次热桥仪式通常都是从翻新窨开始的。选择双管齐下的家庭要么家底殷实，要么是孩子得来不易，不惜花费重金保护。我在瓦庸经历的古匕一家为儿子奈尧举行的热桥仪式便是如此，夫妇俩当年为了这个"计划外"的儿子东躲西藏，历经艰辛，为保儿子万全，每次热桥都不惜成本。

为奈尧热桥的前一晚，家里人准备好将要祭献给两位地婆的几只鸡和两头小黑猪，以及糯米饭、粽子等其他食物。清晨八点前后，古匕的几位油锅兄弟前来帮忙。其中两个人去山上带回若干竹子和一段桃树枝，竹子用于制作一大一小两个"窨"、一个漏斗形的竹"瓮"（voŋ）和仪式上最重要的象征物"花"，桃树枝用于制作房门桥。鬼师到了之后开始准备纸钱、人马符，并吩咐大家做花。经鬼师卜卦，此次热桥仪式需要准备 51 对新花，分成 36 对和 15 对，分别插于两个米斗中。再将两个鸡蛋大头朝下立在米粒上，小头朝上套几圈红线用于象征家里的孩子，虽然流于抽象，但憨态可掬。然后鬼师在古撇面前搭建三个祭台，对应着房门桥、大窖和小窖，之所以不在一个祭台上完成整个祭仪，是因为猪婆和鸡婆喜欢的食物不一样，用奈尧奶奶的话说便是："每个德拉都是自己吃自己的，不用抢。"鬼师指挥助手在每个祭台上分别放置数量不等的成套食物，每套食物包含一杯酒、一个三角粽、一块长粽、一块煮熟的猪肉，然后在祭台边缘挂上红白两色的纸钱，接着将一把贴有纸钱和人马符的糯米稻穗摆放在祭台旁，将竹瓮立于祭台旁，最后将插"花"的米斗放入祭台，点燃香火，仪式的准备工作就全部完成了。

仪式开始，鬼师喃词、撒米、丢卦，非常自如地进入了状态。显第一卦，烧掉一张纸钱，这时他得到了两位地婆的回应，与它们开始初步交流，纸钱有如见面礼。第二次显卦，鬼师和助手一人干一杯酒，然后指挥其他油锅兄弟到屋外杀掉四只母鸡和一头黑猪，鸡血和猪血流入一个小盆，搅拌均匀后倒入两个碗中，外加两绺刚刚切下来的生猪肉，分别放到房门桥和大窖的祭台上，鬼师再次丢卦、显卦、饮酒，完成与地婆第一阶段的交流。此时两位油锅兄弟开始在门外墙脚处紧挨着旧的房门桥架设一座新桥。

待桥架好，鬼师开始与两位地婆进行第二阶段的交流。他指挥油锅兄弟杀掉剩下的一头黑猪和两只母鸡，再次献上生的血和肉，然后在桥墩和竹枝上贴上红色的纸钱，并将一缕象征孩子衣物的蓝靛布条系在桥梁上。随着鬼师反复喃词和丢卦，他与二位地婆的交流步步深入。待杀掉的猪和鸡都煮熟了，它们以"完整"的形式被呈上祭台，包括整只鸡、整个猪头、猪腿、各个完整的猪内脏和鸡内脏。它们被"豪放地"堆叠在一起，主家对两位地婆的慷慨之心展露无遗。

这时鬼师将奈尧的帽子置于祭台上象征着孩子本人，喃词、丢卦、显卦，切两小块猪肝放入酒杯中，众人喝酒、吃肝，表示将孩子介绍给了地婆。然后油锅兄弟将祭台上的食物切好摆盘重新呈上，再加上几碗浇了肉汤的米饭，热腾腾的香气笼罩房间，感官上的隆重感愈发强烈，两位地婆也开始大快朵颐，鬼师便可以交待更重要的事情了。他拿起奈尧的帽子撒米、喃词，向地婆神祈求以后对这个孩子多加保护；丢卦、显卦，表示地婆点头同意。此时为了表示谢意，奈尧的父亲古匕必须亲自上前饮一杯酒，然后从鬼师手中小心翼翼地接过帽子，拿进卧室放入衣柜保存好，该过程叫作"接魂"（dzo tə vein）。由于孩子的灵魂只认瑶族的棉花种，接魂者也必须穿民族服装，即便不要求在热桥仪式的全程穿着，此时也一定要换上。

　　鬼师陆续指挥助手和油锅兄弟在房门桥上贴红纸钱，两个桥墩各插上一柱香；将36对"花"插入大窖并安装于床头的墙面上，替换掉已经陈旧不堪的旧窖，然后把插花的米斗和一整只熟鸡置于窖的下方；往竹瓮里装入一个三角粽和一只熟鸡腿，指派一个油锅兄弟将其送到寨口，插于古树的树缝中，献给驻扎于此的寨神一家享用；小窖则被送入厨房置于水缸背后，替换掉原来的旧窖。接下来鬼师将从房门桥重新引线至卧室的窖上。他在房门桥旁边设祭台，摆上食物，剩下的15对花转移至此。鬼师撑一把黑伞遮住祭台，将桥和用鬼的过程掩藏起来。古匕重新拿出孩子奈尧的帽子置于祭台上，鬼师对着帽子撒米、喃词，大家配合着把一红一黑两根细线系于房门桥的桥墩上，缠绕竹枝向上，从竹尖引出，穿过大门，牵入卧室，固定在大窖上，鬼师再次丢卦、显卦，古匕再次将附着孩子灵魂的帽子拿回卧室收好。

　　新的线桥架设完毕，最后一步是用"鸡背花"（ko ʔao pæ）的方式将剩余的15对花从房门桥送入窖中。古匕从卧室出来，鬼师将插花的米斗交予他，他将花小心翼翼地揽入怀中，用衣襟将其遮挡起来，然后背对着鬼师弯下腰站立等待。这时鬼师与助手将一段红线系在一只小鸡的脚上，鬼师手握着红线的另一端，助手撒一小撮米在古匕的背上，然后把小鸡轻轻放上去，鸡因为有了米吃，所以暂时安定地站在背上。等鸡站稳之后，鬼师将黑伞交给古匕，他一手撑着黑伞，另一只手揽着花斗，缓缓地步入卧室，脚步稳健有力，生怕背上的鸡受到惊吓跳下去，鬼师则手握着小鸡脚上的红线以防万一，就这样一直走到卧室床头的窖前停下脚步。

　　古匕站在窖前，将花与黑伞交给孩子母亲，鬼师将小鸡从他背上拿下，他直起腰来，脱掉鞋子站到床上，助手将孩子母亲手中的花递给他，他把花全部插入窖中。在整个背花的过程中，奶奶都抱着奈尧坐在卧室的床上，让他亲眼见证一切。之所以采用鸡背花的方式，一种说法是为了借助鸡具备的灵性力量将孩子的花与灵魂更为顺利地送入窖中，另一种说法是此处的小鸡象征孩子的灵魂，孩子的灵魂带着自己的花，父亲则背着孩子，将新花从屋外带至窖中。待花全部入窖，古匕与孩子的母亲和奶奶一起饮酒，然后母亲抱起孩子用手去摸一摸窖和窖中的花，在场的人一阵欢呼，向孩子表示祝贺。鬼师见这一切都已妥帖，再一次丢卦、显卦，饮酒进食，灭掉香火，烧掉纸钱，仪式结束。为了表达对众人的谢意，古匕将祭台上剩下的肉和粽子用竹签串起来，前来帮忙的兄弟每人领走一串，剩下的全部打包赠予鬼师。

第六章　稳固的群体

人是社会性的动物，依靠其所属的社会群体而生活。在白裤瑶传统社会中，与个体日常生活切身相关的三种群体分别是家庭、油锅和村落共同体，在个体自身拥有健康的前提下，过日子最重要的条件便是其所属社会群体的稳固性——家庭融洽安宁，油锅坚而不摧，村寨祥和太平。在白裤瑶人的信仰中，影响群体生活的同样是阴间的德拉，包括神灵的惩罚、恶鬼的伤害和努高的知会。当对单个个体的影响无法引起人们的重视，达不到德拉想要的目的时，它便会将影响的范围扩大至群体层面。其结果有三：一是引发群体性的伤病；二是引发群体性的矛盾冲突，包括内部成员的冲突、群体与群体的冲突和白裤瑶人与外族的冲突；三是群体财产的损失，例如禽畜瘟病、财物失窃和遭受自然灾害等，导致群体丧失人力、经济与情感的内部支持，群体事务无法开展，群体的生命历程陷入停滞，甚至整个群体分崩瓦解。但相较而言，恶鬼是其中最主要的诱因，有的恶鬼甚至从来不以随机的个体为骚扰对象，而是以整个家庭和整个油锅为伤害目标。

除了应对身体的完整性问题，处理群体性的不幸事件是白裤瑶人举行巫术仪式的另一大主题，其目标要么是缓解群体性的伤病，恢复众人身体的完整性，并避免伤病的再次出现；要么是群体成员之间回到和谐相处、守望相扶的状态，并避免日后再起争端；要么是防止财产的进一步损失，甚至是找回财产，并避免同样的事件卷土重来。唯有如此，生活才有平稳与持续的可能性。

一　安宁之家

家庭作为最小的群体单位，因人力有限，一旦出现问题便难以应付，故而需要将大部分精力投放在对家庭不幸事件的预防之上，一面警惕家中出现的凶兆，一面频繁地祭献家神求得福佑。

家屋之困

当一个家庭即将遭受群体性的不幸时，家中往往会事先出现一些不祥的征兆。这些征兆事件被统称为"得怪"（tə kuæ）或"古莫"（ku mo），提醒这家人在真正的危险来临之前赶紧请鬼师前来卜卦、用鬼做一些未雨绸缪的准备，这样就可以尽量避免伤害的到来及其后续的扩大化。

一类征兆是家里牲畜的行为异常，包括不听话、不长个头、在野外不归家等。例如，家中产仔的母猪吃掉自己的猪仔或者拱烂猪圈，这就是"猪得怪"或"猪古莫"，它往往是恶鬼基尻拜（dʑi dʑoŋ mpai）即将到来的征兆，此时哪一头猪有异常，就要立刻将它宰杀用于祭献。又如，公鸡在天黑之后到凌晨打鸣之间的这个时间段里打了鸣，这就是"鸡得怪"或"鸡古莫"，那就需要将这只异常的鸡杀掉祭献。另一类征兆是某些罕见的情况发生在动物身上。例如，母猪产仔通常一胎不止一只，但如果发生了这样的事情，往往预示着恶鬼将要到来，这时需要将猪仔抛过房顶落到房子的另一边，猪仔如果活下来就继续养，活不下来就让它死去，作为给恶鬼的祭献之物，让恶鬼就此罢手，不再进一步伤害到人。又如牛在山上觅食的时候，木棍或草梗从牛鼻孔的一侧进入从另一侧穿了出来，这表示恶鬼在警告牛的主人：你如果不立即祭献食物给我，我就把这头牛带走，让你得不偿失。再如，母鸡生出个头极小或形状怪异的畸形蛋，那就杀掉这只鸡，将鸡翅和糯米饭等物品包在一块儿，由鬼师领着两个男子到村寨外面的三岔路口放置，旁边立一株打了结的芭芒草，上面贴一张纸钱作为标记，引导即将到来的恶鬼在此处进食，酒足饭饱之后便打道回府，不再进入村寨了。有时候征兆出现的方式非常隐蔽，不一定能被人发现。

戈立寨的勒电在 16 岁那年，有一段时间总感觉胸口闷得慌，呼吸困难。他的母亲到鬼师家里询问情况，鬼师卜卦后说："在你家一个直角的地方，有一个发亮的东西，你回家去看看就知道该怎么做了。"果然，他们在勒电房间的角落里发现了一只如拇指般大小的鸡蛋。杀鸡祭献之后，勒电身体逐渐恢复正常。

还有一类征兆是家屋内外出现了不该出现的动物。例如蛇进入家里、老鼠上床咬人、别人家的牛闯进自己的家门、蜜蜂在屋檐下筑巢等，这些情况预示着恶鬼的来临。又如猫头鹰的叫声非常凄厉，停留在谁家房前屋后鸣叫便昭示着凶险，此时必须立即请鬼师前来查探情况。白裤瑶人将猫头鹰视为一种恶鬼或恶鬼的化身，但是它并不直接伤害人，而是作为凶险的象征，通过鸣叫来宣告其他恶鬼的来袭。在白裤瑶人眼中，猫头鹰是邪恶的，因为它是坏事的开端，但从另一个角度看，它又是对人有益的，因为它预警了不幸的发生，人们在它的提示下可以做更为充分的应对准备。

山神公沃艾的出现也是一种不祥的征兆。如第二章所陈，每当有危险降临村寨时，山神便在村寨上空四处飞翔，巡查情况，将村寨里的事情尽收眼底。如果有恶鬼躲过寨神的拦截，一旦被山神发现，它便将其捉拿并驱逐。山神出动时，人们能看到它飞翔的轨迹，其细长而光亮（前文中已经解释，这其实是流星），最终消失于某户人家的房顶上，这就表示山神追踪危险目标进入了某户人家，这家人可能将遭遇不幸。因此老一辈人看到山神在天上飞翔时都会感到害怕，双目紧跟它的踪迹，希望它能够直奔地平线而去，生怕落入自家房顶。

几年前，瓦庸寨的勒艾家丢了一笔钱。当时勒艾将全家人去芒场帮别人放牛攒下来的5000元钱放在叠好的棉被里，过了一段时间需要用钱时怎么都找不到，这令他们非常崩溃，但一时半会儿也没有线索可循。寨里人很快就知道了勒艾家的遭遇，议论声四起。有的人说是他把钱放到某个地方，自己记不清楚位置而已；有人说或许是他家里几岁的小孩无意间翻到这些钱，因为不懂事而弄丢或是放到别处了。但更多的目击者说，钱应该是被人偷走了，因为前几天夜里有好几个人都看到山神公沃艾在瓦庸的上空飞翔，最后消失在勒艾家的房顶上。

征兆出现之后，请鬼师卜卦弄清楚状况是当务之急，通过用鬼仪式加倍犒劳家神和寨神等神灵同样不容忽视。但对于一些厉害的恶鬼而言，诸多事前的防范恐怕难以奏效，"乌鬼"（tɬæ vu）便是其中一种。只要乌鬼一到，家庭成员便会在短时间内接连病倒，到时候连一个可以照顾病人的帮手都找不到。乌鬼的胃口极大，即使人们向它祭献大量的物品也不能保证它会收手。人们常说乌鬼就是奔着"让人家破人亡"而来的。它们手拿长刀，遇人便砍，所以人被乌鬼盯上的初期多表现为双眼眩晕、头痛欲裂。常见的乌鬼有"蹂登""搜登""著登"（pzɯ tən、so tən、dzɯ tən），蹂、搜、著分别是"五""七""九"的意思，表示要用五种、七种和九种不同的物品祭献它们。五种祭品包括一只白公鸡、一只红公鸡、一只花毛鸡、一些干竹笋和蛇皮，如果没有蛇皮可用鱼皮代替；如果要七种，就在五种祭品的基础上增加一只黑鸡和一个马蜂窝；如若不幸遇到索要九种祭品的乌鬼，还要额外再宰杀一头猪和一头牛。

此外，一个家庭凡遇重要的人生过渡节点，例如婚礼和葬礼，还会担忧"闲话鬼"前来侵扰。闲话鬼，瑶话称"嘎喽呱"（ka ləu kua，ləu是表示"嘴"，kua是"世界、地方"之意），凡是有人家办酒宴或者做丧事，在一段时期内，村寨里众人的闲谈必定会以此为话题，闲话鬼便循着源源不断的话题声侵入当事人家中。闲话鬼的侵扰会产生两种结果：一是家里人集体生病；二是家庭成员之间产生矛盾和冲突，不再和睦。

为了避免闲话鬼的到来，人们无一例外会请鬼师到婚礼和葬礼的现场先行祭献于它，因此祭献闲话鬼的仪式也成为婚礼和葬礼上的固定环节。仪式必须在家门之外进行，鬼师选择一个空旷的地方设置祭台，放入一炷香、一碗糯米饭、一碗大米和几块肉食，以及闲话的当事人如新郎新娘、死者或死者至亲之人的衣物，以此向闲话鬼亮明当事人的身份。如果是喜事，则还需要在祭台上放上一把量酒的酒提；如果是丧事，就把酒提换成一把镰刀。食物祭献完成后，鬼师将一个红色的干辣椒别在或是穿刺在一根削尖的细竹竿上，挂上代表喜事的红纸钱或者代表丧事的白纸钱。红色的辣椒象征众人的嘴就像吃了辣椒一样，无法再多嘴多舌谈论当事人的事情，也象征着这个家庭中的成员吃了辣椒之后无法再拌嘴吵架，只能和睦相处。鬼师拿起辣椒竹竿左右挥舞，与闲话鬼进行沟通，最后烧掉纸钱，并用水将火浇灭。

"古撒"驻家

对家神进行供奉与祭献，也是白裤瑶人预防家门不幸的重要手段，每个白裤瑶家庭都会供奉一套属于自己的家神体系。从家神所处的空间位置来看，其可分为两类。一类驻守在家屋之中，它们只对本家庭负责，家庭成员从它们那里得到的保护与福佑具有排他性，"古撇"是其核心角色。因此逻辑上住家的家神不止一个，有多少个家庭，便有多少个同样的神灵。另一类不驻守在家屋中，而是在阴间起着"远程保护"的作用，以"大老爷"为首，这类家神在逻辑上只有一个，同时保护着千千万万个家庭，谁家有需要它就去帮助谁家。

在每一户白裤瑶人家，主人都会在堂屋中面对家门的柱子上钉一张红色的人马符形成一个极简的神龛（将房子改造成砖瓦结构的家庭会将人马符钉在正对家门，或者离家门最近的那面墙上），驻家神灵中的首脑"古撇"便常居于此。它面对着家门，寸步不离地镇守着，关注着从家门进进出出的每个人和每一种德拉；它清楚家中的每件事，知晓家里每天的情况。关于古撇，白裤瑶人通常认为它是一位独立的神灵，正如娲王、寨神公沃盖那样，但也有少数报道人说古撇实际上就是家中去世先人灵魂的汇集。这种信仰分布的非均质性同样是白裤瑶糅合式文化和白裤瑶人历史上边缘化身份的体现。一方面，白裤瑶的信仰体系吸取了与其相邻的布努瑶、盘瑶，以及苗族、水族、汉族民间信仰以及道教的诸多元素，每个人撷取和信仰的成分有所差异；另一方面，白裤瑶没有自己的文字，无法形成确定的宗教典籍记载，任何人都可以根据自身所获信息进行一定程度的加工与演绎。

立家神时，主人需要准备好丰盛的食物请鬼师来用鬼。鬼师通过附体于自己的基多将古撇从天上请到人间。跟随古撇而来的还有其他几位驻家神灵，主要包括水缸老奶、猪棚神和牛棚神，它们分别居于水缸旁边、猪棚中和牛棚中。如果说古撇是驻家神灵的首脑与统领，其分工主要是保护人在家屋之中的活动，那么水缸老奶则主要保障人们的饮食正常，猪棚神、牛棚神分别保护猪和牛这两种重要的家畜。

一个男子成婚之后另起了新居，他必须在家中供奉自己的古撇。经济上的独立与古撇的独立是完全同步的过程。如果夫妻俩没有条件另起新居，暂时只能住在父母的家屋中，但只要在财产上已经分了家，照样会在堂屋供奉属于自家的古撇。如此一来就会出现一间堂屋中同时立有两个甚至多个古撇神龛的情形。当一个家庭乔迁新居时，不能置旧居中的古撇于不顾，随意在新房中另立古撇之位，而是只能将旧居中的古撇转移到新居中。这项任务需要请鬼师来用鬼，祭献古撇并征得它的同意之后方能行动。即使有家庭搬出白裤瑶地区在外地安了家，同样也需要不远千里将老家的古撇带走。其宗旨便是，家在古撇就在，人走古撇就走。

在家中举行的绝大多数巫术仪式，鬼师都会在古撇面前设置祭台，一方面好让古撇将正在发生的事情看得明明白白，掌握这个家庭正在经历的一切，另一方面则是为了表达对古撇的敬意，在祭献其他德拉的同时顺带祭献古撇。每一次仪式完成时，鬼师都会在古撇的神龛处覆盖一张新的人马符，并挂上一张至两张红色的纸钱，日积月累，人马符和纸钱便摞成厚厚的一沓。人们在长期离家之前和归家之时，为求平安，会向古撇祭献食物，出发前告知它自己什么时候启程，回来时告诉它离人已归，请保阖家团圆。家中添丁的喜事也需要特意告知古撇，通常选择在新生儿满月之际进行祭献，对着古撇念出孩子的名字，讲明其性别和生辰，希望古撇日后多多保佑。为新买的铜鼓命名同样需要在古撇面前完成，鬼师在鼓面放上酒水和食物，将铜鼓主人和鬼师拟好的几个备用鼓名一一念给古撇听，每念出一个名字就丢一次竹卦，若阴阳和合显卦，表示古撇也喜欢这个名字，那就顺理成章地以此为名。

过大年时，很多白裤瑶家庭都会选择正月初五或者年三十的夜里清鬼师来专门祭献古撇，同时祭献水缸老奶、猪棚神、牛棚神等其他驻家神灵。这种年关的祭献仪式不必兴师动众，只需要主人家中的一位男性与鬼师一道完成即可，也并非每年的大年时期都进行，只是在主人家认为有需要时才会行动。于古撇面前完成食物祭献之后，鬼师钉好一张崭新的人马符，然后将三张红纸钱分别贴于水缸、牛棚和猪棚处，同时为其他几位驻守家中的神灵献上新年祝福。

"大老爷"坐镇

另一类家神不驻守在家屋之中，其中与人的生活关系最为密切的是"大老爷"。大老爷（tɬæ phu，phu 是指年岁较高且全权管事的男性）本领大，管事多，它不仅保护家屋之内人的安全，还保护喂养于家务之外的禽畜。只要有它坐镇，全家里里外外都能获得安宁①。大老爷爱吃牛，祭献它时必须杀一头牛，牯牛抑或母牛、水牛抑或黄牛皆可。无论是从牛的体量和价格来看，还是从牛对于白裤瑶人生活的重要性而言，祭献大老爷都称得上是一种极为奢侈的敬神仪式，如果当事人家中无牛，其会不惜花费上万元购买一头。因此，该仪式通常只在以下四种情况下才会举行。

第一种情况，家里人在一段时期内经常患病，情况很是严峻，鬼师卜卦之后认为应该祭献大老爷，祈求它的保佑。

第二种情况，当主人牵着牛准备下地干活儿时，如果一头平日里既勤快又听话的牛变得拖拖拉拉，主人使唤时不听指挥，走两三步便前腿跪地赖着不起，这是一种典型的凶兆，属于"得怪"或"古莫"的第一种类型。如前文所陈，白裤瑶人认为牛是充满灵性的动物，不仅通人情，甚至能知阴阳。牛之所以变得不肯合作，是因为它已经预测到了主人家可能会遭遇一场大病或者一场严重的祸事，再成天跟着主人的话它也会有危险。人们常说："牛给你下跪，可能你命就不长了。"遇到这样的事，唯一的解决之方，便是将这头跪地的牛献给大老爷，祈求他加倍地保佑。

第三种情况，牛在某个看上去毫不危险的地方摔伤甚至摔死，例如越过一块石头时被绊倒摔成骨折，这同样预示了凶险，属于"得怪"或"古莫"的第二种类型。该情况实际上是牛事先替主人家挨了一次病痛，推迟了病痛对人的袭击，或者说是牛用自己的牺牲暂时保住了主人家的一条命。为了避免接下来家里人出事，就将受伤或死亡的这头牛献给大老爷，祈求它的保佑。

最后一种情况，牛因受伤、染疾或者无法抵御冬天的寒冷而濒临死亡，人们用尽手段仍然救治无望时就会选择主动将其宰杀，这种情况正好是祭献大老爷的绝佳机会。

与大老爷搭档保护家庭的还有一位"牢神"（tɬæ kə lu，kə lu 便是"牢房"之意）。它们俩是兄弟，大老爷是大哥，牢神是二弟，因此在祭

---

① 也有研究者认为大老爷和家神古撒都是恶鬼，参见磨现强《白裤瑶看鬼杀畜祭"大老爷"习俗刻录的上古史》，《广西师范学院学报（哲学社会科学版）》2012年第2期。

献大老爷的仪式中也少不了对牢神的敬奉。祭献大老爷时以油锅成员为主要参与群体，如果牛的个头比较大，则会专门请舅家前来帮忙，再辅以寨中其他的邻里、好友等。仪式分两天进行，第一天主要完成对大老爷和牢神的祭献，第二天则是将祭献之牛的灵魂带回家，以求牛群的生生不息。

　　祭献的第一步是杀牛。相对于鸡和猪等小型动物，杀牛是一件费时费力的事情，人们通常会选择一个地势平坦开阔、离水源近的地方，既方便分解牛身，又方便清洗，例如瓦庸寨的人就习惯在寨子东面河边的一处高坡上进行。将牛剖好以后，大家合力把牛血、牛头、四个牛蹄和完整的牛身抬回寨里，在主家的家门口进行后续的步骤。鬼师用柱子和木板现场搭建一个祭台，祭台通常有半人高，分为两层，用六根竹竿作为祭台的支柱，每根支柱上绑一束芭芒草，支柱之间用细细的竹篾连接起来，竹篾串联起若干的人马符和纸钱。在一根支柱的腰身处挂一个直径约20厘米的竹篓，篓中装有一碗燃烧的香木。两层祭台用芭蕉叶铺垫，在上层摆放三碗饭，每碗饭旁边摆上三个用酒杯倒扣铸成型的饭团，一共九个，在饭团上插上长香；下层摆上几把糯米稻穗，放一碗饭，同样配三个饭团。为什么祭台上的米饭要以此种数量和方式摆放呢？这就不得不提起白裤瑶的一则神话。

　　　　神灵多幺撇苦于自家的贫寒，就对着星星波洛朵诉苦[1]，波洛朵告诉他："你弟弟家里喂了很多猪，求他分一两头给你，以后猪生猪仔，你就有肉吃了。"多幺撇听了波洛朵的话去找弟弟，刚到弟弟家看到猪圈里肥嫩的猪仔他就两眼放光，忍不住钻进去狼吞虎咽起来，连猪圈都被糟蹋了。弟弟夫妻俩闻声出门，发现是多幺撇在祸乱，问他前来所为何事，多幺撇尴尬地陈述了自己的目的，弟媳生气地说："你未经同意就吃了我们的猪仔，还砸了猪圈，你休想得到任何东西。"多幺撇回家后又向波洛朵哭诉，后者又生一计："你找一天晚上去你弟弟家，化作一只猫蜷伏在火塘旁边，当你弟媳来生火照明时，你就跳起来把火扑灭，趁漆黑一团你便溜到猪圈把猪牵

---

[1]　该神话故事紧接第二章中多幺撇的段落。

走。"多幺撇继续听从波洛朵的安排，变成猫进入弟弟家，最后非但火没有扑灭，反而被弟媳抓住了。现出原身的他被弟媳骂了个狗血淋头，万分羞愧又饥饿难耐的他回家就病倒了，久治不愈。

　　各路亲戚和朋友前来看望多幺撇，商议如何给他治病。有人说可能只有去找大老爷想办法。不过大老爷离群索居，众神都不知道他的方位，这时飞来一只蜜蜂说它知道大老爷的住址，并叮嘱大家牵一头牛去送给大老爷。众神在蜜蜂的带领下一路找到大老爷家，进屋后大老爷就让妻子做饭招待众神，但是碗不够，就只好每人盛一碗饭，再用三个酒杯盛三杯饭。饭毕，大老爷收了送给他的牛，跟着众神回去治好了多幺撇的病。

　　可见，仪式中"一碗饭＋三杯饭"的摆放方式是按照神话中大老爷招待众神时的宴席来设计的，象征着主人家为大老爷送去一头牛，然后在大老爷家中接受款待的场景，营造出人与大老爷紧密互动的和谐氛围。此外，祭台上还要摆上一块蜂巢或者一小杯蜂蜜，象征神话中带路的蜜蜂。从神话中人们可以看到，大老爷的力量之大、能力之强，是其他神灵也为之景仰的，它不仅保佑阳间的人畜平安，甚至还能为阴间的其他神灵治疗疾病。

　　在祭台的旁边有一根贴着红纸钱的大木棒直插地上，上面绑着一根新鲜的竹枝作为生命的象征，挂着一匹未染色的白布作为仪式的标识物，一个麻编网袋用于盛装献给大老爷的米斗，一个竹篓盛装着一碗酒、一块煮熟的猪肉和一个糯米饭团，一杆秤用于大老爷给食物称重，几把用五倍子木制作的木刀和一把铁锹用于大老爷砍杀恶鬼。紧挨祭台再放置一个用竹篾编制的形似牲口圈房的简易装置，上面挂好人马符和纸钱，该装置象征着牢神的牢房。做好这些准备之后，主人家戴着一顶草帽从家中走出来，草帽可以保护他不被恶鬼看见。到达祭台旁，他取下草帽盖在铁锹上，将"武器"暂时伪装起来。这时鬼师就开始按照"生祭"、"整祭"和"分祭"三步走的程序，分别将牛血、完整形态的牛头及牛蹄等部位，切成适宜食用状态的牛肉、牛肚等放到祭台上，其间鬼师不断地喃词、丢卦、显卦，和参与者一起分享酒水与食物。然后鬼师走到"牢房"旁边站定，令助手杀一只红色的公鸡（不能用母鸡或仔鸡），取鸡血装碗摆在旁边，鸡则被丢进牢房中，喃词、显卦之后烧掉牢房和纸钱，完成对牢神的祭献。接着鬼师用铁锹将木棒上挂的竹篓取下来，将木棒推倒，表示完成对大老爷的祭献，木棒上挂的白布旗由鬼师装进他的黑色袋子带回家。第一天的仪式到这里暂告一段落，参与者围坐在一起享用牛肉，待他们酒足饭饱，主人家再亲自上门通知仪式参与者的家属和更多的亲朋好友前来继续分享美食。

　　第二天，鬼师会选定一个吉时，再次上门完成仪式的最后一个环节"取牛魂"（mo tə vein niə）。所谓取牛魂指的是主人家通过仪式将牛魂从杀牛的地方迎接回来，重新送进牛棚，唯有如此家中的牛群才会继续繁衍壮大。在白裤瑶人的所有动物祭献仪式中，只有牛才能得到如此珍视，不仅因为它的经济价值和在农业生产中的不可或缺，更重要的是牛所带有的灵性或曰神性给人的生活带来了诸多保障，为了表示感恩，人们必须将牛与其他动物区别对待。取牛魂时，鬼师和主人家以及另外一位油锅兄弟在杀牛处点上三根香，在地上插一根新鲜的竹枝，竹枝上挂几张纸钱，绑一缕糯米稻穗，竹枝下摆放一碗饭、一个熟鸡蛋、几块肉和三杯酒。喃词、丢卦、显卦之后，鬼师与众人开始寻找牛魂。

　　牛的灵魂与人的灵魂一样，从阴间回来时也以三只几近透明的幼小蜘蛛示人，所以取牛魂和人的赎魂仪式非常相似。他们在现场每找到一只蜘蛛就将它摁压粘连在纸钱上表示牛魂被牢牢固定于此无法跑开，找齐三只就确定灵魂已经找到。此时鬼师令主人家拣来一块石头绑在绳子的一端，这块石头就象征着"牛魂"。鬼师拿起竹枝在石头上方左右轻拂，丢卦、显卦之后，主人家就可以把牛魂取回了。动身之前，他们先分享祭献的食物，然后鬼师指挥主人家握紧绳子的另一端，牵着牛魂往牛棚走去。一路上，鬼师拿着竹枝跟在主人家和牛魂的身后，一边喃词，一边撒米。到了牛棚门口，鬼师与主人家暂停脚步，开始如下对话表演：

　　　鬼师问："我把你家的牛赶回来了，你怎么把牛看护好？"
　　　主人答："以后有牛棚神（tɦæ ti ta）帮我看牛，牛棚里面四个角，每个角里有一个。"
　　　主人反过来问鬼师："你赶回来的牛，有没有一头是从基将

(dʑi dʑaŋ，阴间的一个峒场，那里聚集了很多人和动物走失的灵魂）赶来的，如果是那头牛我就不要了。"

鬼师肯定地说："我没有赶那里的牛回来，那里的牛是一个死魂。"

对话结束后，主人将牛魂（石头）牵入牛棚，让它停留在食槽旁边，把绳子系在栓柱上，然后接过鬼师手里的竹枝插到棚里的一角，转身走出牛棚，将牛棚门小心翼翼地关好，不让牛魂跑出去。至此祭献大老爷的仪式就全部结束了。

除了牢神，前文神话故事中的"多幺撒"（to jao pʐe，直译为"小孩家"）是与大老爷形成配合的另一位重要家神，它与大老爷的作用类似，只是力量弱于后者。大老爷喜欢吃牛肉，而多幺撒最喜爱的食物是猪肉。猪肉较为常见且容易获得，白裤瑶人通常是乘家中办喜事或者过年杀猪的时候，顺便用猪肉祭献多幺撒，而不需要像祭献大老爷那样兴师动众。除了猪肉，还必须杀一只仔鸡进行配合。如果有人杀猪时不与多幺撒分享，往后可能会因得不到它足够的保护而遭遇一系列的不幸，严重时甚至会影响一生的命运走向，难以扭转。

瑶里寨有一个50岁左右的男子板颇，以前他的大女儿出嫁时，准备婚宴用光了家中所有的猪还是不够，于是临时起意从油锅兄弟那里买了一头，迅速宰杀备宴了。杀猪之前，板颇心里其实盘算过要不要请鬼师用鬼祭献多幺撒，但一来时间紧张，二来为了省一点费用，遂决定不用鬼了。几年后，当板颇几乎已经忘掉当年杀猪未用鬼的事情时，大女儿突然生了一场大病。一家人去求助一个女鬼师，鬼师看蛋后问板颇："你想想以前是不是哪一次杀猪时没有请多幺撒吃肉？"板颇回忆了一下才猛然醒悟，问题正是出在当年办喜酒时买来的那头猪身上。板颇回家立即杀了一头猪，并请鬼师重新祭献了多幺撒，大女儿的病才慢慢好转。

然而让板颇苦恼的是，大女儿的婚姻生活一直不顺，夫妻俩总是闹矛盾，丈夫偶尔还会拳脚相加。板颇又去找到那个女鬼师询问情况，鬼师将一个生鸡蛋打破在碗里，看了看，面色凝重地问板颇："你女儿出嫁时是不是有人打架了？"板颇再次回忆，想起来婚礼上的确有两个油锅兄弟醉酒后打了一架，但很快被人劝开，因而他没放在心上。在白裤瑶人的传统观念中，婚礼上骂架斗殴是极其恶劣的行为，可能会给新婚夫妇以后的生活带去诸多不利。一旦有人胆敢在婚礼上触碰禁忌，旁人可以毫不客气地将寻衅滋事者抬出寨扔到地里去，拒绝其继续参加婚礼。鬼师还说她在打破的鸡蛋里看到了一滴血，这滴血就是当年婚礼上犯忌的两个人打架时留下的，这预示他女儿的婚姻将坎坷重重，唯有改嫁才可扭转局面。而这一切的起因都可以追溯到他为女儿筹备婚宴时对多幺撇的不敬，惹得多幺撇降下惩罚，继而才出现后面打架斗殴、婚姻不顺等一系列连锁反应。后来的事情验证了女鬼师的预测，板颇大女儿最终因实在无法忍受那段婚姻而远走他乡。

二　坚实的油锅

"油锅"承载着白裤瑶人绝大部分的公共生活。维系油锅群体的坚实牢固，一边依靠全油锅男子在危机时刻共同承担驱鬼的义务，一边依靠油锅全体成员共同遵守避鬼的禁忌。

驱赶"油锅鬼"

有一种叫作"得梭鬼"（tɐ tə so）的恶鬼专以整个油锅群体为骚扰目标，故白裤瑶人有时也用汉语"油锅鬼"称之，驱赶油锅鬼的仪式则叫作"作得努众"（dzo tə nɯ dzoŋ，直译为"兄弟人多"）。当油锅中的某个人或者某个家庭经历病痛，经鬼师卜卦认为是油锅鬼在作祟，那就需要及时举行仪式将之驱赶，以保其他油锅成员平安。如果在一段时期内，某个油锅集中出现数位伤病者，这便可以非常清楚地判断是油锅鬼已经到来，驱赶仪式迫在眉睫。该仪式要求油锅中所有家庭的已婚男性必须前来参加，这是油锅的群体义务，如果不参加，既是对油锅亲属的不负责，势必影响成员间的感情，破坏血缘纽带的凝聚力，同时也是对自己家庭的不负责，因为如果驱赶不及时，之后被连累的可能是自己和家人。驱鬼仪式必须选定在赶圩日的晚上进行，因为这天晚上大家都出门赶夜圩去了，不容易受到油锅鬼的影响①。祭献油锅鬼的地点必须为太阳落山的方向且尽量远离村寨的山上或野地里。不同的油锅，仪式中需要的祭献物的品种和数量不一样，有的是五种，有的是七种，俗称"五生""七生"，这是从油锅祖先开始便规定好的，除了一只狗、六只公鸡和酒为必备品，猪肉、糯米饭、白米饭和鸡蛋等可自由选择组合。

从鬼师确定仪式举行日期的那天起，主人家就开始通知油锅中的每一户，收到通知的人必须安排好之后的行程，为仪式腾出时间，在外的人则要提早考虑是否回家。然后主人家再指派两名油锅兄弟前往各家各户收取5~10元不等的费用，用以集资购买仪式所需的祭品，拿不出钱就以米和酒替之。仪式当晚，鬼师先在家中对着门外设置祭台，搁入一块猪肉、一块糯米饭、一根贴着白纸钱的芭芒草，然后念出主人家油锅中所有德高望重的努高的名字，请它们回来一同撵鬼，助生者一臂之力，丢卦、显卦，表示得到努高的应允。这一晚，油锅中的所有女人必须在饭后安心休息，不能从事任何劳动，孩子们要尽早洗澡上床睡觉。不过现在大家都简化了仪式，该禁忌只要求当事者的家庭成员遵守便可。

将鬼撵出家门之后，众人挑着几筐食物和几样炊具向寨外行去，准备在户外对油锅鬼进行隆重的祭献。出门前鬼师将家中祭台上的芭芒草插在自己的背部，喝一口酒喷洒在主人家的门口，然后跟在仪式队伍的末端断后，保证恶鬼不会从前方折返回来。他一边走一边喃词，助手则端着家中的祭台在一旁追随，到了寨口鬼师将背上的芭芒草取下放置在古树下方，提醒寨神看好寨门，对撵出去的恶鬼严防死守。

到了目的地，助手先是搭建好一个主祭台，用于祭献油锅鬼，在不远处的另一个位置，鬼师在地上插一根竹枝，竹枝下方铺上几片树叶，树叶上放猪肉和纸钱，这处简易的祭台是为山神和猫头鹰准备的。之所以要祭献猫头鹰，是希望它以后能及时啼鸣，向人们预警油锅鬼的再次到来。户外仪式的第一步，杀鸡三只，分别献给油锅鬼、山神和猫头鹰渥尤。第二步，助手准备一口锅，鬼师将一袋经过发酵或是炒制过的棉花籽、油菜籽和桐油籽的混合物倒入锅中点燃，这便是油锅的象征物。然后鬼师拿着主人家的衣物站在火焰旁喃词，警告油锅鬼别再伤害该衣

---

① 如今白裤瑶人已经不赶夜圩，但在圩日里驱赶油锅鬼的习俗延续了下来。

物的主人及其油锅亲属。第三步，所有仪式参与者站成一个整齐的方队，方队四角的人每人手执一根芭芒草、一块煮熟的肉和一个饭团。队列完成，鬼师提着剩下的一只活鸡，助手牵着一只小狗象征着还在此处逗留的油锅鬼，两人围着方队转圈，顺时针两圈，逆时针一圈。小狗走到队列的某个角落，那个角落的人就扔出手中的肉和饭团喂给它吃，表示只有喂饱了油锅鬼，它才愿意彻底离开。最后一步，鬼师喝一口酒喷洒于燃烧的油锅上加大火焰，方队中的人以最快的速度依次跨过油锅，故而也有报道人将这项仪式用汉语称作"跨油锅"或者"过油锅"。跨油锅的象征意义有两点：一方面炙热的火焰是一道屏障，跨过之后，人与鬼便被隔离开了；另一方面，用跨越同一口锅的方式确认大家归属于同一油锅，使得整个油锅群体更加亲密团结。待锅中的燃料快烧完时，仪式进入尾声，鬼师烧掉芭芒草、纸钱等物品，嘴里一边喃词，一边用嘴喷水浇灭剩下的火星，大家开始享用食物。

仪式结束时，那只象征油锅鬼的小狗必须被打死，连同剩下的一只鸡由鬼师带走。此时无论时间有多晚，鬼师都不能在该油锅中的任意一家留宿，他要么落脚于寨里的其他油锅，要么赶夜路回自己家，且离开时不能与众人告别，避免听到告别声的油锅鬼趁鬼师离开之后杀一个回马枪。现在，很多油锅在驱赶油锅鬼时不再如以前那样兴师动众地准备一口真正的油锅用来跨越，而是用一只盛满燃料的碗来替代，甚至连跨油锅这一步也省略了，直接点燃一个火堆即可。

休息日禁忌

针对那些以整个油锅为伤害目标的恶鬼，请鬼师驱鬼只是措施之一，另一项必不可少的措施是制定油锅的"休息日"，所有油锅成员都需要遵循休息日禁忌，不给恶鬼可乘之机，从而避免事态在油锅内部进一步扩大。所谓休息日禁忌，指的是由鬼师通过卜卦判断一个月中的哪些日子是恶鬼肆虐之时，届时所有油锅成员都必须停止劳作，在家中休息躲避危险。

通常情况下，休息日以一个农历月为周期单位，一共三天。第一个休息日由鬼师卜卦确定，相隔一旬为下一个休息日，也即三个休息日的阴历尾数相同，整个周期不一定处于同一个农历自然月中，可以横跨两个农历的自然月。例如第一个休息日为农历某月八日，那么后两个休息日就定为当月的十八日和二十八日；如果第一个休息日为农历某月二十四日，那么后两个休息日就定为下个月的四日和十四日。但如果鬼师卜卦认为情势非常危险，需要增加休息日，就会在一个月之内连续指定六个休息日，如第一旬的休息日是十七日和十九日，后面四个休息日便是二十七日和二十九日以及下个月的七日和九日。

鬼师确定好休息日之后，由当事者挨家挨户通知油锅的所有家庭。到了休息日那天，一大早每家每户都在门口插上一根叶子茂盛的柚子树枝，或是桃树枝、槐树枝、五倍子树枝等，恶鬼无法忍受这类树枝散发出来的气味，便不敢进入家门。非本油锅群体的人只要看到树枝就知道这家人所在的油锅当日正在休息，有什么事情最好改天再上门叨扰。有的人家还会用一块木板挡住家门口，以更加明确的方式拒绝外人进入。早饭过后，所有人都不允许上山做农活儿，确要外出办事时不能骑摩托车，只能走路；女人们停止绣花，男人们停止打猎，家中做饭避免使用石舂和菜刀，总之，一切要用到坚硬工具的、带有危险性的、可能"见血"的事情都不能做。如若有人不遵守禁忌，日后一旦油锅中有人出事，大家就会怪罪他破坏了休息日的规矩。

多年前，有一位刚嫁入化图寨的女子觉得自己并不是当家的人，而且刚刚嫁入丈夫家还不算丈夫油锅的成员，于是在丈夫油锅的休息日当天大胆舂米，事后染上怪病不治而终。

又如国民政府时期，董甲寨有一个男子有幸去县城法院当差。有一次，他所属油锅在一个月之内有连续三个休息日，但那个月他公务过于繁忙，错过了第一个休息日之后父母劝说他在下一个休息日一定要停止工作，安心待在家里。但他又错过第二个休息日。在第三个休息日那天，他下乡办事，上午正好来到甘河寨的哥嫂家，大伙儿都劝他当天留下来，过完休息日再出门，可他依旧不以为然。下午时分，他和同事一行共八人从里湖去怀里寨，汽车行至一个转弯处时翻下山沟，其余七人都只受了伤，唯独他伤重去世。

三　祥和的村寨

里湖乡有一个村寨周围分布着大量的溶洞，多年前政府计划开发当地旅游，但每次去当地协商都会遭到寨里一部分老人的坚决反对。他们说有一个被封堵多年、现在已经找不到具体位置的溶洞关押着恶鬼"问斗"（ven təɯ），如果溶洞被凿开，问斗鬼出逃，村寨里恐将生出祸事。关于问斗鬼的一则神话是这样讲述的：

> 古时候，有一个寨子里的"问斗鬼"猖獗一时，全寨人都病死了，最后只剩一对兄妹。一位天神背着砍牛刀下来杀鬼，问兄妹俩："问斗鬼什么时候才出来害人？"兄妹俩回答："每次我们在家舂米舂辣椒的时候它就来吃人。于是天神就让兄妹俩故意舂米引问斗鬼出来，他好见机将其砍杀。虽然这个计谋成功了，但被大卸八块之后的问斗鬼一直不见死亡的迹象，每一块都在动来动去。于是天神让兄妹俩把问斗鬼的残肢扔到溶洞里，然后用石头和五倍子木刀把洞口永久地封堵上。

在白裤瑶人的信仰中，以问斗鬼为代表的一类恶鬼每每出现，必定导致整个村寨遭殃，例如寨里人在短时间内大规模患病，寨里的新婚夫妇后来全都没有生育，寨里有人接二连三地去世，一年之内农作物反复遭灾，禽畜瘟疫不断，财物损失严重，寨上邻里之间经常爆发矛盾冲突，等等。针对村寨的集体性风险，村寨里的每个人都有义务在平日里悉心维护由寨神、山神和神树共同守卫的这个空间的边界，在危机发生之时则全体动员，作为一个紧密的共同体单位，或向神灵祈求帮助与福佑，或对村寨上下进行彻底"清洗"，将一切不洁之物扫地出门。

护寨三神

守护村寨的神灵体系主要由"寨神"和"山神"组成，寨口的开寨古树则为两位神灵提供安寝之处，三者合力保障村寨的安全。

在每一个白裤瑶村寨的寨口，人们都会立几块石头象征寨神"沃苏"（və su）。这些石头高十几厘米到几十厘米不等，形状各异，并无具象。但在神话中，寨神长得肥头大耳，但憨态可掬，是一位心宽体胖之神，所以人们也戏称寨神是"猪八戒"。寨神守于寨口，首要的责任是掌管入寨的通道，拦截入侵的恶鬼，是一个村寨的看门人。如果有恶鬼进入村寨，寨神便举起它手中的大刀将其捉拿，用铁链锁住之后将其逐回阴间。

在里湖乡，绝大多数报道人认为一个村只有一个寨神，它娶了一位妻子，过着养儿育女的家庭生活。所以我们通常见到寨神石不止一块，而是一组石头象征着一家人。各个村寨的情况又有所不同，我见过寨神石数量最多的村寨是瓦庸寨，共立了六块，但最少的也不会少于三块，否则就不成为一个家庭。但在贵州瑶山乡，有报道人称寨神分正副，正寨神家里本为一夫一妻，妻子不育，寨神娶二房，二房生三子，家里总共六口；副寨神是三个未婚男子，听命于正寨神的指挥，负责用大刀与铁链等兵器捉拿恶鬼。不论寨神是否分正副，寨神石一旦立好就禁止移动。如果万不得已需要为寨神搬家，寨里人就为寨神献上大量的食物，征得其同意后方可挪位。现在人们很少特意祭献寨神，要么是在举行其他仪式时顺带为它献上食物和酒水，要么是在平日里随手为它包上一些米饭和几块肉，因此寨神石面前的食物是长年不断的。偶尔有人家会在大年期间特意为寨神供上丰盛的酒食，这些人家通常是属于最早来到这里开辟村寨的油锅，寨神石便是他们的先辈所立，寨中历史越长、资格越老的油锅就越注重对寨神的供奉。

如果说寨神是坚守于寨口的"门卫"，那山神公沃艾就是飞翔于村寨四周鸟瞰一切的空中"巡警"。正如前文所说的，山神飞翔时会在空中留下一道宛如金箍棒的光亮轨迹，"金箍棒"最后消失于谁家的屋顶，就表示山神追逐着恶鬼去了谁家，预示着会有不好的事情降临在那家人的头上，或者说整个村寨的祸事将以那家人为起点开始扩展。故而白裤瑶人戏称山神是"孙悟空"，它正好与寨神"猪八戒"配合，师兄弟二人一起保护整个村寨。山神不仅通过自己飞翔的轨迹向人们暗示灾祸的去向，也可以通过梦境向人们传达其他神灵的旨意。

白裤瑶的铜鼓是一种丧葬仪式器具，它与死亡直接相联系，因此一直以来有人反对由政府发起的铜鼓表演，瓦庸寨有一位丧夫多年的独居老太便是其中一个。她每次听到铜鼓声响起就会感到心惊胆战，总觉得那是在宣告自己时日无多。有一天晚上她梦见山神进了她家，对她说："瓦布听见你们瓦庸寨总是传出鼓声却不见有人去阴间报道，就问我怎么回事，然后还转告我，让我把你带去阴间见他。"老太被这个梦吓到不敢出门。没过几天恰逢瓦庸寨来了游客，表演队又开始敲鼓迎接，表演结束之后忍不住怒火的老太冲到表演队面前，要求他们以后不要再随便敲鼓，弄得场面十分尴尬。

除了寨神石，白裤瑶村寨的寨口往往还矗立着一两棵枝繁叶茂、树干粗壮的古树。寨神和山神都以古树为栖居地，寨神住在树冠下，山神住在树冠上。巨大的树冠为寨神遮风挡雨，也为山神提供了密实的住所，有的村寨的寨神石甚至还被安放在了树干底部的树洞中。白裤瑶的先人每到一个地方开辟新寨，要么直接选择有大树的地方修建入寨的通道，并将这里作为寨门；要么在入寨通道建成后于某处种下一棵树苗并定下此处为寨门。凡是有一定历史的传统老寨，寨口的大树树龄都以百年计算，是不折不扣的古树。它们都是建寨之初便已种下，最常见的是有着鳞片状树皮的青冈树。

在白裤瑶人看来，寨口的古树是辅助寨神和山神的第三个保护者，它也是有生命和主观意志的，是类似于神的一种存在，人们甚至还给它起了一个听起来像神灵的名字"葳古东格"（ve ku ntoŋ kɯ）。有的村寨不止一个寨口或寨门，那就需要在每一处立下一组寨神石并种下神树。例如瓦庸寨有两个寨口，一个寨口有六块寨神石和一棵古树，另一个寨口有三块寨神石和两棵古树。瓦庸寨的人根据从祖先建寨到现在一共有多少代人来估算古树的年龄，他们的说法是："这些树已经送走至少十几代人了，所以起码也有几百岁了吧。"

古树永远不能被砍伐或移动，从古树上掉下来的枝叶都是其神性之躯的一部分，人们也不能把它们捡回家当柴烧，只能归拢在寨神石旁边，供寨神一家生火烧饭和取暖。如果有人犯忌，身体就会出现异样，直到向古树和寨神献上食物、赔了不是之后才能恢复正常。倘若有人胆敢砍伐古树，这不仅伤害了古树本身，还破坏了寨神与山神的住所。于是三者会同时对当事者施以惩罚，那可能会是毙命的血光之灾。人们都说这种事是有前车之鉴的，大意不得。例如下面几段在里湖乡流传甚广的"往事"。

　　"大跃进"期间，白裤瑶地区的很多参天大树都被砍伐用于烧柴炼钢，但人们还是尽量保护好每个村寨的古树不被毁掉。到了"文化大革命"期间，"破四旧"的口号传遍各个瑶寨，政府明确要求白裤瑶村寨不能保留具有迷信色彩的守寨神树。可是村民们当时没有人敢动古树哪怕一片树叶，私下里对上面的要求愤愤不平。1969 年，当时董甲寨的村支书迫于政令压力而违背祖训，在众人的担忧和指责中抄起斧头单枪匹马砍树，树没砍倒，却被掉落的树枝砸断了腿。此祸一出，砍树之事被搁置了很长一段时间，直到下一任书记上任才被重新提及。新书记号召大家一起砍树，这次仍然没有人听命，他只好单独作业。不料意外再次发生，砍树的时候，古树后方山壁上一块岩石崩落，将这位书记当场砸死。

　　1972 年，瑶里寨也因砍树出了祸事，当时动斧头的是一位村民，他在挥斧之前对古树说："树老人，不是我想砍你，是支书叫我砍，我不砍交不了差。"树被砍倒的第三天，支书突发疾病而亡，砍树的人却安然无恙。那时也有人准备砍掉瓦庸南面寨口的古树，但斧头一下去就见树干里流出像血液一样的鲜红液体，砍树的人便不敢继续造次。这棵古树保留到现在依然枝繁叶茂。

　　现在有些老寨的古树已经步入生命的最后时期，一有风吹雨打就掉落大量树枝，寨神失去了遮风避雨的理想场所，于是人们就在古树残存的荫庇之下特地用砖瓦搭建一间半人高的小房子将寨神一家遮盖起来，让它们可以安心居住于此。白裤瑶人用汉语"庙"的谐音"mio"来称呼这种类似神龛的小型建筑物，他们在庙檐的正面拉一根竹条，上面绑着几把用五倍子木雕刻的木刀，刀两端分别挂一串竹环，木刀和竹环分别象征寨神捉拿恶鬼时使用的大刀与铁链。也有人说竹环是寨神妻子的手镯，象征着寨神家里的富足。

　　寨神守寨，山神巡寨，古树护神，它们各有分工，相互配合，这就是白裤瑶人观念中护寨神灵体系的三角关系。

扫寨与封寨

如果一段时期内，村寨里出现了一连串多年未发生过，甚至以前从未发生过的风波，这表示各种各样的恶鬼已经充斥着整个村寨，危难重重，村寨就到了不得不"扫寨"（nȶæ ɣi）的时候了。例如瓦庸寨于2014—2015 年经历了和邻村的集体土地纠纷、修建千户瑶寨时的征地补偿纠纷、村里有人因非正常死亡变成凶死鬼、数位正当壮年之人生病去世，于是寨里人举行了尘封十年有余的扫寨仪式。扫寨，顾名思义就是清洗全寨上下，将有害的、不干净的东西全都扫出寨门。

通常会有某一受害者家庭最先起意举行该仪式，然后他们作为发起人将想法告知油锅中有威望的老者，老者同意后再与寨老商量，寨老如果认为有必要扫寨，就出面征求寨上所有油锅的意见。在扫寨仪式中，表达同意与否的单位都是油锅，而不是家庭，油锅负责统一各个家庭的想法和意见。如果寨上所有油锅对扫寨都无异议，发起人就请鬼师前来决定扫寨的日子以及确定仪式所用的祭品。发起人与一位油锅兄弟经过计算之后，去往每家每户收份子钱，大家一起集资购买仪式所需的鸡、猪和香火等。

到了扫寨那天，鬼师来到发起人家中，这里是扫寨仪式的起点，从他的家中开始清洗，进而洗遍整个寨子。寨上每个油锅都会派出几名男子前来帮忙，鬼师指定其中两个人挨家挨户收集木柴和大米，用以仪式过程中烹煮祭献恶鬼的肉食和米饭。其他人有的负责制作五倍子木刀，有的负责去山上砍竹枝、挂上白色的纸钱，做成扫寨用的扫帚，至此准备工作就做好了。

仪式的第一步，人们分成几个小组，有的小组去寨子的水源地清理杂草和污物，保证水源的清洁；有的小组负责清理出寨道路上的杂草、掉落的树枝和丢弃的垃圾，无论是大路还是小道、正在使用的新路还是已经弃用的老路，全部需要清理干净，这样恶鬼来到寨口时才不容易藏身，方便神灵的监视；有的小组负责规整寨子公共空间中的杂物，让寨子恢复整洁；还有的小组前去打扫供有寨神的庙，扫除寨神石上的灰尘和蛛网等，清扫完毕，鬼师将纸钱贴于寨神石上，并献上美酒和香火。

有的村寨会乘扫寨之际换上新的寨神石。

　　2014 年初过大年期间，蛮降寨的寨神石被一辆为寨里小卖部送货的车撞断了。由于这块寨神石的年代极其久远，称得上是先人们留下来的全寨基业，意义非凡。因此寨里的人当时没有选择立新寨神石，而是将本有的寨神石修补起来暂时留用。撞断寨神石的司机也没有躲过寨里人的处罚，他极不情愿地赔付了 360 元钱。直到下半年寨里举行扫寨仪式时，人们才用获赔的这笔钱购买了一块上好的石头立为新的寨神石，这块石头是县城石厂里用来制作墓碑的上等材料。

　　仪式的第二步，鬼师在发起人家中对着门外搭设祭台，开始撵鬼出门，他将一根芭芒草插于背上，手里拿着竹枝做出扫地的动作，嘴里不断地往地面喷酒，清洗家中的每个角落。恶鬼出门后，若干个年轻小伙子拿着准备好的竹扫帚列队开始清扫每家每户的房门和屋檐，出发前他们每人喝一杯酒热身壮胆，鬼师则跟在队伍末尾断后。小伙子们一路小跑着，嘴里兴奋地喊着："着火咯！来把火扑灭咯！""火"比喻的是寨子正遭受群鬼之害，处于水深火热的危机中，扫寨犹如在扑灭大火。寨里的人听到小伙子们的口号声与脚步声，全都将房门紧闭，阻挡此时被吓得四处乱窜的恶鬼。若是寨里有人家不合群，拒绝出资出力参与仪式，扫寨的队伍就从这家门前绕道而过，不为这家清扫房屋。若干年前仪式尚未简化的时候，躲在屋里的人为了配合屋外扫寨的人，还会用自制的五倍子木刀敲打家中的各个角落，确保没有任何遗漏之处。小孩子们不懂事，遇到这种情况都觉得好玩，常常敲坏家中的水缸等物品，家人此时也不会责怪。现在已经很难见到扫寨时有人在家中使用五倍子木刀赶鬼了。

　　仪式的第三步，等到寨里的每家每户都被清扫了一遍，仪式队伍来到寨口等候。鬼师吩咐助手在寨口拉一根竹篾或是稻草编制的绳子，将准备好的几把五倍子木刀挂在上面，这样寨口便被封堵起来令恶鬼无法折返，从这一刻起其他村寨的人一律不准进入这个寨子。来者见到寨口的五倍子木刀便知发生了什么，只能打道回府，有事改天再议。寨里的人从此刻起也最好不出寨门，实在需要出去的话顶多就在村寨周围活动，不能去其他村寨。五倍子木刀挂好后，扫寨的队伍来到山上或野地里，将猪和鸡首先祭献给恶鬼，然后再把其他食物敬奉给山神、寨神、土地神，扫寨仪式便宣告完成。此时鬼师与仪式队伍于寨口处一起享用食物，吃完之后将剩余的抬回寨里摆成长席宴，全寨男女老少前来分享。寨口的五倍子木刀必须悬挂过夜，第二天早上第一个出寨的成年人将其拆下即可。

风调雨顺

以前一旦发生洪水、干旱、山火、寒冻等灾害，整个村寨的温饱往往受到影响，因此白裤瑶人历来都将自然灾害视作整个村落群体需要共同面对的问题，而非单家独户或者某个油锅的事情。只在极少数的情况下，人们能够断定到底是什么德拉引起了自然灾害，例如前文所说的彩虹可以引起干旱，但更多的时候人们将自然灾害视为神灵惩罚、恶鬼肆虐、努高不安的一种综合结果，是个体、家庭、油锅和村寨层面所共同遭遇的最高等级的危机。面对破坏性巨大的自然灾害，人其实并没有太多有针对性的禳解之方，因此求诸神灵的保护，遵照神灵的指示避灾避难。

例如每个村寨都有自己的土地爷（tɬæ ti te）和地龙神（dʑe ti ɣo ɣoŋ），它们管理着村寨和外围大片的自然区域，保护着农田和林地免遭自然灾害。在户外举行任何的敬神仪式，主人家都可以顺带祭献两位土地神，凡是在它们掌管的土地上发生的事情都能得到它们的福佑或者受到它们的影响。尤其是人们建新房时，除了给住家的古撒设立神位，通常还要为土地爷和地龙神奉上酒食和香火，希望房子所在的这片地以及它周围的山体都足够安全，房子才可以长久。

又如雷公（phəu），它统管风雨雷电等天象，在白裤瑶人的神话传说和日常交流中经常"出镜"，在各种自然神中享有很高的地位，人们必须在雷公的指导下安排农业生产才能避免气象灾害。例如每年过完大年之后，雷公第一次打雷之后，七天之内不准下地干活儿，第二次打雷之后是五天，第三次是三天；如果有人在禁忌日务农，其种的蔬菜瓜果和庄稼也不容易成活，或者长势堪忧。所谓雷公的指导实则是白裤瑶祖祖辈辈累积下来的农业知识的神化结果。例如大年之后的前几次雷雨往往会伴随着天气的再度反寒，或者是紧跟着一段时间的阴晴不定，所以并不适合作物的播种。但是白裤瑶人将这种自然认知与生产经验组织进了信仰体系中，将农业知识转换为信仰色彩的禁忌，增添了一层权威性与强制力，提高了人们在农业生产过程中的警觉度。有一则神话，说的是远古时期天地相隔很近，一些高大的树木或竹子直耸云霄，蚂蚁就顺着树干爬上天吃掉了雷公的儿子，因此雷公特别害怕树上的蚂蚁窝，想方设法想将它劈掉。所以当人们见到树上有蚂蚁窝时，最好把它破坏掉。如果不这样做，等到雷公劈蚂蚁窝的那天，大树便可能起火，引得山火蔓延。与打雷之后不下地的禁忌类似，捅蚂蚁窝的神灵指示同样来自农业知识的神化，蚂蚁啃食树干做窝会让树木干枯，容易引雷导致山火，白裤瑶人用了一则神话做外衣，使得这种农业生产中的御险经验更容易被传承与传播。

现在春雷不下地的禁忌已经很少有人再遵守，但谷雨不生火的禁忌一直被严格执行。白裤瑶的神话中说，若是谷雨当天在户外生火，产生的烟升至天上会熏到雨神沃缪（və mio）的眼睛，到了稻田插秧的时节，别人农田的雨水都正常，唯独犯忌者的那方田土不下雨；或是下雨时其他人的农田都得到雨水足够的滋润，唯独犯忌者的农田始终"吃不饱"水①。每年谷雨的前一夜，晚饭过后，待天已黑透，寨老开始从村寨的一端出发，一边走一边用洪钟般的声音喊出谷雨节气的农业生产禁忌：

> 明天就是谷雨天，
> 去山上的不要生火，
> 年轻人要告诉全家老小，
> 明天不要外出生火，
> 如果有人生了火，
> 我教训你来蛮难听，
> 如果我不提醒你，
> 那是我的错，

---

① 关于该农业禁忌的现实原因与目的，笔者在田野调查中尚未遇见报道人能够指出。

现在我已提醒你，

种田没水莫怪我，

管好你家的牛马猪，

不去踩人家的苞谷地，

看到竹笋莫要掰，

长成竹子再去砍。

2014 年 4 月 19 日晚是谷雨前夜，正吃着晚饭时突然听见寨老的喊寨声激荡山间，我一脸惊奇地望向房东。房东告知事情原委后我立即放下碗筷冲了出去，追着寨老一路行至寨尾。他喊完寨刚在一户人家门前坐下歇脚，雨水就从夜空中倾洒了下来，当时给我的震撼现在还记忆犹新。不过遗憾的是，目前我尚不清楚此项禁忌对应的农业生产经验是什么。

在一些海拔较高的村寨，例如瑶里寨、化图寨和岜地寨，人们还会在寨神石旁边立一块雨神石，让它与寨神平起平坐，享受人们一年四季不断的敬奉。这些村寨之所以对雨神格外重视，是因为它们海拔高，容易缺水。旱灾发生时，这些高海拔村寨就会组织周围海拔较低的村寨一起向雨神求雨。作为组织者的高海拔村寨负责准备一头牛，牛是敬献雨神的核心祭品，周边低海拔村寨作为参与者可以提供米和酒，并要求每家每户都为雨神准备一张纸钱。如今白裤瑶地区的农业技术水平已经有了巨大的提升，人们依靠育种、化肥和农药技术保证了粮食的产量，水不再是威胁生产的第一要素，并且每家每户都有了存粮，即使发生旱灾，其对生活的实际影响也非常小，求雨仪式基本上失去了本有的功能。从第一次进入白裤瑶地区开展田野工作，到现在已经过去十余年时间，我还从未见过或者听说过一次求雨仪式。同样的道理，现在洪灾或其他自然灾害虽然仍会影响到整个村寨的农业生产，但已经完全威胁不到人的基本生存，当下以恢复农业生产为目的举行的村寨层面的仪式也非常罕见了。

第七章　生命的转化

在白裤瑶家庭中，一个人只要年过半百，家中的年轻女性就开始为他/她准备死后去往阴间的"旅途用品"了，包括一张绣帕，这是途中翻越火焰山（阴间的一处峒场）时盖在头上挡火所用；还有一床绣被，这是途中打包行李所用。女人们在家里绣这些用品时不会直接说此物是为某人以后的葬礼所准备，而是委婉地说"绣帕与绣被是给以后家里人回老家时用的"，意指人在去世之后会回到当初灵魂的来源之地，即阴间。白裤瑶人在刚过半百之时就开始为"死亡"这件事做着悉心的准备，不但没有讳莫如深，反而将其亲切地称作"回老家"，皆因他们对于去世之后人的去向和状态有着某种强烈的愿景与期待：死亡不是停止过日子，而是由阳间的"人"转化为在阴间安身立命的"努高"，并将生活接续下去。换言之，一个人不因死亡而打破生活的平稳性与持续性，死亡是生活秩序的另一层内涵。白裤瑶人日常生活中继处理身体病痛与群体溃散之后的第三类巫术仪式，便是处理从生到死的过渡与转化，葬礼是其中最为核心的部分，或者说是其中最大型的一场巫术仪式。

当然，这里的死亡指的都是白裤瑶人传统观念中的"自然死亡"，即所谓"老死""病死"，非自然死亡者由于死得不甘，其灵魂不愿意在阴间安身，无法延续生活，只能化作凶死鬼四处害人以维持生计。

一　从剽俗到安葬

白裤瑶人当前采用的丧葬形式是土葬，在土葬之前存在一个长期的岩洞葬阶段，对此前人已有诸多基于实地考古的研究[1]。而在神话传说中，岩洞葬不是一开始便固定下来的处理遗体的标准方式，其成为一种

---

① 张一民、何英德、玉时阶：《广西南丹县里湖瑶族公社岩洞葬调查及初步探讨》，《广西师范学院学报（哲学社会科学版）》1983 年第 3 期；张世铨、彭书琳、周石保、关伟峰：《广西南丹县里湖岩洞葬调查报告》，《文物》1986 年第 11 期。

习俗是有赖于一位孝心极好的年轻人带来的改变。这则无从考证的故事，既反映了白裤瑶人关于艰苦生活的族群记忆，又影射了他们已然从"剽悍"进入"文明"的自我定位。

远古时期，白裤瑶人常常受困于食物的匮乏，灾荒严重时甚至不得不分食去世老人的肉。有一次，一个叫拉撒的男子去放牛的时候，一头母牛刚上山便开始产仔。母牛一会儿躺卧，一会儿站立，痛苦不已，用尽了全身力气才生下了一只小牛，但包衣（胎盘）还在母牛腹中没有滑出，情况很是危急。拉撒焦急万分，他找到附近山头上的一位老者问他该怎么办，老者说："你将草鞋脱下来挂在牛角上包衣就能出来。如果生的是母牛仔就挂在左角，如果生的是牯牛仔就挂在右角。拉撒照着老者的方法去做，果然包衣也顺利出来了。从早晨6时母牛开始产仔到此时，已经过了整整14个时辰。

拉撒回家后将母牛产仔的过程向母亲瓦维努多诉说，母亲感叹道："你看，母牛产仔那么辛苦，我生你的时候也是这么辛苦。而且母牛养育小牛的时间很短，但我养育你却是十几年如一日，到头来可能还会被吃掉。"拉撒听完掉下了眼泪，决定在母亲去世后保护好她的遗体。

后来瓦维努多去世时，拉撒为了掩人耳目，没有将死讯通知任何人，他用芭蕉叶和竹席裹住母亲的遗体藏到山洞中。第二天拉撒去赶圩，路上碰到舅舅，舅舅问："你妈怎么没有来，她去哪里了？"拉撒谎称母亲放牛走不开。没想到，一只叫瓦吉的鸟去山洞里觅食时刨开了瓦维努多身上的芭蕉叶，看到了遗体，它飞到拉撒身边问："你母亲死了，为什么你不告诉大家？"拉撒无言以对，于是瓦吉将这件事传了出去。然后瓦吉和另一只叫作达勾的鸟去通知拉撒的舅舅，舅舅不相信，说："达勾，你的羽毛五彩斑斓①，怎么可能是来报丧的？"瓦吉见状唱道："气气气，瓦维努多没有气（没有呼吸）；热热热，瓦维努多不发热（没有体温）。"舅舅这才信了它

---

① "达勾"（ta kəu）是白裤瑶地区以前常见的一种野鸡，学名"白腹锦鸡"。相传白裤瑶的传统男装就是根据白腹锦鸡的羽毛颜色和尾羽形状设计制作的。

们的话。

舅舅找到拉撒，拉撒只好将事情的来龙去脉讲了一遍。舅舅听了为之动容，决定帮助拉撒完成心愿。首先，舅舅吩咐拉撒去一个三岔路口躺着，第一个向路口走来的是什么动物，就选那个动物的生肖日下葬。第一个过来是龙，于是选了龙日。然后舅舅叫了两个人去嘎东那翁找一棵大树，祭拜大树之后将它砍回来制作棺材，将瓦维努多的遗体装进棺材后再抬入山洞中安放。接着，舅舅又送了一头牛给拉撒，告诉他把这头牛砍杀分给大家填肚子。后来拉撒的事迹越传越广，大家都感动于拉撒的孝心，认为父母大过一切，从此将逝者入棺安放于岩洞成为共识。

至于后来白裤瑶人是如何从岩洞葬转变为土葬，无论是他们自己的口头叙事和神话传说，还是研究者的考古工作，都没有给出相应的解释。现在，白裤瑶人一般选择在每年的农闲时期为逝者举行土葬仪式，此时人们时间宽裕，既能保证葬礼的顺利筹备，又能保证有足够多的参与者。依据白裤瑶地区的农作物生长周期，最长的闲暇期是农历八九月秋收之后到第二年开春播种玉米之前，足有四五个月之久。选择在此期间举行葬礼的好处还在于秋收之后有大量的储粮，不用担心葬礼上招待客人的口粮不足。对于秋收以前去世的人，家人先将逝者装入棺材，用黄泥将棺材封好，暂时埋在家屋外的墙脚处，待到秋收之后再挖出棺材举行正式的葬礼。暂时掩埋的棺材需要在其上方搭设雨棚，防止雨水侵蚀，有的人家为了防雨，甚至会选择将棺材埋在家屋中的某个角落。

罗伯特·赫尔兹（Robert Hertz）研究过世界上形形色色的二次葬习俗。他认为对人力和食物的需求不能解释这个现象，真正的原因在于逝者的灵魂在短期内既被生者拒绝，又无法得到祖先的承认，此时它是一种没有身份的存在；唯有度过这段时期，逝者才能被正式下葬，逝者的灵魂才能被祖先接纳为新成员[1]。白裤瑶的二次葬是否起源于此？以笔者所收集的材料来看，无法进行相关印证。但当下的白裤瑶二次葬更多的是出于经济方面和人手方面的考虑，宗教性的功能和目的都非常不明

---

[1]　〔法〕罗伯特·赫尔兹：《死亡与右手》，吴凤玲译，上海人民出版社，2011。

显。它也不像赫尔兹所论述的那样是一种规定，相反，从主观愿望来说，所有人都希望死者能迅速入土为安，如果食物和人力足够，秋收以前完全可以照常举行葬礼。

每年等收获的玉米和稻谷晒干入仓，白裤瑶人就开始奔忙于各个村寨的葬礼场合，这个时期公路上常有穿着白裤瑶民族服装的治丧者组成浩荡的摩托车队，外来者未到葬礼现场就有强烈的仪式感。接近年底，在外打工的人都带着积蓄回家了，筹办仪式就有了更宽裕的资金和更充足的人手，此时的葬礼就更为密集。实际上很多白裤瑶人完全是为了应付家中即将举行的葬礼才选择在秋收之后外出打工的。不论家庭条件如何，人们都争相把葬礼办得体面：一方面，葬礼是展示死者家庭、油锅甚至整个村寨的财力、人力和物力的重要机会，带着集体夸富的性质，这是生者需要的一种荣耀；另一方面，白裤瑶人相信死者也渴望一场隆重且合乎规程的葬礼，唯有如此，其去往阴间才会一片坦途，才能在阴间享受到与阳间无差的生活，这样死者才会心甘情愿离开阳间。

以前，参加葬礼也是一个谈情说爱的契机。如今在葬礼场合谈恋爱的情况虽然很少见了，但是葬礼依然是参与者展示家庭的富裕和慷慨、油锅的兴旺与团结，强化村寨成员共同体意识，以及不同村寨的亲友联络感情的绝佳机会。白裤瑶人的宇宙观和人生观在葬礼中有着集中的展演，各种神话传说、古语歌谣和民族乐舞也借助葬礼得到传承。葬礼的作用犹如一个"总体性社会事实"，将社会的许多方面都卷入其中，是读懂白裤瑶社会与文化，体会白裤瑶族群精神与气质的重要窗口。

二　成为"努高"

从人到努高的转化，不是一个完全自然发生的过程，需要在世之人的推动与促成。唯有通过举行一场程序完整无缺、操作精准无误的葬礼，对逝者的身体和灵魂进行恰当处理之后，人才能实现由生及死的平稳过渡，死者的努高身份才得以确立，生活便可以继续有条不紊地进行下去。

白裤瑶的葬礼包括入殓、开路、牛祭、带路、下葬和放水六个环节。入殓在逝者去世当天完成，逝者家人选定牛祭所用之牛的当天进行开路，牛祭和下葬是一前一后相连的两个环节，前一天砍牛，翌日便安葬逝者，带路在牛祭当晚通宵进行，放水则是在下葬后的第三天进行。有人去世时，其家人都会以最快的速度将献祭用牛准备好，故大多数情况下开路都能紧接入殓的第二天完成。如果是选择二次葬，就需要等到正式的葬礼期间再行开路。下葬日必须通过鬼师占卜吉日来确定，因此往往开路与牛祭两个环节之间会有间隔，短则几天，长则十数天。鬼师通常会在除狗、马、虎之外的另外九个较为吉祥的生肖日中选择下葬日期，并且不能选择与逝者生肖日相同的日期，否则逝者的后人容易不孕不育。此外，在每个环节中，鬼师都要为逝者家庭阻挡"闲话鬼"。

入殓之日

每当有人离世，逝者家人会立即物色一个总管来统筹安排葬礼的各项工作，瑶话称此人为"努班"（nɯ pæn）。担任总管的一定是对丧葬礼仪精通的人，如果一个村寨的寨老是"懂白事"者，那么总管之位非他莫属。葬礼总管通常还会带一个助手在身边，这个人是寨里除他之外最熟悉葬仪的，他是未来的总管人选。总管为寨里所有家庭的葬礼提供几乎是义务性的帮助，因为他并没有金钱的回报，仅仅获取食物的回馈。这是一项基于村落共同体关系并考虑个人声望的工作。另外，主人家需要请来一位鬼师负责葬礼中的用鬼部分，并甄选下葬的吉日和吉时。逝者家人还要及时通知居住在其他村寨的亲属，尤其是当逝者为女性时，一定要第一时间通知她的来源油锅，即通知孩子的舅家，否则不能入殓。

逝者入殓之前先被停放在一床草席上，脚向外头朝里平卧于堂屋中，家人用热水为他[1]擦拭身体然后穿上民族服装。里面是一件干净的普通装，外面再套上盛装。每个白裤瑶人都有一套盛装，上衣是用四层长短不一的普通上衣叠在一起缝制而成，并用长长的珠链吊坠做装饰，男性下身为红色刺绣图案的白裤，女性下身是与平时一样的百褶裙。盛装的制作极其耗时耗力。人们平日从不穿盛装，只在赶年圩和关系最近的亲属结婚或去世时才穿戴。一个人在成年之前随着体形的变化会得到母亲制作的两三套盛装，等到体形固定之后，直至去世时通常只有一套盛装。由于蓝靛染的衣服容易褪色，所以盛装是不能洗的，洗过一次就会变旧，

---

[1] 此处以及后文中笼统指代死者时，用"他"统一指代男性死者和女性死者。

算是作废了。除了换装，家人还要为死者梳头、包头巾、穿新鞋。白裤瑶人的民族服装只包含上衣、下装和绑腿带三大件，并无鞋履。以前人们要么打赤脚，要么穿草鞋，甚至曾经有一段时期很多白裤瑶人喜欢用废旧轮胎来制作橡胶鞋。如今死者的鞋都是在市场上买来的布鞋，不能再把寒酸的草鞋穿在死者脚上。

穿戴完毕，家人用白布带为逝者绑身体，将其手臂并拢与身体绑在一起：男性绑三段，分别绑于胸膛处、腰腹处和膝盖处；女性为四段，分别绑在胸膛处、腰腹处、膝盖处和脚踝处。布带可以固定逝者的身姿，使其在入棺时保持仪态，同时，绑布带的用意还在于消除逝者死后还能起身活动的可能性。在白裤瑶人的信仰中，如果有猫或者狗在人的遗体上面跳过，遗体会变得不安分，搅得鸡犬不宁。更甚者会变成恶鬼，拥有与猫和狗同样灵敏的嗅觉，闻着人的气味四处吃人。下面这则神话讲述的是古时候白裤瑶人不为逝者绑布带，结果尸体变成恶鬼闹事的悲剧：

> 有个上了年纪的男子因病去世，遗体停留在家中。他有三个儿子，大哥二哥要去找祭丧用的水牛，嘱咐小弟在家中好好照看父亲的遗体，千万别让猫和狗接近父亲。小弟却将哥哥们的嘱咐当耳边风，在家中待了一会儿就跑出去玩耍。结果一只猫从遗体的脸上跳过，遗体便站起身来走到厨房吃东西，吃完又躺了回去。大哥二哥回到家发现父亲嘴角沾的有黄色的异物，仔细一看竟然是锅里的南瓜饭，非常害怕，就把父亲的遗体扔进了一个山洞。
>
> 三年之后父亲变成恶鬼，每天在洞里学雄鸽子叫。有个路过的人听到了，就回家捉了一只雌鸽子放在洞口引诱雄鸽子，没想到引出来的却是一只吃人的恶鬼。这个人拼命往荔波方向跑，恶鬼跟着他的气味一路狂追，直到他跑过了一条河气味变淡了，恶鬼才停止了追逐。恶鬼折返时路过一个村寨，这个村寨的所有人都是嘎立凳批（ka kɬi taŋ phi）油锅的，恶鬼吃光了全寨的人，所以现在再也找不到该油锅的人了。然后恶鬼往岜地方向而去，在山下的河边化作一群洗衣服、晒裙子的年轻姑娘。此时有两个来自董甲的男子去岜地提亲，半路上遇到这群姑娘便忍不住上前搭讪聊天。其中一个姑娘提议说去她们的村寨里玩，两个男子就跟着去了，这个村寨就是

之前恶鬼吃人的村寨。

两个男子走进去发现到处是人的残肢，血腥味令人作呕，于是他们以解大便为借口跑进一处草丛。他们拉完，对着大便说："这些姑娘都是恶鬼，我们现在就跑，一会儿她们喊我们的名字时，你们就帮我们回答。"说完他们就悄悄跑往里摆寨，到了寨口就对寨神说有恶鬼变成一群姑娘要吃他们，寨神让两个人分别藏在铜鼓和皮鼓里，它自己变成一个人在一棵柚子树下舂起米来。

这边恶鬼所化的姑娘们等得焦急就问怎么还没拉完，大便回答说再等一会儿。过了很久，姑娘们觉得其中有诈就用手掌猛地朝草丛劈下去，不料被大便溅了一身。她们变回恶鬼的本来面目，气急败坏地循着两人的气味一路追到了里摆。这时恶鬼听到柚子树下舂米的声音，合计先把舂米的人吃掉。寨神看到恶鬼来了就爬上柚子树，恶鬼来到树下被柚子叶的气味熏得头昏脑胀，不敢往上爬，于是对着树上喊："上面的人你下来吧，我们跟你聊聊天。"寨神顺着恶鬼的意下了树，脚刚一着地就拿出一把砍刀将恶鬼大卸八块，但是恶鬼很快便重新合为一体逃走了。寨神让鼓里的两个人出来，吩咐他们远远地跟着恶鬼听它说些什么。恶鬼在路上自言自语："太险了，幸好寨神用的是铁刀，要是他用五倍子木做成刀来砍我，我就再也合不拢了。"俩人一听这话回去告诉了寨神，寨神立即用五倍子木做成木刀追上去消灭了恶鬼。

上述神话不但告诉人们为逝者遗体绑布带的必要性，还告诉人们寨神庙上挂的木刀为何是五倍子木做成的，各种仪式中出现的木刀为何也多用五倍子木做原材料。绑布带的第三个目的是帮助逝者渡河。逝者在登上天梯之前需要淌过一条宽阔的大河，渡河时可以将身上的布带取下首尾相连，一端固定在岸边，一端握在手中，避免被河水冲走。

绑好布带，总管用一根绳子串起两枚铜钱，提着铜钱蘸一些酒点于逝者的身体和五官上。点在眼睛上是为逝者开眼，让他在阴间能够看见路；点在鼻子上是为了让他能够闻见阴间的气味；点在嘴巴上是为了让他能够与阴间的德拉说话；点在耳朵上是为了让他能够听见阴间的声音。他一边点酒一边用相同的句式结构喃出悼词，告知逝者家中的先人：今为何年何月，逝者某某，多少岁，因何死亡，现在准备送他上天，先人要去天门接他，在阴间都是一家人。这样的喃词叫作"交撒"（dʐo phʐe，直译为"搓房子""搓家"），目的是通知祖先有人去世了，告诉它们在世之人都为此做好了准备工作，先人们可以放心迎接他的到来，一家人团聚了。然后总管走到门外，一只手举起一根被削尖的竹竿指向天空，另一只手提着铜钱，望着天空重复喊着"天门打开"，此时竹竿是做捅开天门之用。喊完总管发出一声凄厉的吆喝，现场众人全部蹲在地上哭泣起来。

白裤瑶人哭丧既出自真情实感，也兼有仪式表演的成分。人们蹲在地上时两腿要尽量张开，头努力向前伸并且埋低，眼泪和鼻涕流出来时尽量不用手去抹掉，而是让它们全部滴在地上。起身后谁所蹲之处留下的"水渍"面积更大，谁的哀痛之情就更显强烈，就会被逝者家人看在眼里记在心里。

哭丧完毕，总管用斧头把两个铜钱对半劈开，碎掉的铜钱用来打发逝者去往阴间路途上遇到的各种鬼神，希望它们让路，不要阻碍逝者的灵魂上天。其中一部分交给一个叫作"公社瓦才"（koŋ she va tsai）[1] 的神，天门需要它来打开。这时家人将逝者平稳地抬入棺材，用纸钱塞满逝者身体与棺材壁之间的空隙，避免下葬抬棺时尸体晃动。然后将棺材停放在两张长凳上等待下一步程序。逝者生前还未穿过的新衣服和他喜爱的物品要全部放入棺材，否则逝者可能会用身体的某个动作表达遗愿。

> 十几年前，里湖乡有个极其喜欢抽烟的人，他去世入殓时，家人没有放烟草入棺，在准备盖上棺盖的时候，他突然坐了起来，旁人吓得赶忙后退躲闪。有经验的老者就问是不是有什么他爱吃爱看的东西没给他，家人这才想起应该给他买些烟。

从入殓当晚开始直至下葬的前一晚，每个晚上村寨里的成年男性须轮流聚集在逝者家中打地铺通宵守夜。什么时候下葬由鬼师通过占卜吉日来决定，因此守夜期短则几天，长则十数日，即使体弱多病者也总会

---

[1]　其发音与汉语"恭喜发财"非常相似。

抽一个到两个晚上前往。一次都不出现在守夜场合的人将受到村寨舆论的谴责。

从入殓这日，也就是逝者去世的当日起，逝者所属油锅的所有成员和他已经外嫁的女儿及其夫婿就开始忌油。如果此时不适合举行葬礼，逝者家人打算先将棺材入土，那么忌油期从死者断气之日开始到完成死者的暂时掩埋结束。待到年底举行正式葬礼时，从挖出棺材的那天起一直到下葬完成，这段时间要再次忌油。

击鼓开路

入殓之后的第二天便需要为逝者"开路"（pə dʑe）。顾名思义，"开路"即意味着帮助逝者做好"上路"去往阴间的准备。开路当日会举行整个葬礼中的第一次铜鼓演奏，出动家中铜鼓的有三个群体：逝者油锅，不管油锅成员是否分散在多个村寨，他们须出动所有铜鼓；同一村寨的所有油锅，各油锅根据情况自行决定出动全部铜鼓与否；与逝者家庭关系非常密切的其他村寨的非油锅亲属和朋友。铜鼓如果很久没有敲打过，搬出门之前要先用水清洗。如果是去其他村寨参加葬礼，主人就用男子的绑腿带系在鼓耳上背着它前往。逝者油锅还需要准备领鼓用的皮鼓，如第一章所陈，本油锅有皮鼓就直接搬出，本油锅没有就去其他油锅借。

逝者家人选定一处空旷地作为鼓场，用木棒搭建挂鼓的鼓架。由于是初次演奏，主家无法估摸铜鼓的数量，因此先搭建"一"字形的鼓架。之后如果现场的铜鼓太多，鼓架挂不下，就再于"一"字形鼓架两端的垂直方向搭建两个鼓架，形成"门"字形。不论铜鼓数量多寡，都要把舅家的铜鼓挂在中间以示对舅家的尊重。铜鼓上架之前先被停留在鼓架下，皮鼓正对舅家的铜鼓摆放于鼓场的中央位置。葬礼总管或者鬼师开始以酒祭鼓，祭皮鼓时在皮鼓上放一碗酒，祭铜鼓时用竹枝蘸酒点于鼓心上，祭词大同小异：

　　　　××（鼓的名字），
　　　　今天×××（逝者的名字）离了世，
　　　　是×××（铜鼓的主人）带你来，
　　　　要你跟我们送别他。

> 我用清水洗净你，
>
> 我用好酒招待你，
>
> 一起送他去阴间。
>
> 放出你的声音，
>
> 让天上的人听到，
>
> 让地下的人也听到，
>
> 要你来为他开路，
>
> 要你来为他护魂。
>
> 这里摆着上好的鼓架，
>
> 你跟我们一起去。

祭鼓完毕，铜鼓用绳索系耳挂上架，负责演奏皮鼓的领鼓人将一顶草帽挂在鼓身上或者戴在自己头上，目的是用头帮助顶开天门。几个助手敬所有演奏者每人一碗酒，然后演奏开始。演奏分为上下两个部分，上半部分是"送别"，下半部分是"回程"。每个部分以轮计数，每一轮包括数个节拍相同的小节。根据逝者的性别和年龄长幼的不同，轮数有所差别，遵循男单女双和年龄越大轮数越多的原则。在送别部分，男性通常有7轮、9轮和11轮之分，女性则有6轮、8轮和10轮之分。每个部分的第一小节，都以领鼓人的唱诵开始——

> 媳妇们母亲们，
>
> 寨上的女人们，
>
> 你们哪一个，
>
> 为×××（逝者名字）感到伤心的人，
>
> 现在可以为他哭。

领鼓人唱完，家中围聚着棺材的众人在葬礼总管的指令下放声哭泣。此时的哭丧者以女性居多，男性多簇拥在鼓场听鼓、品鼓。随着哭声的传出，领鼓人开始敲击皮鼓，通过节奏的变化指挥铜鼓的敲击；铜鼓则由两人配合完成，一人擂鼓，另一人用一个木质风桶来回贴近鼓背，使得每一次敲击都有声量和音色的瞬间变化，有如泣如诉之感①。任何会敲皮鼓的中老年男性都可以担任领鼓人，年轻人则尽量避免承担此项工作，因为这是一项需要去阴间送行再返程的指挥工作，会折人的寿。领鼓人击打皮鼓时模仿猴子的动作，时而弯腰抬腿，时而蹬地起跳，显得活泼俏皮，冲淡了人群的悲伤。白裤瑶人用敲铜鼓的方式送逝者的灵魂踏上阴间之路，通知祖先们即将有新成员加入。整齐的铜鼓声震彻云霄，祖先们轻易就能听见。同时，铜鼓声也向逝者宣示祭丧的牛已经备好，大可安心上路。如果没有准备好牛就贸然击鼓，这是对逝者的欺骗。

敲鼓时，总管还要安排若干名中老年男子双手竖持一根竹棍，跟着皮鼓的节奏上下晃动竹竿，这是模仿去往阴间的路上抬鼓、撑鼓的动作，这些人被称作"渡威"（tu vei），敲几轮鼓，就安排几个渡威。演奏过程中，所有葬礼参与者的灵魂会在鼓声中与逝者的灵魂一起去往阴间送别，然后再安然无恙地回来。送别路上的演奏完成时，哭丧也结束了，这时演奏进入回程的下半部分，领鼓人开始敦促大家：

> 媳妇们母亲们，
> ××油锅的全体人，
> 敲铜鼓的和渡威们，
> 总管和做饭的人，
> 找柴火的，挑水的，
> 所有干活儿的人，
> 倒酒的，抬鼓的，
> 还有哪个人我忘记叫你的，
> 你听到我喊就跟上来，
> 我们一起回去了。

唱完这段，回程路上的铜鼓演奏也启动了。回程时要比去程时多敲两轮，有"七去九回""九去十一回"等类型。但由于敲鼓非常耗费体

---

① 有关铜鼓演奏的乐理特征，可参见朱荣等《中国白裤瑶》，广西民族出版社，1992，第129～135页；郭永青《白裤瑶铜鼓乐文化人类学解析》，《民族音乐》2012年第5期。

力，回程时通常不必完成所有轮数，可以敲三轮即可。回程演奏完成，本寨的铜鼓即刻藏回自家，外寨的铜鼓则统一放置在逝者油锅的某一户人家中，由这户人家负责照看，方便后续使用。领鼓人放一碗酒在皮鼓鼓面上，嘴里说一些对它表示感谢的话，然后搬至逝者家门口存放。从开路这一夜起，每晚在守夜的场合上都会出现两三面铜鼓供守夜人敲打娱乐，品评鉴赏，男童们也前来学习如何敲鼓。这一晚，寨上的每家每户都会派一个男子提两斤酒到逝者家中去供主家招待各路客人，等下葬之后再把酒壶拿回来。现在，送酒之余还要给主家20元到50元不等的香火钱。

　　虽然葬礼上让自家铜鼓亮相是一件值得骄傲的事，但鼓场上的人也有掉魂的风险。例如一个人肩挑祭鼓的食物和酒去往鼓场，中途觉得累了放下担子歇息，当他正准备起身重新出发时，被另一个人在后面使劲拍了一下肩膀，这样一惊吓就很容易掉魂。又如，鼓手们站在一旁等待祭鼓时，听祭词入神了，这时如果被旁边人说话吓到了也很容易掉魂。这些情况要么是逝者在作祟，要么是由于跟随鼓声往来阴间时被其他恶鬼盯上了。将魂赎回来的方法非常简单，掉魂者提一壶酒去听带路歌，歌至午夜时分，鬼师撒米喃词，歌手们同问："×××（掉魂者的名字），你回来了吗？"掉魂者或者现场的其他人回答："回来了！"然后大家找到三只蜘蛛就表示此人灵魂回归了身体。

牛祭与带路

　　逝者入殓后，家人就连夜投入准备牛祭用牛的工作中。白裤瑶牛祭的目的与大多数动物献祭仪式的目的不太相同，它不是为了给逝者献上食物，而是为逝者送去一头陪伴左右的耕牛，供他在阴间进行农业生产所用。因此牛祭也通常只为5岁以上的逝者举行，5岁以下的人还不懂得耕田种地。按照规定，牛祭用牛必须为成年牤水牛，用水牛是因为它在水田和旱地里都能劳动，而黄牛只能在旱地里工作，前者显然是更好的农耕帮手；用牤牛是因为在白裤瑶人的信仰中，牛从阳间到阴间时性别会发生转换，砍杀牤牛，逝者在阴间得到的便是母牛，母牛才能繁育幼仔，生生不息。如果自己家里有现成的牛可用，那便是幸运的，如果没有，就只能花钱购买。在2013—2014年我集中田野期间，一头上好的成年牯水牛价格不会低于 1 万元，现在的行情则是又有上涨。

针对男性逝者和女性逝者的牛祭稍有不同，下面我们先来看看前者的详细仪式程序。牛祭需要准备的事项众多，因此通常被安排在下午，具体时辰由鬼师卜卦而定。从当天上午九十点钟开始，寨上的所有人家都要备好饭菜和美酒，迎接从其他村寨赶来参加牛祭的亲朋好友，牛祭日是不同村寨的亲属和朋友间联络感情的重要机会。一个外寨的人可能是本寨若干家庭的亲属或朋友，反之亦然，一个本寨家庭中的每个人都可能是若干位外寨人的亲属或朋友。所以外寨的人来到之后便穿梭于本寨的不同家庭，在每一家停留短暂的时间，吃一口饭，夹几口菜，喝几杯酒就行至下一家，这样才能与所有有关系的家庭都交流上。本寨的家庭送走一批客人之后要立即换上干净的碗筷迎接下一批。这种建立在复杂的亲属关系和熟人网络上的宴请会持续四五个小时甚至更久。宴请完毕时，整个葬礼的第二次铜鼓演奏也开始了。

牛祭日的铜鼓演奏要比开路当日多两轮，牛祭日在阴间路上抬鼓、撑鼓的渡威也要比开路当日多两个。演奏的程序也稍有不同，去程与回程都敲打完毕之后，逝者油锅中的一位男子会举着招魂幡①从家中向鼓场进发，然后围着鼓场顺时针与逆时针各绕三圈，敲铜鼓的人则大声吆喝，手中的鼓槌快速地轻敲鼓面，整个场面和声音效果给人一种强烈的催促感。这一环节完成，砍牛时辰基本已到。

总管和助手先用一个可以转动的绳结将牛拴在柱子上。然后总管派出一个人去扛牛菜（即牛的食物，如青草、菜帮子等），此任务一般由身体有缺陷的人担任，不一定是逝者油锅的成员。他把牛菜插在一根竹枝上，从逝者家中出发，一边哭泣，一边将牛菜扛至砍牛场。到达牛的身边时，一位在场等候的油锅兄弟撑着黑伞接过牛菜喂给牛吃，再把青竹插在拴牛柱上，并挂上白色的纸钱。等扛牛菜的人回到家中，主家敬酒以示谢意。此时砍牛队伍从家中出发去往砍牛场做准备。队伍通常由六人组成，一人负责在牛祭上"交撒"，多由鬼师担任，也可以是逝者家族中熟知祖辈成员之人，也可以是葬礼总管；两人负责持刀，他们要保证刀不能沾地；两人负责砍牛，他们通常为逝者油锅中的青壮年男子；

---

① 招魂幡是从当地壮族和汉族人的葬俗中借用而来的，白裤瑶人不会制作招魂幡。

还有一人撑一把黑伞，黑伞可将砍牛队伍遮蔽起来不被作恶的鬼怪看见。交撒人一边向牛撒米，一边向各位先人讲述今日砍牛之事。

接着是"哭牛"。由逝者所在油锅中的两位成年男子打头，头披白布从灵堂出发，一路哭至砍牛场，围着牛绕行一圈再回到灵堂。然后浩浩荡荡的哭牛队伍排成单列前往砍牛场，舅家成员走在前列队的前面，逝者油锅的人和其他前来悼念的人跟后。逝者的儿子也走在列队中，当他们到达砍牛场之后就一直守在那里哭泣。其他哭牛者每人手中拈一根竹枝象征赶牛鞭，到了牛的跟前双腿轻微下蹲向牛作揖，将竹枝扔在牛面前然后依次回到灵堂。此时一位早已站在一旁准备就绪的男子会率先手持竹枝走向耕牛，轻拍牛的臀尾处，像平常赶牛那样驱赶牛围着柱子绕行一圈，他不用哭泣，且整个过程要迅速完成。这段插曲实际上是在模仿逝者牵着耕牛在阴间行路的场景，他们来到一处叫作"诶白扑"（ɤe pæ mpu）的峒场，需要踩着烂石路上山，牛的四蹄打滑，上行异常困难，这时就需要一个人在后面鞭策耕牛使劲，帮助他们顺利上山。然后由逝者的两个儿子一人在前面牵牛，一人在后面用竹枝赶牛，围着柱子顺时针和逆时针各绕行三圈，继续模仿阴间行路。逝者为女子时，这一步可以由她的儿子和丈夫共同完成。如果逝者只有一个儿子，由儿子和家族中关系最近的成年男子一起完成；如果逝者没有儿子，则由家族中关系最近的两个男子完成。这整个过程叫作"尼格艾博归"（ni kə ɤæ pə kue，字面意思是"哭你山转圈"），用汉语表达为"哭牛"。

哭牛完毕，砍牛场上的男人们鸣枪、燃放鞭炮，紧接着开始砍牛。两位持刀人将牛刀拔出刀鞘，往刀刃上喷一口酒。砍牛人各喝一碗酒壮胆，庄重地接过牛刀，双手横持，围着牛绕行，每绕行一圈都要面对牛双膝微屈作揖。砍牛人绕行三圈之后，举刀朝牛的颈背处砍去。砍牛的要领是：总共三刀，两位砍牛者交替进行，保障三刀之后牛还活着，且直立不倒。这对砍牛者挥刀的时机和力度都要求很高，因为牛会不安分地转着圈，一不小心可能就砍到牛身上的其他部位，力量过重又可能使牛直接毙命。即使万般注意，砍牛者偶尔也会有失分寸，如果前一刀或前两刀已经过重，为保牛不死，最后一刀则只需要表演动作即可。每砍一刀，围观者的吆喝声、鼓掌声和欢笑声四起，砍牛者在热闹的氛围中变得更加勇猛。如果砍牛人因为胆小下刀犹豫不决，或者没砍到位，就会被围观者善意地取笑。在牛的颈背上砍出三道不致命的伤，目的有三：第一，给牛做标记，使牛去到阴间之后很容易被逝者辨别出来这头牛是送给他的；第二，为牛留一口气，让它能够跟着逝者在阴间行路；第三，阴间路上有一个叫作"及普"（dʑi pʰu）的恶鬼喜欢拦路抢牛，当它见到牛身上带着伤便不感兴趣了。

砍牛之后，众人才合力杀牛，杀牛的过程便不再具有鲜明的仪式特征，既无表演成分也没有相关的巫术操作，虽然它仍然是整个仪式的组成部分，但却是收尾的工作。所以，我们应该将白裤瑶牛祭过程中的"砍"与"杀"分开来看待，这与黔南地区的水族、布依族①，湘西地区的苗族②和某些盘瑶支系③的牛祭仪式皆不相同。

伴着杀牛的过程，铜鼓声再次响起。牛下水最先被掏出煮熟，厨师将切好的牛下水和一大盆糯米饭搬至鼓场，两位本寨的男子制作糯米饭团，每个糯米团上插两根竹签，竹签上穿几块牛下水。做好的饭团被分发给所有敲鼓人。杀牛人取下牛角后钉在一个上端被雕刻成阶梯状的木桩上，组合成白裤瑶的传统墓碑"牛角柱"④（见图7.1）。柱子上的阶梯一方面象征着逝者去往天门的天梯，另一方面表示逝者年龄的大小，年纪越长，阶梯级数越多，通常有7阶、9阶和11阶之分。牛角被钉上柱子陈列于坟前，也向逝者清楚地展示了人们已经履行义务为他砍牛，告诉他以后不要再来向生者索要耕牛。牛身体的其他部分，包括牛肉和牛血等将在逝者下葬之后由参与葬礼的人分食，而不用摆放在灵堂或者坟墓前，因为这并不是为逝者准备的食物。

牛祭当晚，也即下葬前夜，家人请来几位歌手为逝者唱一通宵的带路歌，指引灵魂去往阴间的正确方向和路线。歌手分为主歌人与合歌人，主歌人熟悉白裤瑶的阴阳之说，是这方面的知识精英，知道从阳间去阴间沿途的每一个地方，带路的任务主要由他们承担。合歌人对阴间的了解较少，他们在每个唱段的末尾与主歌人和声，并承担为歌手们斟酒的

---

① 刘剑：《在死亡中追求永生——水族"控拟"葬仪的人类学考察》，《贵州民族研究》2007年第5期；岑家梧：《岑家梧民族研究文集》，民族出版社，1992，第182页。

② 张子伟、龙炳文：《苗族椎牛祭及其巫教特征》，《民族论坛》1995年第1期。

③ 唐玉文：《中国瑶族砍牛祭习俗初探》，《广西梧州师范高等专科学校学报》2000年第3期。

④ 现在白裤瑶人还会购置石头墓碑，和牛角柱一起立于坟前，这同样是借用自当地壮族和汉族人的葬俗用品。

图 7.1　坟墓前的牛角柱

任务，葬礼总管通常是合歌人的固定人选之一。吃过晚饭，歌手和亲属们就围着棺材落座，在棺材上放一只活鸡和几把糯米，带路歌从此刻开唱[①]。

带路歌的内容大致分为五个部分。第一部分唱逝者去世的原因，从死神"瓦布"派阴差来带走逝者的灵魂唱到逝者何时变得虚弱、生了什么病、家人如何为他治疗、如何求助鬼师。第二部分唱逝者家族中的各位亲人，他们叫什么名字、住在哪里。第三部分唱逝者家族中的各位先人，叙述他们生前的住处和事迹，让逝者熟悉今后将要与其生活在一起的各位先人。第四部分唱人们是如何为逝者梳洗、穿衣，参与者都有哪些人，他们怎样分工。第五部分唱去往阴间的过程，整个路途上有 360 个峒场，每个峒场是什么样子，发生过什么故事，有何来历。

这些峒场一部分模拟阳间的实际场景。一类峒场是人的生产生活区域。例如"峒皆峒滇"（toŋ dʑe toŋ tian）是蓝姓族人一起干农活儿的地方；"峒夹峒窖"（toŋ dʑa toŋ dʑao）处有很多醉酒的人倒在那里睡着。

---

① 有关带路歌的乐理特征，请参见郭永青《白裤瑶民间祭祀歌曲研究》，《艺术探索》2008 年第 3 期。

另一类是人们经常接触到的某种自然区域和地质形貌。例如"崴垌崴移"（vai toŋ vai ji）是一个长满芭芒草的山坡；"嘎过嘎咧嘎多"（ka ko ka lie ka to）是一片粘膏林地，在烈日的曝晒下粘膏汁从树干上不停滑落，就像逝者亲人流不完的眼泪；"嘎别嘎享"（ka pie ka ʃiaŋ）是一个山体滑坡的地方，路过这里时要分外小心。另一类垌场是人们完全想象出来的地点。有的是神灵把守的关隘，例如"几诺几诺"（dʑi no dʑi no）这个地方，那些生前还没有过心爱之人的单身努高都聚集在这里等候逝者的灵魂路过，灵魂一到来，守在这里的一位神灵就把它分散成很多份，单身的努高蜂拥而上，都想抢到一份给自己做伴；有的是恶鬼出没的地界，例如"卑沃卑昼"（pei ʔuo pei dzou）是生性淫荡的恶鬼的住地，殉情之人大多是被来自这里的恶鬼使用了迷魂之术，所以才为爱痴狂。

从第五部分开始，在场所有人随着歌声进入阴间送别逝者，最后走到一条河的岸边停下脚步。这时歌词里唱道：

> 你走吧，
> 上天门去，
> 我们也准备回去了，
> 以后凡是长着你这张脸的人，
> 全都不要再回来，
> 我们一直记得你。

逝者听了大家的话蹚过河就到了天梯下方，沿天梯而上就到达天门口，进入天门就算正式成为阴间的一分子。这条河水流湍急，为防止被水冲走，逝者会取下入殓时绑在身上的三段/四段白布带连在一起，一端拴在岸上另一端系在腰间，以此确保自己的安全。带路歌唱到天门处已经到了第二天早晨六点前后，此刻牛祭时的交撤人再次出现，他捉住棺材上的鸡再次喃出逝者油锅中每位先人的名字，告诉它们今天下葬，要它们到天门口来接逝者的灵魂进去，鸡和糯米是见面礼，交代完毕后他将鸡摔死在地上，带路仪式就算完成了。

前文描述过，白裤瑶人非常同情不能成婚的恋人，对他们会有一些社会补偿机制。例如唱带路歌这晚，如果逝者是男性，他结婚前感情最好的女友可以带着她的好姐妹、家里的嫂子和弟妹、油锅中的一些男子和一个歌手前来吊唁。他们带来绣帕和酒，与逝者一方的歌手在房门外的一个角落对歌。歌手将恋人以前的甜蜜恩爱与离别苦楚悉数唱尽，主家要用好酒好菜和糯米饭热情相待。

当逝者为已婚女性时，牛祭环节会稍有不同，主人家会视情况决定是否专程请舅家（指的是孝子孝女的舅舅油锅，即逝者本人的娘家油锅）来砍牛。一般在开路之后，主家就派出两个油锅兄弟去通知舅家，一人负责喝酒，一人负责话事。出发之前，主家在棺材旁摆一张饭桌和三碗酒，将一把礼刀放在饭桌上，刀上系三根稻穗。礼刀是作为一种邀请，将舅家珍藏的砍牛刀请出来。此时总管或者鬼师点上几张纸钱，嘴里反复喃词，内容是叮嘱逝者跟着两个兄弟去请舅爷来砍牛。两人扛着礼刀到舅家油锅的所有家庭中挨家挨户地接受款待，最后到达亲舅舅这里，亲舅舅为他们煮好了一只鸡，鸡吃到一半，话事者拿起鸡头递给舅舅，开始叙述他们此次前来的目的和整个葬礼的安排，舅舅则询问他们关于葬礼的各种细枝末节，考察其是否准备到位。餐毕，舅舅送一壶酒和一把糯米稻穗给主家的两位油锅兄弟带回去。

牛祭当日，舅家早早地派出一群自家的油锅兄弟带来他们的砍牛刀，主家则派人到寨口用酒水迎接，并将舅家的砍牛刀暂时交由逝者油锅中的一位婶娘保管。在接受了主家的款待之后，舅爷们到婶娘家再去将砍牛刀要出来，婶娘则假装百般刁难，故意要求他们喝下足够的酒才肯答应。在场的人都乐在其中，这种戏剧式的交流方式是加深姻亲双方感情的一种仪式手段。

牛祭开始，总管把舅爷们请到砍牛场，面向太阳落山的方向站成一排，表示他们是从太阳升起的方向而来，砍牛队的六人则站在舅爷的对面，等待着舅爷将砍刀交到他们手上。在哭牛结束、砍牛开始之前，还有一个特殊的段落：一个穿盛装的男子撑一把黑伞，挑着糯米穗，带领六位穿盛装的女子进入砍牛场派发粮食和糖果。这六个女子都是与逝者亲属关系较近的，她们在百褶裙外面裹上一层蚕丝布做成的流苏，双肩各披一块绣帕扎入腰带中，怀里端一个盛满玉米粒和糖果的盆。她们与领路的男子围着牛转圈，先顺时针行进，这是去阴间的过程，再逆时针行进，这是从阴间的回程。转圈的同时她们将盆里的食物撒向周围的人群，人们乱作一团哄抢着，现场一派热闹富足的气氛。

最后为了表达对舅家的谢意，主家将整个牛脖子送给亲舅舅带回去独自享用，左前腿肉则让亲舅舅带回去分给其油锅中的每一户，前来送砍牛刀的每一位舅爷回去时还要再分别带走一根牛肋骨。因此，一般请舅家来砍牛的家庭条件都比较好，否则会招待不起。

下葬与放水

带路歌唱完时天已大亮，下葬的准备工作开始了，包括规划送葬路线，准备砌坟墙的石头，准备送葬之后的宴席，等等。与前一天牛祭日一样，上午九十点钟，其他村寨的送葬者陆续到来，第二次复杂而漫长的宴请拉开序幕。下葬的时辰快到时，整个葬礼中的第三次铜鼓演奏也开始了，棺材前的哭声又一次此起彼伏。下葬日站于皮鼓后方的渡威数量与开路和牛祭时又有所不同，如果逝者是男性，需要三个渡威即可，如果逝者为女性，只需要两个渡威，其中一人要手持一把黑伞。

鬼师此时用食物请来一位专门负责分断阴阳的神，求它断开联通阴阳两界的路，将生者和逝者分离开来，这一步叫作"扑柏"（phu pæ，直译为"分花"）。仪式中鬼师先是杀掉一只白鸡留作后用，然后将一根红线绑在一只黄鸡的腿上放它出门，这只鸡长大后如果被宰杀，只能由逝者的家人享用。最后鬼师制作若干红白两色的花，不同颜色的花代表不同状态的生命，红花送给生者，参与仪式的油锅亲属每个人都别一朵红花在头上，白花被烧掉送给逝者。

鼓场的鼓声停止后不久，下葬的时辰到来了。所有参与送葬的女子沿着送葬路的两边列队站好，所有送葬的男子都簇拥在逝者家门口迎接棺材出门。一批青壮年男子主动上前抬棺，他们先将盖着绣帕的棺材抬至家门外停放于两张齐膝高的条凳上，牛祭时的交撒人再次出现，他用竹枝蘸酒点于棺材上，向先人们讲述今日逝者下葬之事。然后抬棺人每人干一碗酒，齐声吆喝着将棺材抬起并上下颠簸几次，接着以近似小跑的速度抬着棺材赶往坟地。紧跟着棺材的依次是一个拿火把的人，他为逝者和众人照亮阴间之路；一个举着砍牛柱上的竹枝和招魂幡的人；一个肩扛牛角柱的人；一个抗锄头和铁锹的人；两个抬酒的人；之后是舅家亲属、油锅亲属、油锅的女婿和媳妇们，他们需要排成整齐的单列行进；最后面是其他远房亲属、朋友和同寨的邻居，他们不用排成单列，随意跟在后面即可。

　　总管和助手此时提着切好的牛肉早早等候在离坟地不远的路口，每个人经过他们身边时都能得到一块牛肉。去阴间的路崎岖不平，送葬的人需要拿一根竹枝挂着前行。关系近的人送得远，需要一直挂着不放手，关系远的送得近，过了寨门处就可以扔掉竹枝。挂着竹枝行路时若有人不慎将竹竿滑落在地，弯腰去捡时若被人叫，惊吓之余也容易掉魂，只能等葬礼结束后自己找鬼师用鬼赎魂。在去阴间的路上，会有很多以前去世的努高把控着水源和一切可以充饥的东西，这些都需要用钱买。所以逝者的家人会在送葬的路上撒一些纸钱，保证逝者不被渴着饿着。如果下葬日的生肖与送葬人的生肖相同，这位送葬人在棺材出门时要站得尽量离棺材远些，送葬时也要走在队伍的后面，棺材落坑时，他就朝太阳升起的方向走去，这样可以冲淡一些不吉利。

　　到达坟地，棺材先停在坟坑①前。交撇人在棺材旁放置一个米斗，里面装有糯米饭和一块肉，然后对着棺材再次喃词，关系近的亲属围着棺材又哭了起来。他们一边哭一边用唱腔诉说着各自对逝者的不舍，叙事部分包括自己与逝者的关系、各自的身世背景和共同经历，抒情部分包括形容自己与逝者的感情亲近、悲叹逝者的命运坎坷、流露对逝者后人的可怜之情等。同时，总管在坟坑底部点燃两张草纸，帮逝者把坟坑烘暖。草纸烧尽，众人抬棺进入坟坑，在这之前还可鸣枪向逝者致意。然后男人们帮忙盖土、砌坟、立牛角柱、立石碑以及燃放鞭炮。抬酒的两人此时为每一个帮忙的男子都敬上一碗酒。新坟整理完成，坟头上插一根木棒，将砍牛柱上的竹枝绑在顶端，装糯米饭和肉食的米斗、分花时杀掉的白鸡通通悬挂其上，用一张塑料布将它们包裹起来。

　　棺材入土后女人们可以即刻回寨，寨子的鼓场旁边，主家已经搭好了长达十几米到几十米的长席宴，女人们先入席，厨子们提着牛肉、牛皮和糯米饭沿桌上菜。女人们吃好了，就换回来的男人们入席。

————————————

① 现在比较讲究的白裤瑶人家还会找当地汉族和壮族的风水师对墓穴的落位和朝向进行勘察。

正当人们享用长席宴时，葬礼总管或鬼师准备好了一把木锹或者锄头、一个火把、一块逝者衣物上的布、一个装水的葫芦①和一根竹枝守住寨口。他用火把点燃一堆柴火，肩上扛着木锹，手里握着竹枝，告诉逝者：

> 如今你进了天门，
> 以后不能回寨里了。
> 为你准备水、火、树种、棉花种，
> 三天之后你回来，
> 取走它们去阴间。

然后他与助手依次烧掉逝者衣物上的布，表示为逝者准备好了棉花种；烧掉竹枝和火把，表示准备好了树种和火种；最后用木锹将葫芦戳破，里面的水流淌一地，表示准备好了水源。这项仪式被称作"恩渡恩多"（ntu nto，有"隔开"的含义，但无法直接译成汉语）。此举之后，逝者的灵魂就算彻底告别了他原来生活的这个村寨。集中田野调查中的一位报道人这样告诉我："以前听壮族和汉族人说家里老人下葬后的那几个晚上，大家都害怕老人再回来，晚上都不敢开灯，不想让他看见家里的人。我就跟他们讲，你们肯定没有做恩渡恩多，我们瑶族人做了，老人就不回来了。"

下葬这日的铜鼓演奏是整个葬礼的最后一次，当晚所有铜鼓都要回到各自的家中。铜鼓回到家里时几个本油锅的男子端上酒肉向铜鼓表示感谢，念道：

> 今天××家有人去世，
> 今天带你去了××（地点），
> 敲你出声音，
> 现在带你回家来，
> 你在这里不用担心，

---

① 现在不容易找到合适的葫芦，多用塑料瓶代替。

> 不是带你随便走随便敲，
>
> 不管刮风、下雨或打雷，
>
> 你都在这里，
>
> 以前你出现在山洞，
>
> 现在放你在床脚下。

至此，逝者的灵魂于前一晚在带路歌的指引下通过天门正式进入阴间，今日棺材入土，身体也被妥善安置，葬礼接近尾声了。

放水是葬礼的最后一个环节，时间是在下葬后的第三天，参与者同样也包括各路亲朋好友，但人数比牛祭和下葬时少很多。关于放水的由来，神话中说远古时期白裤瑶人死后第三天灵魂会回家得到重生，但从一个叫穹雍的男子开始，复活变得不再可能，于是后世之人只能在死后第三天回家接受放水。

> 穹雍死后第三日灵魂返家，当时正值山上的黄豆成熟，若迟了不打，豆子会破荚而出，坏了收成。穹雍的妻子道撇跟女儿娅海说："今天我本打算等你父亲归来为他洗身，可山上的黄豆也不等人。要不，就由你上山去打黄豆，我一个人在家协助你父亲复活之事，到时候我们就可以重新团聚了。"但娅海好吃懒做出了名，她料想上山打豆累死累活，不如在家为父亲洗身来得轻松，于是她说服母亲上山去打黄豆，自己留在家里等父亲回来，承诺一切都能办妥。
>
> 道撇依了女儿上山去了，午后时分，穹雍的灵魂回来，到了家门口，只见女儿不见妻子，便吩咐女儿取水来给自己清洗。没想到娅海看到父亲满身蛆虫，臭气熏天，一阵恶心就忍不住往父亲身上吐口水，不让他进家门。父亲徘徊良久，绝情的娅海依然拒绝为他清洗，最后穹雍黯然返回阴间，从此人死不能复生，阴阳相隔渐成定局。

如本书第一章所述，壮族师公的丧葬唱本里有"董永"一角，他出现在《行孝唱》《董永唱》等章节，讲述的是董永为了不让邻里乡亲分食病重的母亲而向舅舅求助，最后感动玉皇大帝，从此废弃食人俗的故事。该叙事中的"董永"与白裤瑶神话中的"穹庸"谐音，其事迹却又跟本章第一节中"拉撒"的事迹如出一辙，且董永、穷庸和拉撒三个故事都讲述了一个共同的"孝道"主题。因此笔者推测，白裤瑶人是将董永神话借鉴过来之后进行了一分为二的再创作。

放水这一天，逝者的灵魂回来在坟墓处等候。这天早上，家人准备好五个竹杯、一壶酒、一壶水、一双草鞋、一顶草帽、一把梳子、一只烘干的老鼠和一个糯米饭团带去坟头送予逝者，这被称作"放水"（pe ku dzo ʔoŋ，直译为"三我放水"）。鬼师将上述物品摆放在家门口，把每一样物品的来历和用处都喃词一遍，告诉逝者今天可以回来取，然后带着人们去逝者的坟墓处放水。首先他将五个竹杯插在坟头上，逝者为男性时，三杯灌满酒，两杯灌满水，并用树叶遮住杯口，逝者为女性时则相反。然后将草鞋、草帽、梳子、老鼠和糯米饭团都挂到坟头的木棒上面。酒和水是逝者在阴间日日饮用之物，草鞋、草帽和梳子是逝者在阴间耕田种地的生活必需品，分别用于行路、遮阴避雨和整理长发，老鼠则可以在逝者返回阴间时为其引路，糯米饭团用于路上充饥。获得这些物资的逝者回到阴间，便可以为之后的生活做准备了。放水之后，葬礼就全部完成，逝者此时已经拥有了努高的身份。

经营阴间生活

努高到了阴间就开始着手准备耕种田土。但阴间农耕的第一年期间，尚没有任何的收成和积累，这就需要生者通过"拨粮"与"格努渡"两种仪式，在接下来的一年中为努高提供生产生活所需，帮助它度过阴间生活的元年。

拨粮。放水之后，逝者家人会在一年的时间内，每顿饭都多准备一副碗筷，努高的每顿饭都由家里人暂时提供。这并不是邀请努高回家吃饭，而是在象征意义上将粮食从阳间划拨到阴间。这一年内，逝者家人种植玉米和水稻时，要在太阳升起方向的田埂处插三棵芭芒草，草身倚着田埂，草尖向着旭日，表示靠这边的田土由生者种，收成归生者；同时用一棵芭芒草以同样的方式插在太阳落山方向的田埂处，表示靠那边的田土暂时为努高所有，生者替其耕种，但收成归努高。如果逝者是女性，家里的女人在养蚕时也要专门拿一个簸箕分出一批蚕给努高，因为在阴间第一年种的桑树还未长大，没有桑叶可摘取喂蚕，努高可以先用这些生者所养之蚕吐的丝制作百褶裙。

　　格努渡。一年之后①，逝者家人举行格努渡（kə ɯ tu，直译为"隔人死"）仪式。仪式当天，亲朋好友拿着食物和酒水去逝者坟前摆放，烧掉大量的纸钱，并用新土将坟头严实地覆盖一遍。鬼师在坟前喃词：

> 今天给你带来一只鸡，
> 不是叫你回家来，
> 而是给你去阴间，
> 在那边跟努高们一起，
> 你们自己做了自己吃，
> 以后不要再回家。

　　这项仪式表达的是，当前一年已过，逝者在阴间的农业生产已经有了第一次收成，从此可以自力更生，与生者正式地分开和离别。从下一年起，生者耕种时就不必再用芭芒草标记土地的所有权，也无须再为努高分出一部分桑蚕。生者与逝者将真正地阴阳两隔，你种你的田，我耕我的地，两不相欠，各自安好。

　　综上所述，白裤瑶人的葬礼及其后续仪式通过严格的操作规程与繁复的象征运用，一切目的其实都指向为逝者创造在阴间生活的两个重要条件。一是通过葬礼上的铜鼓演奏和多个阶段的唱诵，帮助努高被先人们欢迎与接纳，融入阴间的亲属群体，其间铜鼓演奏起到反复通知阴间先人的作用，仪式唱诵则是帮助先人熟悉与了解逝者。此条件实际上是让逝者在告别阳间的亲人之后，在阴间仍有属于自己的家庭和家族可以投奔与依靠，即"家"得到了延续。二是为逝者提供足够的生产资料，帮助他将阴间的田土耕种起来，其中牛祭是为了准备耕牛，下葬之后的"恩渡恩多"仪式准备的是火源、水源和种子，放水是为了准备草鞋、草帽等其他劳动用品，拨粮是向逝者提供接济助他度过阴间尚无收成的第一年。此条件是让逝者在不得不放弃一辈子辛苦耕耘的阳间田土之后，在阴间能够再次投入农业生产，重拾安身立命之本，即达成"业"的重

---

① 这里所称"一年"并不精确，只要是在一年之后的那个时间段内进行都可以。

建。在有家有业的基础上，阴间的生活才能被经营起来，逝者才能真正
完成从生到死的过渡，从阳间的"人"转化为阴间的"努高"。在此意
义上，因死亡而暂时中断的生活重新接续上了，生活的平稳性与持续性
并没有因死亡而被打破，生活秩序的另一层内涵即在于此。这也是白裤
瑶人传统观念中死亡之后最理想的归宿，真正的"死得其所"是每个人
临终前的人生愿景所在。从此，他的名字和生平事迹被在世之人以及后
代镌刻在记忆中，被唱进各种各样的歌词里，被编入油锅老者所掌握的
先辈故事中，也达到了生而留名的理想状态。

因此，白裤瑶人极其看重葬礼的完整性和准确性，唯有一场完美的
葬礼才能使逝者的家业得到延续，才能造就他在阴间的美满生活，生命
才获得了有意义的转化。否则，死亡便只是一场死者与生者共担的痛苦，
一次因某个成员离开而导致的原有生活的崩塌。

三 共享的福祉

如果葬礼过程中出现任何的纰漏，导致逝者无法融入阴间的亲属群
体或是建立阴间的农业生产，即家与业的中断，他便无法在那里生活下
去，只能不断地骚扰生者，从生者那里讨要吃喝，直到生者将那些缺失
的条件全部补救完成才肯罢休。正是在此意义上，白裤瑶人认为努高有
时候就像那些"做不好"的恶鬼一样，不讲道理，闹得一个家鸡犬不
宁。例如，有的家庭在举行葬礼时确因经济条件所限无法完成牛祭，那
就必须待以后条件成熟时补上这一环节，否则逝者会一直纠缠下去：

> 瓦庸寨几年前有一位男子过世，家里挑不出合适的牛用于牛祭，
> 也没有钱买牛，只好在仪式中以杀鸡暂时代替。葬礼后不久，逝者
> 的妻子夜里梦见他一副面黄肌瘦的样子，四处寻牛，哭得很伤心；
> 逝者的弟媳也曾一度精神恍惚，以逝者的口吻诉说自己没有牛种不
> 了田，经常饿肚子。家里人只好四处凑钱，为逝者补送一只牯牛，
> 他们的生活才恢复了平静。

在白裤瑶人的葬礼上，偶尔会见牛祭时顺便为多年前去世的先人补

送一头牛的情形，那便是当年条件不允许，如今逝者家人有了能力遂来还愿。之后，他们就到先人的坟墓上拿走一颗石头带回家，以此方式通知先人回来牵牛去阴间。20 世纪 60 年代，政府曾在白裤瑶地区大力"整顿"牛祭风俗，理由是牛祭加重了白裤瑶本就贫困的生活之苦，阻碍了当地社会经济水平的提高[1]，此举自是遭到了白裤瑶群众的默默抵制。所以不难想象，在白裤瑶人的传统观念中，子孙是否愿意为自己砍牛是他们一生中最为关心之事。现在一些七八十岁的老人还坚持养牛，考虑的是不给家里人增加砍牛的负担和压力，他们自己养牛送给过世之后的自己。房东勒少有一位年近九十的奶奶，她身体不好，干不了养牛的活儿，所以时常坐在门口偷偷抹泪，生怕自己死后家里人不为她砍牛。大伙儿只能安慰她不必担心，将来一定会尽到应尽的责任。

只有通过完整而精确的葬礼，帮助努高在阴间经营起秩序井然的生活，逝者与生者之间才能相安无事，并通过相互的给予创造共同的福祉。正是在此意义上，白裤瑶人也说努高有时候就像"做心好"的神灵那样，保佑子孙平安、家族兴旺。

福泽后人

努高虽然生活在阴间，但它们一直都注意着阳间亲人的情况，尤其注重保护亲人的财物，对于那些强占者和偷盗者的惩罚通常毫不留情。

瓦庸寨勒尼家的一座祖坟旁边长有一棵高大粗壮的松柏，有一年有人来向勒尼买木材，勒尼就准备卖掉那颗松柏。当时他家里只有斧头，嫌砍树太费劲，于是他拿出钱请寨里有电锯的小伙子勒嘎去帮他砍树，勒嘎二话不说便答应了下来。没想到从那以后的几年里，勒嘎身上的小伤小病几乎从未消停过。去找鬼师卜卦后才知道是因为砍了别人家的坟前树，这是动了别人家努高眼皮子底下的财物。勒嘎虽然并没有占有那棵树的想法，但努高对油锅以外的人保持着很高的警惕性，宁肯误伤也不愿漏掉一人，于是这才惩罚了勒嘎。

---

① 广西壮族自治区编辑组：《广西瑶族社会历史调查（第九册）》，广西民族出版社，1987。

　　除了保护亲人的财物，努高也适时充当着整个村寨的守卫者，阻挡那些身份可疑的外人进入寨里。保护村寨不是某一家或者某一个油锅的努高能够独自完成的，村寨里所有的努高会联合起来，它们每次从阴间回来"巡查"村寨时，都会在一个固定之处聚集，摆上一些石器石皿供休息和做饭使用，最常见的是在山洞里，这便是第二章中提到的"鬼洞"。除了瓦庸寨，相距不远的蛮降、怀里等村寨都有自己的鬼洞。鬼洞是努高们的私人场所，只对本村寨的人开放，若是没有寨里人的引荐，努高会认为那些试图接近山洞的人心怀不轨，不用点严厉的手段加以告诫，这些人日后必定会做出对整个寨子不利的事。瓦庸寨的鬼洞就发生过两次这样的事件，不过寨里人很少言及，总觉得其中的责任难以说清楚。

　　十几年前，南丹县一所中学的几个学生从老师那里领到一个暑期实践活动的任务，要在里湖范围内进行采风，记录行程和感受。他们来到瓦庸寨，其中两人进入了瓦庸的鬼洞，在洞中逗留片刻后便离开。但是返校后不久他们就相继生了重病。瓦庸寨的人并不愿意看到这样的事情发生，但面对先人对闯入者的惩罚，他们也无计可施。

　　那次事件之后的一年夏天，两个做地质研究的美国人来到瓦庸寨。他们雇用了一个本寨的小伙子担任考察向导。当他们提出要进入鬼洞时，小伙子有些许犹豫，但他转念一想：反正由我带队，应该不会出事。他们进洞后往深处走去，洞口越来越小，大家开始直不起腰，呼吸也变得急促，不一会儿小伙子手上的火把就熄灭了。众人无法确定这是洞中缺氧所致还是穿洞而过的风吹灭了火把，但小伙子出于谨慎建议所有人立即折返。美国人坚持再尝试往前走一段，心想等感到无法呼吸时再迅速退出还来得及。但是，一行人刚前进了几步，两个美国人头上的大功率电瓶灯就突然熄灭了。这时小伙子感觉事情不妙，他认为一定是努高发怒灭掉了根本不需要空气的电瓶灯，于是催促美国人赶紧后撤。没有了光源，美国人只能无奈地跟在小伙子身后出了洞。

　　在交通和信息闭塞的年代，很少有外族人因旅游或工作原因去白裤瑶的村寨，所以从未发生过上述那样的"鬼洞事故"。但后来去白裤瑶地区的人越来越多，类似的不幸便偶有发生，所以现在人们用石头和树枝将所谓鬼洞封得严严实实，以免不知情的人遭到寨上努高的迁怒，他们看见外来者试图接近鬼洞时也会尽量阻止。

与生者团聚

每逢年节时期人们设宴团聚以及家中因大型仪式而聚餐时，生者都会邀请本油锅的努高一起回来享用美酒佳肴，共度美好的日子，这被称作"喊努高"（həɯ nɯ kao）。喊努高时需要设置一个简易的祭台，摆上饭菜和酒水，主家油锅中熟知历代努高名字的一位老人坐于祭台前，将酒杯斟满，添上几碗米饭，将若干双筷子横放在酒杯、碗沿和装菜的盎子上，嘴里开始喃出各位努高的名字，告诉他们今天是什么日子，家人做了些什么，并明确表示"你们先吃，我们后吃"。喃词的同时用筷子蘸着酒、菜汤和米饭点于祭台的各个方位，表示桌上饭菜我们还未吃，等着努高回来先动筷子。

喊努高的老人不一定能记住所有先人的名字，但是必须喊到本油锅的第一代努高，表示对初代先人的尊重，如果连他们的名字都不清楚，这样的人便没有资格喊努高。房东所在的瓦朗翁赛油锅，最早的祖先是三个亲兄弟，分别叫作"古央公"、"古翁公"和"木如公"（pao ku jaŋ、pao ku ʔoŋ 和 pao mzu），油锅内所有家庭的喊努高仪式都必须最先邀请他们。只有在喊完努高之后众人才敢吃喝。宴席结束时还要进行"送努高"（pa nɯ kao）的环节，即把努高安然无恙地送回阴间。老人再次斟满酒，重复之前喊努高时的系列做法，对各位努高说道：

> 吃完饭喝完酒，
> 你们都回去阴间吧，
> 以后不到季节我不叫你，
> 我不叫你你就不要回来，
> 到了喊你的时候就喊你，
> 有什么吃的我会告诉你。

他们认为，听罢这番话努高们便心满意足地离开了。如果年节期间家中请客吃饭不邀请努高们回来共享，努高可能会生气怪罪。

20世纪50年代末期，白裤瑶地区闹饥荒，每家人都勒紧腰带过日子。瓦庸寨的一位女子想着家里没肉没酒，只有一点又老又硬的存粮，为了不显得寒碜，连续两年的小年和大年期间都没有喊油锅的努高回家团聚。后来她生了一场大病，请当时的寨老（这任寨老是一个鬼师）给她卜了一卦，找出来的原因就是她过年时没有喊努高回家。

白裤瑶人认为，努高与在世之人一样，有着各种欲望和情感，除了年节时候从阴间返回，努高在平日里也会因太过思念在世的亲人而回到坟地里哭泣。如果有人听到谁家的祖坟处传来类似人的哭声，甚至看到恍惚的人影而实际上并没有人时，便知道是这坟墓的主人想家了。

田野期间，有一次我带着相机到瓦庸寨的几块坟地中去记录墓碑上的碑文。我走到一块碑前，见碑身已被茂盛的荆棘挡住，便弯腰小心翼翼地将荆棘拨开，此时一个人的声音突然从我身后传来，着实吓了我一跳："小张，是你啊！"我转身一看，原来是在坟地旁边建了牛棚，平日住在这里的一位大叔。我舒了一口气，跟他打了招呼。大叔问："小张，你一个人到这里来走，不害怕吗？"我回答："不怕，没什么可怕的，都是你们的努高，我是来看一下墓碑上刻的字。不过您可把我吓到了。"大叔笑起来："你也把我吓了一跳，我说怎么这么奇怪，会有人没事跑到这里来，我还以为是里面的人回来了。"

去世的头几年努高对在世亲人的思念最为频繁，它们时常会化作一些动物回来看望，在不经意间引起人们的注意。例如一家人吃饭时如果有蚂蚱飞进屋里落到饭菜上，大家便知道这是努高回来了，此时既不能撵蚂蚱出门，更不能踩死它，而是要轻轻捉起来放到饭桌下，让它吸食饭菜的香味。努高也可能会幻化成鸟类，最常见的是白头翁，它们习惯在晚上人们入睡的时候停落在房檐上，屋里的人只要听见白头翁的啼叫便知道是努高回来了。

为努高补粮

白裤瑶人认为，阴间生活与阳间一样，也会遭遇洪涝与干旱，造成粮食歉收，影响温饱。此时努高就会通过各种途径告知生者，希望得到生者的帮助，最常见的方式是托梦和使生者感到困乏无力、食欲不振。

> 瓦庸寨男子亚吾的父亲已经去世多年。他非常在意父亲在阴间的生活，除了过大年时去坟前拜祭父亲，还会如当地壮族和汉族人那样于每年清明节去上坟。有一年快入夏的一段时间，他反复梦见自己家门前出现一个很深的大水坑，家人一出门就掉到坑里。亚吾觉得有什么不对，就跑到父亲坟头查看情况，发现前几天的大雨将坟前冲出一个泥坑，大小深浅和梦中见到的相差无几。于是他赶紧叫上两个儿子将坑填平，并为坟头盖了一层新土。后来他就再也没做过那样的梦。
>
> 瓦庸寨的另一个中年男子欧登有一段时间总是梦到自己出门去干活儿，回家时房子只剩断壁残垣了。他百思不得其解，请来鬼师卜卦，鬼师问他是否有至亲之人埋葬在离瓦庸很远的地方。欧登说他爷爷奶奶的坟墓就离得很远，在老家董甲寨，一年都没回去看过了。鬼师断定是欧登祖父或者祖母的坟墓年久失修，所以才有了那样的梦境。当天他便赶往老家，发现为奶奶砌坟的石头散落一地。待欧登将奶奶的坟头修缮之后梦兆随即消失了。

如果梦兆和身体不适显现在六七十岁的老年人身上，就需要做一个"补粮"（pao dʑi）仪式来结束这一切；如果相关症状显现在四五十岁的中年人身上，就需要做一个"炒粮"（kɬao dʑi）仪式让生活恢复正常。两种仪式虽然名称不同，但程序和目的是一样的。努高通常不会向年轻人和未成年的孩子传达自己缺粮的信息。

为努高补充口粮通常是整个油锅的共同义务，仪式当日每家每户带上一筒米再加六小撮米交给主家，主家则需要再自备几只鸡，米被统一装入一个箩筐中，鸡则挂在箩筐上备用。仪式开始，鬼师先在家神古撒面前搭好祭台，一番喃词丢卦之后，挑选油锅中的两位男性成员扮演为努高送粮食的人，他们将与鬼师配合进行一场有趣的问答表演。鬼师提出一系列的问题，目的是确认送粮人的身份、送粮的方式、送粮的路途和粮食的数量，这些信息必须达到相应的要求，粮食最终才能被送入阴间到达努高的手上。送粮人对这些问题必须一一作答，答对了才能抬粮食进屋供鬼师祭献所用。这场问答包含关于阴间的知识，因此送粮人中通常有一个比较懂白事的老者。问答开始，送粮人抬着粮食站在家门外，鬼师关闭家门等待送粮人的第一次敲门。

送粮人敲门问道：有人在家吗？

鬼师：在啊，你们是做什么的？

送粮人：我们是赶马的。

鬼师：从哪里赶来的马？

送粮人：从南丹赶来的。

鬼师：是什么马？

送粮人：是白马。

鬼师：白马我不要。

送粮人第二次敲门，问：有人在家吗？

鬼师：在啊，你们是做什么的？

送粮人：我们是赶马的。

鬼师：从哪里赶来的马？

送粮人：从拉归（la kui）赶来的。

鬼师：是什么马？

送粮人：黑马。

鬼师：黑马我也不要。

送粮人第三次敲门，问：有人在家吗？

鬼师：在啊，你们是做什么的？

送粮人：我们是赶马的。

鬼师：从哪里赶来的马？

送粮人：从拉瓦堂（la wa ṭaŋ）赶来的。

鬼师：是什么马？

送粮人：这次是红马。

鬼师：红马就对了，有多少匹马？

送粮人：我有三十六匹马，我有七十二匹马。

鬼师：带米带鸡来了吗？

送粮人：都带了。

鬼师：米从哪里拿？

送粮人：从布贝（pu pe）拿的。

鬼师：有多少斤？

送粮人：三百六十斤，七百二十斤。

鬼师：鸡从哪里拿？

送粮人：从九街（dʑiu dʑi）拿的。

鬼师：有多少只？

送粮人：三百六十只，七百二十只。

所有问题回答完毕，各种信息都对上了号，送来的粮食达到了数量和重量的要求，于是鬼师为送粮人打开家门。这时主人家上前用一个酒杯和一把秤，从粮筐里舀出"三"杯米，再抓"六"撮米放入秤盘，对应了问答中的"三十六"和"三百六十"。他将这些米倒进一个备用的容器里，藏在一个不容易被小孩子发现的地方，之后由家中出现了梦兆或身体不适的当事人煮熟吃下。然后大家杀鸡做饭，食物端上祭台后，一个油锅兄弟将一块木板钉在古撒所在那面墙的顶头处，在木板上挂几张红色的人马符和几根稻穗，表示粮食已经送到，请努高自取。努高有了足够的粮食渡过的难关，便不再打扰生者，双方都回到各自的正常生活轨道，往日的和气与安宁恢复了。

第八章　日常生活的秩序营造

在前文的基础上，本章将集中分析信仰体系与白裤瑶人观念中的生活秩序之间的关系，并延伸探讨信仰体系对于白裤瑶人的深层意义，以及在信仰体系的形塑中白裤瑶传统社会具有的基本特征。而随着白裤瑶人在脚步与眼界上同时"走出大山"，年轻一代对生活秩序有了不一样的理解，当前信仰体系在白裤瑶人日常生活中的角色与地位正在经历前所未有的变化。

一　立于信仰之上

本研究借由格尔兹对象征符号的定义和对宗教功能的阐述，将信仰体系视作一种帮助信仰者理解与营造日常生活的"符号资源"。如前所述，构成宗教象征符号的一切要素都可以统辖在宇宙观之中进行理解，换言之，宇宙观是宗教象征符号所承载的关于一般存在秩序观念的集合。白裤瑶人借助信仰中的宇宙观构建起一套解释生活"何以有序、何以无序"的机制，一套具备天然信用的秩序调适手段，以及一套分类意象用于表征与强化保障生活运转的社会价值规范，以此营造他们所认为的秩序化的日常生活。

原理的解释

日常生活的运转以秩序为前提。所谓生活秩序，即生活的平稳性与持续性，在白裤瑶人的传统感知中，指的是有条不紊地"过日子"。它包括三个方面的内涵：首先，身体康健无虞，既无生理上的病痛也无精神上的异常；其次，所属家庭、家族和村寨在整体上的紧密稳固，既无群体性的病痛与灾难，也无群体内的纷争与冲突，更无群体性的财物损失；最后，当死亡来临，生活不会因此戛然而止，而是通过生命的转化得以为继。当身体出现病痛，群体濒于溃散，死亡将生活终止，则意味着生活的失序。白裤瑶的信仰体系包含了一套细密的知识，对于"身体何以健康""群体何以稳固""死后生活何以为继"做出了逻辑严密的解释，从而为他们理解生活"何以有序、何以失序"提供了明晰的参考原理。

身体健康与否是由身体是否完整所决定的。人的身体由肉体、灵魂与花三个部分组成，肉体是父母体内的"酸"作用的结果，灵魂由阴间的神灵娲王所造，花由神灵花婆剪成并由娲王提供给人。每一个部分都完好无损且相互紧密结合时人便会健康无虞，当任一部分有所折损或者三者无法紧密结合时，病痛就会出现。身体的异样状况无一不与阴间的德拉，包括神灵、恶鬼和努高有着直接或间接的联系。肉体的损伤和灵魂的脱离，或是神灵降下惩罚，或是恶鬼施加干扰，或是努高有事知会所致；而花的短缺则是由于个体在成长过程中花被过度消耗，却未向神灵请求补足所致。

一个家庭、一个油锅和一个村寨遭遇群体性的不幸事件，包括群体性的伤病、群体成员的矛盾冲突和群体财产的损失（例如禽畜瘟病、财物失窃和遭受自然灾害），将导致群体丧失人力、经济与情感的内部支持，群体事务将无法开展，群体的生命历程将陷入停滞，甚至整个群体将分崩瓦解。这些群体性的异常或是神灵施以惩罚，或是恶鬼前来骚扰，或是努高有事相告。但其中恶鬼的来临是主要因素，甚至有的恶鬼不以随机的个体为骚扰对象，而是专以一个群体为伤害目标。

人在死亡之后灵魂一分为三：其中一个灵魂跟随尸体进入坟墓，长期存在于墓地及其周边区域；另一个灵魂会集在家神古撤的神龛处；还有一个灵魂会进入阴间，从人转化为努高。实现此种生命存在形式的转化有两个条件——逝者加入阴间的亲属群体和在阴间建立农业生产，即拥有阴间的"家"与"业"。葬礼的目的便是为这两个条件做准备，帮助逝者与阴间先人相互熟悉，以及为阴间的农业生产提供足够的生产资料。转化之后，逝者得以将暂时中断的生活在阴间接续并经营起来，将日子在另外一个世界继续过下去。

综上所述，白裤瑶人观念中的生活秩序以"完整的身体""稳固的群体""生命的转化"为基础。如果说"完整的身体"构成了生活秩序的个体性面向，"稳固的群体"便构成了生活秩序的公共性面向，"生命的转化"则是生活秩序的终极价值面向。

　　对应上述的解释，信仰体系自然也就清晰地指明了当生活变得动荡不安与不可持续时，人们进行主动干预、悉心营造秩序的路径。针对身体的完整性问题，如果是肉体损伤或灵魂脱离，需要根据具体情况或求得神灵的原谅，或驱赶入侵的恶鬼，或满足努高的要求，从而修复肉体或寻回灵魂；如果是花的数量不足，则需要向娲王求花进行补充，并视具体情况进一步修复肉体或寻回灵魂。针对群体的稳固性问题，在问题发生之前，群体成员须时刻警惕生活中的凶兆，遵守相关的禁忌，保持与家神、寨神等群体保护神的往来；问题发生之后群体成员则根据实际情况动员起来，或求得神灵的原谅，或驱赶入侵的恶鬼，或满足努高的要求。针对生命的转化问题，要做的是检视葬礼规程的完整性与操作的准确性，保障它不出纰漏，或在排查出纰漏之后及时补缺，使得逝者能与阴间的先人们熟络，并带着足够的生产资料投入阴间的农业生产，把阴间的生活经营起来，日子接续起来。

　　综上所述，白裤瑶人对生活秩序的原理解释包含了以下四个方面的宇宙观知识：

　　　　1）宇宙世界的构成。宇宙分为阴间和阳间两个部分；阴间区域包括人的目力所不能及的天空以上部分，脚力所不能达的地底以下部分，以及另外一个无法指出其明确方位的不可见区域；阴阳两界有着相同的空间形貌与错位运行的时间格局。

　　　　2）宇宙世界中的存在物。阳间有人和有生命的其他万物，阴间有德拉；德拉分为神灵、恶鬼和努高三种类型，神灵和恶鬼又包括形态、性情、爱好不尽相同的诸多个体。

　　　　3）人在宇宙世界中的存在形式。人是由父母之酸催化而成的肉体、娲王所造的灵魂与花婆所剪的花组成。人死后灵魂一分为三：其中一个灵魂跟随尸身存在于墓地及其周边区域，另一个会聚到家神古撒的神龛处，最后一个在一定的条件下转化为阴间的努高。

　　　　4）其他存在物对人的影响。会主动影响人的其他存在物主要是指阴间的德拉；每一种德拉影响人的具体方式不同，产生的结果也不尽相同，既有福赐与安康，也有掠夺与伤害。

调适的手段

根据以上关于生活秩序的解释原理，不论是处理身体问题、群体问题还是死亡问题，白裤瑶人都必定需要与神圣存在打交道，对象既包括构成人自身的灵魂与花，也包括阴间的德拉，还包括具备灵性的自然物。这便构成了白裤瑶宇宙观的最后一项内容：

> 5）人与其他存在物沟通和交流的手段。此即关于巫术仪式的一整套知识，包括沟通的中介和沟通的技艺。

与神圣存在打交道的过程，实际上便是生活秩序的调适过程；与神圣存在打交道的手段，即巫术仪式，便是信仰体系提供的一种秩序调适手段。

首先，这部分宇宙观知识对作为沟通中介的鬼师有着全方位的阐述，涉及鬼师"如何起源""如何习得巫术""如何确立身份"三大问题。鬼师有着神性的起源。神话中的第一个鬼师约惹诞生于石头中，其身世本身就充满了神性。鬼师约惹的本领来自创世神古诺的亲传。约惹命名天下，引导了白裤瑶人对世界的认知。该神话作为白裤瑶的一段族群历史叙事，已经模糊了神话与现实之间的界限，奠定了人们对鬼师神性形象的基本认知。鬼师的技艺是神授的。神灵会挑选一个它们认为合适的人，然后通过附体的方式将巫术技艺"阴传"于他。鬼师能且只能通过这一种方式习得巫术技艺，通过其他方式不仅无法习得有效的巫术，而且还会受到神灵的惩罚。鬼师的身份是神赋的。神灵附体完成之后，被附体者在家中私密处立一个神龛作为神灵的住所，供上酒水、米饭，再点燃一碗天然的香木供神灵吸食，他便可以宣告自己的鬼师身份了，不需要其他的入行条件与有组织的考核或认证机制。

其次，这部分宇宙观知识对沟通神圣存在的巫术技艺也有全面的阐述，涉及其种类、来源、使用方法和注意事项等。鬼师拥有"卜卦"和"用鬼"两种巫术技艺，若前所陈，它们来自神灵的附体传授。卜卦，既可以回测导致生活失序的那些不幸之事的原因，又可以预测未来的发展情势，其基本信息来源于基多们平日里飞翔于各个地方所搜集的情报。

卜卦的常见方式是"吊卦"和"看蛋"，男性鬼师多用吊卦，女性鬼师多用看蛋。吊卦时，鬼师将一块石头悬吊起来，根据求助者给出的信息做出初步的判断，然后向石头发出询问，当他询问的信息与基多掌握的信息一致时，基多就让石头摆动起来表示肯定。看蛋有三种操作手法：其一，将生鸡蛋打破流入碗中，根据蛋清与蛋黄呈现的形态和颜色读取信息；其二，将鸡蛋煮熟剥开，根据蛋壳、蛋白和蛋黄呈现的形态和纹理读取信息；其三，将鸡蛋立于米堆上，然后抓一撮米撒于蛋头，重复该动作三次，根据蛋头上停留米粒的单双之分和数量之别读取信息。除此，一些被人们公认为"能力非凡"的男性鬼师在不使用仪式器具的情况下也能梳理出事件的前因后果，但这同样离不开基多为他提供的情报。

用鬼，本质上是人通过食物或其他物品的祭献，获得与德拉的沟通和交流的机会，从而提出自己的愿望或要求，最终与德拉商定某种互利的协议。用鬼仪式通常分为建立联系、祭献物品、提出要求、得到允诺四个部分，每一个部分包含若干个段落，每个段落都以鬼师丢竹卦作为结束。基多都会根据仪式的实施进展，确认每一个段落沟通的有效性，如果沟通有效，基多就会让鬼师的两片竹卦丢出一个正面一个反面，即一阳一阴；如果沟通无效，基多就会让两片竹卦同时显阴或显阳，以此来推动仪式的不断行进。在有的仪式中，例如在赎魂仪式中，基多会全程助力鬼师完成灵魂出窍和穿越阴阳的艰巨任务。

一年中的绝大部分时间基多都与鬼师紧密相处，只有邻近年关它们才暂时离开鬼师，回到它们的来源地过年。当基多部分或全部离开，卜卦和用鬼就会部分或全部无法开展。离开的基多会在正月十五晚上全部回来。当天午夜12点以前，鬼师将全新的酒水和食物摆上神龛，迎接基多回归，此后其巫术技艺就可以恢复如初。此外，基多还为鬼师制定了卜卦和用鬼的行为准则，包括不能将巫术仪式作为营利手段，不能空怀一身技能而无所作为，以及必须做到巫术仪式的准确无误。

综上所述，就作为沟通中介的鬼师而言，他们的起源与神灵有关；他们的巫术技艺不是通过典籍或是观摩他人习得的，而是由神灵逐字逐句传授的；他们的身份也完全来自神灵附体的经历，不需要外部的证明。就沟通神圣存在的技艺而言，无论是卜卦还是用鬼，整个过程都是鬼师运用从神灵那里习得的知识与技艺，结合神灵掌握的情报，并在神灵的帮助下得以完成的。一旦神灵离开鬼师，巫术仪式的效果就会大打折扣甚至完全无法开展。此外，神灵还为鬼师制定了相应的规范和标准，并进行实时的监督，这使得巫术不会被滥用，保障了巫术仪式的道德性与专业性。因此，神灵是巫术仪式的幕后掌舵者，巫术仪式是神灵"做心好"的表现，是除直接的福佑之外，帮助与保护人的一种"曲线"方式。

在白裤瑶人的信仰中，神灵是一种先验存在。它们创造了世界和人，掌控着自然规律，能够与阴阳两界中的各种存在打交道，甚至发号施令，是宇宙秩序的管理者与维护者；神灵的本性是善意的、做好事的，主持着宇宙世界中的公道，调解其间的矛盾与冲突，驱逐与压制邪恶的存在，保护人的健康与安全，是正义与道德的最高化身。在白裤瑶人看来，神灵具备上述超越性的能力禀赋与道德属性，由神灵选定操持者，提供全套技艺支撑，亲自上阵合作，并进行实时监督的巫术仪式是值得信任的。白裤瑶人信仰巫术，本质上是信仰幕后掌舵的神灵，神灵这种存在本身就是白裤瑶巫术仪式的观念与信任基础所在。如果说信仰体系是营造生活秩序的文化工具，那么神灵信仰就是其中的中枢系统。由此，在白裤瑶人的宗教体验中，人与神之间的心理距离从不遥远，人既可以从仪式的操演中实时感知到神灵的保护，又能从去神秘化、有着常人生活的鬼师身上感受到自身与神灵的亲近。

价值规范的强化

白裤瑶的信仰体系也在一定程度上通过神圣存在的分类图式，为保障生活有序运转的社会价值规范提供了象征强化。涂尔干、莫斯和道格拉斯对分类观念的共同研究表明，人习惯于借助社会本有的秩序模型去构想宇宙世界的运行法则，故而想象中神圣存在的分类与社会分类体系间往往存在逻辑上的一致性，宇宙世界的观念范畴由此反过来为社会提供了秩序象征，并通过宗教仪式的反复"类比"得到强化。借助神圣存在的分类图式，人们可以反观信仰者利用宗教象征所竭力强调与维系的是一种怎样的秩序规范，这对社会中的个体又提出了什么样的道德与行为期待。

1. 德拉的分类

阴间的德拉分为神灵、恶鬼和努高三种类型，虽然在表面上这与艳大多数宗教一样对神圣存在做了"善"与"恶"的朴素分类，但是白裤瑶人将德拉的善恶之分与其生活方式的对立性差别做了进一步的关联。

神灵既包括基于想象的观念性存在，也包括一些经意识加工之后的自然物，例如天和地、古树、岩石等。不论哪种形式，它们都被认为有着人一般的形态，或者是可以幻化为人形。最重要的是，无论是在神话故事中，还是在日常话语里，神灵都被想象为与人一样追求"安家立业"的生活方式，日子安定而自足，因此不存在任何作恶害人的动机。

首先，神灵都有自己的家庭和家族，生活在庞大的亲属网络中，从神性的自然物到神话中的创世神，从掌管天象地理的自然神到左右生产生活的社稷神，皆是如此。例如天和地就是兄弟关系，它们出自同一个母亲。又如，土地爷和地龙神是亲戚，共同保护着村寨和周边土地上的房屋、庄稼和禽畜。再如，每个村寨寨口都供奉着寨神一家子。还有家神大老爷和牢神也是一对兄弟，前者负责捉拿恶鬼，后者负责将恶鬼关押。除了自身的家庭和家族，神灵还可以与人结为拟亲属关系。例如，家中如果有小孩久病不愈，孩子可以认神灵为干妈求得保护；或是拜那些被认为具有神性的自然物为干爹，如古老的树木、巨大的岩石、长流的溪水等，为身体注入长久不衰的生命力。其次，神灵都进行农业生产，凭借辛勤的劳动自力更生。白裤瑶的神话故事中多有对众神生活状态的描述，最为常见的一个主题是叙说它们在恶劣的自然环境中艰难求存的"立业史"，并且这些神话中的神灵都是以家庭和家族成员的身份出场的。

恶鬼的形态各异，有的被想象为身体上有缺陷的人形，例如专偷小孩灵魂的葳尼是身体极度佝偻的老太太，色公是一个瘸腿男子的形象；有的以自然物的形态示人，例如彩虹被认为是一种恶鬼，猫头鹰、蝙蝠都是恶鬼的化身；还有的是没有固定形态的抽象力量，例如把一个人的病痛传染到另一个人身上的赛鬼。与神灵和人的生活方式相反，恶鬼既不安家也不立业，因此只能在阴阳两界四处游荡，靠偷抢劫掠等手段才能维持生计。

神话传说中，恶鬼都以独立的身份登场，相互之间非但鲜有亲属关系的联结，而且还存在着三类典型的"反向"叙事，展现了恶鬼"无家者"的一面。第一类叙事：没有家人却一心想要成家的恶鬼，例如色公，它没有妻儿，对组建家庭充满渴望。第二类叙事：被家人抛弃从而变成恶鬼，最为典型的如里湖乡洞洪一带流传的恶鬼"猴母"。第三类叙事：因为太坏而被驱逐出家门的恶鬼，这类叙事的典型代表是由凶死者灵魂所化的凶死鬼。凶死鬼凶狠残暴且六亲不认，为了避免它为本家庭和家族带来伤害，必须将它从亲属关系中彻底清除。人们通过两个步骤来达到此目的，第一步是进行特殊的遗体处理，第二步是执行"社会遗忘"。在各类叙事中，恶鬼也不进行农业生产，只求不劳而获。例如恶鬼最常伤害的目标是还未长大的孩子，因为它们知道为人父母的最心疼孩子，伤害孩子比伤害家长自身更容易引起大人的担忧和重视，如此一来它们就更加易于得到人们的祭献。又如恶鬼"拱赖贝"会使人患上癫痫，癫痫是一种久治不愈的疾病，只要患者经受长期的折磨，拱赖贝便可以获得人们经年累月的食物祭献。再如"闲话鬼"会循着婚丧嫁娶引发的闲话和谈资锁定当事人，对这样的人下手便是瞅准了他们家中此时的食物最为丰盛。

"努高"是由正常死亡之人的灵魂所化，延续了人的形态。努高可能会在"善"与"恶"之间游移不定，这取决于它们在阴间的生活状态。如果努高在阴间可以安家立业，生活稳定自足，便与生者相安无事；如果无家无业，生活无依无靠，努高便会成为人们口中的"孤魂野鬼"，骚扰与伤害生者。因此，白裤瑶人说努高既是神灵又是恶鬼，"做心好"的时候就是神灵，"做不好"的时候就是恶鬼。无论从生者的角度还是从死者自己的角度，所有人都不希望后一种情况发生，故而白裤瑶人会通过复杂而漫长的葬礼尽量为努高创造在阴间安家立业的两项条件：第一，通过葬礼上的铜鼓演奏和多个阶段的唱诵，帮助努高被阴间的先人接纳，融入阴间的亲属群体，即拥有阴间的"家"；第二，通过牛祭、恩渡恩多、放水等象征操作，为努高准备好在阴间开展农业生产的物资，助其拥有阴间的"业"。

综而观之，德拉的生活方式决定了其道德属性，善恶之别的分类是结果，是否安家立业才是分类的逻辑起点，由此德拉实际上被分为"因安家立业而与人为善"和"因无家无业而对人作恶"两类，前者包括神灵和近似于神灵的努高，后者包括恶鬼和近似于恶鬼的努高。

2. 价值的表征与强化

"安家立业"是对人自身社会特征的模拟与搬演。对于任何一个族群社会而言，若要在最低限度上维持运转，都需要形成基本的群体组织与经济生产机制，这是构建社会秩序的初级前提，也是定义人及其社会并使人区别于动物的基本标准。白裤瑶是一个生存环境极为恶劣（喀斯特石漠化区域），且历史上因封建土司的欺压而藏于深山、与外界极少互通的山地农耕族群。其日常生活的维系、共同体的构建，乃至整个族群的延续，对于个体维持家庭关系和进行农业生产提出了更高的要求。故白裤瑶人历来强调安家立业的重要性，并形成了对"安家立业者"和"无家无业者"分类处之的社会舆论与道德评判。

那些并非受限于客观条件的不婚者，与家庭、家族关系决裂的离群索居者，从来不参与家族集体仪式、置亲属义务于不顾的自私自利者，即实际上的"无家"之人，以及那些天性好吃懒做者，或者喜欢四处玩耍的游手好闲者，或者宣称自己身有疾病而逃避农活者，即实际上的"无业"之人，社会给予他们的评价是"不正常""不好好做人"，认为他们因生活没有着落而惯于作恶或是潜在的作恶者。例如，村寨里有人家财物失窃时，这类人是首先被怀疑的对象；村寨里有人生病，医院查不出病因，经仪式治疗后也不见好转，大家就会怀疑是这类人下蛊的结果，而中蛊者必须带着食物上门求解；人们认为这样的人死后灵魂会逗留在阴间的一个峒场上拦路抢劫，把其他死者洗劫一空，或是抢亲，将其他死者的灵魂扯得七零八落。因此社会对这类人抱以惩戒与排斥的态度，例如在路上遇到他们要尽量远离，不与其说话甚至不能有眼神的接触，否则可能被下蛊；为了避免招来不幸，绝大多数集体参与的仪式会将他们排除在外，葬礼守夜等男性义务亦不对这类男子做要求，而在如送花架桥等祈福仪式中，人们又会出钱特意请他们来扮演野兽或是恶鬼的角色。这类人去世之后往往被人们忽视，例如后代在年节时期邀请先人回家时可能略过他们，其名字甚至可能不会进入吟唱家族历代先人的带路歌中。安家立业者才会被认为是"正常的""好好做人的"。他们生活安稳自足，不是潜在的作恶者，活着时社会赋予其社会交往和社会参与的所有权利，去世之后会给予其永久的纪念。

与上述"安家立业者"和"无家无业者"的社会分类相同，德拉的分类也是以生活方式之分为起点，落脚在道德属性之别上，两者在逻辑形式上高度对应。白裤瑶人在日常话语中形容神灵就像人一样会"过日子"，而数落那些无家无业者是"不做人偏要去做鬼（恶鬼）"。表8.1正是对两种分类体系间逻辑一致性的通俗诠释。

表8.1　人的社会分类与德拉分类标准对比

人的社会分类	安家立业者	无家无业者
生活方式	安家立业	无家无业
生活状态	安稳自足	没有着落
道德属性	与人为善	对人作恶
德拉分类	神灵/类似神灵的努高	恶鬼/类似恶鬼的努高

如果说，对安家立业者和无家无业者分类处之的社会舆论与道德评判是白裤瑶人用社会机制完成对"安家立业"的价值标榜，那么神圣存在的对应分类，则是白裤瑶人试图利用宗教权威进一步为社会分类提供象征类比，使其"自然化"的一种文化手段。具体而言，这种宗教象征机制包含两个层面。

第一，如涂尔干和莫斯所论，社会的类别特征被集中提炼至宇宙世界的自然分类中，与自然分类相关的实践活动使社会分类得到放大的、理想化的转述，从而表征与强化社会分类及其背后的价值标准①。白裤瑶信仰中的神灵和恶鬼，在很大程度上即是安家立业者和无家无业者的放大与理想化转述。一方面，对人"是否安家立业"的两种可能性做了绝对化提炼，神灵无一例外都是安家立业的典范，生活安定而自足，能够与人为善；恶鬼则全部过着无家无业的日子，生活没有着落，对人作恶。另一方面，将人是否"正常"、是否"好好做人"的社会形象转换为德拉在形态上是否拟人的区别。神灵都拥有或是可以幻化为人形，对应于现实生活中"正常的""好好做人的"安家立业者；恶鬼都是不完全的人形或非人形态，对应于现实生活中"不正常的""不好好做人的"无家无业者。神灵与恶鬼在生活方式、道德属性和外表形态上的反差属性，通过仪式、神话、

---

① 〔法〕爱弥尔·涂尔干：《宗教生活的基本形式》，渠东等译，上海人民出版社，1999年，第554～558页。

禁忌和日常话语的反复叙事与操演，一次次表征与强化"安家立业"与"无家无业"两种状态的价值分野。努高是人死之后的存在形式，它们可能在善恶之间游移。但是无论从生者还是从逝者的角度出发，人们都希望努高能够如神灵般与人为善，故举行耗资巨大的葬礼帮助努高在阴间安家立业。努高这一宗教象征符号，实则表达了白裤瑶人对死亡之后家业仍可持续、继续好好做人的理想愿景。安家立业作为人死后的终极价值，亦通过一次次的葬礼以及可能发生的补救仪式得到反复表征与强化。

第二，对神圣分类进行等级化处理，将社会分类表征为一个价值序列，引导人们对高位类别的认同和对低位类别的排斥，以此强化社会分类以及由此形成的结构秩序。涂尔干认为分类不仅仅是进行归类，而且还意味着依据特定的关系对这些类别加以安排，即是说每一种分类都包含一套等级体系[①]。而道格拉斯指出其中最为常见的一种等级化分类是"结构之内"与"结构之外"，以及由此延伸出来的正常与异常、洁净与肮脏、安全与危险的等级形式[②]。处在社会特定结构之外的事物是对规范与秩序的威胁，因此被定义为"异常"，而人们处理异常物的方式往往是将其转换为宗教意义上的不洁、危险之物，利用宗教禁忌的强制力将其排除出去。处在社会特定结构之内的事物则是"正常"的，人们将其转换为宗教意义上的洁净、安全之物后，其正当性与合理性便被蒙上了一层神圣权威。

现实中安家立业之人符合社会价值标准，处于某种意义上的"结构之内"，自然被定义为正常，被社会认可与纳入；与此相应，作为其宗教象征的神灵在白裤瑶人的日常话语中被称为"干净的"。它们对人而言是安全的，人们用敬献仪式青睐和拉拢它们，甚至通过拟亲属关系寻求与之结盟。无家无业之人有悖于社会价值标准，处于某种意义上的"结构之外"，自然被定义为不正常，被社会惩戒与排斥；与此相应，作为其宗教象征的恶鬼在白裤瑶人的日常话语中被称为"不干净的"，它们对人而言是危险的，人们用禳除仪式抵制和驱赶它们。德拉的这种等级化分类，透过宗教仪式中敬献与禳除的对立行为、神话中正面与负面的对

---

① 〔法〕爱弥尔·涂尔干、马塞尔·莫斯：《原始分类》，汲喆译，上海人民出版社，2011，第8页。

② 〔英〕玛丽·道格拉斯：《洁净与危险》，黄剑波等译，民族出版社，2008。

立形象、禁忌中尊崇与躲避的对立态度、日常话语中"干净"与"肮脏"的对立形容，反复表征与强化安家立业和无家无业的价值高低（见表8.2）。白裤瑶人耗巨资举行葬礼，帮助死者融入阴间的亲人群体并开启有序的农业生产，成为如神灵般"干净""安全"的努高，亦反复表征与强化着"安家立业"乃人生终极价值的至上性。

表8.2　不同分类（人、德拉）的社会地位

人的社会分类	安家立业者	无家无业者
性质	结构之内的、正常的	结构之外的、异常的
对待的态度	认可与纳入	惩戒与排斥
等级序列	高位	低位
对待的方式	青睐和拉拢	抵制和驱赶
性质	干净的、安全的	不干净、危险的
德拉分类	神灵/类似神灵的努高	恶鬼/类似恶鬼的努高

综上所述，白裤瑶人将信仰中的神圣存在分为"因安家立业而与人为善"和"因无家无业而对人作恶"两类，前者包括神灵和类似神灵的努高，后者包括恶鬼和类似恶鬼的努高，该分类方式与白裤瑶人对自身所做的社会分类具有逻辑一致性。两类在生活方式、道德属性和外表形态上相反的宗教象征对社会中的"安家立业者"与"无家无业者"进行了理想化的转述和等级化的价值排序，并通过宗教仪式、神话、禁忌和日常话语的叙事与操演，为社会分类提供反复的表征与强化，使得该分类原则背后的社会价值标准被人们反复习得与内化。第一，安家立业与否，关系着一个人为善还是作恶，即安家立业是支撑个体道德的基础；第二，安家立业与否，关系着一个人得到的社会评价是正常还是不正常，有没有"好好做人"，以及被社会认可与纳入还是惩戒与排斥，即安家立业是个体的社会规范所在。

从文化发生学的角度看，这套强调安家立业重要性的社会价值观源自白裤瑶人历史上对族群生存状况部运转及其基本秩序，必须将安家立业内化为个体的道德准则与行为规范。而将基于是否安家立业的社会分类及其道德话语赋予神圣存在体系，则是白裤瑶人试图利用宗教信仰的神圣权威强化这种社会价值观，从而使得社会秩序得到再生产的文化手

段与传统智慧。

沿着分类观念的研究路径，笔者对宗教信仰与社会观、人观进行关联分析，得以从一个族群的神圣存在分类视角观察其社会建立在怎样价值体系之上，进而理解他们关于人与社会的深层观念，即他们对社会何以可能、人何以为人的思考。

二 传统中的人与社会

白裤瑶的传统信仰活动围绕"保持完整的身体"、"维系稳固的群体"和"实现人死之后生命存在形式的转化"而展开，解决的是日常生活如何不因个体身体的病痛、所属社会群体的溃散和人最终的死亡而发生紊乱和断裂的问题，为的是无论生或死都要将日子长长久久地过下去。它既没有指向道德与精神境界的修炼与升华，也没有指向赎罪与修来生的出世命题，信仰行为完全由生活实况促发，解决具体问题，具有紧贴现实需求的实用主义与功利性特征。

可以认为，白裤瑶的信仰体系属于典型的"民俗宗教"（folklore religion）范畴。其宇宙观与仪式活动皆沿着人们的生活脉络编织而成，它们既以相对独立的姿态服务于生活总体的目的，同时又被摄取到了人们的生活体系之中而无法与日常分开，构成了人们的惯例和生活信条而不被人们识别为特殊的宗教行为。概言之，日常生活世界本身已经成为信仰体系塑造的一种文化产物①。正是由于与日常生活的一体化倾向，信仰体系对于白裤瑶人而言也发展出了某些更为深层的意义。

实现"意义"之人

从白裤瑶人崇尚的生活状态，即由完整的身体、稳固的群体和生命的顺利转化所促成的平稳而持续不断的日常生活中，我们可以窥见他们对于自身作为"人"的认知和追求。

人首先是一个自然人，若要维系自然人的状态，基本的前提是保持

---

① 参见〔日〕宫家准《日本的民俗宗教》，赵仲明译，南京大学出版社，2008，第5~17页；〔日〕渡边欣雄《汉族的民俗宗教——社会人类学的研究》，周星译，天津人民出版社，1998，第3页。

身体的健康，即保持其观念中身体的完整性；其次是一个社会人，需要归属于群体才能过上"人"的日子，否则他只是一个"活着"的动物。若要维系社会人的状态，就必须保持群体的紧密稳固；最后是一种宇宙世界中的存在，其憧憬这种存在的始终，所以渴求死亡之后保持某种意义上的"不灭"，在阴间继续做"人"，这是对人之终极价值的一种理解。为人一场，要活得有价值，要实现作为人的全部层面的意义，就需要同时成为自然人、社会人和宇宙世界中的存在，并通过保持身体的完整性、群体的稳固性和实现死后生命的转化维系这三种身份在一定程度上和在一定时期内的恒定。

出于以上目的，了解自己的身体并留心其是否完整无虞，实则就是白裤瑶人对人之个体性的追求与实践；认识自身所在的群体并在意其是否稳固，是他们对人之社会性的追求与实践；理解生命的变化过程并关注死后的存在状态，是他们对人之终极价值的追求与实践。在很大程度上，信仰体系便是白裤瑶人为了满足对自身作为"人"的认知、完成作为一个完善意义上的"人"的追求而创制的一套包括人在内的宇宙世界的存在图景与运行模式。首先，它全面且系统地讲述了人的身体从何而来、如何构成，它何以完整、何以不完整，白裤瑶人凭借这些知识维系自然人的身份。其次，在讲述人从何而来与如何构成的基础上，它解释了由一个个自然人组成的群体何以稳固不破，又是因何出现混乱甚至支离破碎，白裤瑶人凭借这些知识维系着社会人的身份。最后，在明确人从何而来与何以联结为群的基础上，它还阐述了有着自然人和社会人双重身份的人死后将去往何处、如何变化，怎样在另一个世界建立和经营生活，将日子一直过下去。拥有这些知识，白裤瑶人在如何保持自己作为宇宙世界中的存在而永不磨灭的问题上变得胸有成竹。

因此，传统信仰体系不仅是白裤瑶人认识宇宙世界以及定义自身在其间位置的传统知识框架，实际上也是帮助白裤瑶人活出他们所理解的价值、实现他们眼中人之全部意义的行动指南。

塑造"内向"的社会

信仰体系与日常生活的一体化倾向，也不可避免会对社会产生深远影响，其在很大程度上形塑了白裤瑶传统社会的基本特征。

从功能主义的角度以及站在白裤瑶人实用主义的立场来看，信仰体系是白裤瑶人祖祖辈辈在与自然宇宙和外部社会打交道的过程中发展出来的一种文化工具，人们对待信仰体系的态度不是托付与皈依，而是能动地使用，由此支撑他们在恶劣的自然环境和艰难的历史条件下顽强地生活。这种工具在传统时代里用于求取生存和营造生活是如此积极有效，以至于人们对它产生了一种强烈的路径依赖，在那么多年的时间里从未有过明显的变化。

由于日常生活中的疾病与危险、冲突与混乱、死亡与痛苦，都能在信仰体系中找到生成与湮灭的逻辑，故而白裤瑶人能将种种挫折与愤懑、不安与矛盾都化解于自身的文化系统之内，既没有导致这个人口极少的族群的溃散，也没有将他们导向与外部社会的无限争端。

但是同时人们也可以察觉到，白裤瑶的信仰体系及其仪式实践在处理生存与生活遭遇的苦难时，把所有原因都指向了自身和宇宙世界之间的关联，而非指向与外部社会之间的关系。它告诉白裤瑶人在遭遇生活的种种不平与磨难时，只需要跟自身所处的自然环境和宇宙世界中的神圣存在进行沟通与交换即可，由此将一切问题都化解在既定的生活框架和族群社会之内，而对于生产要素的扩张与生活方式的革新并没有提出要求，缺乏对世俗生活的推进意义。这使得白裤瑶人即使曾经长期生活质量低下，在历史上也从来都保持与世无争的被动状态，极少去谋求生活方式的改变，也不愿意联通外部社会并从中汲取生存资源。在信仰传统的塑造下，白裤瑶传统社会呈现出"内向"的基本特征。它是导致白裤瑶族群在整体上拥抱现代化的流动世界与技术生活时步伐相对缓慢的一项文化因素。

三　剧变下的秩序更替

作为白裤瑶最为重要的一种文化载体，传统信仰体系的生命力迄今为止依然显得十分旺盛。正如第一章所描述的那样，宗教仪式活动现在仍然占据了很多白裤瑶人大部分的闲暇时间，农业生产、婚丧嫁娶、年节庆典无不伴随着敬神驱鬼、祈求福祉的宗教性环节，参与者在或私人或集体的仪式活动中也获得了某种对于自身族群的理解。外人只要在白裤瑶村落中待上十天半个月，定能轻易觉察到传统信仰体系在白裤瑶人日常生活中占据的巨大"篇幅"，这也是白裤瑶吸引研究者前往调查和游客前往体验民俗文化的重要原因。

但是在当下白裤瑶村落社会中，人们对待信仰体系的态度已经产生了巨大的分歧。这种分歧发生在老一辈人与年轻人之间，它与由民族扶持、西部开发、精准扶贫、乡村振兴和信息技术普及等因素共同造就的社会发展是同步的。

走出大石山的一代

在瓦庸寨，看待鬼神之事，年过半百之人几乎无不虔诚，40 岁上下的多是谨慎相信，大致从 85 后开始的更为年轻的一代人则表示鬼神不过是一种想象，他们对美好生活的寄托并不在这上面。这种观念变化源于白裤瑶青年在知识上的急剧更新与视野上的普遍开放。他们是白裤瑶第一代"走出大山"的人。

所谓走出大山，第一层含义是地理空间上的走出。有的是因为念书的缘故，更多的是基于务工所需，白裤瑶青年跨越县市，穿过省城，到了沿海的发达地区。

2008 年初到东莞的房东勒少，是瓦庸寨第一个主动出去打工的人。在他之前，南丹县有关部门出于扶贫目的，曾多次组织白裤瑶各村寨的居民于农闲时期结伴去广东打短工，例如 2003 年前后，瓦庸寨有人在政府的组织下去珠海打工。政府是希望他们能够在那里长期工作，但最后大家因为种种不适应，例如天气热、汉语差、人生地不熟以及心里挂念家里的农活，几个月之后便都回来了。再往后，政府组织当地人外出务工的任务便一次比一次难以完成。

而在勒少第一次远行之后的那几年，白裤瑶地区主动外出谋生的年轻人突然多了起来。珠三角是他们的首选目的地，在深圳、东莞、广州和中山，电子厂、玩具厂和服装厂里都有白裤瑶青年的身影。另外一些人则到贵州、粤北、浙江和福建等地的山区做电力工，为修建铁塔和搭设高压线的技术人员运送装备和材料。山里交通不便，什么都靠人力搬运，这实在是个苦差事，但每天 200 ~ 300 元的报酬比厂里的流水线工人高出不少。受年轻人外出打工的触动，寨里四五十岁的父辈们也开始跟着后生到外面的世界一探究竟。但是由于他们放不下一些族群传统，打工路上时常会碰到一些纠纷。

例如他们刚去沿海地区做电力工那几年，大多以白裤瑶成年男性的传统装束示人，留着长发，包着白头巾。有一次在浙江，一伙人跟着工程老板进村，村里人远远看见便出来挡路，说白裤瑶人的头巾像是披麻戴孝，感觉是到村里集体奔丧来了，太不吉利。这几年，大多数人在离家打工之前都会狠心剪掉长发，但仍有一部分不愿意改变，而是采用折中的方式将长发盘于头顶，再戴上帽子遮住，无论天气多么炎热，每天坚持。

受教育程度的普遍低下也一直阻碍着父辈们的打工计划。勒少的父亲是1957年生人，没有上过一天学，也不会说汉语。2014年春耕之后的农闲时节，50多年没走出过县城的他跟着油锅的几个晚辈去浙江打工，但是仅仅过了十几天就因为无法跟人交流、学工慢而被老板辞退。可是如何从浙江回到南丹，这对于一个"不会说不会写"的人而言才是真正的难题所在。一起打工的晚辈帮他买好火车票，送他到火车站时他却不敢踏进车厢，他说上去了也不知道应该在哪里下车，下车了也不知道应该往哪里走。勒少的几兄弟只好商量由谁去浙江接父亲回家。不过好在最后他们联系到一个也要从浙江回程的熟人，这才把父亲平安带回来。

近些年，一些中年妇女也偶尔跟随邻里乡亲赶赴外省打短工，但她们往往会选择一些小作坊，而不是大工厂。之所以会有如此令人不解的选择，是因为她们听到年轻人讲述大工厂的森严纪律之后，认为自己无法适应，于是只能退而求其次。但小作坊往往生产不规范，信誉难以保证，进去打工有一定的风险，常见的就是出了事故之后得不到应有的赔偿，或者被老板恶意拖欠工资。2014年的时候，在福建的一个纺织品作坊里，当时有来自里湖乡不同村寨的20多个白裤瑶人在这里打工，以中年妇女居多。工作一个月之后，老板除了管他们吃住之外，没有发放任何薪酬。老板的解释是货款还未到账，到了之后再发工资。就这样三个月过去了，就在大家都期待着老板即将发放工资的某个清晨，当他们睡醒来到作坊时，发现里面的所有设备一夜之间都被清空，老板一行人也全部失联。这个作坊主是连夜带着人和设备跑路了，原因至今不详。最后是政府帮助他们回到了南丹。

　　时至今日，外出打工早已不再新鲜，但是除了年轻一代，白裤瑶人仍然少有如当地的壮族和汉族人那样大规模地放弃土地，完全靠务工讨生活。虽然每个人都知道，想要挣钱就必须放弃对大山的依赖，然而真正能够推动他们走出去的绝不是政府部门的几句鼓励，而是自身的胆识和愿望。

　　接受学校教育和获取媒体信息是白裤瑶青年走出大山的第二层含义，代表着他们知识的向外延伸与视野的向外通达。

　　勒少以前的学习成绩一向很好，只是因为家里贫穷，所以在初中念完之后便彻底告别了学校。但仅仅是九年的义务教育，就已经形塑了他迥异于父辈的价值观与人生理想。在学校教育之外，现代化媒体的普及也起到了非常关键的作用，带给白裤瑶的青年人更丰富、更准确的外部世界图景，刺激了他们往外闯的劲头。但无论是白裤瑶人对学校教育的认可，还是媒体终端在白裤瑶地区的普及，其进程都是相当晚近的。

　　有研究者根据贵州荔波县瑶山乡的调查资料，将白裤瑶地区的教育进程划分为三个阶段，分别是20世纪50年代至80年代中期的"逃学"阶段，80年代中期到90年代中期的"逃学"与"向学"交织的阶段，90年代以来的逐步"向学"阶段①。该划分同样适用于毗邻的里湖乡，正如第一章中所述的，瓦庸寨的人直到90年代中期才在政府的耐心引导与强力敦促下开始送孩子进入学校接受义务教育。更早之前，只有极少数的人念完了小学。个别特例念到了中师，他们现在几乎全都在白裤瑶地区的各个村小和乡完小担任教师。

　　如今向学之风已经形成，30多岁的年轻家长们也开始期望下一代在学业上能够有所跨越，而不像他们这辈人，绝大多数仅仅只念完了小学便由于学习成绩差或是家庭条件差而辍学。进入田野不久的一天，我在寨子东面的一条河边洗衣服，碰到勒少妻子的妹妹尼西，她和姐姐一样都是从蛮降寨嫁到瓦庸来的。她跟我聊起，以前她的学习成绩很好，进入初中后在英语上很有天赋，比同班的壮族和汉族同学都学得快，但是很可惜没有念到毕业。她在感叹之余说了一句"还是读书好"，那是我

---

①　黄胜：《民族地区学校教育价值定位的反思与建构——以瑶山白裤瑶的学校教育价值取向变迁为例》，西南财经大学出版社，2015，第58～103页。

第一次听到寨里人表达念书少的遗憾。以前做家长的好不容易进一趟城，给孩子们带回来的礼物都是些零食和小玩具，而现在已为人父母的年轻一代外出打工或者年节时期进城回来时，则会带文具和书本作为孩子的礼物；在孩子的假期里，他们也会乘空闲之际辅导孩子做作业，而类似情境在他们自己小时候念书时从未发生过，也是他们从未敢去想象的。有一次跟寨里一位稍微年长的大哥一起吃饭，他在酒后对我说："我现在什么都不想，只想多赚点钱给孩子们多念一点书，以后才能多出去走走。"那是我在田野中第一次听到有人在教育问题上表达对下一代的期许。白裤瑶青年早已明白，接受教育才是成功走出大山的关键。

常驻田野期间，据我观察，里湖乡中学的硬件是足够好的，而小学由于空间所限，硬件设施较差。当时一、二年级的住校生根据个头的大小安排宿舍，个头大的两人睡一张单人床，个头小的三个人挤一张单人床；三年级以上的则都是两个人睡一张单人床。为了尽可能地避免危险，高年级学生通常睡上铺，低年级学生都睡下铺。囿于经济条件，白裤瑶人现在很少送孩子上幼儿园和学前班，绝大多数孩子都是直接念小学。少了幼儿时期的启蒙教育，汉语这一关便是个问题，孩子们听不懂老师所讲，学习成绩自然也跟不上。但好在电视机给了白裤瑶孩子另一个很好的语言环境，经常看电视的孩子普通话都进步神速，度过了一年级的磨合期之后，二年级就不会存在大的障碍了。当时寨里还有个别家庭没有电视机，例如勒少家，如今又过了几年时间，一台具有基础功能的电视机对于任何一个白裤瑶家庭来说应该都算不上奢侈品了。

当时里湖地区的绝大部分村寨都没有通网络，4G信号也才刚开始在大城市铺开，不过那会儿3G智能手机在青年人中的普及率已经相当高，QQ是大家最热衷的一款即时通信和社交工具，年轻人都已经习惯用手机获取最新的社会新闻、听最新的音乐。田野期间的我一有闲暇就去几个跟我要好的小伙子家里看电视，或是跟着他们去乡文化站以及白裤瑶生态博物馆"蹭网"、下载电影、一起观看如今已经铺天盖地的短视频，或者跟着他们进城购物、嗦粉、逛公园，最难得的一次还参与了在瓦庯寨举行的白裤瑶青年联谊会，充分体验了年轻人迥异于父辈们那种被仪式充满的生活方式。

如今4G信号早已覆盖白裤瑶地区，毗邻里湖乡的村寨全都通了网络线缆，这些村寨有接近三分之一的家庭安装了宽带。年轻人现在也习惯了使用微信沟通，并通过朋友圈宣传白裤瑶的传统文化和官方活动，不自觉地做起了白裤瑶的宣传工作。2015 年，在瓦庸东寨门外的干田坝（这是瓦庸寨唯一的良田区），一个名为"千户瑶寨"的项目开工了，它集民族特色旅游和扶贫异地搬迁功能为一体，如今虽然已经具备了相当的硬件规模，但异地搬迁户由于没有配套农田等原因不愿来此定居，缺少生活气息的新瑶寨因此也缺乏吸引游客的所谓"原生态"，其旅游功能还有待提升。开发商与当地政府也还在摸索如何围绕新瑶寨打造周边自然环境，以及设法与几公里外的另外一处景区形成联动。较为可喜的是，寨上每家每户都从中获得了相应的征地补偿款，虽然过程一波三折，但着实改善了寨上很多家庭的经济状况。且这个项目的修建也将更多的瓦庸寨人从土地上推了出去，驱使他们放下对庄稼的执念，投身到其他生计方式中。作为民生配套工程，2018 年千户瑶寨竣工之时，不远处一座新的小学也拔地而起，主要供瓦庸寨以及周边各族村寨的孩子上学，至此里湖乡的小学办学条件算是实现了突飞猛进。

2021 年春节期间，我与寨上的几个好友通电话。跟我要好的必尧大哥告诉我，他现在再也不用起早贪黑去放牛，该卖的都卖了，剩下的好田交给父母打理，而那些山坡上的漏水田和翻山越岭才能到达的烂田，都丢在一旁不管了。去年一整年他都在金城江全心全意做装修工，他感叹脱离传统的生活轨道并没有想象中那么难。传统的生活虽然安逸和踏实，但仅限于眼前，他从来不敢去畅想未来。现在彻底离开农田，反而因收入变得稳定而有了前所未有的干劲，对未来的生活、对子女的培养都有了更多的期待。他说以前从来不敢奢望自己的几个孩子以后会到城里生活，现在已经开始想象如果以后孩子争气念大学了会怎么样。

随着知识的向外延伸和视野的向外通达，在家乡创业也成了一些白裤瑶青年的选择。例如前文中提到的制作白裤瑶的特色手工艺品，开农家乐，养殖瑶山鸡、瑶山猪销往城里和外地，近两年也有人开始做起了用于制作民族服装的布匹生意。市面上还出现了钢质的自动织布机，富裕一些的人家便买了回来，这种机器大大提高了织布的效率，减轻了女人们的劳动负担。于是有白裤瑶青年嗅出了其中的商机，他们购置自动织布机，在自己家里开设小型织布坊。十几台自动织布机便可以满足村寨里大部分的布匹所需，开设者成了老板，获得了不错的收入，村里的女人们也逐渐不再自己织布，而是直接从坊里购买，有了更多的时间休闲和陪伴孩子。

秩序的新内涵

脚步与思想都已经走出大山的白裤瑶青年，已经无法、也不能再从族群的传统信仰与仪俗里获得生活的秩序感。首先，生活秩序已经不再是简单的身体无恙和群体稳定可以定义；其次，生活秩序无关身后之事，他们立足与看重的都是有生的当下与看得见的未来。生活的常态是，身体不可能总是健健康康，家庭、油锅和村寨也不总是平平安安，人的死亡与日子的结束更是无法幸免。与其疲于抵抗生活中这些无法预期且无法逃避的落差，不如转向那些可以被自己把握，能为有条不紊地过日子带来确切增益的因素。由消极应付变为积极准备，年轻一代对于如何营造生活秩序有着自己的理解。

第一，更加充裕的物质条件，一方面可以切实提高衣食住行的质量，另一方面可以提高家庭抵御疾病、灾难、意外和冲突等风险的能力。所以多念书，挣脱土地的束缚，进入城市，觅得好的工作，获得不错的收入，是当下白裤瑶青年心目中的第一要务。第二，更为多元的精神食粮，它填补的是年轻人随着眼界的打开而逐步膨胀的知识需求与心灵空间。年轻人不像祖辈父辈那样在传统的仪式生活中便能获得已然够用的对自然宇宙、对自身存在的理解，且同时满足休闲娱乐、社会交往以及情感与审美之需。关心国家大事，关注世界局势，发展兴趣爱好，通过各种媒介与山外的人广交朋友，是当下白裤瑶青年乐此不疲的生活方式。第三，生活受困时更加专业与可控的处置方案。例如生病时寻求更好的医院和医生，并在食物和药物的帮助下加强预防；发生冲突时明晰权利与义务和交往规则；灾难来临时寻求更为专业的止损之策并从中汲取经验；等等。而不论是丰厚的物质条件、充沛的精神食粮还是具有实效性的问题处置方案，都不可能在他们传统的生活框架中以及在白裤瑶社会的内部，通过与所处的自然环境和宇宙世界中所谓的神圣存在打交道获得，而只能通过转变自身的生活方式，通过联通外部世界逐渐汲取，白裤瑶青年正在悄然实现着这一点。

年轻人对生活的追求表明，白裤瑶人的生活秩序正在脱离传统文化尤其是信仰体系的指导，在与外部世界的交往中被重新塑造。在此意义上，他们是白裤瑶社会中"祛魅"的一代，从白裤瑶人的信仰世界中破壳而出，融入与最广大中国青年相同的对于美好生活的主流追逐与挑战中。这是现代化进程的必然，也是国家坚持向民族地区输送教育资源、扶贫资源和治理资源的可喜成就。

在此背景下，如今村寨里依旧密集的仪式活动在一定程度上已经演变成对年轻人的一种束缚。在老一辈人的观念中，绝大部分仪式活动都对参与者的数量和群体归属有着严格的要求，人多才能势众，否则仪式效果不好甚至行之无效。他们因循这种传统，执着于仪式的完整性和参与感，凡遇集体仪式，要是有哪位亲族之人不出席，对原本的分内之事不理睬，此人必定会遭到社会谴责。然而，基于亲缘和地缘纽带，白裤瑶青年在主观上无法全然不顾各类集体仪式的要求，这既是宽慰父辈祖辈人遭遇不幸时紧张的内心，也是给予亲朋好友的一种情感支持，所以他们常常进退两难。这是白裤瑶青年一代共同面对的困扰：一边是族群传统与群体纽带的重要性，另一边是外出寻找新世界的迫切性，两者的矛盾在短时间内无法很好地调和。

这种迹象在我 2013 年进入田野时就已经比较明显了。与寨上拉颇大哥的一次闲聊令我印象深刻。那是 2014 年春节过后，他与同在瓦庸的一位表哥去金城江打工，可是出门不到一周，就被迫匆匆赶回家参加一场大型的油锅仪式。仪式过后他显得疲惫，向我抱怨用鬼耽误他在外面做工赚钱：

> "这次我本来真不想回来的，才去了几天，跑来跑去太累了，钱还赚不到。可是没办法，舅家喊帮忙，要是不回来，把他们得罪了，以后自己家里用鬼要请舅家时，那就麻烦大了。"

我说："如果你真的不回来，他们心里不高兴一段时间也就过去了。"

拉颇摇摇头："你想得太简单了。去年过年之前的那段时间我都在外面打工，我们这个家族好多事情啊，总是有人用鬼，每年葬礼很多，但我一直都没回来。后来回家，家族里的那些兄弟全都给我脸色看，还不跟我说话。"

房东勒少则是早就对家里人"爱用鬼"这件事头疼不已。他有胆识、爱学习，对外面世界的了解早于村里其他人，是一个全面拥抱"现代生活"的人。家中每每经历一场耗时耗力更耗钱的仪式过后，他就忍不住在我面前咕哝，说他不想参加，仪式还浪费了很多钱，但父母觉得这是必要的，也不能伤他们的心。所以他一度向我抱怨"干脆出去了就不回来了"。寨里很多年轻人跟勒少如出一辙，他们都向我吐露过类似的心声："要打工就要跑得远远的，千万别在不远不近的地方，一旦有事，回也不好，不回也不好。"

此外，信仰规约之下的一些传统习俗也让年轻人无法接受。例如油锅休息日的禁忌，它不仅适用于在家的人，在外的打工者也被家里人要求停工休息。对于年纪稍长的人来说，休息日的禁忌事关重大，不仅关系到自家人的生命健康，更涉及整个油锅的安危，所以即使离家乡千里万里，这个人也会尽量遵守休息日的禁忌。可想而知的是，他们以这种理由向工厂或者包工头请假时总是碰一鼻子灰。青年人自然非常反对休息日禁忌在空间尺度上的无限延伸。他们向在外一同打工的长辈讲述工厂的制度，帮助他们理解外面世界的规则，告诫他们想要长久做工就必然要在一定程度上触犯禁忌，哪怕冒着被油锅亲属谴责的风险。

再如关于凶死鬼的信仰，老一辈人都默默遵守着遗忘死者的规则，但年轻一代表达感情的方式更加外化，这种遗忘对他们来说往往很痛苦。有的人太想念凶死的至亲却又不能表达，不能去掩埋处看望他，不能在生活中提及他，甚至连可供纪念与回忆的物品都没有，多年的悲痛会沉积起来形成巨大的心理压力。

瓦庸寨有一个20多岁的女孩阿约，她父亲几年前外出打工时因为醉酒误闯铁轨被疾驰而来的火车撞倒身亡。有一次阿约跟一群朋友在家中聚餐时喝了很多酒，当着大家的面放声痛哭，说她非常想念父亲，却什么都不能表达，连照片都是偷偷保存下来的，偷偷地看。

在这种情况下，传统的信仰与仪俗是否会制造并持续加剧白裤瑶人代际的生活对峙与情感隔阂呢？答案似乎是否定的。

从信仰到"自觉"的遗产

白裤瑶青年虽然大多不再保有虔诚的信仰，但是他们几乎都能够意识到传统的信仰与仪俗是族群生命最为精致的载体，蕴藏着巨大的文化价值。它所包含的自然知识（人和宇宙万物）、族群历史、神话传说、歌谣和乐舞，不仅记录了白裤瑶祖祖辈辈沉淀下来的生存与生活智慧，而且展演着白裤瑶人多面化的审美情趣和情感意蕴。更重要的是，它是年轻一代奔向外部世界时引以为傲的文化资本，能帮助他们获得关注与尊重，也是他们在外受挫迷茫之时乡愁的绝佳寄托。对新生活的追求既从内在改变了他们认识世界的方式，也从外在驱使他们逐渐远离烦琐的仪式活动，然而他们并没有完全丢弃传统的信仰，只是换一种方式拥抱祖先留下来的这笔财富，在不影响个人价值追寻的前提下为族群文化的发扬光大而奔走宣传。他们通过自觉的"遗产化"行动，一方面为自己的身份筑牢历史的根系，记住自己从哪里来；另一方面为占据外部世界的一席之地争取话语权，锚定方向往更远的地方去。

例如，有的年轻人乘着旅游扶贫和乡村振兴的政策东风，着力在传统文化和民俗风情中挖掘可以转化为经济价值的部分，将其作为个人的生计道路，在合理"利用"遗产的过程中发扬与传承遗产。这是白裤瑶青年的一种勇敢尝试，充满着不确定性，但却有机会成功。

已经在前文中出现多次的房东勒少，从他第一次走出大山到如今已经十几个年头，这些年他一直都在试图平衡传统文化习俗与个人生活追求。2008 年，初到东莞的勒少，在工厂里很快便结识了一群朋友，颇具音乐天赋的他受到一个汉族工友的鼓励，买了人生中的第一把吉他。在工厂里烦闷的时候，他就学琴弹琴，练习唱歌。他积极参加工厂举办的各种文艺比赛，拿奖不少，与奖杯的合照一直都贴在家里最显眼的地方，他将之称为"青春的回忆"。2011 年的时候，勒少夫妇听说乡文化站站长准备建立一支白裤瑶民俗表演队，于是暂时结束了打工生活，回到寨里加入表演队，勒少当仁不让地担任了表演队队长。站长为表演队设计了结合铜鼓舞、牛角号和拉篥表演的创意舞蹈，以及欢迎游客的各种活动，起初两年，这个民俗风情体验村经营得还算红火。但碍于体验项目过于单一和雷同，以及宣传工作跟不上，到2013年的时候其热度就突然降了下来。勒少夫妻本来对寨里的民俗旅游寄予厚望，起初从表演队里分到的收入也足够日常的开支，但很快日子就紧巴了起来。我在瓦庸长住的那一年，表演队大概一两个月才接待一次游客，勒少夫妇回归乡土的生活似乎难以为继。

但表演队这两年的经历让勒少对以后的出路有了新的定位。他认为白裤瑶的传统文化毫无疑问是具备吸引力的，政府从打造民俗风情体验村到发展白裤瑶民族生态博物馆，无疑都是看准了白裤瑶民族风情所具备的经济价值，问题只在于怎么做。这些年，勒少夫妇尝试制作白裤瑶手工艺品、开设白裤瑶风情农家乐，但由于投入太少且势单力薄，都难言有什么收获。但是在此过程中，勒少意欲在族群传统文化中摸索个人生计的规划却越来越清晰。

从2015年开始，勒少开始在离瓦庸寨不远的一个风景区里工作，这里的自然景观比瓦庸寨稍好，主打的是白裤瑶风情和南丹县的酒文化。令他没有想到的是，正是由于此前在民俗表演队积累的"名气"，他很快便被委以重任，既做景区内的导游，又当表演嘉宾。在与游客的长期接触中，勒少体会到，很多游客都是被"白裤瑶"三个字吸引而来的，也懂得欣赏白裤瑶的民族文化，但拥有扎实的素材积累的传播者寥寥无几。为了干好这份工作，他开始收集整理一些白裤瑶的神话传说与鬼神轶事，并将其讲给游客听，受到游客的广泛好评。

在没有电视机的年代里，人们用过晚餐聚在门前屋后歇息，最让孩子们高兴的是能听老人讲故事。房东勒少这一代人也是听着故事长大的，以前老人们都把听来的故事刻在了心上，一辈子不忘，并且代代相传；而勒少他们听完即忘，只图一时乐趣，无法讲述给自己的孩子。现在勒少意识到白裤瑶神话恐将失传，于是开始亡羊补牢，以他自己的方式实施他心目中的一种文化抢救。为此他购置了电脑和办公软件的教学书籍，准备随时记录和保存白裤瑶的各种口头文本。此外，他开始认真琢磨如何将白裤瑶的细话歌通过他喜爱的现代音乐表现出来。细话歌原本没有旋律可言，听起来就像抑扬顿挫的念白。经过几番尝试，勒少选取了细话歌中常用的一段开篇语谱上了曲子，又另外创作了一段旋律优美的瑶话欢迎词，将两者组合起来成为一首"新细话歌"。勒少拿着这首曲子给游客表演，游客们都觉得非常动听。渐渐地，这首歌走出了那个风景区，被勒少唱到了县里、市里，最终他站到了南宁国际民歌艺术节的直播舞台上并取得了名次。如今虽然勒少再次远赴他乡，但在外时他总是抓住一切线上和线下的机会展示白裤瑶的传统文化。

有的白裤瑶年轻人以其他方式投入文化保护与传承的专职事业中，并将其作为自己的毕生责任。贵州省于1998年建成中国第一座民族生态博物馆——贵州梭嘎苗族生态博物馆。此后，广西、云南、内蒙古等地的民族生态博物馆也纷纷建立。尤其是广西壮族自治区建成了中国最大的民族生态博物馆群，位于怀里寨的白裤瑶生态博物馆就是于2004年建成并正式对外开放的。生态博物馆与普通博物馆最大的区别在于，它并非以场馆为单位，而是以村落为单位，将村落整体纳入博物馆的保护范围，使其成为民族风情的活态空间。生态博物馆通过日常展演与居民参与来保护与传承民族文化，发挥了"文化保护"与"旅游资源"的双重功能。这些年，博物馆吸引了一批白裤瑶的有识青年加入。岜地村的阿甫就是其中一位。

阿甫是85后，是他们那一代人中是少有的到南丹县城念过高中的人，可惜后来因为家中出了变故而没能念大学。认识阿甫不久，我便领会到他对于本族群文化的兴趣。一听到我是来做传统信仰调查的，他便提议让我跟着他去岜地寨居住一段时间，并表示随时可以带我参与仪式，访谈鬼师。阿甫的这种反应是我遇到的众多白裤瑶青年的一种常态。他们虽然都在为生计奔波，为家务忙碌，不断辗转于外地和家乡，平时对于仪式活动能少参加就尽量少露面，但对我的调查工作都抱以十分的尊重与热情，主动请缨免费担任我的语言翻译和田野向导的不在少数。戈立寨有一个叫金社的小伙子，他父亲是一位会卜卦但不太会用鬼的鬼师，在金社的强烈邀请下，我到他家里住过两天，对他父亲做了深入的访谈，获得了很多有用的信息。我问金社："你现在在思考做瑶山鸡的生意，每天骑着摩托车到处考察，烦心事一堆接着一堆，为什么还愿意拿出大把的时间带我做调查？"他的回答极其具代表性，道出了白裤瑶青年的真实心声："我们白裤瑶有很多好东西，你们喜欢，我们也喜欢。但是只有靠你们才可以把我们的东西写下来、传出去。"每当与我一同造访鬼师或者阅历丰富的老人，他们甚至比我更容易陶醉于各种鬼神故事中。但正如金社所言，他们无法将精彩的口头陈述转变为足够系统的文字，对外传播的手段也受限，因此他们都非常欢迎外来的文化记录者。

在我的田野中期，阿甬刚以编外人员的身份进入博物馆工作，意气风发，似乎找到了一份契合自身兴趣的事业。他的日常任务是管理博物馆的展览区，担任解说员，接待到博物馆和附近区域进行调研的文化学者；完成上级主管部门下达的田野任务，调查、摸底白裤瑶各项传统文化的传承人，如细话歌者、带路歌者、铜鼓舞者、刺绣高手等；参加省市级博物馆的相关会议，学习与传达各类文件精神；与学术组织和民间机构合作，参与各类民族文化影像记录项目。但他的工作热情并没有持续太长时间便陷入矛盾。前几年，阿甬每每与我通话，总忍不住向我大倒苦水，说作为一名博物馆的编外员工，工资待遇低，要养活一家人实属不易，且由于博物馆人事机制和内部管理的问题，他的工作计划常常受到一些限制，无法投入他真正喜欢的文化记录事业中，也无法与外来的研究人员展开田野合作，学习知识，拓宽视野。那段时间他时常在考虑是否离开博物馆，去外地另寻人生机会。但最终他因为心底那份对白裤瑶传统文化的热爱而坚持了下来，并为此践行了新的成长计划。首先，他比以前更加系统地学习民族影像记录的相关技术和知识，在最投入的阶段，他甚至在平时生活中也随时带着相机和小型摄录机，捕捉任何与白裤瑶传统文化相关的瞬间。从接受培训到慢慢成长为独执导筒的摄影好手，从跟随观摩到带着作品前往南宁、北京等地参加民族影像志的竞赛与策展活动，如今他已经是博物馆一众正式与非正式馆员中取得不俗成绩的一个。其次，他抽空补习高中各科知识，参加各种培训和考试，通过函授的方式取得大专文凭，为进入博物馆的编制做好了准备，拿到了成为一名白裤瑶文化专业保护人与传播者的敲门砖。

更多的白裤瑶青年，虽然没有从事与传统文化直接相关的工作，却用自己的方式默默保护与传播着白裤瑶的文化遗产。他们建立 QQ 群和微信群，帮助细话歌爱好者进行线上对歌交流；为学校里的铜鼓舞传习班教授鼓乐技巧，编排表演；以志愿者的身份组织年街文化节，动员乡里乡亲们积极参与，与游客们打成一片；拍摄短视频，在网络上分享白裤瑶人的精彩生活；加入白裤瑶的各种协会，为族群文化的传承与发扬献计献策。

对传统文化价值有着高度自觉的白裤瑶青年，对烦琐的仪式活动普遍采取不信仰但也不干预的态度，他们尊重父辈对待鬼神的虔诚态度，视信仰体系为族群的文化遗产，在没有文字记载的情况下，它就是白裤瑶人的历史见证与思想结晶。这一辈人正在做的，是将其中的神话传说、仪式风俗和乐舞艺术尽可能地保留下来，为此他们或业余或专业化地记录着这一切，努力配合官方的旅游推介活动，积极拉拢遗产保护界的专业人士，与学者和艺术创作者保持密切交流。

在当下白裤瑶青年的观念与实践导向中，白裤瑶的传统信仰正在从一种重内心体验的生活方式转变为一种重展演民俗的文化景观，从一种用于跟自然宇宙打交道的知识库存转变为一种与外部世界和现代社会打交道的文化资本。前者的目的是囿于社区和族群内部的，在于维系身体健康、有家有业的"小日子"；后者则更为有意地指向了白裤瑶人与外界的关系，承载着白裤瑶人对于如何跟上现代化与全球化的脚步，如何融入中华民族共同体，共赴新时代、共享复兴成果的思索。

当然，真正有生命的传统文化必须是活态化的，宗教信俗也必然因"信"才能流传成"俗"。当有一天再也无人信仰祖辈们念叨的鬼鬼神神，那些依附于此的活态民俗是否也会逐渐消失呢？对此，我接触到的白裤瑶青年们都表示，他们无法妄自揣测，但无论结果怎样，他们都可以不留遗憾地宣称：他们自己尽过自己能尽的心，做过自己能做的事，他们自己的所作所为已经足够让"白裤瑶"三个字背后的丰富意义与独特内涵永不消逝。

结论与讨论

一 白裤瑶的信仰体系及其观念结构

首先，白裤瑶的信仰体系包含了宇宙世界的基本构成及其存在物的基本知识。宇宙是由"瓢瓜"（黑暗的世界）和"熬归"（天亮的地方），即白裤瑶人惯用的译称"阴间"和"阳间"两个部分构成。阴阳两界不是物理意义上的清晰分割，而是两个有着不同存在状态、不同感知途径的平行世界。阳间即可见与可触知的实体空间，是人的生活世界；而目力所不能及的天空以上区域是阴间的天上，脚力所不能达的地底以下区域是阴间的地下；还有一个无法指出其明确方位的不可见、不可触知的阴间区域，那里的空间形态是对阳间地理形貌和人居环境的一种模拟或复制。两界的时间错位而行，在"日"的尺度上，阴间白昼的开始，正好是阳间的中午，相差半天（日常生活中俗称的半天，即从早到晚的一半，而非 24 小时的一半）；在"年"的尺度上，阳间到达农历六月三十之时，阴间便行至岁末，相差半年。

人是阳间的主体性存在。一个有生命的人，由父母身体里的酸催化而成的"肉体"、娲王提供的"灵魂"和花婆剪出的"花"三个部分组成。肉体承载着另外两者；灵魂使肉体有了呼吸、能够活动；花则保护肉体和灵魂，并维系它们的结合。除人之外，自然万物也被视为生命体，与人的生产生活密切相关的自然物包括：拥有强大意志、令人敬畏的天地日月，被人视作孩子般呵护的水稻，保护儿童的树木、石头和水流，通人性且可用于沟通阴阳的牛、鸡与猴，拥有性别和名字并懂得人情世故的铜鼓和皮鼓。

德拉是阴间的主体性存在，按照善恶属性与生活方式的不同分为三种类型："做心好"的德拉（即本书所称"神灵"）、"做不好"的德拉（即本书所称"恶鬼"）和努高。神灵是宇宙世界中的先验存在，来自阴间的天上，平日里驻守阴阳两界的各处。它们与人一样，建立家庭，以农耕为生，过着有家有业的生活。一方面神灵创造了宇宙世界和人，掌控着自然规律，能够与阴阳两界中的各种存在打交道，甚至发号施令，是宇宙秩序的管理者与维护者；另一方面，神灵主持着宇宙世界中的公道，调解其间的矛盾与冲突，驱逐与压制邪恶的存在，保护人的健康与安全，是正义与德性的最高化身。恶鬼正好相反，它们既无家庭，也不事农耕，流浪于阴阳两界，靠偷抢劫掠维持生计。努高是由正常死亡之人的灵魂一分为三之后的其中一个部分所化，在阴间归依于自己所属家庭、家族和村寨中那些去世已久的先人群体，并从事农业生产，在阴间经营着家业两全的生活。

面对不可见、不可触知的阴间和阴间之物，人唯有借助能通阴阳的鬼师之力，才能实现阴阳两界的沟通。鬼师成巫，是具有神灵身份的基多附体并传授巫术技艺的结果，鬼师本质上是一个"人—神""阴—阳"的复合体。

其次，白裤瑶的信仰体系包含了宇宙世界中阳间自然存在与阴间神圣存在之间相互关系的基本知识，这些关系主要是以"人"为中心进行表述的。一方面是关于人生在世时，阴间德拉如何影响人的身体健康和所属社会群体的稳固性；另一方面是关于人死亡之后，如何从阳间存在转化为阴间的努高。前者要应对的问题是日常生活如何不因个人身体的病痛和所属社会群体的动摇而难以为继，后者要应对的问题是日常生活如何不因死亡而出现断裂。简言之，其信仰体系是为了维系白裤瑶人从生到死、自始至终的平稳性与持续性，这即是本书所定义的白裤瑶人观念中的生活秩序。

保持身体健康，是生活秩序的个体性面向。身体健康与否，在于身体是否完整，当组成身体的肉体、灵魂与花三个部分完好无损且紧密结合时，身体便能够协调地运转，表现为身体无疾病、无伤痛、无异感；反之则会导致各种病痛，包括身体的异常和精神的异常、身体完整性被破坏有三种情况。第一，肉体的损伤，轻则表现为小伤小病，重则出现严重疾病或重大伤亡事故。第二，灵魂的脱离，表现为久病不愈，严重者会陷入昏迷不醒的状态。第三，花的短缺，此时肉体更容易受损，灵魂也更容易脱离，表现为萎靡不振和反复生病。出现这三种身体情况都与阴间的德拉有着某种关系，针对于此，白裤瑶人通过巫术仪式与相应的德拉进行沟通交流，恢复身体的完整性。

所属社会群体的紧密稳固，是生活秩序的群体性面向，包括家庭的安宁融洽、油锅的坚而不摧，以及村寨的祥和太平。影响群体稳固性的同样是阴间的德拉，包括神灵的惩罚、恶鬼的伤害和努高的知会。当对单独个体的影响无法引起人们的重视时，德拉便会将影响的范围扩大，引发群体性的伤病、群体成员的矛盾冲突和群体财产的损失，导致群体丧失人力、经济与情感的内部支持，群体事务无法开展，群体的生命历程陷入停滞，甚至整个群体分崩瓦解的严重后果。但相较而言，恶鬼是其中最主要的诱因，有的恶鬼甚至从来不以随机的个体为骚扰对象，而是专门以整个家庭和整个油锅为伤害目标。为此需要通过巫术仪式与相应的德拉进行沟通交流，恢复群体的稳固性。

生活秩序的终极价值面向在于人死亡之后，在阴间建立家业两全的生活，最终由阳间的"人"转化为在阴间安身立命的"努高"。换言之，一个人不因死亡而打破生活的平稳性与持续性，只是换一种存在形式继续过日子。为此，白裤瑶人使用以葬礼为核心的一系列巫术仪式帮助逝者与阴间先人相互熟悉与接纳，以及为逝者在阴间的农业生产提供足够的生产资料和起始阶段尚无收成时的衣食接济，使得生活在阴间接续起来。

上述宇宙观是白裤瑶信仰体系的基本内容，从中可以看出，白裤瑶的信仰体系在时空观上呈现出"阴间—阳间"的二元结构，在信仰对象上呈现出"人—德拉"的二元对立，基于"过日子"的信仰目的，将生活的秩序问题主要化约为"阴—阳""人—德拉"之间的二元关系问题，宗教仪式活动因此围绕着处理"阴—阳""人—德拉"的二元关系展开，处理这种二元关系时所仰仗的力量来自"阴—阳""人—德拉"的复合体。可以认为，"阴—阳"二元性，是白裤瑶信仰体系的基本观念结构。

二　经验化：信仰与秩序的生成

白裤瑶的信仰体系以服务于总体生活为目的，具体而言主要是为了应对身体的病痛、群体的溃散和人的死亡三类事件，其目标分别是维系身体的完整、保持群体的稳固和实现生命存在形式的转化。在达成这三个目标的基础上，人不但在活着的时候可以拥有安定可靠的生活，在死亡之后生活亦不会中断，在阴间日子将接续起来，生活便有了至死不移的平稳性和持续性。本书将此定义为白裤瑶人观念中的生活秩序，而生活的动荡不安与日子的无以为继则意味着生活的失序。在如何营造生活秩序的问题上，白裤瑶人除了运用世俗的手段，例如用药物治疗疾病、用习俗与道德约束行为、用经验与知识防范风险等，还借助信仰体系构建了一套原理用以解释生活"何以有序、何以无序"和一套具备天然信用的干预手段用以调适秩序。

　　站在白裤瑶的社会与文化之外，以一个有着现代科学观的他者身份观之，我们根本无从解决身体的病痛、群体的溃散和人的死亡所带来的生活失序问题。谁的身体，在什么时候、以什么方式出现病痛；哪一个家庭、家族或村落群体，在什么时候、以什么方式濒临溃散；哪个人，在什么时候、以什么方式步入死亡——都只是漫长人生中的一系列"偶然事件"，同时也是生活中必然会经历的"自然进程"。

　　这些负面的偶然事件和自然进程在帕森斯的宗教研究中指的是人类无法避免的几种处境，包括事件的发生无法预料与无法控制、事件的结果无法确定，以及前两种遭遇在人群中分布的不平均。当这些处境难以被统合于某种规律中或某种逻辑体系内得到本质化的理解时，人在情绪上便会遭受挫折，这种挫折感几乎是本能化的，不可能用"普通"的技术和"将就"的生活态度完成充分调整。言下之意，信仰是此时一条有效的出路[①]。受帕森斯影响较深的格尔兹则在前者的基础上，于"事件处境"和"心理结果"的因果关系之间增加了对"经验反馈"这个中间环节的论述，使得这个因果链条在逻辑上变得更为完整。他认为，当人面对这些缺乏理解途径与把握手段的处境时，由于"天生（即遗传编码）的反应能力的极端笼统性（generality）、漫射性（diffuseness）和多变性（variability）"[②]，在认知与行动上便会受困于经验的先天局限，包

---

① 参见 Parsons, Talcott. *Religious Perspectives of College Teaching in Sociology and Social Psychology*. New Haven, Conn.: Edward W. Hazen Foundation, 1951。

② 〔美〕克利福德·格尔兹：《文化的解释》，纳日碧力戈等译，上海人民出版社，1999，第 114 页。

括"分析能力的局限、忍受能力的局限和道德见解的局限"①。正是一个人在经验反馈上的无效，才有了其在心理或情绪上的挫折。分析能力的局限表现为无法解释那些打破平常状态的、矛盾的、陌生的现象与事件，它们会让人感到错乱和忧虑；忍受能力的局限表现为难以接受那些持久存在、反复经历和无法扭转的困难，它们会让人感到持续的痛苦；道德见解的局限表现为无法理解事情的"应然"与"实然"、不同人"应得"与"实得"之间的落差，这种落差会导致自我的怀疑与罪恶感。通俗地理解，便是人在面对偶然事件与自然进程时，会受困于如下三种发自本能的疑问：

1）为什么会发生这样的事，它是如何发生的？

2）这样的事为何一定会发生，我却无法逃脱？

3）事情为什么是这样而不是应该的那样，为什么发生在我身上而不是别人身上，我到底做错了什么？

显然，以上三种疑问其实就是人在面对偶然事件和自然进程造成的生活紊乱与断裂而深感难以左右时所发出的。此时"若无文化模式的辅助，在功能上人将是不完全的……既无方向感，又无自制力，充满混乱的阵发性冲动和模糊情感"②，当这种挫折、痛苦和难解的道德困惑感发展到了足够严重的地步，或持续足够长的时间，人便完全无法理解生活，遭遇问题时就变得毫无头绪，举步维艰。

对于祛魅之后的当代人而言，辅助他们解答上述疑问的文化模式是19世纪以来成为把握偶然性的工具，并在认识论和伦理学中占据上风的"概率论"③，以及架构在各门自然科学知识之上的唯物主义常识体系。而对于如传统社会时期的白裤瑶人那样与现代科学几无接触的群体而言，信仰体系便最可能成为辅助他们解答上述疑问的文化模式，"任何宗教，

---

① 〔美〕克利福德·格尔兹：《文化的解释》，纳日碧力戈等译，上海人民出版社，1999，第115页。

② 〔美〕克利福德·格尔兹：《文化的解释》，纳日碧力戈等译，上海人民出版社，1999，第114页。

③ 参见〔加〕伊恩·哈金《驯服偶然》，刘钢译，中央编译出版社，2000。

无论它如何原始，只要它希望延存下来，就必须设法应付这种挑战"①。尤其是第三种疑问带来的挑战，在帕森斯看来，社会学语境中宗教意义的核心便是"补偿"（compensation）事件与价值预期之间的差异②。

那么，信仰体系到底是如何应付这种挑战的呢？白裤瑶的例子能帮助我们在前人理论的基础上进一步理解信仰体系突破经验局限的微观过程与作用逻辑。具体而言，白裤瑶信仰体系中的宇宙观知识，包括宇宙世界的构成、宇宙世界中的存在物、人在宇宙世界中的存在形式、其他存在物对人的影响，以及人与其他存在物沟通和交流的手段。其对生活中的偶然事件与自然进程做了如下两种处理。

第一，纳入关系结构。在"阴—阳"二元性的宇宙观的统合之下，白裤瑶人将"生活是否有序"视作阴间的德拉与阳间的人两种主体间的交互结果。交互的第一层含义是德拉与人之间存在基本利害关系，神灵与人和睦相处并存在"保护—回敬"的礼物交换关系，恶鬼与人存在利害冲突且因其生计无法自足而主动对人实施侵害，努高与人可能各自安好也可能存在利害冲突；其第二层含义是德拉与人的相互遭遇以及由此带来的影响，身体的病痛和群体的溃散导致的生活失序都源自神灵的惩罚（起因于人的怠慢、不敬或破坏禁忌）、恶鬼的侵害（主动侵害或起因于人的意外招惹）或努高有事知会（主动知会或起因于人的疏忽），死亡之后生活的无以为继则源自人未能通过葬礼帮助努高在阴间建家立业，使得努高的"日子"无法过下去，生活发生断裂。这是一种高度结构化的解释模型，将生活失序的问题通通还原为"阴—阳""德拉—人"的二元关系问题。

第二，赋予因果逻辑。将生活失序的问题纳入上述二元关系结构之后，白裤瑶人进一步借助信仰体系中更为复杂精密的宇宙观知识，对导致生活失序的一切具体事件，如生病受伤、禽畜瘟疫、庄稼受灾、家庭矛盾、邻里冲突、财物失窃和人的死亡等，做出了具体而微的因果溯源。这种溯源工作是极为细致的，在每个人身上发生的不同事件都能找到与德拉相关且精确对应的原因，例如可以将身体不同部位的病征追踪到某

---

① 〔美〕克利福德·格尔兹：《文化的解释》，纳日碧力戈等译，上海人民出版社，1999，第115页。

② Parsons, Talcott. *The Social System*. Routledge, 2013: 113–114.

个具体的恶鬼那里——它在什么时候、于什么地方、出于什么原因、通过何种方式，以随机的个体、家庭还是油锅为侵害目标，影响了人的肉体、人的灵魂还是人体内的花。

由此，信仰体系系统性地解答了前述三种本能式的认知疑问，突破了人在分析能力、忍受能力与道德见解上的先天经验局限。针对第一种疑问，它可以解答扰乱生活秩序的一切可能事件是如何发生的，也可以解答各种被称为凶兆的异样为什么会出现，打破与超越常态的现象在这里都能找到起因和源头。针对第二种疑问，它的作用不是教会人们如何逃脱那些本就无法避免的纷乱，而是对纷乱有一套更易于厘清与接受的解释，从而帮助人们忍耐其间的痛苦，例如它能使人不再惧怕必定会到来的死亡，因为它告诉人们死亡不意味着失去亲人、失去田土，辛苦经营起来的生活并不会因此化为泡影，只是换一种方式在另一个地方过日子，继续享受亲人的陪伴和丰收的喜悦，继续安居乐业罢了。针对第三种疑问，它可以解答诸如"为何我不辞辛劳地照料田土，却还是收成欠佳""为何我小心谨慎，却还是屡屡破财""为什么我总是生病，别人却能保持健康""为什么我家祸事不断，别人家却平平安安"之类的困惑，告诉人们人与人之间存在差异皆因与德拉遭遇的不确定性。

对上述疑问的确凿解答会带来两个方面的结果：一方面，这些事件和进程变得可以被叙事，且在文本上具有明确而统一的二元关系的叙事结构，其性质从不可知状态降格为一种可供"话家常"的材料，得到人们普遍性的理解；另一方面，这些事件和进程变得有缘可溯、有规律可循，应对和处理起来便有法则可依，干预的路径便清晰可见。简言之，偶然事件和自然进程转化为了一系列能被普遍理解且存在干预路径的对象。这意味着它们从经验把握之外被组织到了经验范畴之中，为人们充分发挥主体能动性提供了空间。继而，作为能动性工具的巫术仪式才有了存在和运作的基础，且它本身也是可以被组织到经验范畴中的，具备可溯源性、规律性和可叙事性：在形成逻辑上，巫师是神灵附体于人的结果，巫术技艺反映的是人与神之间的基本利害关系，是拥有超人能力与德性的神灵"做心好"、保护人的一种"曲线"方式；在作用原理上，巫术仪式是在处理宇宙世界中德拉与人的二元交互问题。

尽管偶然事件和自然进程经"纳入关系结构"和"赋予因果逻辑"

的处理之后变得可以被干预，但白裤瑶人并非没有意识到求助于信仰体系及其仪式实践来解决生活失序的问题不是次次都"灵验"，也不是解决当下的问题之后便一劳永逸。例如人人都知道驱鬼仪式之后病痛有可能无法缓解；这一次缓解了，下一次不一定奏效；现在病痛暂时消失了，保不准以后仍会生病。信仰与仪式的效果也并非百分之百可检验，尤其是葬礼之后死者的灵魂是否真的去了那个叫阴间的地方建立家业、延续生活，更是无从考证。然而，信仰与仪式的处理之所以在白裤瑶人看来是有效且令人信服的，并不是因为偶尔的"巧合"反馈回来的正面结果，比如某次用鬼仪式之后病痛真的消失了，家庭变得和睦了，财物失而复得了，庄稼收成提高了，等等——信仰体系并非每次都能带来风平浪静的生活，对于白裤瑶人而言它真正重要的原因在于：借助信仰体系所构筑的精细的知识系统、严密的逻辑体系与高度叙事化的理解方式，白裤瑶人得以准确定义自己在宇宙世界中的"位置"，从而构建起清晰的主体意识与强大的主观能动性，帮助他们将生活置于被认为是可控的预期和可靠的处置之中，获得直面当下的安全感和展望未来的方向感，建立起关于美好生活的坚定信念，支撑他们踏实而自在地"过日子"。

本书将上述以信仰体系的"符号资源"为支撑的生活秩序的生成逻辑称为"经验化"机制，它是指人们通过一套逻辑自洽的宇宙观，将扰乱日常生活的"偶然事件"和"自然进程"纳入关系结构并赋予因果逻辑，转化为能被普遍理解且存在干预路径的主体能动性对象，将其从经验把握之外组织到经验范畴之中，从而形成对于生活自认有效的可控预期与可靠处置，维系生活在总体上的平稳性与持续性，即生活的秩序。

当然，这里的秩序首先是感知意义上的秩序，然后才可能有实在意义上的秩序，但正如前文所言，人内心的秩序感是营造实在秩序的行动者基础。就像如今人们求助于现代医学那样，人们之所以在生病时会路径明确、心安理得地求医问药，是因为人们通过现代科学知识以及经验形成了对现代医学"自认有效"的事先判断与信任，这即是一种感知意义上的秩序。秩序感始终是人们迈向营造实在秩序之行动的认知与心理前设。

依靠信仰体系及其仪式实践，白裤瑶人在曾经环境闭塞的大石山区，在科学知识与现代教育几无渗透的漫长年代，于自身能力范围内完成了对日常生活最完善的安排与掌控，以"能动者"的姿态过好了自己的日子。这种在"过日子"目的驱使下理解自身存在和自然宇宙运行的思维方式，充满着对规律与常态的追寻，以决定论而非宿命论为底色，是白裤瑶人在特定自然环境和历史条件的限制下能够达到的最大限度的理性，将之称为生存与生活的传统智慧毫不为过。

三　从"非典型性"看民族文化交融

最后，让我们再次回到瑶族的整体语境中，对比所谓"瑶族宗教"与"白裤瑶信仰体系"之间的差异。前文已经澄清过，研究者们通常所称的"瑶族宗教"是指以盘瑶和拉珈瑶为信仰人群的宗教体系，它自北宋宋徽宗时期甚至更早的秦汉时期开始就受到了道教的影响①。下面我们将从宗教职业身份的承袭和神圣存在体系两个方面比较两者。

如第四章所述，在白裤瑶人的信仰中，一个人经历了被称为"基多"的神灵附体之后，基多将阴间世界和神圣存在的相关知识、巫术仪式的操作要领、超常的感官与能力传授于他，他便可能拥有沟通阴阳两界的技艺，从普通人转变成为鬼师，获得该职业宗教者的身份。白裤瑶人将此过程描述为"阴传"。

阴传在本质上是神灵主导的系列附体过程。宗教学视域中的"附体"通常有三种类型。1）神灵进入该人的身体之中，于是他（她）的人格发生了变化，作为灵的存在而行动，以"我是某某神"的第一人称来说话。2）神灵不进入该人的身体之中，但是巫师、萨满能看到鬼神的身影，能接触到神灵、传达神意，胸部有压迫感，或有手脚被神、德拉捉住强制活动的感觉；他（她）向神灵提出"神呀，请给我指教"的请求后能得到神灵的回答，并将这些传达给依赖者。此时，该人没有人格变化，与神灵交流一般使用第二或第三人称。3）神灵不但不进入该人的身体，而且也不直接接触该人的身体，因此，该人通过自己眼、耳、心的感觉来传达神灵的旨意，即"领悟到了神灵旨意""听到了神灵的旨

---

① 　张泽洪：《道教传入瑶族地区的时代新考》，《思想战线》2002 年第 4 期。

意"，他们在与神灵交流时大多用第三人称①。

在阴传的过程中以及之后，鬼师经历的附体涵盖了上述所有三种类型。例如鬼师尧社的例子中，他看见天门和阴间的景象以及后来对狗肉形成生理排斥，都是基多在向他和他身边的人宣告"我们已经到来"，给予被附体者一个心理预期，可以让他对于成为鬼师这件事有更好的心理准备，增加附体的顺利程度。这种附体类型属于前文所述的第三种，基多未曾进入被附体者的体内，也不与他有直接的身体接触并施加可被感知的物理力量，但是基多可以严重影响被附体者，并让被附体者通过感官体验到基多的存在。当阴传进入意识模糊阶段，基多开始在耳边讲述时，被附体者整夜无法入睡，身体也不能动弹，此时的附体符合前文所述第二种类型的特征，没有明显的迹象表明基多进入了被附体者的身体，但是被附体者能感到身体受到力量的强迫，要么是基多直接接触了他，要么是基多使用神力进行间接控制。阴传完成之后，鬼师在每年正月十五晚上请离开的基多归位时，会用基多的口吻唱述自己来回的时日和过程，这表明基多已经进入了鬼师的体内，取代了他的身体和意识，鬼师用第一人称来说话，他口中的"我"就是基多本身，这与前述第一种附体类型是相符的。

阴传完成之后，被附体者便有资格对外宣称成为鬼师，社会也因此承认他是鬼师且并不需要其他外部的甚至组织化的"入行"考核。因此白裤瑶鬼师的职业承袭是一种非常纯粹的"神授"机制。神灵选中谁，谁便经历阴传，神灵意志在鬼师身份的认证中显现出唯一性。并且，阴传期间神的意志对于普通人而言是不可知的，谁将被选中、什么时候被选中、将持续多长时间、会有怎样的身体变化、将出现什么样的危险与异常，一个人均无法预测也无法施加影响。神灵意志的唯一性和不可知性建构了鬼师的超越性特质，使其具备了"被认为是超凡的，禀赋着超自然以及超人的……普通人所不能具有的……具有神圣或至少表率的"②个人特征，即强烈的"卡里斯马"（charisma）气质。他们的能力禀赋与角色属性便显得不容置疑，人们因此向鬼师投以信任。

---

① 〔日〕佐佐木宏干：《萨满"凭灵"的构造》，泯雪译，《北方民族》2000年第1期。
② 〔德〕韦伯：《经济与历史 支配的类型》，康乐等译，广西师范大学出版社，2004，第363页。

　　而在盘瑶与拉伽瑶的信仰体系中，一个人成为师公至少需要同时满足三个条件。第一，个体有相当的权利选择是否要做、什么时候做师公，"自己想学，而且又学得懂"① 成为师公群体常见的职业选择动机，意即主观意愿有很强的决定性。虽然家庭因素也很重要，为师公者，其后代也较多选择做师公，但他只是施加影响，不能左右个体选择。第二，以集体组织的"度戒"为资格门槛。度戒既是男子成年的一种生命过渡仪式，也是一种普通人被社会承认、获准进入宗教职业系统的宗教仪式。经过度戒的男子在世俗生活中便可以结婚成家，被允许参加成年人的社会活动，更重要的是在宗教生活中拥有了参与仪式、接受师公技艺传授的资格②。第三，获得师公之身份还依赖于拜师学艺，依照成文经典进行系统化的训练。他们要求掌握多种技能，如占卜、敬神和驱鬼等仪式操作，记诵宗教文书上的符咒喃词，使用鼓、锣、剑、铃、印、神桥、牛角号等法器③。那些有名望的师公甚至将从汉族人那里学习书法艺术作为最基本的训练④，最终经过系统考核之后方能以师公角色示人，并被社会所承认。

　　比较而言，在白裤瑶人的信仰中，鬼师的巫术技艺和职业身份只因神灵附体而获得，鬼神的意志起了决定性作用，遵循的是"神授"机制，有着更为强烈的超越性与神秘化特征。而盘瑶与拉伽瑶师公的巫术技艺和职业身份更多的是以人的意志为主导，来源于一整套包含仪礼授权、组织纳入和经典训练的世俗人为体系，其制度化宗教的特征更为明显，这与盘瑶、拉伽瑶宗教受道教之深刻影响息息相关。

　　当然，并不是说师公的身份获得完全不体现神灵的意志。一方面，

---

① 罗宗志、刘志艳：《神圣与世俗——广西一个山地瑶族师公的信仰和生活》，《宗教学研究》2012 年第 1 期，第 213 页。

② 广西壮族自治区编辑组：《广西瑶族社会历史调查（第一册）》，广西民族出版社，1985，第 413 页；吕大吉、何耀华总主编，李绍明等本册主编《中国各少数民族原始宗教资料集成：土家族卷、瑶族卷、壮族卷、黎族卷》，中国社会科学出版社，1998，第 405～413 页；杨成志等：《瑶族调查报告文集》，民族出版社，2007，第 334～337 页。

③ 徐祖祥：《论过山瑶道教的科仪来源和教义特点》，《贵州民族研究》2003 年第 2 期；罗宗志、刘志艳：《神圣与世俗——广西一个山地瑶族师公的信仰和生活》，《宗教学研究》2012 年第 1 期。

④ Lemoine, Jacques, Donald Gibson. *Yao Ceremonial Paintings*. Bangkok, Thailand: White Lotus Co., 1982.

神授信仰也存在于某些地区的盘瑶宗教中，常见的说法是三清大道、王母等神灵会为师公拨法，帮助他开天眼从而能看见别人无法看见的存在①。但是，神授的象征意义大于它的实际功能，神授之后仍然需要经历度戒和拜师学艺的过程。神授的作用是使得师公获得的法术合法化，而获取法术的手段与途径仍然是世俗的②。反观白裤瑶鬼师的法术来源，人们相信它完全来自基多的传授，无须也无法在现实生活中拜师，基多即是老师。跟盘瑶与拉伽瑶的师公比较起来，白裤瑶鬼师的识字和书画能力完全不重要，瑶传道教传承了海量颇具艺术价值的神画像，而白裤瑶鬼师仅需要创作简笔的人马符图案，仪式中使用的黑伞和竹卦算得上唯一的两种法器；仪式中的各种喃词无文本可依，非"阴传"的普通人根本无法理解。

另一方面，师公接受度戒时被授予的入道"凭据"阴阳牒和印章就被认为是从太上老君、王母等道教神祇那里取得。但是神灵本身并不参与决定一个人是否成为师公，"神授之举"早已经化作仪礼和经典中的一项阐述，成为制度的背景组成，而非直接以人格化的力量作用于人。

让我们再把目光转向白裤瑶的神圣存在体系。首先，盘瑶、拉伽瑶群体认为人死之后灵魂会进入天堂，经过度戒的男子上天后还会成为天官。过山瑶等支系的信仰体系还引入了道教七星中的本命星主人寿命的思想和道法，信仰死后升天成仙一说③。经过度戒之后的师公死后其灵魂还能升天成仙、做官④。而白裤瑶人认为逝者灵魂并不生活在天上，它们只是经由天门正式进入阴间，努高在阴间过着与生前相差无几的农耕生活。瑶传道教的信仰群体视盘古或盘瓠为族群祖先，并且定期举行祭祀仪式；而白裤瑶人在宗教实践中并未表现出足够浓厚的祖先崇拜。

其次，白裤瑶信仰体系中的神灵体系结构完全根植于农业生产与村寨生活的日常所需，主要分为个体保护神和群体保护神两种类型，后者

---

① 高崧耀：《一个盘古瑶族师公和他的信仰世界》，硕士学位论文，广西民族大学，2014，第 46～47 页。

② 罗宗志：《信仰治疗：广西盘瑶巫医研究》，中国社会科学出版社，2012，第 111 页。

③ 徐祖祥：《论过山瑶道教的科仪来源和教义特点》，《贵州民族研究》2003 年第 2 期。

④ 张泽洪：《仪式象征与文化涵化——以瑶族度戒的道教色彩为例》，《民族艺术》2013年第 2 期；张泽洪：《瑶族社会中道教文化的传播与衍变——以广西十万大山瑶族度戒为例》，《民族研究》2002 年第 1 期。

又分为家庭保护神、村寨保护神和保护农业生产的自然神，神的大小在于能力和职责范围的大小，其中的等级因素非常弱。盘瑶、拉伽瑶的信仰体系则延续了道教神灵体系对社会权力结构的某种反映，存在复杂的天神地祇等至上神，如三清元始天尊、玉皇大帝、太上老君等；也有由道教领袖所化神祇，如各种天师、法主；还有被神化之后的历史上的权威人物，既包括封建帝制时期奉为国家正统的神农皇帝、伏羲姊妹等，也包括反映民间技术与物质崇拜的鲁班和反映官僚制认同的冯秀才等[①]；甚至还有不少佛教的菩萨和儒家的圣贤进入盘瑶、拉伽瑶宗教的神灵体系中，如红河州瑶族的神灵体系中就有孔夫子、孟夫子、颜回等七十二贤以及朱夫子等[②]。

　　综上所述，从宗教职业的承袭来看，与盘瑶和拉伽瑶的信仰体系相比，白裤瑶鬼师成巫遵循着纯粹的"神授"机制，这一点是瑶族宗教在早期阶段的重要表现[③]，而阴传过程中多样化的神灵"附体"现象则是人类社会早期盛行的巫觋信仰的标志之一，它不仅广泛存在于中国北方少数民族的萨满信仰中，也在南方少数民族的原生信仰中多有发现[④]。从神圣存在体系来看，与盘瑶和拉伽瑶的信仰体系相比，白裤瑶人的祖先崇拜并不明显，神灵体系根植于日常所需而较少反映社会权力结构。这些特征都深刻地表明了白裤瑶的信仰体系有别于主流话语中深受道教影响的"典型"瑶族宗教，具有显著的独特性。它一直以来远离道教叙事，所受影响更谈不上系统化，相对于盘瑶和拉伽瑶群体而言，在封建历史时期他们是更加远离帝制中心的一个群体，在宗教文化上呈现一定的边缘性，是瑶族文化中的"非典型"存在。

　　以白裤瑶这个非典型案例观之，瑶族宗教并非板结一块，而是存在复杂的内部多样性，这种多样性既来自原生性的差异，也来自外部影响及其程度上的差异，正如瑶族数量繁多的支系群体一样，对"瑶族宗教"的研究也需要"一事一议"，于多样性中去发现瑶族宗教的整体

---

① 徐祖祥：《瑶族的宗教与社会：瑶族道教及其与云南瑶族关系研究》，云南人民出版社，2006，第20~21页。

② 徐祖祥：《瑶传道教中的佛教与儒家因素》，《贵州民族研究》2002年第2期。

③ 张有隽：《瑶族宗教信仰史略（二）》，《广西民族学院学报（社会科学版）》1981年第4期。

④ 色音：《萨满教与南方民族民间宗教比较研究》，《云南社会科学》2000年第3期。

面貌。

　　白裤瑶信仰体系的非典型性同样并非完全由其原生性所致，南岭走廊诸民族之间的文化互鉴是历史的常态。如前文论及的类似道教神祇的雷神、雨神等自然神，寨神、山神、土地爷和地龙神等社神，与多个民族上古传说中的盘古、盘瓠以及布努瑶主流群体神话中的密洛陀皆有关的创世神，与女娲有着某种联系的生命之神娴王，与道教和汉族民间信仰中的阎王类似的死神瓦布，名字与"恭喜发财"谐音的为逝者开天门的神灵公社瓦才，与南岭走廊及其周边汉族区域共通的"花与花婆"信仰，与壮族师公丧葬唱本和汉族民间故事中的董永有关且同样表达孝道主题的"穹雍"和"拉撒"两个神话角色，等等。我们很难分清其中哪些成分是原生的，哪些是来自其他族群的，哪些又是原生成分与传入成分发生"文化叠合"①之后的变体。并且，只有在长期的、自在的多文化接触中，才会出现如白裤瑶这般的普遍性的信仰非均质现象，包括多达四种的创世神话，在一魂说与三魂说、转世说与无转世说之间摇摆不定的灵魂观，在独立神灵与祖先灵魂会集之间模棱两可的家神形象，等等。更为有趣的是，人们还能看到白裤瑶人现在将山神和寨神类比于"孙悟空"和"猪八戒"这类来自其他民族神话、其他宗教背景中的文学虚构人物，用壮族和汉族风水观念里的"阴传"一词对译鬼师技艺的特殊传习方式，也有人用壮族和汉族风水观念里的生辰八字、房屋和祖坟的位置来解释用鬼的有效性，在葬礼上使用壮族和汉族葬俗中的招魂幡、石头墓碑、墓穴堪舆等物品或做法，越来越多的人如壮族和汉族人那样在清明节给去世的至亲上坟，有关凶死者的信仰也随着国家推行火葬而产生了新的观念和仪式内容；白裤瑶地区有的壮族和汉族人家也会请白裤瑶的鬼师为他们祈福禳灾。这些现象都表明当前白裤瑶人与其他民族或人群的文化交流与交融仍在常态化地继续着。

　　我们时常关注到特定地域范围之内不同民族其信仰与仪俗体系中的历史同源与互鉴成分，以此书写中华民族多元一体的内部关系图景。而如瑶族这样的例子，即单个民族之内宗教文化的多样性，以及白裤瑶这

---

　　① 该概念强调新旧文化成分经选择、转换与重新解释之后重叠与整合的状态。参见朱炳祥《"文化叠合"与"文化还原"》，《广西民族学院学报（哲学社会科学版）》2000年第6期。

样的例子，即单个支系群体之内宗教文化的非均质性，同样也强烈地印证了中国自古以来的民族关系图景：一个民族内部的不同人群与外部存在多方的、不同层次的、不同时长与不同比例的交往、交流与交融，最终呈现出文化上复杂与多样的嵌合与共生。这种现象展现了不同民族在文化层面的开放包容与互谅互让，不仅因此留存下了内容丰富的文化遗产和历史记忆，而且在不断创造新的认同话语，塑造着中华民族共同体的和谐稳定。

参考文献

中文译著

〔英〕A. R. 拉德克利夫-布朗：《原始社会的结构与功能》，丁国勇译，中国社会科学出版社，2009。

〔法〕阿诺尔德·范热内普：《过渡礼仪》，张举文译，商务印书馆，2010。

〔英〕埃里克·J. 夏普：《比较宗教学史》，吕大吉等译，上海人民出版社，1988。

〔英〕埃文斯-普理查德：《原始宗教理论》，孙尚扬译，商务印书馆，2001。

〔英〕埃文思-普里查德：《努尔人：对尼罗河畔一个人群的生活方式和政治制度的描述》，褚建芳等译，华夏出版社，2002。

〔英〕爱德华·泰勒：《原始文化》，连树生译，上海文艺出版社，1992。

〔法〕爱弥尔·涂尔干、马塞尔·莫斯：《原始分类》，汲喆译，上海人民出版社，2000。

〔法〕爱弥尔·涂尔干：《宗教生活的基本形式》，渠东等译，上海人民出版社，2006。

〔奥〕西格蒙德·弗洛伊德：《图腾与禁忌》，赵立玮译，上海人民出版社，2005。

〔美〕本尼迪克特·安德森：《想象的共同体：民族主义的起源与散布》，吴叡人译，上海人民出版社，2011。

〔美〕波特：《广东的萨满信仰》，载〔美〕武雅士《中国社会中的宗教与仪式》，彭泽安、邵铁峰译，江苏人民出版社，2014。

〔法〕迪尔凯姆：《社会学方法的准则》，狄玉明译，商务印书馆，2009。

〔德〕恩斯特·卡西尔：《人论》，甘阳译，上海译文出版社，2003。

〔德〕黑格尔：《宗教哲学》（上卷），魏庆征译，中国社会出版社，1999。

〔美〕克利福德·格尔兹：《尼加拉：十九世纪巴厘剧场国家》，赵丙祥译，上海人民出版社，1999。

〔美〕克利福德·格尔兹：《文化的解释》，纳日碧力戈等译，上海人民出版社，1999。

〔美〕克利福德·吉尔兹：《地方性知识：阐释人类学论文集》，王海龙、张家瑄译，中央编译出版社，2000。

〔法〕克洛德·列维－斯特劳斯：《野性的思维》，李幼蒸译，商务印书馆，1997。

〔法〕罗伯特·赫尔兹：《死亡与右手》，吴凤玲译，上海人民出版社，2011。

〔英〕马林诺夫斯基：《巫术科学宗教与神话》，李安宅译，中国民间文学出版社，1986。

〔英〕马凌诺斯基：《文化论》，费孝通译，华夏出版社，2002。

〔法〕马塞尔·莫斯、昂利·于贝尔：《巫术的一般理论 献祭的性质与功能》，杨渝东等译，广西师范大学出版社，2007。

〔英〕玛丽·道格拉斯：《洁净与危险》，黄剑波等译，民族出版社，2008。

〔英〕玛丽·道格拉斯：《制度如何思考》，张晨曲著，经济管理出版社，2013。

〔英〕麦克斯·缪勒：《宗教的起源与发展》，金泽译，上海人民出版社，2010。

〔日〕白鸟芳郎：《东南亚山地民族志》，黄来钧译，云南省历史研究所东南亚研究室，1980。

〔日〕白鸟芳郎：《〈瑶人文书〉及其宗教仪式》（一）、（二），肖迎译，《云南档案》1995年第3、4期。

〔日〕渡边欣雄：《汉族的民俗宗教——社会人类学的研究》，周星译，天津人民出版社，1998。

〔日〕宫家准：《日本的民俗宗教》，赵仲明译，南京大学出版社，2008。

〔日〕竹村卓二：《瑶族的历史和文化：华南、东南亚山地民族的社会人类学研究》，金少萍等译，民族出版社，2003。

〔日〕佐佐木宏干：《萨满"凭灵"的构造》，氓雪译，《北方民族》
　　2000 年第 1 期。

〔泰〕差博·卡差·阿南达：《泰国瑶人——过去、现在和未来》，谢尤
　　崇、罗宗志译，民族出版社，2006。

〔英〕王斯福：《帝国的隐喻：中国民间宗教》，赵旭东译，江苏人民出
　　版社，2008。

〔德〕韦伯：《经济与历史 支配的类型》，康乐等译，广西师范大学出版
　　社，2004。

〔德〕韦伯：《宗教社会学》，康乐、简美惠译，广西师范大学出版
　　社，2005。

〔英〕维克多·特纳：《仪式过程：结构与反结构》，黄剑波、柳博赟译，
　　中国人民大学出版社，2006。

〔美〕武雅士：《神、鬼和祖先》，载〔美〕武雅士《中国社会中的宗教
　　与仪式》，彭泽安、邵铁峰译，江苏人民出版社，2014。

〔法〕雅克·勒穆瓦纳：《勉瑶的历史与宗教初探》，《广西民族学院学报
　　（哲学社会科学版）》1994 年第 4 期。

〔法〕雅克·勒穆瓦纳：《瑶族的宗教：道教》，覃光广、冯利译，《民族
　　译丛》1987 年第 2 期。

〔加〕伊恩·哈金：《驯服偶然》，刘钢译，中央编译出版社，2000。

〔英〕詹姆斯·乔治·弗雷泽：《金枝：巫术与宗教之研究》，徐育新等
　　译，大众文艺出版社，1998。

中文著作

柏果成、史继忠、石海波：《贵州瑶族》，贵州民族出版社，1990。

蔡华：《人思之人：文化科学和自然科学的统一性》，云南人民出版
　　社，2009。

岑家梧：《岑家梧民族研究文集》，民族出版社，1992。

陈日华、韦永团：《广西民间文学作品精选·南丹县卷——莲花山仙
　　踪》，广西民族出版社，1998。

费孝通：《六上瑶山》，群言出版社，2015。

费孝通、王同惠：《花篮瑶社会组织》，江苏人民出版社，1988。

广西壮族自治区编辑组：《广西瑶族社会历史调查（第九册）》，广西民族出版社，1987。

广西壮族自治区编辑组：《广西瑶族社会历史调查（第三册）》，广西民族出版社，1985。

广西壮族自治区编辑组：《广西瑶族社会历史调查（第一册）》，广西民族出版社，1985。

广西壮族自治区南丹县地方志编纂委员会：《南丹县志》，广西人民出版社，1994。

胡起望、范宏贵：《盘村瑶族》，民族出版社，1983。

黄海、邢淑芳：《盘王大歌：瑶族图腾信仰与祭祀经典研究》，贵州人民出版社，2006。

黄胜：《民族地区学校教育价值定位的反思与建构——以瑶山白裤瑶的学校教育价值取向变迁为例》，西南财经大学出版社，2015。

黄钰、黄方平：《国际瑶族概述》，广西人民出版社，1993。

江绍原：《发须爪：关于它们的迷信》，中华书局，2007。

蓝怀昌、蓝韦京、蒙通顺搜集翻译整理《密洛陀》，中国民间文艺出版社，1988。

梁永佳：《地域的等级》，社会科学文献出版社，2005。

廖明君：《石头山上有人家——广西南丹白裤瑶文化考察札记》，广西人民出版社，2006。

林河：《〈九歌〉与沅湘民俗》，上海三联书店，1990。

刘元保、莫义明：《茶山瑶文化》，广西人民出版社，2002。

龙胜各族自治县民族局《龙胜红瑶》编委会编《龙胜红瑶》，广西民族出版社，2002。

吕大吉、何耀华总主编，李绍明等本册主编《中国各少数民族原始宗教资料集成：土家族卷、瑶族卷、壮族卷、黎族卷》，中国社会科学出版社，1998。

罗宗志：《信仰治疗：广西盘瑶巫医研究》，中国社会科学出版社，2012。

蒙朝吉、蒙凤姣编著《瑶汉词典》，民族出版社，2008。

蒙冠雄、蒙海清、蒙松毅搜集翻译整理《密洛陀》，广西民族出版社，1998。

南丹县地方志编纂委员会：《南丹县志 1984—2005》，广西人民出版
　　社，2005。

苏德富、刘玉莲编著《茶山瑶研究文集》，中央民族学院出版社，1992。

田汝康：《芒市边民的摆》，云南人民出版社，2008。

王明生、王施力：《瑶族历史览要》，民族出版社，2005。

韦标亮主编《布努瑶历史文化研究文集》，贵州民族出版社，2003。

韦标亮主编《布努瑶社会历史》，广西民族出版社，2010。

闻一多：《神话与诗》，上海人民出版社，2010。

伍永田：《原原本本白裤瑶》，广西美术出版社，2007。

谢明学主编《中国白裤瑶风情录》，陕西旅游出版社，2001。

徐祖祥：《瑶族的宗教与社会：瑶族道教及其与云南瑶族关系研究》，云
　　南人民出版社，2006。

杨成志等：《瑶族调查报告文集》，民族出版社，2007。

《瑶族简史》编写组：《瑶族简史》，广西民族出版社，1983。

玉时阶：《白裤瑶社会》，广西师范大学出版社，1989。

玉时阶：《瑶族文化变迁》，民族出版社，2005。

周少华：《中国白裤瑶民族服饰》，化学工业出版社，2017。

周星：《境界与象征：桥与民俗》，上海文艺出版社，1998。

朱荣等：《中国白裤瑶》，广西民族出版社，1992。

中文论文

蔡华：《20 世纪社会科学的困惑与出路：与格尔兹〈浓描：迈向文化的
　　解读理论〉的对话》，《民族研究》2015 年第 6 期。

兰春：《南丹白裤瑶拉篓研究》，硕士学位论文，广西民族大学，2010。

冯智明：《沟通阴阳与修"阴功"：红瑶架桥仪式及其人观研究》，《广西
　　民族研究》2017 年第 2 期。

付宜玲：《广西白裤瑶"勤泽格拉"之空间互语与类别化传承》，《北京
　　舞蹈学院学报》2019 年第 6 期。

高崧耀：《一个盘古瑶族师公和他的信仰世界》，硕士学位论文，广西民
　　族大学，2014。

郭永青：《白裤瑶民间祭祀歌曲研究》，《艺术探索》2008 年第 3 期。

郭永青：《白裤瑶铜鼓乐文化人类学解析》，《民族音乐》2012 年第 5 期。

何红一：《美国瑶族文献与世界瑶族迁徙地之关系》，《中南民族大学学报（人文社会科学版）》2011 年第 5 期。

胡牧君：《白裤瑶教育精准扶贫现状及对策探析》，《广西民族大学学报（哲学社会科学版）》2019 年第 5 期。

黄方平：《美国西海岸瑶民社会考察》，《广西民族研究》1989 年第 1 期。

黄洁：《连通阴阳与"为赎"：侗族的灵魂观与架桥仪式》，《原生态民族文化学刊》2019 年第 4 期。

黄胜：《试论瑶山白裤瑶从"逃学"到"向学"转变的原因及其启示》，《民族教育研究》2011 年第 3 期。

江应樑：《广东瑶人之宗教信仰及其经咒》，《民俗》1937 年第 3 期。

姜永兴、杨庭硕：《赶山烧畲的真实写照——白裤瑶丧葬剖析》，《中央民族学院学报》1986 年第 4 期。

蒋立松：《物态与象征——白裤瑶蚕丝文化中的生命符码》，《西南民族大学学报（人文社科版）》2016 年第 3 期。

蒋廷瑜：《铜鼓研究一世纪》，《民族研究》2000 年第 1 期。

金泽：《巫术、宗教与科学：既是分类，也是发展序列?》，载金泽、赵广明主编《宗教与哲学》第 2 辑，社会科学文献出版社，2013。

雷文彪：《广西南丹白裤瑶葬礼仪式的审美人类学考察》，《广西民族研究》2010 年第 3 期。

黎炼、黎学锐：《生命之花的传承——论仫佬族花婆神话的生命意识与教化功能》，《河池学院学报》2009 年第 1 期。

李锦：《山神信仰：社会结合的地域性纽带——以四川省宝兴县硗碛藏族乡为例》，《民族研究》2012 年第 2 期。

李素娟、贾雯鹤：《壮族花婆神话与"求花"仪式的文学人类学解读》，《云南社会科学》2013 年第 5 期。

李远龙、赵知新：《冲突与融合：南丹白裤瑶婚姻习惯法与国家法之互动（上）——广西世居民族习惯法研究系列论文之三》，《广西民族研究》2015 年第 1 期。

李远龙、赵知新：《冲突与融合：南丹白裤瑶婚姻习惯法与国家法之互动（下）——广西世居民族习惯法研究系列之四》，《广西民族研究》

2015 年第 2 期。

梁玉生、杨锐：《苗族架桥仪式场域中的互惠交换与社会流动——以贵州油捞苗族为例》，《怀化学院学报》2019 年第 9 期。

林慧思：《白裤瑶细话歌的音乐特征探究——以南丹县里湖乡怀里村为例》，《黄河之声》2014 年第 10 期。

林美容：《彰化妈祖的信仰圈》，《"中研院"民族学研究所集刊》1990 年第 68 期。

刘宏涛：《仪式治疗新解：海南美孚黎的疾病观念和仪式治疗的文化逻辑》，《民族研究》2013 年第 3 期。

刘剑：《在死亡中追求永生——水族"控拟"葬仪的人类学考察》，《贵州民族研究》2007 年第 5 期。

刘元保：《茶山瑶的道教信仰》，《中国道教》1992 年第 2 期。

刘志娟：《浅议白裤瑶"油锅"组织及其社会功能》，《甘肃民族研究》2009 年第 4 期。

龙德强、刘期贵：《三湘子弟兵南丹剿匪记》，《文史博览》2008 年第 10 期。

陆朝金：《白裤瑶服饰文化的解读》，《柳州师专学报》2012 年第 4 期。

陆军、徐金文：《白裤瑶族的"鸡时"婚姻》，《民族艺术》1999 年第 3 期。

罗传清：《论南丹白裤瑶年街节的本真性旅游价值取向》，《河池学院学报》2017 年第 4 期。

罗柳宁：《布努瑶雷公庙的文化内涵解读——七百弄布努瑶信仰文化研究之一》，《广西民族研究》2017 年第 2 期。

罗载刚等：《白裤瑶体质人类学研究》，《人类学学报》2003 年第 2 期。

罗宗志、刘志艳：《神圣与世俗——广西一个山地瑶族师公的信仰和生活》，《宗教学研究》2012 年第 1 期。

罗宗志：《盘瑶渡海神话考释》，《贵州民族学院学报（哲学社会科学版）》2003 年第 5 期。

罗宗志：《瑶族的宗教文书——以桂北一位盘瑶师公所收藏之宗教经书为例》，《宗教学研究》2015 年第 3 期。

磨现强：《白裤瑶砍牛丧葬习俗刻录的上古史》，《广西师范学院学报

（哲学社会科学版）》2011 年第 3 期。

磨现强：《白裤瑶看鬼杀畜祭"大老爷"习俗刻录的上古史》，《广西师
　　范学院学报（哲学社会科学版）》2012 年第 2 期。

彭谊：《壮族花婆信仰与佛道思想的文化叠合》，《文化遗产》2008 年第
　　4 期。

施振民：《祭祀圈与社会组织彰化平原聚落发展模式的探讨》，《"中研
　　院"民族学研究所集刊》1973 年第 36 期。

索端智：《藏族信仰崇拜中的山神体系及其地域社会象征——以热贡藏区
　　的田野研究为例》，《思想战线》2006 年第 2 期。

覃琤：《世界瑶学中的布努瑶研究：回顾与展望》，《西南民族大学学报
　　（人文社科版）》2015 年第 11 期。

覃延佳：《壮族师公抄本〈董永唱〉的文本、结构与礼仪日常性》，《民
　　族文学研究》2021 年第 1 期。

唐永亮：《人与自然组合的变形——谈桂北瑶族鬼文化》，《广西民族研
　　究》1993 年第 2 期。

唐玉文：《中国瑶族砍牛祭习俗初探》，《广西梧州师范高等专科学校学
　　报》2000 年第 3 期。

王标、杨海、张萍：《少数民族原始宗教与民俗体育文化形成的文化生态学
　　分析——以广西南丹白裤瑶为个案》，《广西社会科学》2016 年第 11 期。

王建民：《扶贫开发与少数民族文化——以少数民族主体性讨论为核
　　心》，《民族研究》2012 年第 3 期。

王建新：《阿科瑶寨的家族、宗教与寨老：权威的传统建构》，《思想战
　　线》2010 年第 5 期。

王金秀、覃文衡：《白裤瑶祭祀舞蹈——"砍牛"》，《民族艺术》1993
　　年第 4 期。

王玲霞：《布努瑶民间信仰现状研究——以大化县弄冠村为例》，《广西
　　民族师范学院学报》2012 年第 2 期。

王昭武：《论白裤瑶的婚姻》，《贵州民族研究》1987 年第 3 期。

王昭武：《论大瑶寨的"油锅"组织》，载中国民族学会编《民族学研究》
　　第 9 辑，民族出版社，1990。

韦文焕：《毛南族与仫佬族花婆神话对比研究》，《广西教育学院学报》

2019 年第 1 期。

吴兰：《毛南族传统宗教仪式"求花还愿"透视》，《广西民族大学学报
　　（哲学社会科学版）》2006 年第 S2 期。

徐金文：《白裤瑶铜鼓舞的形式与流传》，《中国古代铜鼓研究通信》
　　2002 年第 18 期。

徐益棠：《广西象平间瑶民之占卜、符咒与禁忌》，《中国文化研究汇刊》
　　1942 年第 2 卷。

徐益棠：《广西象平间瑶民之宗教及其宗教的文献》，载杨成志等《瑶族
　　调查报告文集》，民族出版社，2007。

徐祖祥：《论过山瑶道教的科仪来源和教义特点》，《贵州民族研究》
　　2003 年第 2 期。

徐祖祥：《论瑶族道教的教派及其特点》，《中国道教》2003 年第 3 期。

徐祖祥：《瑶传道教中的佛教与儒家因素》，《贵州民族研究》2002 年第
　　2 期。

杨树喆：《"花"为人魂观与壮族民间师公教的花婆圣母崇拜》，《民间文
　　化论坛》2000 年第 11、12 期。

杨庭硕、姜永兴：《白裤瑶传统信仰寨神剖析》，《学术论坛》1983 年第
　　6 期。

姚舜安：《布努瑶与铜鼓》，《中南民族学院学报（社会科学版）》1986
　　年第 1 期。

叶建芳：《布努瑶"拟亲属关系"与社会秩序建构》，《湖北民族学院学
　　报（哲学社会科学版）》2017 年第 2 期。

叶建芳：《从姻亲与地缘关系视角看布努瑶祖先崇拜》，《广西师范大学
　　学报（哲学社会科学版）》2015 年第 5 期。

叶建芳：《民间信仰的"制度性"探讨——以加文村布努瑶为例》，《宗
　　教社会学》2016 年第 4 期。

叶建芳：《民间信仰：世俗化？社会化？还是生活化？——以布努瑶为个
　　案》，《广西民族师范学院学报》2018 年第 2 期。

叶建芳：《人观与秩序：布努瑶送魂仪式分析》，《广西民族研究》2014
　　年第 6 期。

色音：《萨满教与南方民族民间宗教比较研究》，《云南社会科学》2000

年第 3 期。

尤杰、李建军：《黔南白裤瑶传统建筑演变解析——以荔波瑶山乡为例》，《建筑与文化》2020 年第 5 期。

宇晓：《瑶族的汉式姓氏和字辈制度——瑶汉文化涵化的一个横断面》，《贵州民族研究》1995 年第 4 期。

玉时阶：《白裤瑶的婚姻家庭制度》，《贵州民族研究》1987 年第 3 期。

玉时阶：《广西南丹县白裤瑶丧葬制度研究》，《广西民族学院学报（哲学社会科学版）》1985 年第 2 期。

玉时阶：《瑶族铜鼓考》，《民族艺术》1989 年第 3 期。

玉时阶：《瑶族宗教文化剖析》，《广西民族大学学报（哲学社会科学版）》1990 年第 3 期。

玉时阶、玉璐：《边疆石漠化特困地区"直过民族"精准脱贫研究——以广西南丹县里湖白裤瑶聚居区为例》，《广西社会主义学院学报》2020 年第 2 期。

袁君煊：《瑶族宗教与道教关系研究综述》，《宗教学研究》2016 年第 4 期。

张世铨、彭书琳、周石保、吴伟峰：《广西南丹县里湖岩洞葬调查报告》，《文物》1986 年第 11 期。

张一民、何英德、玉时阶：《广西南丹县里湖瑶族公社岩洞葬调查及初步探讨》，《广西师范学院学报（哲学社会科学版）》1983 年第 3 期。

张有隽：《瑶族宗教信仰的人类学意义》，《广西民族学院学报（哲学社会科学版）》1996 年第 3 期。

张有隽：《瑶族宗教信仰史略（二）》，《广西民族学院学报（社会科学版）》1981 年第 4 期。

张有隽：《瑶族宗教信仰史略（三）》，《广西民族学院学报（社会科学版）》1982 年第 1 期。

张有隽：《瑶族宗教信仰史略（四）》，《广西民族学院学报（社会科学版）》1982 年第 2 期。

张有隽：《瑶族宗教信仰史略（一）》，《广西民族学院学报（社会科学版）》1981 年第 3 期。

张泽洪：《道教传入瑶族地区的时代新考》，《思想战线》2002 年第 4 期。

张泽洪：《瑶族社会中道教文化的传播与衍变——以广西十万大山瑶族度

戒为例》，《民族研究》2002 年第 1 期。

张泽洪：《仪式象征与文化涵化——以瑶族度戒的道教色彩为例》，《民族艺术》2013 年第 2 期。

张泽洪：《中国南方少数民族的梅山教》，《中南民族大学学报（人文社会科学版）》2003 年第 4 期。

张子伟、龙炳文：《苗族椎牛祭及其巫教特征》，《民族论坛》1995 年第 1 期。

赵凌：《白裤瑶铜鼓音乐文化的地方性知识——以贵州省懂蒙寨为例》，《中国音乐》2017 年第 1 期。

郑振满：《神庙祭典与社会空间秩序莆田江口平原的例证》，载王铭铭、王斯福主编《乡土社会的秩序、公正与权威》，中国政法大学出版社，1997。

朱炳祥：《“文化叠合”与“文化还原”》，《广西民族学院学报（哲学社会科学版）》2000 年第 6 期。

朱展炎：《过关与护花——广西昭平县仙回瑶族乡“作花楼”仪式考察》，《宗教学研究》2017 年第 2 期。

档案与资料汇编

广西河池地区民族事务委员会编《河池地区民族概览》，1990。

贵州省民族研究所编《月亮山地区民族调查》，1983。

何正文：《反腐征恶 闹红一方——白裤瑶民黎水保打击土司抗击清军历史传略》，南丹县委宣传部，2000。

蓝仕明：《南丹瑶族好汉黎水保反土官斗争简叙》，南丹县《瑶族通史》办，2000。

蓝仕明、覃光：《现代南丹瑶族婚姻家庭形态概述》，南丹县档案馆，2000。

蓝仕明、韦业宝：《关于白裤瑶族婚姻与家庭形态的再认识——与朱荣、过竹同志商榷》，南丹县档案馆，1994。

南丹县土地管理局编《南丹县土地志》，广西人民出版社，1999。

全国人民代表大会民族委员会办公室编《广西壮族自治区南丹县大瑶寨瑶族社会概况》，1958。

徐金文整理《朵努民间故事史料》，南丹县文物研究所，2000。

中共南丹县委统战部：《关于〈中国白裤瑶〉一书出版前是否经过我县党委审稿情况函》（丹统〔1994〕1号）。

外文文献

Asad, Talal. *Genealogies of Religion: Discipline and Reasons of Power in Christianity and Islam.* Baltimore, Md: Johns Hopkins University Press.

Bloch, Maurice. *From Blessing to Violence: History and Ideology in the Circumcision Ritual of the Merina.* Cambridge University Press, 1986.

Boas, Franz. *General Anthropology.* New York; Boston: D. C. Heath and Company, 1938.

Cai Hua. *A Society without Fathers or Husbands: The Na of China.* Zone Books, 2001.

Cai Hua, *Esprit humain demon (et leur medium): La "religion" en tant que terme technique demeure-t-elle utile?* FIA 国際人類学フォーラム2013, 2013 – 5 – 17 シンポジウム「非覇権的人類学を求めて – 文化の三角測量 -」（第1日）。

Castro, EduardoViveiros de. "The Relative Native". *HAU: Journal of Ethnographic Theory*, 2013, 3 (3): 473 – 502.

Descola, Philippe. *Beyond Nature and Culture.* Chicago: University of Chicago Press, 2013.

Douglas, Mary. *Natural Symbols: Explorations in Cosmology.* Routledge, 2004.

Eliade, Mircea. *Shamanism: Archaic Techniques of Ecstasy.* London: Routledge & Kegan Paul, 1964.

Evans-Pritchard, E. E. *Nuer Religion.* New York: Oxford University Press, 1956.

Gates, Hill, and Robert P. Weller. "Hegemony and ChineseFolk Ideologies: An Introduction". *Modern China*, 1987, 13 (1): 3 – 16.

Gluckman, Max. *Order and Rebellion in Tribal Africa.* Routledge, 2013.

Goode, William Josiah. *Religion among the Primitives.* Glencoe: Free Press, 1951.

Harrell, Stevan. "The Concept of Fate in Chinese Folk Ideology". *Modern China*, 1987, 13 (1): 90 – 109.

Kandre, Peter K. "Yao (Iu Mien) Supernaturalism, Language, and Ethnicity". Banks, David J., ed. *Changing identities in modern Southeast Asia*. Walter de Gruyter, 2011: 171 – 197.

Kandre, Peter K. "Alternative Modes of Recruitment of Viable Households Among the Yao of Mae Chan". *Southeast Asian Journal of Sociology*, 1971: 43 – 52.

Langer, Susanne K. *Philosophy in a New Key: Study in the Symbolism of Reason, Rite and Art*. Harvard University Press, 1990.

Lehmann, Arthur C. and James Edward Myers. *Magic, Witchcraft, and Religion: An Anthropological Study of the Supernatural*. Mayfield Pub. Co., 1989.

Lemoine, Jacques, and Donald Gibson. *Yao Ceremonial Paintings*. Bangkok, Thailand: White Lotus Co, 1982.

Lewis, Ioan Myrddin. *Ecstatic Religion: A Study of Shamanism and Spirit Possession*. Psychology Press, 2003.

Lienhardt, Godfrey, "The Shilluk of the Upper Nile". Forde, Cyril Daryll. ed., *African Worlds: Studies in the Cosmological Ideas and Social Values of African Peoples*. LIT Verlag Münster, 1999: 138 – 163.

Lienhardt, Godfrey, *Divinity and Experience: The Religion of the Dinka*. Oxford: Oxford University Press, 1961.

Matthews, Freya. *The Ecological Self*. Routledge, 2006.

Mueggler, Erik. *The Age of Wild Ghosts: Memory, Violence, and Place in Southwest China*. Berkeley: University of California Press, 2001.

Nitzky, William. "Mediating Heritage Preservation And Rural Development: Ecomuseum Development in China". *Urban Anthropology*, 2012: 367 – 417.

Nitzky, William. "Institutionalizing 'Living Heritage': Ecomuseum Development In Rural China". *XVIII ISA World Congress of Sociology*, 2014.

Parsons, Talcott. *Religious Perspectives of College Teaching in Sociology and*

Social Psychology. New Haven, Conn. : Edward W. Hazen Foundation, 1951.

Parsons, Talcott. *The Social System*. Routledge, 2013.

Sangren, P. Steven. "Dialectics of Alienation: Individuals and Collectivities in Chinese Religion". *Man*, 1991: 67 – 86.

Sangren, P. Steven. "Myths, Gods, and Family Relations". Meir Shahar, Robert P. Weller. ed. , *Unruly Gods: Divinity and Society in China*. University of Hawaii Press, 1996.

Smith, W. Robertson. *The Religion of the Semites: The Fundamental Institutions*. New York: Schocken Books, 1972.

Strickmann, Michel. "The Tao among the Yao: Taoism and the Sinification of South China". *Peoples and Cultures in Asiatic History: Collected Essays in Honour of Professor Tadao Sakai on His Seventieth Birthday*, 1982: 27 – 28.

Webster, Hutton. *Magic: A Sociological Study*, Stanford University, 1984.

Weller, Robert P. *Unities and Diversities in Chinese Religion*. Springer, 1987.

김인희, 흰바지야오족 사회와 신앙, 경인문화사. 2004.

김인희, 흰바지야오족 옷에 반영된 닭 숭배, 동아시아고대학회 (The Association Of East Asian Ancient Studies), 2004. 06: 235 – 278.

안철상, 인도네시아 바라 (Bara) 족, 중국 흰 바지 야오족 (瑤族) 의 장례에서의 성적 (性的) 제의와 진도 다시래기의 아기 낳기 놀이의 비교, 비교민속학 (《比較民俗学》), 2009. 04 (Vol. 38): 165 – 203.

后　记

此书稿修修补补的几年间，"白裤瑶"三个字已在不知不觉中成为我精神上的一处泅游之地。每当我感到内心疲惫时，翻出田野中的照片仔细端详，定能从点滴回忆中获得几分疗愈。

在烈日当空的山头上，枕着摇曳的树荫，和大伙儿一起乘凉、看牛，听老人家讲精彩绝伦的神话，也听年轻人说令人捧腹的笑话。在蛙鸣之夜的田埂边，伴着恣意跳动的火光，向众人学习杀鸡取血，寻找牛魂化作的三只蜘蛛。参加白裤瑶青年的联谊晚会，在一片欢声笑语中那个大学生娴熟自信的鬼步舞熠熠生辉，最是令人难忘。跟着大伙儿去各个村寨走亲访友，在某个雨雾弥漫的傍晚搭乘一位"酒鬼"的摩托车下山，想起来既兴奋又后怕。数次和寨里人相约去南丹县城"嗦粉"、逛街，末了到农贸市场买一提猪油攥在手里，实在是无法言喻的满足。当然，还有离开田野前瑶家感谢宴上诸位不舍的眼泪——真正让我的研究工作变得意义非凡的，只能是埋藏其间的真情实感。

我常常为自己在那片大山里的经历而暗自欣慰，它帮助我体验了这世间太多的不同与另一种博大精深。如今瓦庸寨已经有了翻天覆地的变化，但一直未变的是寨里人与我的相互信任。

最应该感谢的是我的房东何建军，他付出大量的时间和心血带我获取各种田野材料，在我生病住院时通宵照看我，真的辛苦了！愿他的梦想成真，我们的友谊长存。

同样的感谢致以何建军的家人，其妻陆谢英、阿妈王三妹、阿爸何方前、大哥何小新夫妇、二哥何小明夫妇、小叔何东明夫妇、二爷爷何明才夫妇、三爷爷何信才夫妇，各位的接纳让我在田野中有了另一个家。让我心存感激的，还有寨子里其他多位长辈和兄弟姐妹的包容与款待，请原谅我在此无法一一称谢，与大家共饮同游的日子我将永远铭记。

我的田野工作离不开三位重要报道人的无私给予。时任里湖乡文化站站长黎政军是我认识的第一个白裤瑶人。他对自己族群的文化有着天然的热爱与激情，给出的信息总能抓住要害。寨老何建高幽默风趣，把我当自家晚辈看待，他就像一部白裤瑶活词典，要什么就有什么。谢锋老师则严谨、理性，他的讲述兴味与思考并重，是一位非常难得的讨论对手。

何正兵、黎振强、黎贵芳和罗勇是我在田野中结交的挚友，从他们那里得到的帮助不胜枚举，与他们相识实乃是我的幸运。如今他们有的在家乡扎根，有的在外打拼，愿他们事业有成。

感谢时任白裤瑶民族生态博物馆馆长、后为里湖乡人民政府乡长的陆朝金先生，白裤瑶民族生态博物馆的工作人员陆朝明、王才金，戈立寨的谢金，里湖乡人民政府的韦民武先生，南丹县档案局的刘华筱女士，他们在我调查时予以方便。

特别的感谢致以何文兵，虽然我们接触不多，但在我受伤的时候，是他与何建军一起叫了救护车，第一时间把我送到医院。愿他永远保持赤诚之心，做一个白裤瑶文化的忠实传播者。

自读博以来，我思考问题的方式，对所谓学问的理解，对田野工作的摸索，对学术写作的把握，甚至是对"逻辑"的苛刻自求，每个重要的方面都深受恩师蔡华先生的影响与启迪。在学校时，蔡老师的指导总是那么细致而耐心，我从中所受的点化使我受益终生。毕业之后，每次与蔡老师见面，他都会苦口婆心地敲打我，敦促我不断打开格局，希望我能够独当一面。无奈我进步迟缓，惭愧不已。

感谢我的硕士生导师、武汉大学的朱炳祥教授，虽然在他门下求学只有短短两年，但我从他那里领悟到了什么是研究的纯心、做人的纯粹，他的教诲我一直铭记。

参加工作之后我有幸结识了四川大学藏学研究所的李锦教授，她在工作上给予我的帮助慷慨之至，自叹幸运之余，却感到无以回报，唯有踏实勤勉才能稍显心安。

本书是在我的博士学位论文基础上修改而来的，其最初的成形同样离不开在校时多位老师的意见与建议，将我最诚挚的谢意致以北京大学的谢立中教授、钱民辉教授、渠敬东教授、朱晓阳教授、周飞舟教授、郭金华副教授，北京师范大学的刘夏蓓教授，清华大学的张小军教授、罗燕副教授和北京工业大学的杨昌勇教授。

　　同样要感谢本书写就过程中帮助过我的几位师兄。在中国社会科学院民族学与人类学研究所工作的吴乔师兄，他对这份田野成果的关注和鞭策一直激励我不断去完善，书稿的最终面世也有赖他的相助。在兰州大学哲学社会学院工作的刘宏涛师兄，没有他的踩点与引荐，我不会那么快地进入田野。在四川大学国际关系学院工作的张帆师兄，与他的多次讨论启发了我对书中某些问题的进一步求真。

　　在本书出版前，中国社会科学院世界宗教研究所研究员金泽老师和中央民族大学哲学与宗教学院的陈进国教授给予我重要的修改建议，书名的最终确定更是离不开陈老师的不吝指点，后学在此一并谢过。

　　最后，我要将本书献给我的父母，这是他们用爱与支持换来的结晶。

张　琪

2022 年 12 月于成都三圣乡

图书在版编目（CIP）数据

日久天长：白裤瑶的宇宙观与生活秩序/张琪著
. -- 北京：社会科学文献出版社，2023.6（2024.9重印）
国家社科基金后期资助项目
ISBN 978 - 7 - 5201 - 8639 - 1

Ⅰ.①日… Ⅱ.①张… Ⅲ.①瑶族 - 宗教信仰 - 研究
- 中国 Ⅳ.①B933

中国版本图书馆 CIP 数据核字（2022）第 180780 号

国家社科基金后期资助项目

日久天长：白裤瑶的宇宙观与生活秩序

著　　者 / 张　琪

出 版 人 / 冀祥德
责任编辑 / 张建中
责任印制 / 王京美

出　　版 / 社会科学文献出版社·文化传媒分社（010）59367004
　　　　　　地址：北京市北三环中路甲 29 号院华龙大厦　邮编：100029
　　　　　　网址：www.ssap.com.cn
发　　行 / 社会科学文献出版社（010）59367028
印　　装 / 河北虎彩印刷有限公司

规　　格 / 开　本：787mm×1092mm　1/16
　　　　　　印　张：19.75　字　数：313 千字
版　　次 / 2023 年 6 月第 1 版　2024 年 9 月第 2 次印刷
书　　号 / ISBN 978 - 7 - 5201 - 8639 - 1
定　　价 / 128.00 元

读者服务电话：4008918866